"十三五"国家重点图书出版规划项目

《中国经济地理》丛书

孙久文　总主编

河南经济地理

李二玲　张鹏岩　丁志伟　翟　彬　刘静玉　梁国付◎著

HENAN

经济管理出版社
ECONOMY & MANAGEMENT PUBLISHING HOUSE

图书在版编目（CIP）数据

河南经济地理/李二玲等著. —北京：经济管理出版社，2023.11
ISBN 978-7-5096-9458-9

Ⅰ.①河…　Ⅱ.①李…　Ⅲ.①区域经济地理—河南　Ⅳ.①F129.961

中国国家版本馆 CIP 数据核字（2023）第 223262 号

审图号:豫 S(2023 年)014 号

组稿编辑：申桂萍
责任编辑：杨国强
责任印制：黄章平
责任校对：张晓燕

出版发行：经济管理出版社
　　　　　（北京市海淀区北蜂窝 8 号中雅大厦 A 座 11 层　100038）
网　　址：www. E-mp. com. cn
电　　话：(010) 51915602
印　　刷：唐山昊达印刷有限公司
经　　销：新华书店
开　　本：720mm×1000mm/16
印　　张：29. 25
字　　数：572 千字
版　　次：2023 年 11 月第 1 版　　2023 年 11 月第 1 次印刷
书　　号：ISBN 978-7-5096-9458-9
定　　价：128. 00 元

《中国经济地理》丛书

顾　　问：宁吉喆　刘　伟　胡兆量　胡序威　邬翊光　张敦富

专家委员会（学术委员会）

主　　任：孙久文
副 主 任：安虎森　张可云　李小建
秘 书 长：张满银
专家委员（按姓氏笔画排序）：

邓宏兵　付晓东　石培基　吴传清　吴殿廷　张　强　李国平
沈正平　陈建军　郑长德　金凤君　侯景新　赵作权　赵儒煜
郭爱君　高志刚　曾　刚　覃成林

编委会

总 主 编：孙久文
副总主编：安虎森　付晓东　张满银
编　　委（按姓氏笔画排序）：

文余源　邓宏兵　代合治　石培基　石敏俊　申桂萍　安树伟
朱志琳　吴传清　吴殿廷　吴相利　张　贵　张海峰　张　强
李　红　李二玲　李小建　李敏纳　杨　英　沈正平　陆根尧
陈　斐　孟广文　武友德　郑长德　周国华　金凤君　洪世键
胡安俊　赵春雨　赵儒煜　赵翠薇　高志刚　涂建军　贾善铭
曾　刚　覃成林　滕堂伟　薛东前

总　序

今天，我们正处在一个继往开来的伟大时代。受现代科技飞速发展的影响，人们的时空观念已经发生了巨大的变化：从深邃的远古到缥缈的未来，从极地的冰寒到赤道的骄阳，从地心游记到外太空的探索，人类正疾步从必然王国向自由王国迈进。

世界在变，人类在变，但我们脚下的土地没有变，土地是留在心里不变的根。我们是这块土地的子孙，我们祖祖辈辈生活在这里。我们的国土面积有960万平方千米之大，有种类繁多的地貌类型，地上和地下蕴藏了丰富多样的自然资源，14亿中国人民有五千年延绵不绝的文明历史，经过40多年的改革开放，中国经济实现了腾飞，中国社会发展日新月异。

早在抗日战争时期，毛泽东主席就明确指出："中国革命斗争的胜利，要靠中国同志了解中国的国情。""认清中国的国情，乃是认清一切革命问题的基本根据。"习近平总书记在给地理测绘队员的信中指出："测绘队员不畏困苦、不怕牺牲，用汗水乃至生命默默丈量着祖国的壮美山河，为祖国发展、人民幸福作出了突出贡献。"李克强同志更具体地提出："地理国情是重要的基本国情，要围绕服务国计民生，推出更好的地理信息产品和服务。"

我们认识中国基本国情，离不开认识中国的经济地理。中国经济地理的基本条件，为国家发展开辟了广阔的前景，是经济腾飞的本底要素。当前，中国经济地理大势的变化呈现出区别于以往的新特点。第一，中国东部地区面向太平洋和西部地区深入欧亚大陆内陆深处的陆海分布的自然地理空间格局，迎合东亚区域发展和国际产业大尺度空间转移的趋势，使我们面向沿海、融入国际的改革开放战略得以顺利实施。第二，我国各区域自然资源丰裕程度和区域经济发达程度的相向分布，使经济地理主要标识的区内同一性和区际差异性异常突出，为发挥区域优势、实施开发战略、促进协调发展奠定了客观基础。第三，以经济地理格局为依据调整生产力布局，以改革开放促进区域经济发展，以经济发达程度和市场发育程度为导向制定区域经济政策和区域规划，使区域经济发展战略上升为国家重大战略。

因此，中国经济地理在我国人民的生产和生活中具有坚实的存在感，日益发挥出重要的基石性作用。正因为这样，编撰一套真实反映当前中国经济地理现实情况的丛书，就比以往任何时候都更加迫切。

在西方，自从亚历山大·洪堡和李特尔之后，编撰经济地理书籍的努力就一直没有停止过。在中国，《淮南子》可能是最早的经济地理书籍。近代以来，西方思潮激荡下的地理学，成为中国人"睁开眼睛看世界"所看到的最初的东西。然而对中国经济地理的研究却鲜有鸿篇巨制。中华人民共和国成立特别是改革开放之后，中国经济地理的书籍进入大爆发时期，各种力作如雨后春笋般出现。1982年，在中国现代经济地理学的奠基人孙敬之教授和著名区域经济学家刘再兴教授的带领和推动下，全国经济地理研究会启动编撰《中国经济地理》丛书。然而，人事有代谢，往来成古今。自两位教授谢世之后，编撰工作也就停了下来。

《中国经济地理》丛书再次启动编撰工作是在2013年。全国经济地理研究会经过常务理事会的讨论，决定成立《中国经济地理》丛书编委会，重新开始编撰新时期的《中国经济地理》丛书。在全体同人的努力和经济管理出版社的大力协助下，一套全新的《中国经济地理》丛书计划在2018年全部完成。

《中国经济地理》丛书是一套大型系列丛书。该丛书共计40册：概论1册，思想史1册，"四大板块"共4册，34个省（自治区、直辖市）及特别行政区共34册。我们编撰这套丛书的目的，是为读者全面呈现中国分省区的经济地理和产业布局的状况。当前，中国经济发展伴随着人口资源环境的一系列重大问题，复杂而严峻。资源开发问题、国土整治问题、城镇化问题、产业转移问题等，无一不是与中国经济地理密切相连的；京津冀协同发展、长江经济带战略和"一带一路"倡议，都是以中国经济地理为基础依据而展开的。我们相信，《中国经济地理》丛书可以为一般读者了解中国各地区的情况提供手札，为从事经济工作和规划工作的读者提供参考。

　　我们深感丛书的编撰困难巨大，任重道远。正如宋朝张载所言"为往圣继绝学，为万世开太平"，我想这代表了全体编撰者的心声。

　　我们组织编撰这套丛书，提出一句口号：让读者认识中国，了解中国，从中国经济地理开始。

　　让我们共同努力奋斗。

孙久文

全国经济地理研究会会长

中国人民大学教授

2016 年 12 月 1 日于北京

序

　　经济地理学是一门应用指向十分明显的学科。中国作为历史悠久的文明大国，在浩瀚的历史典籍中，记述着各地丰富的经济活动，包含着对顺应和合理利用自然条件及自然资源进行经济活动的思考。同样地，在西方世界中，17世纪中叶，地理学家瓦伦纽斯（B. Varenius）出版《商业地理教科书》，为荷兰商人和政府向海外拓展提供商业信息。1889年，英国学者奇泽姆（G. G. Chisholm）出版《商业地理学手册》，到2011年共再版20次；1913年，美国学者史密斯（J. R. Smith）出版《工业与商业地理学》，把商品与生产结合起来；1924年，惠特贝克（R. Whitbeck）和芬奇（V. Finch）在第一本英文《经济地理学》中强调，经济地理的区域特征把经济产业和区域结合起来，推动经济地理学走向更广阔的应用领域。在此之后，尽管经济地理学中流派众多，但区域综合研究的学术传统一直持续健康发展。

　　从1949年以来，中国十分重视区域综合研究。如孙久文先生在总序中所言，中国经济地理学者在20世纪50年代编撰《中华地理志经济地理》丛书（共28册），20世纪80年代编撰《中国经济地理》丛书（计划36册），以及2013年开始重新启动编撰《中国经济地理》丛书（约40册），就是这一思想的具体体现。不同时代的经济地理丛书，展现了东方大国不同的区域经济格局变化，更隐含着这块大地上的人们与自然环境关系的演变逻辑。

　　河南省作为全国人口大省和农业大省，在全国经济格局中占有十分重要的战略地位。河南经济地理研究，同样在全国具有特殊地位。1987年，河南大学李润田先生主编的《河南省经济地理》，对全省各区进行了详细深入的研究。从该书出版至今已34年，其间河南省的经济格局发生了重大变化：其经济总量多年位居全国第五、内陆省份第一。省会郑州被国家确定为国家中心城市，围绕郑州的"米"字形高铁网络成为全国高铁网络中的重要枢纽。在这一背景下进行河南经济地理的研究恰逢其时。

　　河南大学的经济地理学一直是中国经济地理研究的重要力量之一，并一代代薪火相传。受全国经济地理研究会委托，中国地理学会经济地理专业委员会副主任、河南大学的河南省特聘教授李二玲组织团队承担了《中国经济地理》丛书河南篇的研究编写。在经过近两年的研究基础上形成本书，全面梳理了改革开放以来河南省资源环境、经济布局、城乡发展、区域协调、生态建设和发展战略等问题，刻画了河南经济地理格局的深刻变化，是对河南省基本省情和社会经济空间发展演变的实践总结。同时，河南省正处在国家构建新发展格局、促进中部地区崛起、推动黄河流域生态保护和高质量发展三大战略机遇以及多领域战略平台融合联动的叠加效应期，本书分析了河南省经济地理格局与变化趋势，对研判河南省发展阶段、制定未来发展战略具有十分重要的意义。

综观全书，可以梳理以下三个显著特点：

第一，构建了清晰的内容框架。从自然资源与环境条件入手，系统刻画了改革开放以来河南经济、社会和生态空间布局及其演变的特征，阐述了河南自然资源与区位条件、经济与产业布局、县域经济与乡村发展、区域与城市发展和生态建设与可持续发展等方面的状况特点，并对未来战略进行了展望，挖掘了河南省作为内陆地区人口和经济大省的经济地理区位、空间组织及其与环境的关系变化和趋势。

第二，强调了河南经济地理发展特色。比如，历史悠久，人文古迹众多，是古代君王建都最多的省份；承东启西、望北向南的区位优势和北亚热带向暖温带过渡、平原向丘陵山地过渡的气候特征决定了河南省交通枢纽和粮食主产区、能源原材料基地地位；具有河南特色的产业集聚区建设和产业集群发展；作为全国"三农"问题的缩影，其城乡发展特点以及新时期多重战略叠加引致的经济功能区建设；等等。

第三，指出了"问题"导向的未来发展方向。作为全国重要的经济大省（连续多年 GDP 总量位居全国第五）、人口大省（2010 年排名第一，2020 年排名第三）和农业大省（2020 年农林牧渔总产值排名第二），河南由大省向强省转变中的高质量发展任重道远。本书基于河南省发展存在的问题，从五大发展理念出发，提出了河南省未来发展战略选择，为进一步制定发展政策和区域规划提供参考。

总之，本书思路清晰、逻辑严谨、内容丰富、特色鲜明，可为读者了解河南经济地理全貌提供翔实资料，也可为经济和规划工作者提供参考。

我衷心祝贺《河南经济地理》出版，祝愿河南省的经济地理学者站在全国和世界的角度，对河南经济地理进行多个侧面的深入研究，推出更多更具有应用前景的成果；同时，探索河南省这一特殊类型条件下其经济空间格局及与地理环境的关系规律，可望在经济地理学理论上做出富有特色的贡献！

2021 年 7 月于开封

前　言

　　中华人民共和国成立后，河南省经济地理的发展与全国经济地理一样，可以用"以任务带学科"来概括。河南省经济发展战略、经济体制改革、生产生活实践也跟随着国家战略和改革实践协同演进。这些决定了河南省经济地理既是中国经济地理的一个缩影，又具有河南省地方的鲜明特征。分析总结改革开放以来河南省资源环境、经济布局、城乡发展、区域协调和生态建设等的分布格局和发展变化，对认识河南省基本省情、揭示区域发展规律，进而指导国土空间规划和制定未来发展战略，具有重要意义。

　　受全国经济地理研究会委托，本人及课题组有幸承担了《中国经济地理》丛书河南篇的编写。在2016年丛书编写武汉会议确定的基本写作内容的基础上，我们经过多次讨论、更新，形成了《河南经济地理》的书稿。全书共分四篇十一章。第一篇是资源与环境。从自然地理概况、资源禀赋及经济发展面临的资源环境约束等方面，阐述河南省经济地理格局形成与演化的基础。第二篇是经济发展与产业布局。从历史发展的角度，归纳总结中华人民共和国成立以来河南省区域开发的历史进程和经济地理格局形成与演化的特点；重点阐述了河南省现代产业体系总体架构及各产业空间布局的形成与演化特征，并从经济功能区、特色产业集群和产业集聚区三个方面阐述各领域特色产业发展及其载体平台的建设；考虑到河南省"三农"问题在全国具有的代表性，具体分析了河南省县域经济发展及其产业转型升级、剩余劳动力转移和农民增收、乡村振兴与美丽乡村建设等内容。第三篇是城市与区域发展。从城镇化过程和城镇体系建设、基础设施与公共服务建设、生态建设与区域可持续发展等方面对河南省城市与区域发展进行分析，并运用经济地理方法进行客观的区域划分和区域经济协调发展分析。第四篇是战略与展望。从当前河南省经济发展所处的国内外环境出发，认清自身发展的不足，紧抓面临的多重战略叠加新机遇，结合《河南省"十四五"规划和2035年远景目标纲要》，围绕"创新、协调、绿色、开放、共享"发展新理念，提出未来发展的战略选择。

　　本书由李二玲教授设计全书总体内容框架并统稿，各章节具体分工如下：

第一章第一节、第三节由翟彬完成；第一章第二节、第二章和第三章由张鹏岩完成；第四章第一节由翟彬完成，第二节由丁志伟完成，第三节和第四节由李二玲完成；第五章和第六章第一节由李二玲完成；第六章第二至第五节由翟彬完成；第七章由刘静玉完成；第八章和第九章由丁志伟完成；第十章由梁国付完成；第十一章由李二玲完成。各参与者认真负责的合作态度，保证了全书的顺利完稿。

笔者非常感谢著名经济地理学家、国际欧亚科学院院士李小建先生为本书作序，感谢河南大学秦耀辰教授、朱连奇教授、彭剑峰教授和高建华教授对本书写作的指导、支持和鼓励，感谢河南大学地理与环境学院相关的研究生给予的帮助！本书在写作中参考了一些报纸、书籍、网络资料和期刊文献，除标注外，在此对相关作者也一并表示感谢。需要说明的是，本书使用的地图底图资料是来源于截至 2019 年 12 月的河南省地理信息公共服务平台（"天地图·河南"）的标准地图，而专题数据是依据相关年份的《河南统计年鉴》、统计公报等。

感谢全国经济地理研究会孙久文教授、付晓东教授、金凤君教授、张满银教授等在编写过程中给予的大力支持和帮助；感谢覃成林教授对全书框架构建和修改过程中给予的指导；感谢经济管理出版社编辑和校对人员的辛苦付出。本书的编写得到了河南省高等学校智库研究项目（No.2022ZKYJ06）和 2022 年中原青年拔尖人才项目的支持。

尽管我们已经做了很多努力，但由于时间和能力有限，不足和缺憾在所难免，敬请读者批评指正。

李二玲

2022 年 8 月 22 日于开封

目　录

第三篇　城市与区域发展

第四篇　战略与展望

第一篇

资源与环境

第一章　地理区位与地理环境

　　河南省地处中原，秦岭淮河南北地理分界线横穿南部，在全国经济发展格局中承东启西，地理区位优势明显。河南省南北过渡性的自然地理特征，使区内的自然资源十分丰富，为区内经济发展奠定了坚实的基础，承东启西的区位特征又加速了区域交流和经济发展。全省土地总面积 16.7 万平方千米，约占全国总面积的 1.74%，居全国各省区市第 17 位。河南省是全国人口大省，截至2022 年底，全省常住人口为 9872 万人，其中，居住在城镇的常住人口为 5633 万人，居住在乡村的常住人口为 4239 万人，全省人口平均密度为 591 人/平方千米。经过数千年尤其是中华人民共和国成立后的建设和发展，河南省已经成为中国重要的经济大省和交通运输中枢地区，也是国家"一带一路"建设的重要节点。

第一节　地理区位及其特征

一、地理区位

　　河南省位于中国中东部、黄河中下游地区，因大部分地区在黄河以南，故名"河南"。河南省界于北纬 31°23′～36°22′、东经 110°21′～116°39′，南北纵跨530 千米，东西横卧 580 多千米。河南省地处华北大平原的南部，周围与六个省区毗邻，东与山东、安徽接壤，西和陕西相邻，南接湖北，北连山西和河北，是全中国邻省较多的省份之一，[1] 如图 1-1 所示。

　　《尚书·禹贡》把天下分为九个区域，名曰"九州"①。河南省大部分地方属于九州之中的豫州，简称为"豫"。从古代九州的形势看，河南省居天下之中，故又称"中州""中原"②。

---

　　① 九州：冀州、兖州、青州、徐州、扬州、荆州、豫州、梁州、雍州。
　　② 古代的中原比今天河南省的范围要大得多。古代的中原除河南省外，还包括今河北省、山东省、山西省、陕西省、湖北省等地区。

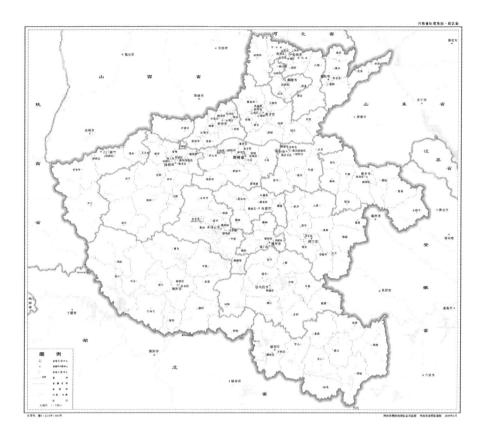

图1-1 河南省标准地图

河南省由于地理位置居中，古时即为全国重要驿道和漕运必经之地、商贾云集之所。从夏、商、周各代王朝多在河南省境内建都，到春秋战国时期，五霸七雄逐鹿中原，成为群雄兼并争霸的战略要地，再到北魏统一北方，隋朝统一全国，均以洛阳为中心。之后的唐宋时期，经济文化和对外贸易有很大发展并进入繁盛时期，北宋建都东京，河南省成为全国的政治中心。从历史上看，河南省既是全国的政治、经济、文化活动中心，又是兵家必争之地，古人称"得中原者得天下"，充分说明了河南省重要的战略地位。

如今的河南省在全国版图上，虽不像古代九州那样位居全国几何中心，但从政区和交通地位看，仍占据着中部区位。以河南省为中心，北至白山黑水，南到珠江流域，西至天山脚下，东抵东海之滨，大都只需跨越两三个省区。若以河南省省会郑州市为起点，北距京津唐，南下珠江三角洲，西入关中平原，东至宁沪杭等经济发达地区，直线距离均为1000千米，高铁通行时间在6小时以内，地理位置相当优越。因此，不论是与全国经济的联系，还是与相邻各省的物资人员交流，河南省均处于战略中心地位，这种居中的地理位置无论在古代还是今天，都具有重要的意义。

二、全国空间格局下的区位特征

1. 自古为兵家必争之地[2]

河南省地形西高东低、南拱北坦，形成了许多天然的关隘峡口。太行山和巍峨的豫西山脉耸立于省境之西；蜿蜒起伏的桐柏山脉、大别山脉拱卫于省境之南；省境东部为辽阔的黄淮海平原。

豫西山脉是秦岭的东延部分，秦岭进入豫西向东呈扇状展布，自北向南有小秦岭、崤山、熊耳山、外方山、伏牛山。小秦岭主峰老鸦岔海拔 2413.8 米，为河南省的最高峰。伏牛山是豫西山地的主体，山势雄伟高耸，海拔 1000～2000 米，被誉为全省的屋瓴。桐柏-大别山脉海拔一般在 1000 米以下，为淮河、长江的分水岭。太行山脉与豫西山脉之间的黄河两岸分布有黄土丘陵区。豫中河谷平原上屹立着巍峨峻峭的五岳之一——中岳嵩山。

河南省境内大河纵横，水系众多，大小河流分属于黄、淮、海、汉四大水系。北部的卫河、漳河流入海河；西南部的丹江、湍河、唐白河注入汉水。河南省境西南部的南阳盆地是省内最大的盆地，三面环山，向南敞开。伊洛河平原和太行山山前平原，气候温和，土地肥沃，与南阳盆地一样，早就是人类活动的中心地域。

河南省西部、南部群山拱卫，有众多独特的关隘峡口。西北济源县封门口，古为太行山八陉之一，为河南省通向山西高原的要隘；西部灵宝县函谷关，关城置于谷中，形势险要，为洛阳市、西安市间的要冲；西南淅川县荆紫关是沟通南阳盆地与陕南商洛地区的要道；南部信阳县的义阳三关（武胜关、平靖关、九里关），是通达两湖地区的天然关隘。古代兵家利用这些关隘要冲调兵遣将，出奇制胜。广大的豫东地区平原广袤，河川纵横，物产丰富，交通便利，历来为兵家大规模决战的舞台。

河南省居中的地理位置和险要地势，历史上一向是全国政治、军事、经济方面的战略要地。古人称："当取天下之日，河南省在所必争。"历史上一些大规模的战争和战乱多以河南省为中心地域展开，共有 19 个王朝先后在河南省建都。春秋列国纷争，战国七雄称霸，魏晋南北朝和北宋末期的大分裂、大混战，河南省均属于兵家必争的中心地带之一。一些著名战役，如周武王讨伐商纣的牧野之战（于今荥阳县）、西汉末绿林军与王莽的昆阳之战（于今叶县）、东汉末曹操击溃袁绍的官渡之战（于今中牟县）等均在中原地区展开。一些农民战争的策源地和战场也多发生在河南省，如隋末瓦岗军在今滑县起义、唐末黄巢军在今长垣东北起义、元末刘福通北上攻取汴梁等。

历史进入近现代，中原仍为战略要地。近代军阀混战，河南省是敌对双方的争夺要地；抗日战争时期，河南省是中国人民在华北、华中对日作战的心脏和神经中枢；解放战争时期，河南省建立了不朽的功勋。尽管现代战争的形式和规模同历史上的战争有所不同，但中国腹地河南省，仍处于不容忽视的重要军事战略地位。

"血沃中原肥劲草，寒凝大地发春华。"为了推翻压迫人民的剥削制度，半个世纪以来，河南省人民在中国共产党的领导下，进行了艰苦卓绝的斗争，谱写了一部部反帝、反封建的光辉历史。1923年2月7日，京汉铁路工人举行了震惊中外的"二七"大罢工；1925年7月，焦作煤矿工人举行了长达八个月之久的罢工，全省各地农民也纷纷起来参加了革命斗争；1925年，由萧楚女主编创办了《中州评论》；1926年，成立了河南省农民协会；1927年，召开"河南全省武装农民代表大会"，在这个时期，成立了河南省总工会并恢复京汉铁路总工会；等等。这些在建党初期发生在河南省的革命事件，有力地推动着河南省革命斗争的深入发展。著名的商城起义，建立了中国工农红军第十一军三十二师。此外，确山暴动、固始大荒坡农民暴动、荥阳暴动等，都是在中国共产党领导下的有影响的革命斗争。在长期的斗争中，河南省建立了豫陕区委、鄂豫皖苏区委和河南省委等党的领导机构。李大钊、王若飞、萧楚女等一些党的早期领导人，都曾到河南省指导和参加革命活动。

抗日战争时期，河南省分别属于太行、太岳、豫皖苏、鄂豫、豫西五个根据地。1938年，党中央决定成立中原局，刘少奇任书记，领导黄河以南广大地区的抗日斗争。中原局和河南省委机关设在确山县的竹沟镇。当时的河南省就成为抗日战争时期中国共产党在华北、华中对日作战的心脏和神经中枢。

第三次国内革命战争时期，河南省人民积极参加并支援解放战争。1947年6月，刘伯承、邓小平率领主力部队强渡黄河，挺进大别山。1947年8月，陈赓等率领太岳兵团从晋南渡河，挺进豫西地区。1948年11月，涉及河南省东部的淮海战役开始了，最后在豫东地区取得了伟大胜利。在中国共产党的英明领导下，河南省人民为抗击日寇和建立中华人民共和国做出了巨大的贡献，在我国革命史上写下了光辉的一页。

2. 联结四方的交通枢纽

河南省在南北方向上居全国之中，在东西方向上则居中偏东，虽不处于全国疆域的几何中心位置，但由于中国东部地区开发较早，经济和人口比重远大于西部地区，河南省仍处于居"中"的特殊地理位置。河南省是中国承东启西、连南贯北的综合交通枢纽中心和战略腹地，拥有发达的铁路、高铁、公路、航空、地铁、水运、运输管道等综合交通枢纽体系。

历史上，河南省水运四通八达。行船沿黄河西行可通关中，北经卫水可抵幽燕，自疏通鸿沟水系，连接淮河水系，可经长江，直达东海。陆路交通以铁路起步较早。1899~1906年筑成平汉路，1905~1931年修通省境内的陇海路后，河南省在全国铁路交通中枢纽地位的基本格局已经形成。

河南省地处全国铁路网中心，是重要的铁路枢纽。京广、京九、太焦、焦柳、陇海、宁西、侯月、新月、新菏等数十条国家干线铁路及京广、郑西、郑徐、商杭、郑合、郑渝、郑济、郑太、京雄商、京九、呼南等数十条国家高铁干线在河南省交汇，以郑州市为中心的中原城市群城际轨道交通网系统构成了河南省密集的城际轨道交通网络体系。郑州北站是亚洲最大的列车编组站，郑州站是全国较大的客运站之一，素有中国铁路心脏之称，郑州东站是全国唯一的一座"米"字形高铁枢纽，建设中的郑州南站与运营中的郑州东站并列为全国第二大高铁枢纽站。截至2022年底，河南省铁路营业里程6331.7千米，其中高铁营业里程2195.52千米。境内除有全国十分重要的郑州铁路枢纽外，还有洛阳市、南阳市、信阳市、商丘市、新乡市、焦作市等铁路枢纽。

河南省公路交通四通八达，境内有京港澳高速、连霍高速、济广高速、大广高速、洛宁高速等17条国家高速公路大动脉及50余条区域高速公路及105、106、107、207、220、310、311、312、343等23条国道，国道路网通达能力居全国前列。截至2022年底，河南省高速公路通车里程8009.38千米，居全国第八位，高速公路网密度居全国第九位。农村公路面貌有较大改善，全省所有乡（镇）和行政村已全部通柏油路和水泥路。

河南省航空运输事业发展迅速，全省拥有郑州市、洛阳市、南阳市三个民用机场，郑州新郑国际机场是4F级国际枢纽机场和国内一类航空口岸，截至2023年底，郑州新郑国际机场开通客运航线208条，客运通航城市116个，开通全货机航线34条，货运通航城市40个，货邮吞吐量达到60.9万吨。

河南省依托郑州航空港经济综合实验区、中原国际陆港和郑州铁路国家一类口岸，构建了以中欧班列（郑州）为载体的中欧、中亚陆路走廊，开行班数、货重、货值均居中欧班列前列。河南省依托海关特殊监管区，打造"买全球、卖全球"跨境贸易走廊，交易规模、分拨能力、监管创新保持全国领先水平。以中国（河南）自由贸易试验区为引领，郑州市已成为中国内陆地区功能性口岸最多的城市。

3. 承东启西的中间地带

我国幅员辽阔，东部、中部和西部之间，经济发展水平悬殊，从东至西明显存在着东部沿海经济发达地区、中部经济较发达地区、西部内陆欠发达地区的梯度递变规律。河南省地处沿海开放地区与中西部地区的接合部，是我国经济由东向西梯次推进发展的中间地带，使其在客观上担负着承东启西的重要桥梁和纽带作用[3]。河南省不邻海岸，不具备沿海口岸的有利条件，但距北方的几个口岸，如连云港市、青岛市、天津市等并不远。再者，全国的两条铁路大动脉纵横贯穿境内，通过铁路交通遥相呼应与沿海港口直接沟通，弥补了缺少口岸的缺陷。中国幅员辽阔，人口众多，各地的自然环境、资源条件、经济技术基础、社会发展水平的差异很大。采取"梯度推移"的区域经济发展战略将有效地发挥投资效益，逐步实现生产力的合理布局和国民经济的均衡发展。河南省立足于本省的资源优势和便利的交通条件，加速开发，增强实力，实行能源、资源支东，技术、资金移西，为国家中远期发展战略重点逐步移向中部、西部创造条件。以中原城市群为依托，在"米"字形高铁基础上积极拓展，推动郑、汴、洛、焦、新、许各城市之间交通、通信、物流、贸易、金融、产业等方面的深度融合，打造一批富有竞争力的"一带一路"节点城市。不仅对陇海-兰新干线地区经济带和京广沿线地区经济带的形成和发展关系重大，而且对全国经济社会的发展和区域经济新格局的形成，具有重要的战略意义。

经过"十三五"时期的快速发展，河南省经济大省的地位逐步确立。截至2022年底，河南省国民经济主要指标均位居全国前列。2022年河南省全省生产总值为61345.05亿元，占全国国内生产总值的5.07%，经济总量居全国第5位；2022年全年人均生产总值为62106元，规模以上工业企业资产达到60206.77亿元。河南省的国内生产总值、全社会固定资产投资、农林牧渔业增加值、粮食产量、规模以上工业增加值、社会消费品零售总额等总量指标一直保持中部地区首位。河南省已实现从人口大省和农业大省向经济大省和新兴工业大省的历史性跨越，在全国经济发展中占有重要地位。

三、全球空间格局下的区位特征

1. "丝绸之路经济带"的重要节点

河南省处于"丝绸之路经济带"西向、南向和连接海上丝绸之路的交会点，历史上是构成丝绸之路经济走廊的重要区域，郑州、洛阳两市成功列入国家丝绸之路经济带规划的重要节点城市，是"一带一路"建设的支撑点和桥头堡，具有得天独厚的优越区位。近年来，河南省又着力推进基础设施建设，大力发展航空、铁路、公路等基础产业，现已形成了较为完备的现代综合交通体系，特别是郑欧国际货运班列的开通，更畅通了我国中部地区直达欧洲的物流通道。

郑欧班列首创河南省直达欧洲的铁路运输模式，经中国新疆维吾尔自治区阿拉山口市出境，途经哈萨克斯坦、俄罗斯、白俄罗斯和波兰，最终到达德国汉堡，沿途共经过6个国家，全程10214千米，运行时间为16~18天，通过铁路班列，把西欧主要经济体联系起来；通过亚欧大陆桥，把河南、郑州与欧洲的经济连为一体。据统计，截至2022年底，中欧班列（郑州）承运的货物种类多达1300余种。出口货物主要有笔记本电脑、玩具、服装鞋帽、工艺装饰、陶瓷、机械配件、电动平衡车、模具、绿植花卉等。其中，占比较高的是机械类和服装类，分别占比30%、20%。进口货物包括汽车及配件、机电设备及配件、高档材料、卫浴厨具、电缆、粮油乳品、酒水饮料等，占比较高的是机械类和食品类，分别占比35%、22%。中欧班列（郑州）累计开行超过1000班，实现每周"去八回八"的高频次运营。郑州-卢森堡"空中丝绸之路"实现每周18班全货机满负荷运行，2022年郑州机场旅客吞吐量为922万人次，货邮吞吐量为62.5万吨，货邮吞吐量增速位列全国第6。

2. "一带一路"沿线人力资源优势向产业技术优势转变的重要区域

河南省是人口大省，截至2022年底，全省常住人口达到9872万人，劳动力约占58.18%。丰富的劳动力会吸引企业来到河南省，并且利用河南省交通枢纽的区位特征，将产品运送到世界各地。富士康就是一个例子，当时沿海劳动力成本增加，富士康考虑在内地建厂，河南省能够从众多竞争者中脱颖而出，正是因为其在人力资源上的巨大优势。

目前，河南省正在把这种劳动力优势转化为产业技术优势，随着"一带一路"建设的推进，将会有大量的资本、项目、技术和人才等优势资源从东部转移到中西部，向沿线地区倾斜，培育出众多新的经济增长极。同时，"一带一路"沿线大多为新兴经济体和发展中国家，普遍处于经济发展的上升期，且发展需求、经济结构与河南省的产业结构和技术基础有许多相似之处，开展互利合作的前景广阔。河南省丰富的劳动力资源优势，在"一带一路"建设中定能得到充分发挥，河南省与沿线国家的合作将会进一步促进河南省经济的发展与产业结构的升级。

3. "走出去"倡议下发展外向型农业的优势区域

"一带一路"倡议出台后，中欧班列的开通给予河南省农产品更多的出口渠道。河南省有地理位置、交通运输的相对优势，有"一带一路"政策的扶持，为河南省农产品"走出去"提供了历史的发展机遇。

河南省作为农业大省，总量上有很强的竞争力。2022年河南省农产品贸易总额286.6亿元，同比增长22.3%，其中出口额为182.2亿元，增长27.6%，出口额位居全国第8。河南省主要出口的农产品有蔬菜类产品、肉类、干鲜瓜果及坚果，其中蔬菜类产品是全省第一大出口农产品，占全省农产品出口总额的58.2%，2022年出口额达106.1亿元，同比增长18.7%[4]。2022年，河南省在资金投入、农产品出口基地建设、扶持农产品出口企业发展、提升农产品质量、落实出口品牌认定等方面都有重要举措，有效地促进了全省农产品的出口。随着"一带一路"的发展，河南省应积极发挥农产品优势，发展外向型农业，积极推动农产品"走出去"倡议，带动农业经济的发展。

河南省作为农业大省，要把握好自身定位，可以借鉴大农场、大公司、农工商一体化的形式，充分发挥农业科研、生产、推广、管理等方面的优势，在"一带一路"建设下加强同沿线国家和地区的交流合作，推动河南省农业在国际市场上"走出去"。比如，哈萨克斯坦小麦产量很大，但农产品加工能力相当弱，果蔬罐头、糖、肠类制品、奶油等超过五成依靠进口，河南省可以与其在产品交流上广泛开展合作。此外，河南省农产品要实施品牌战略，鼓励扶持一批规模企业形成自己的品牌，把上下游企业联系起来，共同打造产业链，打造知名农产品品牌，提升河南省农产品同其他国家或地区农产品竞争的实力。

第二节　自然地理环境

自然地理环境，也称自然条件，是指与人类社会经济活动有关的各种自然要素，主要包括地质地貌、气象气候、水文、土壤、生物等，是区域经济活动的基础[5]。

一、地貌条件

我国地势西高东低，呈阶梯状分布，三级阶梯分布明显。从地形区位来看，河南省位于我国第二阶梯向第三阶梯的过渡带上，地处秦岭山系余脉东端和华北大平原西南部位置。大致以京广铁路为界，河南省西部位于我国地势的第二级阶梯上，为绵延起伏的山地；东部位于我国地势的第三阶梯上，为面积辽阔的黄淮海大平原，即华北平原的重要组成部分——豫东平原。河南省的西南部有富饶的南阳盆地，该盆地是南襄盆地的组成部分，在河南省西部山地与东部平原之间广泛分布着低山丘陵。全省西高东低，以平原为主，从西向东的地貌剖面为中山-低山-丘陵-洪积冲积平原-冲积平原或冲积湖积平原，构成了比较完整的地貌组合，形成了由西向东逐级下降的阶梯状地势，如图1-2所示。

河南省的山地集中分布在豫北、豫西和豫南地区，大多数为中山和低山。山地面积约为4.4万平方千米，占全省土地面积的26.6%。主要有三大块，即豫西北的太行山、豫西的秦岭东缘山地和豫南的桐柏-大别山地。西北部的太行山为晋豫界山，有典型的断块山特点。豫西山地为秦岭的东延部分，面积约占全省山地丘陵总面积的70%，诸支脉向东、南、北扇状展开，渐次降低。桐柏-大别山地横亘鄂豫边界，向东伸入安徽省，成为长江和淮河的分水岭。总的来说，河南省的山地以低山、丘陵为主，只有少数中山散布其间。山区各种地貌类型齐全，组合较好，如豫西山地为本省高峻的山区，其组成为：中山、低山分别占35%和40%，丘陵占15%，河谷平原和盆地占10%。因此，除少数几个深山县外，一般山区县都有一定面积的河谷平原和盆地，从而也有一定的种植资源。这种内部组合对于交通困难、人口较密的河南省山区来说非常宝贵，是开发山区、发展山区商品生产的重要前提之一。

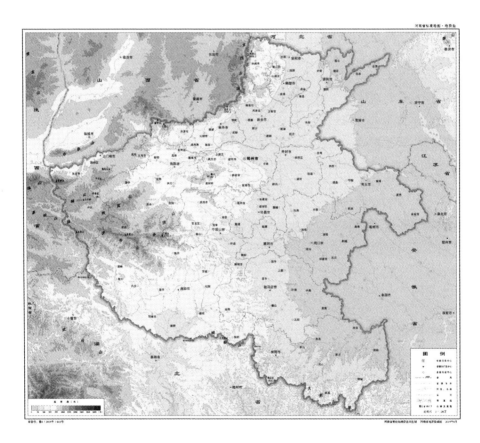

图1-2　河南省自然地理示意图

丘陵主要分布在豫西北部分地区、豫西山地的东缘和豫南山地北部边缘，多与山地相伴分布。丘陵总面积有3万平方千米，占全省面积的17.7%。丘陵主要是石质丘陵和黄土丘陵，多数丘陵是低山经过长期风化侵蚀而成的石质丘陵，大部分属于山脉的延伸部分或土地与河谷平原的过渡区。黄土丘陵主要分布在三门峡市、洛阳市的北部和黄河的南侧。

河南省的平原面积相当广阔，主要有豫东大平原、南阳平原（南阳盆地底部多属洪积平原，冲积-洪积平原）、豫西山地中诸如伊洛河中上游河谷平原、汝河中上游河谷中的许多带状河谷平原等，平原面积约有9.3万平方千米（包括1.19万平方千米的盆地），占全省总面积的55.7%，为我国平原面积较大的省份之一。广阔的平原土层深厚、土壤肥沃，有利于发展种植业，这也是河南省成为全国农业大省的先决条件。

豫东平原是华北大平原的一部分，南北长达500多千米，东西宽100~260千米，坦荡辽阔、土层深厚。豫东平原大致由三部分组成。西缘和南缘分别为太行山、伏牛山和桐柏山、大别山的山前洪积冲积平原，由山地流出河流的洪积扇在山前叠接而成，海拔在100~200米，地面有一定起伏，土壤肥沃，旱涝无虞，是本省农业的精华地带之一。黄河冲积平原是本省平原的主体，面积约占豫东平原的3/4，海拔在50~100米，以黄河河道为脊轴，分别向东北和东南方向倾斜，坡降甚缓。黄河冲积平原因历代黄河泛滥而形成，沙土面积大，次生盐碱化威胁严重，但因地势平坦、土层深厚，再加上中华人民共和国成立以来进行了大量的治水改土建设，大平原的潜在优势已经开始得到发挥。东南部的淮北冲积湖平原地势低平，海拔仅35~50米。多数没有受过黄河泛滥影响，地表物质以湖相、湖沼相的亚黏土和淤泥质沉积物为主，因此土质肥沃。目前洪涝灾害虽未根治，但农业生产潜力较大。豫东平原加上南阳盆地中部平原和伊洛河谷地等较为宽阔的河谷平地，使本省平原面积接近全省面积的2/3，比例之高在全国各省中仅次于江苏省，面积绝对数则稍过之。广阔的大平原和较好的水热条件为河南省现代化建设奠定了较为稳定的农业基础，并使河南省成为全国重要的农业大省。

河南省的风沙地貌也比较典型，集中分布在黄河冲积扇上。历史上，由于黄河河道频繁地决口与变迁，大量的泥沙物质广泛堆积在地表，经过长期的风力作用，逐渐形成了现今的地貌形态。其中，有风蚀而成的洼地，有风积而成的沙堆、新月形沙丘和纵向沙垄。松散干燥的沙土蓄水性差、有机质少，不利于农业生产。因此，大力加强植树造林、防风固沙以及改良沙土是值得关注的重要问题。

二、气候条件

河南省位于中纬度地带，气候比较温和，南北过渡性质极为明显，具有较为典型的大陆性季风气候特点；地跨我国暖温带及北亚热带边缘。亚热带气候与暖温带气候的分界大体位于河南省南部的平舆县-驻马店市区-桐柏县-唐河县-南召县-西峡县一带,此线以北的河南省广大地区,地处暖温带,此线以南的河南省南部,位于北亚热带边缘。河南省冬季寒冷少雨雪,春季干旱多风沙,夏季炎热多雨,秋季晴和凉爽。河南省大部分地区位于暖温带范围,年平均气温一般都在14℃上下,西部山区地势高,北部纬度较高,故年平均气温偏低,可低到13℃以下,而南部淮河干流以南,因已伸进北亚热带境内,气温较高一些,不过也在16℃以下。

从干湿程度看,河南省自北向南地跨我国半干旱区、半湿润区和湿润区。[6]河南省的新蔡县-驻马店市区-舞阳县-唐河县-邓州市-淅川县-西峡县-南召县-栾川县-卢氏县一线以南地区,位于我国湿润区,以北地区属半湿润区。

从气候的总体特征看,河南省地跨两大热量带、三种湿润区,兼有我国南北气候的特征,也具有典型的干湿过渡性质,使得本省不仅具有许多广域性的物种,而且有种类繁多的地带性物种;在农业生产种植制度上表现为从南向北的一年两熟被两年三熟所代替。

三、水文条件

河南省自北而南横跨海河流域、黄河流域、淮河流域和长江流域。河南省位于黄河中下游,黄河自西向东横贯河南省中北部,省境流经干流长达711千米,境内黄河流域面积达3.62万平方千米,占全省土地总面积的21.7%。河南省中南部属我国的淮河流域,省境淮河干流长417千米,境内淮河流域面积8.83万平方千米,占全省土地面积的52.8%,是河南省最大的流域,大致包括桐柏山、大别山以北,伏牛山、外方山以东,黄河南岸大堤以南的广大地区。淮河是我国暖温带与北亚热带、北方与南方的一条重要地理"分界线"。河南省西南部伏牛山南侧,顺沿倾斜地势发育的丹江、湍河、唐白河等,属我国长江流域。境内长江流域面积为2.72万平方千米,占全省土地面积的16.3%。河南省北部的卫河、漳河流入海河,属我国的海河流域。境内海河流域面积为1.53万平方千米,占全省土地面积的9.2%。

1. 海河流域水系

(1)卫河。卫河是河南省海河流域最大的河流,发源于山西省陵川县夺火镇,流经河南省博爱县、武陟县、修武县、获嘉县、辉县、卫辉市、浚县、滑县、汤阴县、内黄县、清丰县、南乐县,入河北省大名县,至山东省馆陶县秤钩湾与漳河相会后进入南运河。省境以上河长286千米,流域面积12911平方千米。卫河在新乡县以上名为大沙河,1958~1960年开挖引黄共产主义渠,1961年停止引黄后,成为排水河道,该渠在新乡县西永康村与大沙河汇合,沿卫河左岸行，截卫河左岸支流沧河、思德河、淇河后下行至浚县老观嘴村，复注入卫河。

（2）马颊河、徒骇河。马颊河、徒骇河是独流入渤海的河流。马颊河源自濮阳县金堤闸，流经清丰县、南乐县进入山东省，省界以上河长62千米，流域面积1034平方千米。徒骇河发源于河南省清丰县东北部边境、流经南乐县东南部边境后入山东省，省界以上流域面积731平方千米。

2. 黄河流域水系

（1）洛河水系。洛河发源于陕西省蓝田县境，流经河南省的卢氏县、洛宁县、宜阳县、洛阳市、偃师县，于巩义市神北村汇入黄河，总流域面积为1.9万平方千米，省内河长366千米，省内流域面积为17400平方千米。主要支流伊河发源于栾川县熊耳山，流经嵩县、伊川县、洛阳市，于偃师县杨村汇入洛河，河长268千米，流域面积为6120平方千米。伊、洛河夹河滩地低洼，易发洪涝灾害。

（2）沁河水系。沁河发源于山西省平遥县黑城村，由济源市辛庄乡火滩村进入河南省境内，经沁阳县、博爱县、温县至武陟县方陵村汇入黄河，总流域面积1.3万平方千米，省内面积3023平方千米，省内河长135千米。沁河在济源市五龙口镇以下进入冲积平原，河床淤积，高出堤外地面2~4米，形成悬河，其主要支流丹河发源于山西省高平县丹珠岭，流经博爱县、沁阳县汇入沁河，总流域面积3152平方千米，全长169千米，省内面积179平方千米，省内河长46.4千米。

（3）弘农涧、漭河。弘农涧和漭河是直接入黄河的山丘性河流。弘农涧（也称西涧河）发源于灵宝县芋园西，河长88千米，流域面积2068平方千米。漭河发源于山西省阳城县花野岭，在济源市西北的克井乡窟窿山入境，经孟县、温县在武陟县城南汇入黄河，全长130千米，流域面积1328平方千米。

（4）金堤河、天然文岩渠。金堤河、天然文岩渠均属平原坡水河道。金堤河发源于新乡县荆张村，上游先后为大沙河、西柳青河、红旗总干渠，自滑县耿庄起始为金堤河干流，流经濮阳县、范县及山东莘县、阳谷县，到台前县东张庄汇入黄河，干流长159千米，流域面积5047平方千米。天然文岩渠源头分两支，南支称天然渠，北支称文岩渠，发源于原阳县王禄南和王禄北，在长垣县大车集村汇合后称天然文岩渠，于濮阳县渠村入黄河，流域面积2514平方千米。由于黄河淤积，河床逐年抬高，仅在黄河小水时，天然文岩渠及金堤河的径流才有可能自流汇入，而在黄河洪水时常造成对两支流顶托，排涝困难。

3. 淮河流域水系

（1）淮河干流及淮南支流。淮河干流发源于桐柏县桐柏山太白顶，向东流经信阳市、罗山县、息县、潢川县、淮滨县等县境，在固始县三河尖乡的东陈村入安徽省境，省界以上河长417千米，淮河干流水系包括淮河干流、淮南支流及洪河口以上淮北支流，流域面积21730平方千米。息县以下，两岸开始有堤，至淮滨，河长99千米，河床比降为1/7000，河宽2000余米。由于淮河干流排水出路小，防洪除涝标准低，致使沿淮干和各支流下游平原洼地易发洪涝灾害。南岸主要支流有浉河、竹竿河、寨河、潢河、白露河、史河、灌河，均发源于大别山北麓，呈西南-东北流向，河短流急。

（2）洪河水系。洪河发源于舞钢市龙头山，流经舞阳县、西平县、上蔡县、平舆县、新蔡县，于淮滨县洪河口汇入淮河，全长326千米，班台村以下有分洪道长74千米，流域面积12325平方千米。流域形状上宽下窄，出流不畅，易成水灾。汝河是洪河的主要支流，发源于泌阳县五峰山，流经遂平县、汝南县、正阳县、平舆县，在新蔡县班台村汇入洪河，全长222千米，流域面积7376平方千米。臻头河为汝河的主要支流，发源于确山县鸡冠山，于汝南县汇入汝河，河长121千米，流域面积1841平方千米。汝河另一主要支流为北汝河，发源于西平县杨庄村和遂平县嵖岈山，经上蔡县、汝南县汇入汝河，河长60千米，流域面积1273平方千米。

（3）颍河水系。颍河水系位于河南省腹地，是淮河流域最大的河系。在河南省境内，颍河水系俗称沙颍河水系，以沙河为主干，周口市以下至省境段也俗称沙河。此处仍以颍河为主干记述。颍河发源于嵩山南麓，流经登封县、禹州市、襄城县、许昌县、临颍县、西华县、周口县、项城县、沈丘县，于界首入安徽省。省界以上河长418千米，流域面积3.4万平方千米。颍河南岸支流有沙河、汾泉河，北岸支流有清河、贾鲁河、黑茨河。

（4）豫东平原水系。豫东平原水系主要有涡惠河、包河、浍河、沱河及黄河故道。涡惠河是豫东平原较大的河系。涡河发源于开封县郭厂村，经尉氏县、通许县、杞县、睢县、太康县、柘城县、鹿邑县入安徽省亳州县，省境以上河长179千米，流域面积4226平方千米。其主要支流惠济河发源于开封市济梁闸，流经开封市、杞县、睢县、柘城县、鹿邑县，进入安徽亳县境汇入涡河，省境以上河长166千米，流域面积4125平方千米。包河、浍河、沱河属洪泽湖水系。浍河发源于夏邑县马头寺，经永城入安徽省。省内河长58千米，流域面积1341平方千米。较大支流有包河，流域面积785平方千米。沱河发源于商丘县刘口集，经虞城县、夏邑县、永城市进入安徽省，省内河长126千米，流域面积2358平方千米。较大支流王引河和虬龙沟河，流域面积分别为1020平方千米和710平方千米。黄河故道是历史上黄河长期夺淮入海留下的黄泛故道，西起兰考县东坝头，沿民权县、宁陵县、商丘市、虞城县北部入安徽省，省境以上河长

136 千米，流域面积 1520 平方千米，两堤间平均距离为 6~7 千米，堤内地面高程高出堤外 6~8 米。主要支流有杨河、小堤河以及南四湖水系万福河的支流黄菜河、贺李河等。

4. 长江流域水系

河南省长江流域汉江水系的河流有唐河、白河、丹江，均发源于山丘地区，源短流急，汛期洪水骤至，河道宣泄不及，常在唐、白河下游地区引发灾害。

（1）白河。白河发源于嵩县玉皇顶，流经南召县、方城县、南阳县、新野县出省。省内河长 302 千米，流域面积 1.2 万平方千米。主要支流湍河发源于内乡县关山坡，流经邓州市、新野县入白河，河长 216 千米，流域面积 4946 平方千米，其余支流为赵河和刁河。

（2）唐河。唐河上游东支潘河，西支东赵河，均发源于方城县，在社旗县合流后称唐河，经唐河县、新野县后出省。省内干流长 191 千米，流域面积 7950 平方千米，其主要支流有泌阳河及三夹河。

（3）丹江。丹江发源于陕西省商南县秦岭南麓，于荆紫关附近入河南省淅川县，经淅川老县城向南至王坡南进湖北省汇入汉江。河南省境内河长 117 千米，流域面积 7278 平方千米。主要支流老灌河发源于栾川县伏牛山水庙岭，向南经西峡县至淅川老县城北入丹江，河长 255 千米，流域面积 4219 平方千米。支流淇河发源于卢氏县童子沟村，于淅川县荆紫关东南汇入丹江，河长 147 千米，流域面积 1498 平方千米。

各大河流的干支流修建了一些大中小型水库，如黄河干流上的三门峡水库、小浪底水库，支流伊河上的陆浑水库；长江支流汉水上游的丹江口水库；淮河上游的板桥水库、石漫滩水库等，都为河南省的农业发展提供了丰富的水资源。地下水分布因区域水文地质条件不同，浅层地下水的补排方式各异，一般山丘岗台区浅层地下水资源没有平原地区浅层地下水资源丰富。

四、土壤条件

河南省自然条件复杂，人类活动地域差异明显，形成了多种多样的土壤类型，既有在森林植被下发育形成的棕壤、褐土和黄棕壤等自然土壤，也有在冲积平原区深受人类活动影响的潮土、砂礓黑土等农业土壤。

淮南和南阳盆地周围的山地丘陵主要是黄棕壤，淮河以北的中山山地为棕壤，黄土丘陵区和伏牛山、太行山前的丘岗地区为褐土。广大的豫东平原和南阳盆地底部为潮土、砂礓黑土和盐碱土，经过长期水耕熟化的稻区则发育为水稻土。

潮土是河南省分布面积最大的土壤，又可按土质分为沙土、淤土、两合土三个土属。目前除粗沙土外，潮土区均已开垦为农田。砂礓黑土是河南省面积较大的平原土壤，土质黏重，水分物理性状差，内外排水不良，下部常有砂礓阻隔。但有机质含量较高，有较大的潜在肥力。盐碱土主要分布在黄河两岸，尤以沿黄的背河洼地最为集中。盐碱土由于含盐量过高而影响作物生长，重度盐碱土则寸草不生，成为盐碱荒地。经过长期治理，河南省盐碱土面积已逐渐缩小。水稻土主要分布在淮南稻区，有机质含量偏低，耕作层欠疏松，肥力水平逊于长江下游的水稻土，但仍不失为河南省的高产土壤。褐土是河南省黄土地区和丘岗地区的主要耕作土壤，肥力尚好，但极易发生水土流失，是河南省需要采取水土保持措施的主要土类。棕壤面积不大，主要分布在中山山地，一般土层较薄，土层厚度变化大，是河南省西部和北部的主要林土土壤。桐柏-大别山区和南阳盆地周围的黄棕壤酸度较大，腐殖质含量也较高，是河南省亚热带林木，特别是茶树、油桐、油茶等经济林木的适宜性土壤。

河南省土壤分布既有地带性规律，也有非地带性规律。从宏观上看，除东南部大别山土地一隅外，大致以京广铁路为界分为东西两大部分。京广线以西是山地，包括太行山、秦岭向东延伸的余脉、桐柏山以及大别山的一部分，广泛分布着棕壤、褐土、黄棕壤和黄褐土，地带性规律表现十分明显；京广线以东是广阔的豫东平原，广泛分布着潮土和砂礓黑土等土壤类型，非地带性规律表现非常明显。

五、生物资源条件

河南省地形复杂，气候兼有南北特色，土壤类型多样，为多种多样的生物提供了理想的栖息地，因此，河南省生物种类较为丰富[7]。

据不完全统计，全省高等植物约有199科、1107属、3830种（另有报道，全省有维管束植物近4000种），分别占全国总数的63.5%、34.7%、14.1%。其中，蕨类植物29科、73属、255种，分别占全国总数的55.7%、35.7%、9.8%；裸子植物10科、25属、75种，分别占全国总数的100%、73.5%、38.8%；被子植物160科、1009属、3500种，分别占全国总数的63.7%、34.2%、14.3%（见图1-3）。在河南省植物组成中，草本植物所占的比重相当大，全省共有139科、602属、1369种。

河南省动物种类也较丰富，已知的陆栖脊椎动物有400余种，约占全国总数的20%（另有报道，占全国总种数的20.4%）。其中，哺乳类60种，占全国总数的14.49%；鸟类300种，占全国总数的25.53%；爬行类35种，占全国总数的11.11%；两栖类23种，占全国总数的11.73%。全省共有鱼类10目、17科、63属、105种。再加上无脊椎动物等，其动物种类更为广泛（见图1-4）。

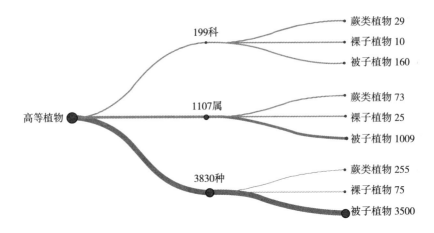

图 1-3　河南省高等植物种类划分

资料来源：河南省资源概况（http://www.doczj.com/doc/c911205448-2.html）。

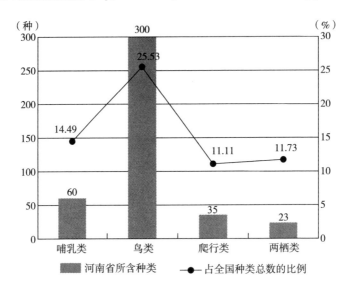

图 1-4　河南省陆栖脊椎动物种类数量

资料来源：河南省资源概况（http://www.doczj.com/doc/c911205448-2.html）。

　　河南省西部山地丘陵地区，气候垂直地带性明显，人类活动相对较弱，植被主要是森林、灌草丛。大别山和桐柏山区的森林植被主要由落叶阔叶林和针叶林组成。伏牛山森林的建群种主要是栓皮栎、锐齿槲栎。太行山区森林的建群种主要是栓皮栎和槲栎，少数山顶上分布着油松林、华山松林和白波松林。在低山丘陵区，若人类活动较弱则分布栎林；若人类活动频繁则栎林大多被破坏，取而代之的是杂木林和蚕坡栎林。山区自然条件复杂，人烟稀少，为野生动物的栖息和繁衍提供了良好的场所，所以全省的大型哺乳动物几乎都集中分布于此，如狍、麝、貉、青羊、豪猪、果子狸、猕猴、金钱豹。其他动物如鸟类、爬行类、昆虫类等也较多，使这里的森林生态系统呈现出一派生机。

河南省京广铁路以东的广大平原区及伊洛河谷地和南阳盆地，地势坦荡，人类活动频繁而深刻，自然植被早已被砍伐，形成了大面积农田。该地植物较为单一，淮河以北地区以小麦、玉米、高粱、谷子、大豆、花生、红薯、棉花等旱地作物为主，水稻面积较小。淮河以南地区的农作物以水稻为主，旱地作物面积较小。平原地区的树木均为人工栽种，集中分布在道路两旁和村庄附近，主要树种为榆、柳、杨、刺槐、泡桐、臭椿等。另外，农田中有大量的杂草，以禾本科、莎草科、菊科为主。平原区的动物种类也不多，几乎没有大型兽类，但啮齿类动物很多，鸟类中的麻雀也很多。家庭人工饲养的动物主要有牛、马、骡、驴、猪、鸡、兔、羊等。

第三节　人文地理环境

一、外部经济空间关系

河南省地处中原，受地质、自然和社会经济等因素的综合影响，形成了独特的人文环境。全省土地类型复杂多样，具有优良的农业发展条件，是我国重要的农副产品基地。河南省地层较齐全，地质构造复杂，是我国重要的矿产资源省份之一，为工业发展提供了有利条件。气势磅礴的名山大河、丰富多彩的中原文化、绚丽多彩的风土人情等为河南省旅游事业的发展提供了得天独厚的条件。此外，作为人口大省，河南省在提供优质劳务输出方面也做出了突出的贡献。

1. 中国重要农副产品的主产区

河南省光照充足，热量丰富，作物可一年两熟或两年三熟；雨量适中，雨热同季，为发展农业提供了良好的气候条件。省境内土壤类型多样，植被具有南北兼备的特征。在栽培植物方面，不仅有地带性的作物、树种，还有泛域性的作物、树种。

全省山地丘陵面积7.4万平方千米，平原盆地面积9.3万平方千米。山地丘陵地区，林木茂密，生物繁盛，有开发林牧之利。平原盆地、沃野平畴、土层深厚，有开发农垦渔盐之利。耕地面积1.22亿亩，占全省土地面积的48.61%，人均耕地面积与全国人均耕地水平大体相当。

河南省的农耕历史悠久，粮食作物和经济作物在全国久负盛名。自然条件为小麦生长提供了最适宜的生态环境，播种面积常年保持在 540 万公顷，占全省农作物播种总面积的 37.60%，在播种面积、总产量和产品质量方面，河南省小麦均位居全国第一。河南省是全国重要的产棉区之一，棉花生长的生态环境很好，除了满足本省所需，还可供应外省及向国外出口。花生、大豆、红麻等产量均居全国前列。河南省既有广阔无垠的大平原，又有长期耕作经验，是全国发展农产品生产的重要商品生产基地。河南省还具备发展饲养业、渔业和养殖加工业的有利条件。生猪、山羊、山羊板皮、兔毛、鲜蛋的产量均居全国前列，南阳黄牛、泌阳驴、密县寒羊、固始鸡以及南阳的柞蚕等闻名中外（见表 1-1）。河南省水域面积虽不大，但可以充分利用坑塘、水库养鱼。鱼类分布广、价值高，尤其是黄河鲤鱼在全国享有盛誉。此外，对野生生物资源和农作物秸秆等进行采摘和深加工的副业也有很好的基础及广阔的发展前景。

表 1-1　2022 年河南省主要农副产品产量及占全国比重　　单位：万吨

项目	小麦	棉花	花生	黄红麻	猪肉
河南	3812.71	1.36	615.41	0.50	434.89
全国	13772.30	598.0	1832.90	2.50	5541.4
占全国比重（%）	27.68	0.23	33.57	0.20	7.84

资料来源：《河南统计年鉴》（2023）和《中国统计年鉴》（2023）。

此外，河南省的果品资源也相当丰富。山区的苹果、板栗、山楂、大枣、猕猴桃，以及沙区的葡萄、西瓜等，产量很高，质量好，发展潜力大。总之，河南省具备发展农业的优越条件，是全国重要的农副产品基地，对全国农业的稳定和发展具有举足轻重的意义。

2. 中国重要的能源、原材料基地

河南省蕴藏着丰富的矿产资源，是全国矿产资源大省之一。目前全省已发现各类矿产 126 种，已探明储量的矿产 73 种。在已探明储量的矿产资源中，居全国首位的有钼、蓝晶石、红柱石、天然碱、伊利石黏土、水泥配料用黏土、珍珠岩、霞石正长岩 8 种。河南省优势矿产可归纳为煤、石油、天然气"三大能源矿产"，钼、金、铝、银"四大金属矿产"，耐火黏土、水泥灰岩、天然碱、珍珠岩、蓝石棉、盐、石英砂岩"七大非金属矿产"。丰富的矿产资源为河南省工业发展提供了有利的条件。

依托丰富的资源，河南省形成了以冶金、建材、机械、电子石油、化工、轻纺、食品等为主体，门类齐全，具有一定规模的工业体系（见表 1-2）。

表1-2　2022年河南省主要工业产品产量及占全国比重

项目	原煤 （亿吨）	原油 （万吨）	发电量 （亿千瓦时）	成品钢材 （万吨）	水泥 （万吨）
河南	0.97	236.2	3190.36	4158.02	11436.85
全国	45.59	20472.24	88487.12	134033.48	212927.18
占全国比重（%）	2.12	1.15	3.60	3.10	5.37

资料来源：《河南统计年鉴》（2023）和《中国统计年鉴》（2023）。

3. 中国的文化资源大省

河南省历史悠久，文化光辉灿烂，文化资源极其丰富，在中国文化发展史上，河南省始终占据着重要的地位，丰富的文化资源为河南省建设文化强省提供了得天独厚的条件。

（1）历史文化厚重，文物古迹众多。河南省重点文物保护单位、地下文物数量、馆藏文物数量均居全国前列。截至2022年底，河南省有全国重点文物保护单位419处，洛阳龙门石窟、安阳殷墟被列为世界文化遗产。在中国七大古都中，河南省有三个，即殷商古都安阳、九朝古都洛阳、八朝古都开封。全省有洛阳市、开封市、安阳市、郑州市、南阳市、商丘市、浚县、濮阳市八座国家级历史文化名城，有淅川县荆紫关镇、禹州市神垕镇两座中国历史文化名镇。2022年全省有博物馆400座，藏品1456847件，河南省博物馆馆藏文物约17万余件，其中国家一级文物与国家二级文物5000多件。尤以史前文物、商周青铜器、历代陶器、金简等珍贵文物最具特色。

河南省历史文化遗迹丰富。安阳殷墟被国家文物部门列为20世纪中国100项重大考古发现之首，洛阳龙门石窟是中国三大石窟之一，洛阳白马寺为中原第一古刹，嵩山少林寺是我国北方武术的发源地。还有新郑黄帝故里，巩义北宋皇陵，登封中岳庙、嵩阳书院、观星台，开封宋都御街、大相国寺、龙亭、包公祠、铁塔，偃师玄奘故里，安阳汤阴岳飞庙、羑里城（《周易》发源地），三门峡虢国墓地车马坑、函谷关，南阳武侯祠、张衡墓、医圣祠，商丘阏伯台（火的发源地）、燧人氏墓、花木兰祠和淮阳太昊陵等一大批名胜古迹。

（2）戏曲文化大省，有"戏曲之乡"之称。河南省地方戏有着悠久的历史。据记载，两汉和隋唐时期，洛阳是"百戏"活动的中心；"诸宫调"创始于开封，北宋杂剧则形成于开封。

河南省是我国传统戏曲的高密度区，戏曲品种丰富，有豫剧、曲剧、越调三大剧种，以及蒲剧、坠子等20多个小剧种。河南省豫剧享誉海内外，是中国著名的地方大戏，曲剧、越调等地方剧种魅力独特。豫剧《花木兰》《朝阳沟》《穆桂英挂帅》等在全国广为流传。近年来，豫剧《程婴救孤》《香魂女》《村官李天成》，曲剧《惊蛰》等大批优秀剧目获国家级奖励，豫剧《程婴救孤》荣获"全国十大文艺精品工程"。

河南省戏曲队伍庞大，2022年，河南省共有戏曲剧团近1478个，从业人员27939人。戏剧界涌现出很多艺术名家，如"人民艺术家"常香玉、豫剧表演艺术家马金凤、越调表演艺术家申凤梅等。河南省艺术舞台的繁荣令全国文化界瞩目，并被称为"河南省文化现象"。

（3）少林武术和陈氏太极拳的发源地。河南省嵩山少林寺是我国博大精深的少林武术发源地，是我国民间武术基地、中华武术的荟萃之所。温县陈家沟是中华太极拳之根——陈氏太极拳的故乡。大型原创舞剧《风中少林》摘取了中国舞蹈界最高奖项"荷花奖"金奖。近年来，以少林品牌的市场化推进为标志，河南省文化品牌的知名度不断提高。

（4）民间艺术种类繁多，"艺术之乡"遍布各地。各类民间文化艺术多姿多彩，其中，洛阳唐三彩、开封汴绣、朱仙镇木版年画、许昌钧瓷、平顶山汝瓷、南阳玉雕等民间工艺以及洛阳牡丹花会、宝丰马街书会、郑州少林武术节等民间盛事，在全国都有很大影响。以淮阳泥泥狗、汤阴剪纸、濮阳麦秆画、浚县泥塑、鹤壁黄河古陶为代表的民间工艺精彩纷呈。

目前，河南省文化产业已初具规模，文化基础设施日益改善。2022年，河南省共有艺术表演团体2323个，从业人员47554，艺术表演场馆237个，公共图书馆175个，总藏量4576.78万册。书法、美术、摄影艺术在全国占有重要位置，新闻出版业位居全国前列，网络文化、电子音像、动漫游戏等新兴产业势头强劲。

河南省对外文化交流日趋活跃，足迹遍及世界50多个国家和地区，文化交流内容涉及文物、戏剧、歌舞、杂技、美术等方面。

4. 中国的旅游资源大省

河南省是我国旅游资源大省，以拥有丰富的文化旅游资源著称，名胜古迹众多，具有发展旅游业的优势。洛阳市、开封市等8座城市已被列为国家级历史文化名城。登封少林寺、洛阳龙门石窟和白马寺、安阳殷墟、开封龙亭和大相国寺、巩义北宋皇陵等名胜古迹享誉海内外。河南省的少林拳、陈氏太极拳在国内外也颇有名气。河南自然旅游资源也相当丰富，比较著名的有嵩山、云台山、石人山、鸡公山等旅游景区及郑州邙山黄河游览区等。以古（古文化）、河（黄河）、拳（少林拳、太极拳）、根（寻根觅祖）、花（洛阳牡丹、开封菊花）为特色的旅游产业以及近年来开辟的郑州市、洛阳市、开封市"三点一线"沿黄之旅精品线路，已成为河南省旅游业的著名品牌。

丰富的旅游资源，为河南省旅游业的发展提供了得天独厚的条件。2019年，河南省旅游外汇收入约9.4696亿美元。2022年全省共接待国内游客43600万人次，旅游总收入3160亿元。旅游业的发展，对促进河南省社会和经济的发展起到了非常重要的作用。

5. 中国重要的劳务输出大省

河南省地处中原，历史上曾是兵家必争之地，再加上频繁的自然灾害，是中国人口迁移频繁、人口迁移量比较大的省份之一。在计划经济体制下，河南省人口基本上处于不能自由流动的封闭状态，人口的迁移流动主要是按计划进行的。改革开放以来，河南省人口迁移流动的原因、数量、流向和构成都发生了重大的变化。河南省成为中国重要的劳务输出大省，人口也由封闭状态实现了自由流动。

从历史上看，河南省人口省际迁出流动大致分为四个阶段：

第一阶段：1957~1962年。该阶段是我国发展国民经济第一个五年计划和第二个五年计划时期，人口的外迁主要是按计划进行的。迁出省外的人口中主要是移民垦荒、支援边疆的人员。1956~1958年，全省支边垦荒的移民达53万人。

第二阶段：1963~1977年。该阶段是中国历史上的"文化大革命"及十年动乱时期，经济发展遭到严重破坏，这一阶段河南省农村剩余劳动力日益增多，开始流向人少地多的边疆地区。

第三阶段：1978~1990年。该阶段处于改革开放初期，市场经济开始起步发展，人口实现自由迁移流动，但规模较小。第四次人口普查资料显示，1985~1990年，从河南省迁到外省的人口为59万人，从流出人口迁移的流向上看，由主要流向大西北转为流向经济发展较快的沿海省份。

第四阶段：1990年以后。该阶段我国经济保持高速发展，吸引了大批劳动力到新的地方谋求更好的发展。2000年全国第五次人口普查资料显示，1995~2000年，河南省由省内流往外省的人口为307万人，由省外流入的人口为48万人，净流出量为259万人。从流向上看，以流向经济发达地区为主。2000年以来，人口迁移流动的规模仍在不断扩大。据2008年人口抽样调查资料推算，河南省户籍人口中，迁出省外半年以上的人口达到了1000万以上，河南省成为全国第三大劳动力输出省份。

作为全国劳务输出大省，河南省每年向东部沿海地区输出大量的农村剩余劳动力。但从2011年起，河南省转移到东部地区的剩余劳动力出现了负增长，中部地区成为河南省剩余劳动力转移的主要区域。河南省剩余劳动力外省转移就业主要集中在广东省、江苏省、浙江省、上海市和北京市五个省市。

二、行政区划及内部历史沿革

河南省自原始社会开始,就是人类活动的中心地域。夏、商、周各代王朝大多在河南省境内建都。春秋战国时,五霸七雄逐鹿中原,河南省是群雄兼并争霸的战略要地。秦统一后实行郡县制,在今河南省境内设六郡。西汉设河南郡,为河南省得名的开始。东汉和西晋建都洛阳,隋唐以洛阳为东都。北宋建都于东京(今开封市),河南省成为全国政治、经济和文化中心。元置河南江北行省,明改为河南布政使司,清恢复河南省,省名至今未变。

1. 夏商周时期

河南省是我国历史上第一个奴隶制国家——夏王朝的诞生地。商朝 7 次迁都,4 次都在河南省境内。安阳殷墟是著名的商代后期都城遗址。在安阳殷墟发现的甲骨文,是世界上最早的文字,也是世界上最早的历史文献。西周以洛阳为东都,营造为王城和成周城,后周平王迁都洛阳。春秋时期,境内属秦、晋、楚、宋、卫、郑、陈、蔡诸国。战国时属韩、魏、赵、楚之疆。春秋战国时期,河南省在政治和思想文化领域涌现出许多著名的政治家、哲学家。春秋五霸和战国七雄逐鹿中原,这里是群雄兼并争霸的战略要地。

2. 秦汉晋隋时期

秦朝,是我国郡县制的开始,曾在今河南省境内设置叁川、南阳、颍川、河内、东郡、陈郡六郡。

西汉承秦制,仍设郡、县两级,并实行分封诸侯王国与中央直辖的郡交错分布。为了加强对郡、国的控制,又将全国分为司隶校尉部及 13 州刺史部,实际是监察区。河南省分属司隶校尉部及豫、兖、荆、冀 4 州管辖,设有弘农、河内、河南、颍川、汝南、陈留、南阳、魏郡等郡及淮阳和梁国 2 个诸侯王国。西汉设河南郡,为河南得名的开始。

东汉实行州辖郡、郡统县。河南分属司隶校尉部及豫、兖、荆、冀、扬 5 州管辖,设有弘农、河内、颍川、南阳、汝南、陈留、东郡、魏郡等郡及陈、梁 2 国。河南成为全国政治、经济、文化中心。东汉之后形成三国鼎立局面,三国时河南属魏国之地,魏先定都许昌,后迁都洛阳,仍设州、郡(国)、县 3 级,置 12 郡和梁国 1 国。

在三国以及两晋、南北朝时期,战乱连年,农业、手工业生产遭到严重破坏。西晋定都洛阳,河南境内有 18 郡国。南北朝时,河南分属于北魏和南齐。北魏在河南设 8 州 26 郡;南齐在河南设 3 州 12 郡。

隋统一南北后,在河南省设 20 郡(州)。隋朝末年,在洛阳建立了东都,又以洛阳为中心开凿了沟通南北的大运河,一直通航到北宋时期,促进了南北经济、文化交流。

3. 唐宋时期

618 年，唐朝建立以后，先定都长安，后迁都洛阳。河南省分属都畿道、河南省及河北、淮南、山南等道，领有 21 州郡及河南 1 府。五代时，因为河南地位重要，经济又比较发达，五代均在河南地区建都立国。其中，梁、晋、汉、周 4 朝定都汴（今开封市），后唐定都洛阳。河南境内多数称州，少数称军、府。

960 年，赵匡胤建立起全国性的统一政权——北宋王朝，并建都东京（今开封市），河南省又一次成为全国的政治、经济和文化中心。北宋时期，河南省属京东西路、京西北路、河北西路等，路辖有府、州，有些军、监也隶属于路。府、州、军均辖县。从唐朝建立到北宋灭亡，河南省的经济和文化达到鼎盛时期。当时开封人口达 150 万人，为全国第一大城市，商业贸易额占全国半数之多，各方面都盛极一时，可以说是河南省历史的黄金时代。北宋时的开封十分繁华，有 20 多万户，人口达百万。宋朝画家张择端的《清明上河图》以宏伟的画面真实生动地描绘了当时汴河两岸、京都内外的繁华景象。

1127 年，北宋被金所灭。宋南迁后与金以淮河为界，河南省大部属金。金地共分十九路，河南省属南京路，下辖开封、归德、河南三府，分别管辖陕、邓、唐、嵩、汝、许、钧、亳、陈、蔡、息、郑、颍、宿等州。北宋以后，随着政治、经济和文化中心的南移，河南省社会历史发展进入中衰时期。

4. 元明清时期

元朝统一天下后，实行行省制度，全国先后设立了中书省及 11 个行中书省，是中国历史上首次在行政区划上有省一级行政单位出现。"行省"之下统路、府，府领州、县，也有府、州不隶路而直属省。当时河南省境内黄河以北地区属中书省，黄河以南属河南江北行中书省。中书省在河南管辖的有大名、彰德、卫辉、怀庆等路和濮州。河南行省下统河南府路、汴梁路、南阳府、汝宁府、归德府。元代行省，后被明、清两朝沿袭下来，其河南的疆域大体上与今天的河南省相近。在此期间，河南经济和文化都越来越落后于江南和北方其他一些省份。

明朝改行中书省为承宣布政使司，司（省）下辖府、州，再下为县。明末，河南领有开封、归德、河南、南阳、汝宁、彰德、卫辉、怀庆等府和汝州直隶州及京师之大名府、山东之东昌府的一小部分县。共计府属州 31 个，县 96 个。

清朝恢复行省，省下为府，再下为州、县。清朝将河南布政使司恢复为河南省，省名至今未变。清末，河南领有开封、归德、河南、南阳、汝宁、陈州、彰德、卫辉、怀庆 9 府，郑、许、汝、陕、光 5 个直隶州和淅川直隶所，府属州

5 个，县 96 个。

5. 近代

民国初年，改道制。地方行政区划实行省、道、县三级制，废除府、州、厅一级，"道"仍继续保留。作为介于省、县之间的行政单位，"道"解决了因省地区过大、辖县较多而管理不易的困难。每道辖县的数目，因其人口的疏密及政务的繁简而定，多至 30 余县，少的 10 余县不等。省的长官称督军，道称道尹，县称县知事。民国初年，河南省设有开封、河北、河洛、汝阳 4 个道，5 个直隶州，100 余县。

1927 年，废道尹，实行省、县两级制。省下分设行政区（监察区），区管县。1946 年，河南省分为 12 个区，共 108 个县。

6. 中华人民共和国成立后

1949 年中华人民共和国成立后，河南省属中南行政委员会领导，省会设在开封市。当时全国行政区划做了一次大的调整，原河南省黄河以北的各县、市划归新建的平原省。河南省行政区划，北界止于黄河，设有郑州、洛阳、陕州、陈留、商丘、许昌、淮阳、南阳、信阳、潢川 10 专区和开封、郑州 2 省辖市，洛阳、许昌、南阳、信阳、周口、驻马店、汝南和朱集 8 专辖市，86 县。

1952 年，中央人民政府政务院决定撤销平原省，将所属之新乡、安阳 2 省辖市，新乡专区及所属 14 县（区），濮阳专区及所属 7 县，安阳专区及所属 6 县，菏泽专区的东明县划归河南省，撤销陕州、潢川、陈留 3 专区。同年，中央人民政府政务院决定，将旧属河南省在中华人民共和国成立初期划入安徽省的永城县划归河南省。

1953 年，撤销淮阳专区，其辖区分别并入商丘和许昌两专区。1954 年，中南行政委员会撤销，河南省由中央直接领导。河南省会由开封市迁至郑州市，同年撤销濮阳专区。1955 年，改郑州专区为开封专区。1956 年，焦作矿区改为焦作市。1957 年，建立了鹤壁市、平顶山市、三门峡市。此后专区的撤建多有变动。

1963 年，国务院决定，将东明县划归山东省。1964 年，中华人民共和国国务院决定，将山东省的范县、寿张两县的金堤河以南地区和范县县城附近划归河南省，取名范县。同年，洛阳市升格为地级市，下设四区。1965 年，设周口、驻马店两专区。

1970 年，原来 10 个专区分别改为地区。1976 年以后，又先后设周口、驻马店和义马三市。1978 年，国务院决定，将范县东部的 9 个公社划出，成立台前县。

1983 年，为适应社会主义现代化建设的需要，全国开始试行市管县的管理体制，河南省行政区划再度变更，地、市、县再次进行调整。1983年，撤销濮阳县，设立濮阳市（地级）。此后漯河、三门峡市也升格为省辖市，并陆续撤销许昌、南阳、商丘、信阳、周口、驻马店地区，设立许昌、南阳、商丘、信阳、周口、驻马店为省辖市。各省辖市下辖县。1997年，河南省委、省政府决定对济源市实行直管体制，济源市原辖行政区域不变。

　　截至2022年底，全省共设有18个省辖市，21个县级市（含1个省直辖县级市），82个县，54个市辖区，1180个镇，586个乡，692个街道办事处，有7427个居民委员会，44615个村民委员会（见表1-3），省会驻郑州市。

表1-3　2022年河南省行政区划

省辖市	市辖区、县级市、县	次级行政区数目
郑州市	中原区、金水区、二七区、上街区、惠济区、管城回族区、巩义市、登封市、荥阳市、新密市、新郑市、中牟县	6市辖区5市1县
开封市	龙亭区、鼓楼区、禹王台区、顺河回族区、祥符区、兰考县、尉氏县、通许县、杞县	5市辖区4县
洛阳市	老城区、西工区、瀍河回族区、涧西区、洛龙区、孟津区、新安县、栾川县、嵩县、汝阳县、宜阳县、洛宁县、伊川县、偃师区	7市辖区7县
平顶山市	新华区、卫东区、石龙区、湛河区、宝丰县、叶县、鲁山县、郏县、舞钢市、汝州市	4市辖区2市4县
安阳市	文峰区、北关区、殷都区、龙安区、安阳县、汤阴县、内黄县、滑县、林州市	4市辖区1市4县
鹤壁市	鹤山区、山城区、淇滨区、浚县、淇县	3市辖区2县
新乡市	红旗区、卫滨区、凤泉区、牧野区、新乡县、获嘉县、原阳县、延津县、封丘县、卫辉市、辉县市、长垣市	4市辖区3市5县
焦作市	解放区、中站区、马村区、山阳区、修武县、博爱县、武陟县、温县、沁阳市、孟州市	4市辖区2市4县
濮阳市	华龙区、清丰县、南乐县、范县、台前县、濮阳县	1市辖区5县
许昌市	魏都区、禹州市、长葛市、建安区、鄢陵县、襄城县	2市辖区2市2县
漯河市	源汇区、郾城区、召陵区、舞阳县、临颍县	3市辖区2县
三门峡市	湖滨区、陕州区、渑池县、卢氏县、义马市、灵宝市	2市辖区2市2县
南阳市	宛城区、卧龙区、南召县、方城县、西峡县、镇平县、内乡县、淅川县、社旗县、唐河县、新野县、桐柏县、邓州市	2市辖区1市10县
商丘市	梁园区、睢阳区、民权县、睢县、宁陵县、柘城县、虞城县、夏邑县、永城市	2市辖区1市6县
信阳市	浉河区、平桥区、罗山县、光山县、新县、商城县、潢川县、淮滨县、息县、固始县	2市辖区8县
周口市	川汇区、淮阳区、项城市、扶沟县、西华县、商水县、沈丘县、郸城县、太康县、鹿邑县	2市辖区1市7县

续表

省辖市	市辖区、县级市、县	次级行政区数目
驻马店市	驿城区、西平县、上蔡县、平舆县、正阳县、确山县、阳县、汝南县、遂平县、新蔡县	1市辖区9县
济源市	天坛街道、沁园街道、北海街道、济水街道、玉泉街道、五龙口镇、克井镇、邵原镇、坡头镇、轵城镇、承留镇、大峪镇、梨林镇、思礼镇、王屋镇、下冶镇	5街道11镇

注：由于济源市为省管县级市，没有设区，故本书除第七章城镇体系分析部分外，其余章节按18个省辖（管）市进行分析。

资料来源：《河南统计年鉴》（2023）。

参考文献

[1] 常剑峤，朱友文，商幸丰．河南省地理［M］．郑州：河南教育出版社，1985.

[2] 李永文．河南地理［M］．北京：北京师范大学出版社，2010.

[3] 李润田．河南省经济地理［M］．北京：新华出版社，1987.

[4] 张胜利，刘政伟．河南省农产品出口调研报告［J］．农业纵横，2017（7）：58.

[5] 伍光和，蔡运龙．综合自然地理学［M］．北京：高等教育出版社，1993.

[6] 付祥建，刘伟昌，刘忠阳，马振生．河南省气候概况及农业气象灾害［J］．河南气象，2006（3）：65-66.

[7] 任圆圆，张学雷，李笑莹．河南省土壤与植被空间分布的多样性特征研究［J］．土壤通报，2020，51（4）：757-766.

第二章 资源条件与禀赋

第一节 自然资源

一、地上资源

1. 气候资源

河南省地跨亚热带和暖温带两大温度带，气候具有明显的过渡性特征，四季分明、气候温和、雨水充沛、光照充足。省内光能资源中太阳辐射总量在4600~5000兆焦/平方米，由南向北呈递增趋势。全省日照时数呈现东北多、西南少和平原多、山区少的特征，平均日照时数在2000~2600小时。热量资源比较丰富，但差异较大，1月南北差值最大（为4℃左右），北部多在-2℃以下，南部一般在1℃以上，而西南部和东南部温差可达2℃以上。全省年平均气温为14℃左右，其分布趋势表现为由南向北递减。降水资源年际变化较大，且时空分布不均。年降水量自南向北递减，山区多于平原和丘陵地区。全省年平均降水量在600~1200毫米，南部达1000~1200毫米，黄淮之间为700~900毫米，而北部及西北部地区仅600~700毫米。从全省看，光照充足、热量丰富，加之水热因素在时间上配合较好，因此农业生产的气候潜力较大。因光照、热量、越冬条件等方面的具体特征，与具体作物相匹配，形成了全国冬小麦最适宜的气候条件，同时也是全国棉花的较适宜气候区之一。但由于河南省气候的过渡特点，对于地带性较强的作物来说，往往并不能为其提供最适宜的气候条件。

河南省气候的另一特点是一些气候因素的年内分配不均和年际变率较大，会有较多的灾害性天气。如降雨量主要集中在6~8月，占全年降水总量的50%~60%，黄河以北地区占60%以上。由于这3个月是河南省的持续高温季节，因此这一时期全省各地热量充足，雨量充沛，作物生长较快，是河南省气候的重要优点。但因雨量过于集中，且多暴雨，容易引起洪涝灾害，4月、5月、9月、

10月四个月的雨量约占全年的30%，其中北纬33°以南的信阳地区春季降水多于秋季，常影响小麦的中后期生长还会造成低温烂秧，淮南麦田需要排水。黄河以北和伊洛河流域则9月、10月的降水比4月、5月多，容易发生春旱，小麦需要灌溉。这种降水年内分配极不均衡的状况，使河南省具有旱、涝同时发生的特点。同时降水的年际变化率大，同一测站生长季降水量最多年和最少年可以相差数倍，生长季内各月的雨量年际变率则更大，特别是春秋两季，不同年份常有数倍甚至十多倍的差异。因此，河南省历史上常形成特大旱灾和特大水灾，造成巨大损失。大旱之年不仅严重影响农业生产，在许多地区还会造成对工业和生活用水的供应困难。除水旱灾害外，河南省的灾害性天气还有干热风和大风沙暴等。干热风的发生概率在豫东平原可达10年7~8遇，严重影响小麦产量。大风、沙暴不仅毁坏庄稼，破坏土地，而且影响交通，并对要求无尘环境的精密机械、电子、化工等行业的生产和发展产生不利影响。

2. 土地资源

河南省的北、西、南三面分别为太行山、伏牛山、桐柏山和大别山，沿省界呈半环形分布；中、东部为黄淮海冲积平原；西南部为南阳盆地。山地丘陵面积为7.4万平方千米，占全省总面积的44.3%；平原和盆地面积为9.3万平方千米，占总面积的55.7%。全省占地面积为16.7万平方千米，居全国各省区市第17位，约占全国总面积的1.73%。其中，耕地面积为751.41万公顷。复杂多样的土地类型为农、林、牧、渔业的综合发展和多种经营模式提供了有利条件，如表2-1所示。

表2-1　河南省土地资源概况

土地资源（万平方千米）	2005年	2010年	2015年	2020年
土地面积	16.07	16.07	16.07	16.07
山区	4.44	4.44	4.44	4.44
丘陵	2.96	2.96	2.96	2.96
平原	9.30	9.30	9.30	9.30
山区和丘陵面积占比（百分比）	2005年	2010年	2015年	2020年
太行山脉	0.83	0.83	0.83	0.83
伏牛山脉	4.97	4.97	4.97	4.97
桐柏山脉	0.21	0.21	0.21	0.21
大别山脉	1.39	1.39	1.39	1.39

资料来源：《河南统计年鉴》（2021）。

3. 森林资源

2022 年，河南省林地面积共 434.93 万公顷，森林面积共 403.18 万公顷，在全国排第 21 位，人均森林面积为全国平均水平的 1/4。森林覆盖率为 24.14%，在全国排第 20 位，人均森林蓄积为全国平均水平的 1/6。其中，乔木林面积 285.64 公顷，竹林面积 0.93 万公顷。省内森林资源分布不均，且纯林、幼中龄林比重大，林地生产力低，每公顷森林蓄积量仅为全国平均水平的 62.3%（见图 2-1、图 2-2）。

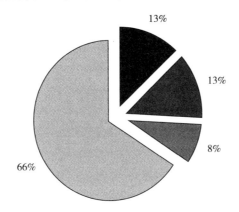

图 2-1 河南省宜林地分布

资料来源：河南省森林资源现状，http://www.hnly.gov.cn/sitesources/hnslyt/page_pc/tslm/zygl/article0c71fd91577c4051ac3e5d7f0eea9079.html。

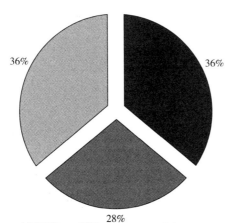

图 2-2 河南省山区丘陵区宜林地结构

资料来源：河南省森林资源现状，http://www.hnly.gov.cn/sitesources/hnslyt/page_pc/tslm/zygl/article0c71fd91577c4051ac3e5d7f0eea9079.html。

4. 地表水资源

河南省水资源条件相对贫乏，时空分布不均。多年平均水资源总量 414 亿立方米，其中，地表水资源 313 亿立方米，浅层地下水资源 204.7 亿立方米，水资源模数为 24.8 万立方米/平方千米·天。全省水资源总量在全国居第 19 位。全省多年平均降水量为 785 毫米，约有 76% 的水量被植物、土壤吸收和水面蒸发，只有 24% 的水量形成了地表河川径流。全省天然地表水资源居全国各省份第 20 位左右，人均占有量仅相当于全国人均量的 1/6。

河南省地跨淮河、长江、黄河、海河四大流域。因受地形影响，大部分河流发源于西部、西北部和东南部的山区，流经河南省的形式可分为四类，即穿越省境的过境河流，发源地在省内的出境河流，发源地在外省而在河南省汇流及干流入境的河流，以及全部在省内的境内河流，如表 2-2 所示。

表 2-2　2022 年河南省各流域水资源情况统计　　　　　　单位：亿立方米

区域	年降水量	地表水资源量	地下水资源量	地表水与地下水资源重复量	水资源总量	入境水量	出境水量
全省	1029.06	172.20	140.38	63.18	249.40	318.18	457.41
黄河流域	204.70	34.18	26.62	15.32	45.48	295.23	296.38
淮河流域	563.46	90.61	80.09	32.08	138.60	8.26	87.71
海河流域	90.85	17.00	16.65	5.78	27.87	4.69	25.79
长江流域	170.07	30.43	17.02	10.00	37.45	10.00	47.53

资料来源：河南省水利厅《2022 年河南省水资源公报》。

河南省水资源绝对量大，但人均和耕地亩均占有量小。受降水的影响，全省的水量季节分配不均，年际变化较大。一年之内，往往夏秋暴雨成灾，水量过多，而冬春则长期干旱，甚至中小河流干涸。从年际变化来看，平原地区的最大年径流量与最小年径流量相差 20~40 倍，山区相差 5~15 倍，年际变化较大，说明河南省水资源利用的可靠性不大，常常造成年际间旱涝不均的现象。

受季风气候影响，河南省夏季降水集中，汛期河川径流占全年的 60%~80%，且年际变化也很大，典型年降水量更是悬殊，致使地表径流不能得到很好的开发利用。主要河流均出现过连续丰水年和连续枯水年的现象。多水时洪水滔滔，泛滥成灾；少水时，许多河流干涸甚至断流，人畜吃水困难，旱灾发生。据统计，每年水旱灾害面积均超过 100 万公顷。

平原地区汛期（6~9 月）的水量占全年水量的比例极高，如豫北平原马颊河南乐水文站汛期流量占全年的 85%，豫东平原沱河永城水文站占 83%。在夏秋暴雨季节常形成严重的洪涝威胁，大量地表径流不得不尽快排出省外。而冬春干旱季节急需用水时又无水可用，中小河流甚至常年干涸。

河南省水资源空间分布不均匀，区域差异性明显。全省地表水资源由南向北递减，南部山地丘陵区径流深 300~600 毫米，干旱指数小于 1，水量较充沛，属多水带。豫北平原径流深小于 50 毫米，干旱指数小于 2，水量偏少，属少水带。其他地区径流深为 50~300 毫米，属过渡带。南部降水量多，且蒸发量小于降水量，因而形成的径流较多，特别是岩石裸露缺乏残积层覆盖的山地，坡陡集流快，降水后入渗少，急速下泄，易形成山洪和出现强大暴雨径流。北部降水量减少，蒸发量相对增大，所产径流较少，特别是豫北平原区，地势平坦，集流慢，渗透大，所产径流更少。全省水资源总量的 60% 集中在淮河流域，形成南部多北部少的格局。水资源时空分布不均匀，给充分合理利用水资源带来了很大的局限性。

二、地下资源

1. 地下水资源

浅层地下水是受降雨入渗补给的再生性资源，由于区域水文地质条件不同，浅层地下水的补排方式各异。河南省一般山丘岗台区浅层地下水资源模数在 5 万~10 万立方米/平方千米·天。淮南山丘岗台区、太行山前济源市-焦作市-卫辉市-安阳市一线以及嵩箕山前地带岩溶区达 10 万~15 万立方米/平方千米·天。广大平原浅层地下水资源模数一般在 20 万~25 万立方米/平方千米·天。黄河两岸因其为黄泛砂性土壤，以及降水易于补给的特点，另受黄河侧渗及引黄灌溉补给，地下水资源模数最高，达 15 万~20 万立方米/平方千米·天。淮河及其支流两岸因降水量较大，且为砂性土，地下水资源模数也较高，可达 20 万~25 万立方米/平方千米·天。全省浅层地下水资源总量为 205.3 亿立方米，其中淡水资源占 97%。

根据分区浅层地下水量补排平衡原理对多年资料进行计算，结果显示，全省多年平均河川径流量为 312.7 亿立方米，多年平均浅层地下水资源量为 208.3 亿立方米，扣除因地面水、地下水相互转化的重复计算量 107.6 亿立方米，全省多年平均水资源总量为 413.4 亿立方米，其中，豫辖黄河、淮河、海河、长江流域的水资源总量分别为 59.7 亿立方米、250.5 亿立方米、32.3 亿立方米、70.9 亿立方米。从全国看，河南省水资源总量为全国水资源总量（28124 亿立方米）的 1.47%，居全国第 19 位。河南省人均耕地每公顷平均水资源量相当于全国人均每公顷平均的 1/5，居全国第 22 位。豫北、豫东平原 10 个地市（安阳市、鹤壁市、濮阳市、新乡市、郑州市、开封市、商丘市、许昌市、漯河市、周口市）的水资源量为 126.6 亿立方米，约占全省水资源总量的 30%，人均水资源量为 261 立方米，每公顷平均水资源量为 3510 立方米；而南部、西部山丘区 7 个地市（信阳市、驻马店市、南阳市、三门峡市、洛阳市、平顶山市、焦作市）的水资源量为 286.8 亿立方米，约占全省水资源总量的 70%，人均水资源量为 673 立方米，每公顷平均水资源量为 8895 立方米。

2. 矿物资源

河南省横跨华北陆块和秦岭–大别山带两大地质构造单元，地层出露齐全，岩浆岩发育，变质作用强烈，地质构造复杂，成矿条件良好，各类矿产资源十分丰富，是全国矿产资源大省。内、外生矿产均集中于京广铁路以西呈区、带状分布；非金属矿产主要分布于豫南大别山北坡。内生矿产的空间分布主要受区域性断裂带的次级构造控制；外生矿产及非金属矿产的空间分布受岩相、古地理、古气候等因素的制约，分布于凹陷或断陷构造内。截至 2022 年底，全省已发现的矿种为 144 种（其中，能源矿产 10 种，金属矿产 44 种，非金属矿产 88 种，水气矿产 2 种），查明资源储量的矿种为 110 种；已开发利用的为 93 种（其中，能源矿产 6 种，金属矿产 23 种，非金属矿产 62 种，气矿产 2 种）。各类矿物储量分别为：煤炭 44.43 亿吨、铁矿 3.09 亿吨、铝土矿 1.65 亿吨、铜矿 73.44 万吨、银矿 797.93 万吨、钼矿 126.11 万吨、金矿 145.37 吨、钨矿 17.44 万吨。依靠得天独厚的资源优势，河南省建立了实力雄厚的煤炭、石油、电力、有色金属、冶金、建材、化工等产业基地。依托资源开发，先后形成了焦作市、鹤壁市、平顶山市、濮阳市、义马市、灵宝市、永城市、舞钢市等一批以矿业经济为依托的新兴工业城市。驻马店市、信阳市、商丘市、南阳市、三门峡市、漯河市、许昌市、安阳市和新乡市是河南省矿产资源的主要分布地，各类矿物主要分布如下：①驻马店市。铁、铜、铝、锌、钾、石灰岩、大理石、煤、石油。②信阳市。铁、铜、铅、锌、钼、煤、磷、珍珠岩、萤石、蛇纹岩、石灰岩、膨润土、大理石、花岗岩。③商丘市。煤、铁、石灰石、花岗岩、大理石。④南阳市。天然碱、蓝石棉、石油、黄金、白银、钒、铝。⑤三门峡市。煤、金、铝土、耐火黏土、铅锌、铁、石英砂岩、水泥灰岩、大理石。⑥漯河市。石油、盐岩、煤。⑦许昌市。煤、铝矾土、铁、硅石、石灰岩、白垩土、大理石。⑧安阳市。铁、煤、铜、铅、铝、钾、大理石。⑨新乡市。水泥灰岩、煤、白垩土、耐火黏土、重晶石、大理石、白云石、冰洲石、花岗岩、铁矿、铜矿、铝矿。

（1）有色金属矿物。

1）铅锌矿。河南省铅锌矿主要分布在卢氏县–栾川县北部–汝阳县南部的熊耳山–外方山成矿带内，产于中元古界熊耳群中酸性火山熔岩、新元古界龙家园组碳酸盐岩及下古生界二郎坪群细碧——角斑岩中，多呈脉状产出，受断裂构造带控制。

①卢氏–栾川北部地区。分布于卢氏县和栾川县北部，西起卢氏县与陕西省边界，东至栾川县城北，北以杜关镇–上蛮峪村一线为界，南以栾川县大断裂为界，矿权登记总面积约 460 平方千米。该区通过历年来的勘查工作，在栾川县赤土店地区取得了突出成果。当前，已发现十余处矿化集中分布区、上百条含

矿断裂带及层状蚀变岩型铅锌银矿带，提供普查矿产地 7 处。提交资源量：银 3329 吨，铅锌 277 万吨，且进一步扩大的前景可观，通过进一步工作，预计可提交资源量：银 5000 吨，铅锌 350 万吨。

②嵩县上庄坪—阴沟一带属于铜铅锌多金属矿区。矿区位于河南省嵩县南部白河乡，面积约 30 平方千米。区内出露地层为下古生界二郎坪群细碧——角斑岩系。经专题研究表明，该类矿床为海底火山喷流型铜、锌矿床，可与日本黑矿、北祁连块状硫化物矿床相对比。区内已进行过 1∶5 万地质矿产工作，圈出 Ag、Pb、Zn、Ba 化探异常带长 10 余千米；目前正在开展预查工作，控制矿化带长 3.5 千米，富矿段 3 个。矿化带呈层状分布于火神庙组角斑质凝灰岩内，与地层产状一致。矿体上部为重晶石沉积层，下部为硅质岩层。矿石主要为块状、次为条带状、层纹状和角砾状，成矿元素为 Ag、Cu、Pb、Zn，重晶石可综合利用。地表稀疏工程控制，矿体分段富集，一般长 300~500 米，厚 3~6 米，Pb+Zn 品位 4%~8%，Cu0.4%~1.2%，Ag120~280 克/吨，Au0.8~1.2 克/吨，重晶石含量 30%~80%，局部块状矿石品位很富。经初步估算，矿区资源量 Cu+Pb+Zn 金属量超过 50 万吨，整个矿带找矿潜力巨大。

③汝阳南部裂子山铅锌矿区。矿区位于汝阳县南部的老代仗沟-黄沙岭和松都沟-青岗坪一带，面积为 25 平方千米。矿区分布为中元古界熊耳群中酸性火山熔岩，断裂构造发育，通过物化剖面测量表明：近东西向断裂中极化率较高，Pb、Zn、Ag 等成矿元素富集。通过勘查工作发现，北、中、南三条规模较大的近东西向成矿带，初步圈定矿脉 14 条，单矿脉走向长度为 720~2600 米，厚度为 3~18 米。矿石品位 Pb+Zn：0.98~14.53 克。经对其中的老代仗沟矿段 P5 矿脉进行系统的工程控制，探求 332+333 铅+锌金属量 13 万吨。全区通过进一步勘查工作，预计可控制铅+锌资源量达 50 万吨。

2）铜矿。河南省铜矿主要分布在豫西南朱夏断裂带两侧及豫北地区中条山铜矿带东段。

①河南省内乡县板厂铜多金属矿区。该矿区位于河南省内乡县板厂乡，面积 10 平方千米以上。区内分布地层是中元古界秦岭群，矿化带受朱-夏断裂带次级断层的控制，矿体与燕山期花岗斑岩关系密切。矿区正在进行普查工作。地表控制矿化带长 10.5 千米，矿脉 5 条，矿体 11 个。矿体一般长 300~400 米，厚 2~12 米。矿石类型有斑岩型和蚀变岩型两种，矿石品位较富。成矿元素主要为 Cu、Ag、Pb、Zn。银最高品位为 1448 克/吨，平均 203 克/吨；铜最高品位为 9.06%，平均 1.93%；铅最高品位为 15.57%，平均 2.85%；锌最高品位为 7.75%，平均 2.25%。矿体多为脉状和透镜状。围岩蚀变有硅化、钾化、黄铁矿化。在 172 线，花岗斑岩脉全岩矿化，并有向深部变厚变富的趋势。初步估算

矿区资源量 Cu+Pb+Zn 在 30 万吨以上，Ag 在 1000 吨以上。

②河南省济源市瓦庙坡铀矿区。矿区位于济源市王屋乡瓦庙坡至营盘一带，面积超过 10 平方千米。区内出露地层为古元古界银鱼沟群幸福园组厚层砂岩和赤山沟组大理岩。矿区位于中条山铜成矿带的东延部分，矿化带受地层和构造破碎带双重控制。经过 1∶5 万地球化学测量，在区内圈定以 Cu 为主的综合元素异常 3 个，异常面积大且强度高。经少量槽探揭露，已发现 6 条矿化带，根据矿化特征可大致分三种类型，即含铜火山——沉积（受变质）岩型、构造热液充填型、含炭质（变质）片岩型。其中瓦庙坡矿化带长度 1500 米，最大厚度 4.8 米。矿石含铜一般在 0.3~2.4 克，个别大于 5.0 克。矿体主要为似层状，矿石多为角砾状、块状，围岩蚀变为黄铁矿化、硅化，铜矿物为黄铜矿、斑铜矿，矿体品位较稳定。该矿区工作程度较低，目前正在进行预查工作，初步预测 Cu 资源量可达 10 万吨。

3）铝土矿。铝土矿分布于河南省黄河以南、京广线以西，三门峡市-郑州市-平顶山市之间的三角地带，面积约 1.8 万平方千米。矿体赋存于古生界石炭系中统本溪组中下部，受地层层位控制，属沉积型-水硬铝石矿床。矿石具有高铝、高硅、低铁等特征。既可用于生产氧化铝，又可用作耐火材料，高品位矿石还可生产人造刚玉，用于磨料工业，少量用作生产高铝水泥的配料。当前，全省已探明矿产地 39 处，累计提交储量 48 亿吨，居全国第三位。

①陕县-渑池县-新安县铝土矿成矿区。东西长 120 千米，探明大型矿床 5 处，中型矿床 10 处。累计探明储量 17.6 亿吨，占全省探明储量的 36.67%，预测资源总量 32.8 亿吨，远景储量 15.2 亿吨。

②偃师-巩义-荥阳铝土矿成矿区。东西长 70 千米，探明大型矿床 3 处，中型矿床 5 处。累计探明储量 13.6 亿吨，占全省探明储量的 28.33%，预测资源总量 32.7 亿吨，远景储量 19.1 亿吨。

③登封-新密铝土矿成矿区。东西长 90 千米，探明大型矿床 1 处，中型矿床 4 处。累计探明储量 8.8 亿吨，占全省探明储量的 18.33%，预测资源总量 30.7 亿吨，远景储量 21.9 亿吨。

④登封-禹州-郏县铝土矿成矿区。东西长 80 千米，探明大型矿床 1 处，小型矿床 5 处。累计探明储量 4.4 亿吨，占全省探明储量的 9.17%，预测资源总量 22.8 亿吨，远景储量 18.4 亿吨。

⑤汝阳-汝州-宝丰铝土矿成矿区。东西长 60 千米，探明中型矿床 4 处。累计探明储量 3.3 亿吨，占全省探明储量的 6.88%，预测资源总量 16.8 亿吨，远景储量 13.5 亿吨。

⑥宜阳-伊川铝土矿成矿区。东西长 40 千米，探明小型矿床 1 处。累计探

明储量 0.3 亿吨，占全省探明储量的 0.62%，预测资源总量 5.8 亿吨，远景储量 5.5 亿吨。

（2）非金属矿物。

1）天然碱。主要分布于桐柏县吴城镇和安棚镇。矿区天然碱储量 13 亿吨，占全国总储量的 63%，其中，品位高的天然碱 Na_2CO_3 含量占 41.68%，NaCl 含量占 44.55%。

2）珍珠岩、沸石、膨润土、含碱玻璃原料共生矿。主要分布于信阳县至商城县。信阳县上天梯矿是以珍珠岩为主的综合大型矿山，矿体厚度大，可大规模露天开采，储量为 76 亿吨，其中，珍珠岩储量 12 亿吨，占全国储量的 41.1%；膨润土储量为 44 亿吨，占全国储量的 18.3%；沸石储量为 20 亿吨；含碱玻璃原料储量为 3.7 万亿吨。

3）铸型用砂岩。主要分布于渑池县坡头，储量约 2000 万吨。

4）蓝石棉。主要分布于淅川、内乡两县交界处，占全国总储量的 1/3。它具有防化学毒物、净化原子污染等特性。

5）耐火黏土。主要分布于巩义市、登封市、渑池县、三门峡市、焦作市等地，已探明产地 29 处，其中，大型 2 处、中型 21 处，储量为 27 亿吨，占全国储量的 13.5%，且品种齐全（有高铝、硬质、软质、半硬质、半软质等）。

6）化工灰岩。主要分布于确山县、新安县、息县，储量近 2 亿吨。

7）晶质石墨。主要分布于西峡县、灵宝县，储量近 12 亿吨，占全国储量的 80%。

8）玻璃用石英岩。主要分布于渑池县的方山和平顶山市，储量近 27 亿吨。

9）水泥灰岩。主要分布在豫北、豫西地区，且有 1/2 基岩露头，储量近 120 亿吨。

10）熔剂灰岩。主要分布于钢铁基地附近，探明产地中大型矿 2 处、中型矿 7 处、小型矿 6 处，以确山独山矿规模最大，储量近 50 亿吨。

第二节　人口—社会—经济资源

一、人口资源

河南省是人口大省。截至 2022 年末，全省总人口 11532 万人，常住人口 9872 万人，其中，城镇常住人口 5633 万人，城镇化率为 57.07%，比上年末提高 0.62 个百分点。当年新出生人口 73 万人，出生率达 7.42‰。2022 年，全年城镇新增就业人员 17.18 万人，失业人员实现再就业 36.57 万人，就业困难人员再就业 12.47 万人（见图 2-3 和图 2-4）。新增农村劳动力转移就业 47.69 万人，农村劳动力转移就业 3182.02 万人。[1]

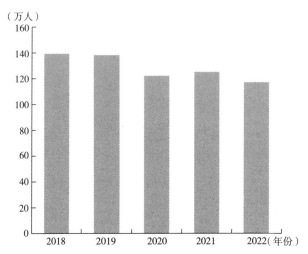

图 2-3 2018~2022 年河南省城镇新增就业人数

资料来源：《2022 年河南省国民经济和社会发展统计公报》。

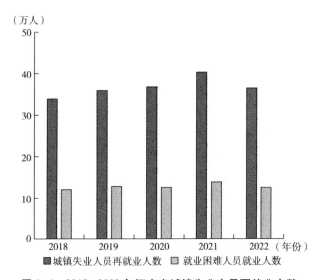

图 2-4 2018~2022 年河南省城镇失业人员再就业人数

资料来源：《2022 年河南省国民经济和社会发展统计公报》。

1. 城市及农村劳动力

2022 年河南省从业人员共计 4782 万人，其中，城镇 2573 万人、国有经济

345 万人、集体经济 17 万人、其他经济 419 万人、乡村从业人员 2209 万人。

2. 分产业劳动力分配

2022 年，河南省从业人数共 4782 万人，第一、第二、第三产业从业人员分别占总从业人员的 27.6%、28.4%、44.0%，如图 2-5 所示。

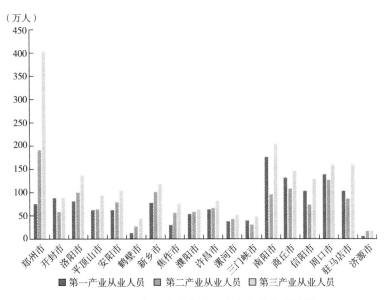

图 2-5　2022 年河南省各市三次产业从业人员数

资料来源：《河南统计年鉴》（2023）。

3. 人才队伍建设

2022 年底，河南省全国杰出专业技术人才 8 人，国家百千万人才工程人选 107 人，国家突出贡献中青年专家 136 人，享受国务院政府特殊津贴专家 2820 人，享受省政府特殊津贴专家 600 人，省杰出专业技术人才 89 人，省特聘研究员 43 人，省学术技术带头人 2230 人，职业教育教学专家 518 人。全省共设立博士后流动站 81 个、工作站 225 个（其中工作站分站 64 个）、累计招收博士后 6746 人。累计建成留学人员创业园 14 家，2021 年新增留学回国人员 3618 人。全年认定高层次人才 1139 名，通过高级职称评审 3.6 万人，取得专业技术职业资格证书 23 万人。如表 2-3 所示。

表 2-3　2020 年河南省外国留学生情况　　　　　　　　　单位：人

项目	招生数	在校生数	毕（结）业生数
外国留学生	1739	5217	1252
博士研究生	128	416	1

续表

项目	招生数	在校生数	毕（结）业生数
硕士研究生	203	641	110
本科	710	3100	111
专科	9	111	25
培训	689	949	1005
亚洲	1092	3862	653
非洲	480	1084	443
欧洲	108	176	97
北美洲	28	42	31
南美洲	29	40	28
大洋洲	2	13	—

资料来源：《河南统计年鉴》（2021）。

二、社会资源

1. 教育资源

截至 2022 年底，全省共有各级各类学校（机构）4.99 万所，在校生总数 2682.31 万人，教职工总数 196.28 万人。高中阶段毛入学率和高等教育毛入学率分别为 92.70%、55.50%，如图 2-6 和图 2-7 所示。

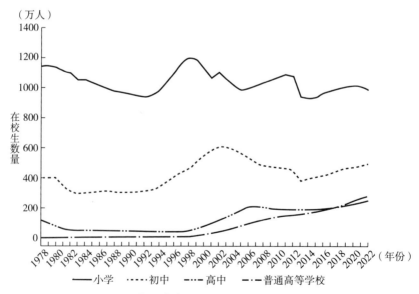

图 2-6　1978~2022 年河南省各级各类学校在校生和教师的数量变化

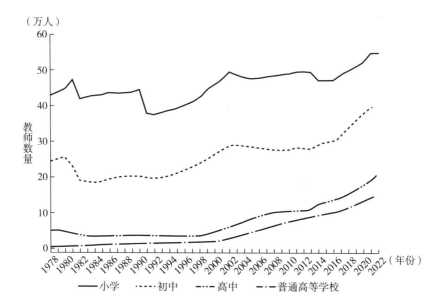

图 2-6 1978~2022 年河南省各级各类学校在校生和教师的数量变化（续）

资料来源：《河南统计年鉴》（2023）。

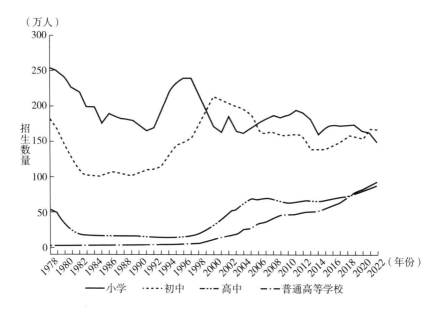

图 2-7 1978~2022 年河南省各级各类学校招生数量和毕业生数量变化

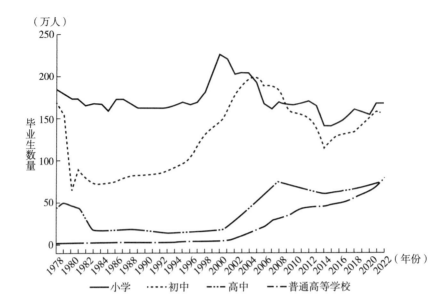

图2-7 1978~2022年河南省各级各类学校招生数量和毕业生数量变化（续）

资料来源：《河南统计年鉴》（2023）。

2022年，河南省研究生招生33234人，在校研究生91906人，毕业生20633人；普通高等教育招生93.67万人，在校生282.33万人，毕业生77.80万人；成人高等教育招生33.43万人，在校生69.44万人，毕业生27.48万人；中等职业技术教育招生56.06万人，在校生152.67万人，毕业生47.47万人；普通高中招生88.45万人，在校生250.45万人，毕业生74.22万人。初中招生167.64万人，在校生493.02万人，毕业生155.19万人；普通小学招生148.38万人，在校生987.39万人，毕业生167.60万人；特殊教育招收残疾儿童1.04万人，在校儿童6.98万人。幼儿园在园幼儿371.48万人。此外，2022年河南省进城务工子女和农村留守儿童具体人数及其情况如表2-4所示。

表2-4 2022年进城务工子女和农村留守儿童在校情况 单位：人

项目	普通小学			初中		
	毕业生数	招生数	在校生数	毕业生数	招生数	在校生数
总计	219802	185533	1392949	204822	231311	695736
进城务工人员随迁子女	70579	69492	450312	59028	66252	200856
外省迁入	6267	6101	39831	4360	4991	15552
本省外县迁入	64312	63391	410481	54668	61261	185304
农村留守儿童	149223	116041	942637	145794	165059	494880

资料来源：《河南统计年鉴》（2023）。

2021 年，河南省全面教育经费投入 27674810 万元，国家财政教育经费投入 20831756 万元。民办学校中举办者投入、社会捐赠经费、事业收入、其他教育经费分别为 230999 万元、22411 万元、6307523 万元、282120 万元，具体如表 2-5 所示。

表 2-5　2021 年河南省各市教育经费情况　　　　单位：万元

地市	合计	国家财政性教育经费	民办学校中举办者投入	社会捐赠经费	事业收入	其他教育经费
省本级	5265666	3084921	—	7853	1951483	221409
郑州市	3593633	2778251	40236	6942	751198	17007
开封市	1029123	772673	1703	495	251757	2494
洛阳市	1483930	1208924	8498	172	263296	3042
平顶山市	932022	718376	20608	370	188705	3964
安阳市	1144978	895704	4046	256	243041	1931
鹤壁市	377791	299717	1426	991	74999	658
新乡市	1336299	997343	24207	3273	309578	1899
焦作市	731773	534195	11561	222	180643	5152
濮阳市	866038	710630	4363	230	144390	6423
许昌市	939609	724876	1525	134	212476	599
漯河市	617296	490883	15525	23	109386	1479
三门峡市	591275	508176	12828	51	69136	1084
南阳市	2246128	1877265	36985	751	328832	2296
商丘市	1439105	1063027	2876	60	370296	2846
信阳市	1587995	1335466	15679	10	230422	6418
周口市	1838684	1447772	6813	449	381476	2175
驻马店市	1434611	1195456	21214	130	216733	1078
济源市	218853	188101	907	—	29677	167

资料来源：《河南统计年鉴》（2022）。

2. 社会保障资源

2022 年，河南省五项社会保险基金总收入 4162.02 亿元，基金总支出 3803.12 亿元，基金累计结存 3606.47 亿元；年末全省参加基本养老保险人数为 7780.86 万人，比上年末增加 85.59 万人。年末全省参加城镇职工基本养老保险人数为 2484.89 万人，比上年末增加 107.66 万人。年末全省参加失业保险人数为 1092.67 万人，比上年末增加 87.73 万人。年末全省参加医疗保险人数为 10093.90 万人，比上年末减少了 245.33 万人。年末全省参加工伤保险人数为 1068.10 万人，比上年末增加了 22.66 万人。年末全省参加生育保险人数为 922.59 万人，比上年末增加了 33.24 万人。如图 2-8 和图 2-9 所示。

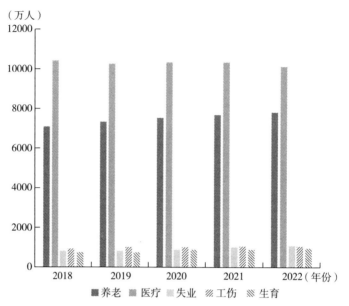

图 2-8　2018~2022 年社会参保人数

资料来源:《河南统计年鉴》(2023)。

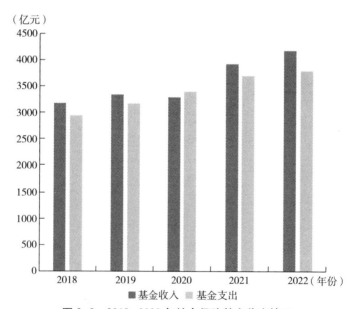

图 2-9　2018~2022 年社会保险基金收支情况

资料来源:《河南统计年鉴》(2023)。

3. 医疗资源

2022 年河南省卫生机构、床位、人员数如表 2-6 所示。

表 2-6　2022 年河南省卫生机构、床位、人员数

机构类别	机构数（家）	床位数（张）	人员合计（人）	卫生技术人员（人）	其他技术人员（人）	管理人员（人）	工勤人员（人）
医院合计	2468	560139	604886	517149	27906	21745	38104
综合医院	1398	375190	415746	358561	17511	14945	24747
中医医院	455	98390	108701	92248	6080	2966	7407
中西医结合医院	69	7070	7131	6033	293	265	540
专科医院	522	77732	72050	59422	3963	3527	5138
口腔医院	33	677	2803	2355	103	140	205
眼科医院	68	4900	7082	5447	489	396	750
耳鼻喉科医院	8	478	422	371	25	6	20
肿瘤医院	14	7835	8798	7615	253	431	499
心血管病医院	9	3696	4548	3945	180	303	120
胸科医院	2	1802	2135	1854	147	66	68
血液病医院	2	78	62	55	1	1	5
妇产（科）医院	35	2882	4770	3787	452	224	307
儿童医院	8	3718	5083	4356	174	308	245
精神病医院	115	26393	12596	10057	718	569	1252
传染病医院	12	3634	3678	3007	274	238	159
皮肤病医院	8	311	446	315	90	7	34
结核病医院	1	38	44	41	1	2	—
麻风病医院	—	—	—	—	—	—	—
职业病医院	2	350	666	420	57	80	109
骨科医院	64	7189	6907	6047	205	257	398
康复医院	48	7746	4394	3630	167	196	401
整形外科医院	2	75	222	163	14	18	27
美容医院	12	271	961	551	336	28	46
其他专科医院	79	5659	6433	5406	277	257	493

资料来源：《河南统计年鉴》（2023）。

2022 年末卫生机构（含村卫生室）各类人员配备情况如表 2-7 所示。

表 2-7　2022 年末卫生机构各类人员　　　　　　　　　单位：人

人员类别	卫生人员	卫生技术人员	执业（助理）医师	执业医师	注册护士	药师（士）	乡村医生和卫生员	其他技术人员
数量	1014264	804377	315716	241267	353465	31940	69410	44991

资料来源：《河南统计年鉴》（2023）。

2021 年，河南省卫生总费用达 4083.68 亿元，政府卫生支出费用不断增加，截至 2021 年底已达 1091.58 亿元，人均卫生总费用为 4132.02 元（见表 2-8）。

表 2-8　2017~2021 年河南省医疗费用支出

指标名称	2017	2018	2019	2020	2021
卫生总费用（亿元）	2747.67	3100.17	3608.80	3931.59	4083.68
政府卫生支出（亿元）	844.81	935.60	1021.44	1163.03	1091.58
社会卫生支出（亿元）	1015.67	1170.29	1429.51	1590.34	1767.31
个人卫生支出（亿元）	887.19	994.28	1157.86	1178.23	1224.79
人均卫生总费用（元）	2874.43	3215.94	3743.57	3954.93	4132.02
卫生总费用占 GDP 比重（%）	6.11	6.45	6.65	7.15	6.93
门诊病人次均医药费用（元）	126.1	136.4	151.3	164.4	—

资料来源：《河南统计年鉴》（2022）。

4. 科技资源

2022 年，河南省研究与试验发展（R&D）人员 37.43 万人，经费支出 1171.82 亿元，比上年增长 11.99%。省级以上企业技术中心 1545 个，其中国家级 93 个；省级以上工程实验室（工程研究中心）964 个，其中国家级 50 个。国家级工程技术研究中心 10 个，省级工程技术研究中心 1080 个；省级重点实验室 125 个；重大新型研发机构 16 家。高新技术企业 10872 家。科技型中小企业 22004 家。省实验室 10 家、省中试基地 36 家、省技术创新中心 24 家。全年专利授权量达到 135990 件。截至 2022 年末，有效发明专利 67164 件。全年签订技术合同 2.24 万份，比上年增长 27.2%；技术合同成交金额 1025.30 亿元，增长 68.4%（见表 2-9、表 2-10）。

表 2-9　2021 和 2022 年河南省研究与试验发展财政情况　　　单位：万元

指标	2021 年	2022 年
研究与试验发展（R&D）经费内部支出	10188408	11432586
基础研究	245491	374897
应用研究	880108	984860
试验发展	9062809	10072829
日常性支出	9109453	10456587
人员劳务费	2791350	3140510
资产性支出	1078955	975999
仪器和设备	1018021	856967
政府资金	881257	954377

续表

指标	2021 年	2022 年
企业资金	9079866	10146410
境外资金	1785	1599
其他资金	225500	330201
研究与试验发展（R&D）经费外部支出	275445	285626
对境内研究机构支出	55302	50278
对境内高等学校支出	32029	38419
对境内企业支出	180445	191329
对境外支出	7437	4856

资料来源：《河南统计年鉴》（2023）。

表 2-10　2021 和 2022 年河南省专利申请受理量及授权量　　　单位：件

项目	2021 年	2022 年
申请量合计	167550	169106
发明	34950	33183
实用新型	114130	117915
外观设计	18470	18008
个人	36501	31039
大专院校	21391	17464
科研单位	2826	2661
工矿企业	101813	113615
机关团体	5019	4327
授权量合计	158038	135990
发明	13536	14574
实用新型	126477	104713
外观设计	18025	16703
个人	27932	18190
大专院校	15893	12174
科研单位	2091	1981
工矿企业	104887	100949
机关团体	7235	2696
发明专利拥有量	55749	67164

资料来源：《河南统计年鉴》（2023）。

2022年全省共投入研究与试验发展经费1143.26亿元，比上年增加124.42亿元，增长12.2%，增速比上年降低0.8个百分点。研究与试验发展经费投入强度（与地区生产总值之比）为1.86%，比上年提高0.11个百分点。分活动类型看，全省基础研究经费37.49亿元，比上年增长52.7%；应用研究经费98.49亿元，增长11.9%；试验发展经费1007.28亿元，增长11.1%。基础研究、应用研究和试验发展经费所占比重分别为3.3%、8.6%和88.1%。分活动主体看，各类企业研究与试验发展经费992.50亿元，比上年增长11.2%；政府属研究机构经费66.70亿元，增长19.0%；高等学校经费支出70.13亿元，增长22.5%；企业、政府属研究机构、高等学校经费支出所占比重分别为86.8%、5.8%和6.1%。全省规模以上工业企业研究与试验发展经费845.54亿元，投入强度（与营业收入之比）为1.38%。其中，高技术制造业研究与试验发展经费150.88亿元，投入强度（与营业收入之比）为1.60%。分地区看，研究与试验发展经费投入超过100亿元的地区有2个，分别为郑州（344.72亿元）和洛阳（168.09亿元）。研究与试验发展经费投入强度超过全省平均水平的有7个，分别为洛阳、郑州、新乡、焦作、济源、三门峡和平顶山，其中洛阳（2.96%）、郑州（2.67%）和新乡（2.57%）超过全国平均水平（2.54%）。

2022年末共有天气雷达站12个，自动气象站2772个。地震观测站132个，地震观测站网17个。具体情况如表2-11和图2-10所示。

表2-11　2020~2022年河南省气象部门基本情况

项目	2020年	2021年	2022年
地面观测（个）	121	121	121
高空探测（个）	3	3	3
区域气象观测站（个）	2511	2485	2342
天气雷达观测（个）	18	18	13
大气成分观测（个）	26	26	26
辐射观测（个）	26	28	26
农业气象观测（个）	35	35	35
农业气象试验站（个）	4	4	4
闪电定位监测（个）	32	32	32
紫外线观测（个）	26	26	26
风廓线雷达观测（个）	2	2	4
导航卫星气象观测（个）	37	31	26
酸雨观测（个）	18	18	18

续表

项目	2020 年	2021 年	2022 年
高性能计算机服务器（套）	410	467	483
个人计算机（含个人工作站）	3880	4820	4886
远程会商系统设备（多点控制单元和会议终端）（套）	20	20	20
人工影响天气地面作业（次）	1276	539	985
设备高炮（门）	233	224	193
火箭发射系统（部）	334	401	403
全省气象部门职工总数（人）	1984	1996	1961

资料来源：《河南统计年鉴》（2023）。

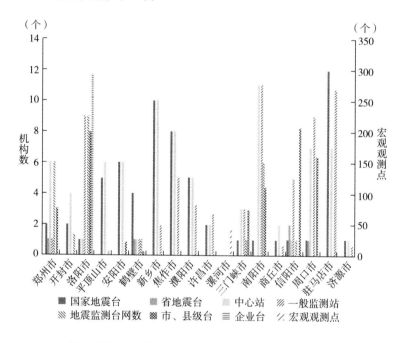

图 2-10　2022 年河南省各市地震台（网）基本情况

资料来源：《河南统计年鉴》（2023）。

三、经济资源

河南省作为中原经济区的主体区，随着中部崛起和《中原经济区规划（2012—2020 年）》的实施，已经成为全国重要的经济增长板块。[2] 截至 2022 年底，河南省生产总值达 61345.05 亿元，居民消费支出 19019 亿元，城镇居民消费支出 23539 亿元。全年居民消费价格比上年上涨 1.5%，全年地方财政总收入 6188.75 亿元，比上年下降 6.5%。一般公共财政预算收入 4250.35 亿元，下降 2.4%，其中税收收入 2590.32 亿元，下降 8.9%，占一般公共财政预算收入的 60.8%。一般公共财政预算支出 10644.64 亿元，增长 8.8%，其中财政民生支出 7842.8 亿元，增长 0.3%，占一般公共财政预算支出的 73.7%（见表 2-12 和表 2-13）。

表 2-12　2022 年河南省分行业增加值　　　　单位：亿元

行业	增加值
生产总值	61345.05
农、林、牧、渔业	6169.80
工业	19592.76
建筑业	5951.56
批发和零售业	4496.54
交通运输、仓储和邮政业	3721.08
住宿和餐饮业	1066.49
信息传输、软件和信息技术服务业	1587.38
金融业	3301.35
房地产业	3631.00
租赁和商务服务业	2007.87
科学研究和技术服务业	1226.59
水利、环境和公共设施管理业	325.26
居民服务、修理和其他服务业	1494.12
教育	2438.48
卫生和社会工作	1579.75
文化、体育和娱乐业	638.17
公共管理、社会保障和社会组织	2116.84

资料来源：《河南统计年鉴》（2023）。

表 2-13　2022 年河南省地方公共财政预算收入与支出

收入（亿元）			支出（亿元）		
项目	绝对数	比重（%）	项目	绝对数	比重（%）
收入合计	4250.35	100	支出合计	10646.75	100
税收收入	2590.47	60.9	一般公共服务	1094.67	10.3
增值税	810.50	19.1	国防	7.38	0.1

续表

收入（亿元）			支出（亿元）		
项目	绝对数	比重（%）	项目	绝对数	比重（%）
企业所得税	343.12	8.1	公共安全	476.84	45
个人所得税	98.11	2.3	教育	1895.57	17.8
资源税	99.94	2.4	科学技术	409.20	3.8
城市维护建设税	158.10	3.7	文化旅游体育与传媒	130.22	1.2
房产税	100.61	2.4	社会保障和就业	1791.76	16.8
印花税	58.40	1.4	卫生健康	1161.28	10.9
城镇土地使用税	150.42	3.5	节能环保	183.19	1.7
土地增值税	214.21	5.0	城乡社区事务	865.99	8.1
车船税	61.34	1.4	农林水事务	1110.48	10.4
耕地占用税	166.63	3.9	交通运输	416.62	3.9
契税	312.15	7.3	资源勘探工业信息等事务	132.21	12
烟叶税	6.04	0.1	商业服务业等事务	35.15	0.3
环境保护税	10.03	0.2	金融支出	55.91	0.5
其他税收收入	0.87	—	援助其他地区支出	3.87	—
非税收入	1659.88	39.1	自然资源海洋气象等支出	98.45	0.9
专项收入	429.14	10.1	住房保障支出	284.64	2.7
行政事业性收费收入	243.91	57	粮油物资储备支出	37.52	0.4
罚没收入	148.12	3.5	灾害防治及应急管理支出	172.62	1.6
国有资本经营收入	147.39	3.5	债务付息支出	190.47	18
国有资源（资产）有偿使用收入	513.58	12.1	债务发行费用支出	0.88	—
其他收入	177.75	4.2	其他支出	91.82	0.9

资料来源：《河南统计年鉴》（2023）。

1. 省内经济资源

农业资源方面，河南省是全国小麦、棉花、油料、烟叶等农产品的重要生产基地，粮食产量约占全国的1/10、油料产量约占全国的1/6、牛肉产量约占全国的1/20，是国家重要的粮食生产和现代农业基地（见图2-11）。工业资源方面，河南省是全国重要的能源、原材料生产基地，拥有煤、石油、天然气"三大能源矿产"，钼、金、铝、银"四大金属矿产"和天然碱、盐矿、耐火黏土、蓝石棉、珍珠岩、水泥灰岩、石英砂岩"七大非金属矿产"。在已探明储量的矿产资源中，居全国首位的有11种，居前3位的有32种，居前5位的有58种。

其中，煤炭保有储量居全国第 8 位，石油居第 12 位，天然气居第 17 位。2022年，全省全部工业增加值为 19592.76 亿元，比上年增长 4.2%，规模以上工业增加值增长 5.1%。依托资源优势，河南已形成了较为完备的工业体系，是全国工业门类较齐全的省份之一，食品、纺织、有色金属、煤炭、石油化工、装备制造等产业优势比较明显（见表 2-14 和表 2-15）。文旅资源方面，河南省是中华民族和华夏文明的重要发祥地，是全国重要的历史文化资源大省。中华民族的人文始祖黄帝诞生在今河南新郑，中国八大古都中河南就有四个。河南省也是自然景观荟萃之地。全省共有 A 级景区 681 家，其中，AAAAA 级景区 15 家，AAAA 级景区 225 家。2022 年，共接待海内外游客 43600 万人次，比上年下降54.95%，旅游总收入 3160 亿元，下降 51.98%。金融资源方面，截至 2022 年底，金融机构人民币各项存款余额为 92548.37 亿元，比上年末增长 7.38%，人民币各项贷款余额为 75528.53 亿元，增长 8.76%。全省已有 156 家境内外上市公司，发行股票 157 只，本年首次发行、再融资募集资金 259.73 亿元，境内 A股上市公司流通股市价总值为 11048.48 亿元。

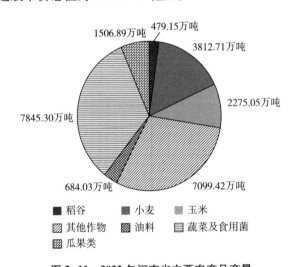

图 2-11　2022 年河南省主要农产品产量

资料来源：《河南统计年鉴》（2023）。

表 2-14　2022 年河南省规模以上工业企业单位及人员数

行业	单位数（个）	平均从业人员（万人）	增加值指数（%）	行业	单位数（个）	平均从业人员（万人）	增加值指数（%）
总计	23813	402.47	105.1	造纸及纸制品业	351	4.64	101.7
轻工业	8729	144.54	103.3	印刷和记录媒介的复制业	266	2.96	93.0

续表

行业	单位数（个）	平均从业人员（万人）	增加值指数（%）	行业	单位数（个）	平均从业人员（万人）	增加值指数（%）
重工业	15084	257.93	106.0	文教、工美、体育和娱乐用品制造业	636	7.34	88.0
大型企业	343	133.97	106.6	石油、煤炭及其他燃料加工业	112	2.67	118.30
中型企业	1486	87.28	104.2	化学原料及化学制品制造业	1264	16.84	97.90
小型企业	15470	135.24	106.2	医药制造业	569	12.25	108.0
微型企业	6514	45.98	76.8	化学纤维制造业	46	1.76	105.7
公有制	1345	90.13	105.2	橡胶和塑料制品业	731	8.51	100.6
非公有制	22468	312.33	105.1	非金属矿物制品业	4459	37.01	98.1
煤炭开采和洗选业	211	24.79	107.8	黑色金属冶炼及压延加工业	213	8.41	107.1
石油和天然气开采业	3	2.84	100.3	有色金属冶炼及压延加工业	674	15.44	110.8
黑色金属矿采选业	23	0.41	101.0	金属制品业	1180	13.24	105.6
有色金属矿采选业	110	2.14	101.9	通用设备制造业	1361	18.19	102.1
非金属矿采选业	195	1.44	120.4	专用设备制造业	1217	17.76	102.1
开采辅助活动	6	0.90	104.8	汽车制造业	665	12.88	91.8
其他采矿业	—	—	—	铁路、船舶、航空航天和其他运输设备制造业	185	4.70	102.5
农副食品加工业	1541	24.19	106.4	电气机械及器材制造业	1058	15.87	99.2
食品制造业	812	16.84	101.8	计算机、通信和其他电子设备制造业	408	37.98	116.7
酒、饮料和精制茶制造业	322	6.30	103.9	仪器仪表制造业	297	5.32	105.7
烟草制品业	13	1.31	105.7	其他制造业	166	2.91	103.0

续表

行业	单位数（个）	平均从业人员（万人）	增加值指数（%）	行业	单位数（个）	平均从业人员（万人）	增加值指数（%）
纺织业	892	15.33	106.9	废弃资源综合利用业	169	1.24	135.2
纺织服装服饰业	683	14.45	93.2	金属制品、机械和设备修理业	31	0.61	135.4
皮革、毛皮、羽毛及其制品和制鞋业	570	9.90	106.3	电力、热力的生产和供应业	618	15.59	109.2
木材加工及木、竹、藤、棕、草制品业	878	5.99	105.0	燃气生产和供应业	217	2.43	99.2
家具制造业	441	5.19	111.5	水的生产和供应业	220	3.92	99.1

资料来源：《河南统计年鉴》（2023）。

表 2-15　2022 年河南省规模以上工业企业主要指标　　单位：亿元

行业	资产总计	流动资产	利润总额
总计	55880.25	28145.88	1701.58
轻工业	10306.37	5517.49	505.73
重工业	45573.88	22628.39	1195.85
大型企业	24607.06	12559.18	929.32
中型企业	11849.04	5902.22	278.88
小型企业	15876.79	8206.17	433.69
微型企业	3547.36	1478.31	59.69
公有制	21177.13	8640.32	375.28
非公有制	34703.13	19505.56	1326.3
煤炭开采和洗选业	2911.17	1110.24	218.41
石油和天然气开采业	389.58	77.53	-42.34
黑色金属矿采选业	112.71	63.3	5.53
有色金属矿采选业	419.25	167.27	42.41
非金属矿采选业	888.52	254.43	5.31
开采辅助活动	133.1	74.34	-0.27
其他采矿业	0	0	0
农副食品加工业	2371.92	1164.46	153.11

续表

行业	资产总计	流动资产	利润总额
食品制造业	1091.87	621.77	38.27
酒、饮料和精制茶制造业	515.79	284.85	37.44
烟草制品业	458.27	352.84	49
纺织业	766.52	374.15	9.65
纺织服装服饰业	365.76	162.59	18.73
皮革、毛皮、羽毛及其制品和制鞋业	504.61	239.59	19.63
木材加工及木、竹、藤、棕、草制品业	297.29	154.09	17.61
家具制造业	198.35	98.26	7.45
造纸及纸制品业	349.41	169.31	14.98
印刷和记录媒介的复制业	200.02	108.64	8.1
文教、工美、体育和娱乐用品制造业	301.72	205.5	8.72
石油、煤炭及其他燃料加工业	1128.99	577.15	−10.08
化学原料及化学制品制造业	4337.37	1985.99	207.77
医药制造业	1389.42	758.64	79.68
化学纤维制造业	399.36	147.64	−3.21
橡胶和塑料制品业	447.01	246.02	22.15
非金属矿物制品业	4856.25	2729.23	136.78
黑色金属冶炼及压延加工业	2045.22	1093.16	1.87
有色金属冶炼及压延加工业	4917.68	2568.85	167.97
金属制品业	1046.15	636.92	31.94
通用设备制造业	1816.07	1240.28	72.6
专用设备制造业	2271	1475.11	80.55
汽车制造业	1825.36	1077.33	30.69
铁路、船舶、航空航天和其他运输设备制造业	480.81	302.81	20.34
电气机械及器材制造业	2147.9	1341.18	69.12
计算机、通信和其他电子设备制造业	4039.54	3266.53	165.8
仪器仪表制造业	448.53	293.42	21.81
其他制造业	209.79	129.57	11.5
废弃资源综合利用业	174.08	109.82	10.3
金属制品、机械和设备修理业	71.44	54.51	2.82

续表

行业	资产总计	流动资产	利润总额
电力、热力的生产和供应业	7662.84	1734.11	-97.4
燃气生产和供应业	948.31	436.85	52.13
水的生产和供应业	941.28	257.6	14.7

资料来源:《河南统计年鉴》(2023)。

2. 国内贸易

贸易流通连接生产和消费,既是国民经济运行的血脉和神经,又是我国改革开放最早、市场化程度最高的领域,目前已初步形成主体多元、方式多样、开放竞争的格局,对国民经济的基础性支撑作用和先导性引领作用日益增强。在限额以上批发和零售业商品零售额中,粮油食品类比上年增长 12.0%,饮料类增长 6.0%,烟酒类增长 11.0%,服装鞋帽、针纺织品类下降 2.0%,日用品类增长 4.3%,家用电器及音像器材类增长 1.6%;中西药品类增长 12.2%,家具类增长 16.40%,石油及制品类增长 13.8%,汽车类下降 3.0%,如图 2-12 所示。

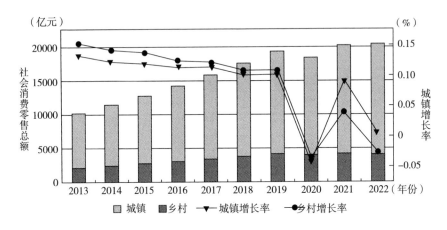

图 2-12　2013~2022 年河南省社会消费品零售总额及增长率
资料来源:《河南统计年鉴》(2023)。

2022 年,全省居民人均可支配收入 28222 元,比上年增长 5.3%;居民人均消费支出 19019 元,增长 3.4%。按常住地分,农村居民人均可支配收入 18697元,增长 6.6%;农村居民人均消费支出 14824 元,增长 5.3%。城镇居民人均可支配收入 38484 元,增长 3.7%;城镇居民人均消费支出 23539 元,增长 1.6%,如表 2-16 所示。

表 2-16 2022 年河南省城镇居民与农村居民人均可支配收入与支出 单位：元

年份	城镇居民人均			农村居民人均		
	可支配收入	可支配收入指数	消费支出	纯收入	纯收入指数	生活消费支出
2013	22398.03	106.6	14821.98	8475.34	109.5	5627.73
2014	23672	106.8	16184	9966.072	109.4	7277.212
2015	25575.61	106.7	17154.3	10852.86	107.6	7887.45
2016	27232.92	104.5	18087.79	11696.74	105.7	8586.59
2017	29557.86	106.9	19422.27	12719.18	107.5	9211.52
2018	31874.19	107.8	20989.15	13830.74	108.7	10392.01
2019	34200.97	104.3	21971.6	15163.74	106.3	11545.99
2020	34750.34	99.12808	20644.91	16107.93	102.8	12201.1
2021	37094.76	105.7	23177.54	17533.29	108	14073.18
2022	38484	102.3	23539	18697	104.9	14824

资料来源：《河南统计年鉴》（2023）。

3. 海外资本

河南省作为中原地区的重要组成部分，凭借着平坦开阔、远离山川海洋的地理优势，使得中华文化得以发扬和延续。但受地理区位的影响，河南省对外贸易一直处于较低水平，直到改革开放政策的鼓励及支持，河南省的对外贸易才有所进步。[3] 2001 年，中国加入世界贸易组织（WTO）之后，中国进入一个贸易更加平等、贸易享有更多优惠的平台，为我国在国际贸易中享受公平、公正、优惠的待遇提供了保障。中国贸易总额规模不断扩大，对外贸易的影响力不断增强。加入世贸组织之后，河南省对外开放程度不断提高，更快、更好地融入了国际经济社会，并取得了重大成就，在中部六省中，居首位。2022 年，河南省进出口总额为 8524.1 亿元，比上年增长 4.4%。其中，出口总额为 5247.0 亿元，增长 5.2%；进口总额为 3277.1 亿元，增长 3.2%。全年新批准外商投资企业 329 个。实际利用外商直接投资 17.79 亿美元。全年对外承包工程、劳务合作和设计咨询业务新签合同额为 49.77 亿美元，比上年增长 24.6%；营业额为 41.46 亿美元，增长 1.6%（见表 2-17～表 2-21）。

表 2-17 2022 年河南省对外经济贸易基本情况

指标	数值
货物进出口总值（亿元）	8524.14
出口总额（亿元）	5246.994

续表

指标	数值
进口总额（亿元）	3277.1
进出口差额（亿元）	1969.9
货物进出口总额（亿美元）	1277.28
出口总额（亿美元）	786.34
进口总额（亿美元）	490.95
进出口差额（亿美元）	295.39
新设立外商直接投资企业数（个）	329
实际使用外资额（亿美元）	17.79
外商直接投资（亿美元）	17.79
年末实有企业数（家）	2621
投资总额（亿美元）	2054.7
注册资本（亿美元）	743.03
外方	573.86
对外经济合作（亿美元）	—
合同金额（亿美元）	49.77
完成营业额（亿美元）	41.46

资料来源：《河南统计年鉴》（2023）。

表 2-18　2022 年河南省的进出口总额　　　　单位：万元

项目	进口总额		出口总额		进出口总额	
	2021 年	2022 年	2021 年	2022 年	2021 年	2022 年
合计	3184.01	3277.144	5024.06	5246.994	8208.07	8524.138
一般贸易	832.59	755.8014	1915.53	2238.189	2748.12	2993.99
援助物资	0.05	0	0.03	0.10913	0.08	0.10913
加工贸易	2080.87	2231.965	3000.61	2881.294	5081.48	5113.258
来料加工贸易	10.49	20.28494	13.55	21.56315	24.04	41.84809
进料加工贸易	2070.38	2211.68	2987.06	2859.73	5057.44	5071.41
对外承包工程出口	0	0	8.81	10.40212	8.81	10.40212
保税物流	254.4	284.4769	70.86	73.61653	325.26	358.0934
其他	14.6	4.9	28.22	43.38	42.82	48.28
国有企业	427.4	366.8381	223.38	270.35	650.78	637.1881
外商投资企业	889.46	1004.849	2905.86	2720.068	3795.32	3724.916

续表

项目	进口总额		出口总额		进出口总额	
	2021 年	2022 年	2021 年	2022 年	2021 年	2022 年
合作	0.08	0.055551	0.63	0.642219	0.71	0.697771
合资	707.41	841.7433	2854.69	2671.541	3562.1	3513.285
独资	181.98	163.05	50.53	47.88409	232.51	210.9341
民营企业	1866.47	1901.911	1827.88	2175.697	3694.35	4077.607
其他	0.68	3.55	66.94	80.88	67.62	84.43

资料来源:《河南统计年鉴》(2023)。

表 2-19　2022 年河南省外商和港澳台商投资企业(单位)注册登记情况

指标	2022 年
年末实有企业数(家)	2415
与外商和港澳台商合资经营	1041
与外商和港澳台商合作经营	96
外商和港澳台商独资	1270
有限公司(家)	8
年末实有企业投资总额(亿美元)	1114.18
注册资本(亿美元)	779.44
外方(亿美元)	584.08
本年登记企业数(家)	115
中外合资(家)	2
外商独资(家)	111
本年注册企业投资总额(亿美元)	7.97
本年注册资本(亿美元)	7.52
外方(亿美元)	7.17

资料来源:《河南统计年鉴》(2023)。

表 2-20　2022 年河南省对外国和港澳台地区投资情况

指标	2013 年	2014 年	2015 年	2016 年	2017 年	2018 年	2019 年	2020 年	2021 年	2022 年
对外投资项目备案个数	81	87	92	121	210	126	110	92	84	160
中方新签协议(合同)投资额(万美元)	130207	159014	232461	436751	175780	223682	143358	123186	136962	138005

续表

指标	2013 年	2014 年	2015 年	2016 年	2017 年	2018 年	2019 年	2020 年	2021 年	2022 年
年末已建成投产企业（家）	382	442	561	682	759	827	638	569	595	566

资料来源：《河南统计年鉴》（2023）。

表 2-21　2013~2022 年河南省对外承包工程和劳务合作情况

指标	签订合同数（个）	签订合同金额（亿美元）	营业额（亿美元）	派出人员（人）	年底在外人员（人）
2013 年	315	40. 58	42. 09	68877	81751
2014 年	128	42. 29	47. 08	69703	88825
2015 年	151	43. 35029	48. 31604	70243	101289
2016 年	127	40. 7	45. 1	60942	116302
2017 年	232	37. 48	47. 71	57708	61622
2018 年	231	37. 44	34. 48	31761	63336
2019 年	258	44. 27	41. 63	28580	56608
2020 年	239	49. 65	34. 64	9466	25113
2021 年	155	39. 93	40. 68	13805	26776
2022 年	273	49. 77	41. 46	10196	24762

资料来源：《河南统计年鉴》（2023）。

四、交通资源

河南省的交通区位优势明显，是我国承东启西、连南贯北的重要交通枢纽，拥有铁路、公路、航空、水运、管道等相结合的综合交通运输体系，京广、京九、太焦、焦柳、陇海、宁西、侯月、新月、新菏 9 条铁路干线经过河南省。全省形成以高速公路为主骨架、全省干线公路为骨干、农村公路为脉络的公路网络。截至 2022 年末，全省铁路营业里程 6719 千米，高速公路通车里程 8009千米。此外，河南省的民航发展迅速，是中部地区重要的航空枢纽。全年各种运输方式货物运输量比上年增长 1.6%；货物周转量增长 9.2%。旅客运输量下降 47.5%；旅客周转量下降 36.9%。机场旅客吞吐量下降 50.8%；机场货邮吞吐量下降 11.4%（见表 2-22）。

表 2-22　2022 年河南省交通运输主要指标及增速

指标	绝对数	比上年增长（%）
货物运输量（亿吨）	25. 87	1. 6

续表

指标	绝对数	比上年增长（%）
货运周转量（亿吨/平方千米）	11404.41	9.2
旅客运输量（亿人）	2.69	-47.5
旅客周转量（亿人/平方千米）	697.17	-36.9
机场旅客吞吐量（万/人次）	1079.36	-50.8
机场货邮吞吐量（万吨）	62.57	-11.4

资料来源：《2022年河南省国民经济和社会发展统计公报》。

1. 陆上交通

（1）公路。截至2016年底，河南省内有京港澳高速、连霍高速、济广高速、大广高速、二广高速、洛宁高速等17条国家高速公路大动脉，50余条区域高速公路及105、106、107、207、220、310、311、312、343等23条国道，国道路网通达能力居全国前列。郑州、洛阳、商丘、新乡、南阳、信阳、开封、漯河、周口等城市均为国家公路运输枢纽。郑州、洛阳、南阳、商丘、周口、安阳、开封等城市均建有绕城高速公路。全省高速公路通车里程达8082千米，居全国第8位，高速公路网密度居全国第9位。

（2）铁路。河南郑州是中国四大国家级铁路主枢纽之一，商丘、洛阳、新乡、焦作、南阳、信阳等均是国家重要的铁路枢纽。河南省铁路包括国家高速铁路干线、城际铁路、国家普速铁路干线、国家区域铁路等。截至2022年底，全省铁路营业里程15.5万米，居全国前列。

（3）地铁。郑州地铁是郑州市及郑州大都市区的城市轨道交通系统，覆盖郑州中心城区、航空港区、东部新城、南部新城、西部新城，以及新郑、新密等地区，共规划地铁线路21条，规划里程945.2千米。截至2023年底，郑州地铁有11条运营线路（1号线、2号线、3号线、4号线、5号线、6号线（一期西段）、城郊线、10号线、12号线、14号线、郑许市域铁路），运营里程为344.83千米，运营车站220座（换乘车站分别计数）。另有洛阳地铁、安阳轨道交通、许昌地铁、开封地铁正处于建设过程中；规划建设的地铁有商丘地铁、焦作地铁、新乡地铁、平顶山地铁、南阳地铁、信阳地铁、驻马店地铁。

2. 水上交通

河南省内河水运发达，历史悠久，曾呈现出"百舸争流天津卫，千帆竞航下江南"的盛景。如今的沙颍河、唐白河等河流具有向下与淮河水系、长江水系贯通，向上与铁路、公路主通道连接，与能源产业基地衔接的特点。[4] 特别是沙颍河周口以下89千米达到四级内河航道标准，常年可通行万吨级拖船，是河南省通江达海的黄金水道，已成为豫货的出海口和对接海上丝绸之路的桥头

河南经济地理

堡。河南省有比较丰富的水运资源，省内共有河流 493 条（流域面积在 100 平方千米以上），分属长江、淮河、黄河、海河四大水系。河南省的水路航运主要集中在豫东南和豫中地区的郑州、开封、商丘、许昌、平顶山、漯河、周口、驻马店、信阳、南阳等地市，现已初步形成了淮河、唐河、白河、贾鲁河、沙颍河等多条通江达海的内河航运通道。改革开放以来，河南省水路客货运输量呈逐年递增的发展态势。"十五"期间全省水路运输货运量、货运周转量、客运量、客运周转量分别比"九五"期间增长了 114.4%、172.3%、11.8%、33.1%。"十三五"期间，河南省重点实施沙颍河、淮河、唐白河等内河水运改扩建工程，建设内河航道 304 千米，新增港口泊位 42 个。"十三五"期末，通航里程达到 1855 千米。

3. 航空交通

河南省现有郑州新郑国际机场、洛阳北郊机场、南阳姜营机场、信阳明港机场、安阳红旗渠机场 5 个已通航的民用机场，以及郑州上街机场、安阳北郊机场等多个已通航的通用机场；规划待建的有商丘观堂机场、平顶山尧山机场、周口机场、三门峡机场、济源机场、潢川机场 6 座民用航空机场；在建及规划待建的有林州、长垣、西华、平舆、巩义、登封、新密、中牟、淅川、舞阳、洛阳龙门、新乡、鹤壁、漯河、许昌、三门峡、济源、民权、永城、洛宁、焦作云台山、邓州、台前等 20 余座通用航空机场。

第三节 文化资源

一、黄河文明

黄河自陕西省潼关县进入河南省，西起灵宝县，东至台前县，流经三门峡、洛阳、济源、郑州、焦作、新乡、开封、濮阳 8 个省辖市 28 个县（区），流域面积 3.60 万平方千米，分别占黄河流域总面积的 5.1%、河南省总面积的 21.7%。河道总长 711 千米，其中孟津县白鹤镇以上为山区河道，以下 464 千米河道为设防河段，堤防总长 858 千米（含沁河），其中临黄大堤 565 千米，现有险工、控导工程 183 处，坝、垛、护岸 4824 道。国务院"八七"分水方案分配给河南省的引黄指标为 55.4 亿立方米，其中干流引水指标为 35.67 亿立方米。

黄河，吸冰雪之灵气，纳日月之精华，凝百川之雄伟，聚千流之恢宏。它是一条雄伟壮阔的自然之河，一条润泽万物生灵的生命之河，更是一条亘古不息、厚德载物的文化之河。黄河，自巴颜喀拉山一路走来，奔腾怒啸，百折不回，浩浩荡荡奔向大海。它把中原劈为南北两面，河流两岸林木郁葱，映衬着宽阔的河床，湛蓝的天空，呈现出一幅幅看不尽的生态美景。

中原文明的孕育成长和繁荣发展，离不开黄河。长期以来，河南省人民在黄河治理开发与管理的实践中，创造了光辉灿烂的文化。卷帙浩繁的治河典籍、文物古迹和各种古代水利工程等，无不闪烁着文明与智慧的光芒。

河南省沿黄两岸分布着丰富的物质文化遗产和非物质文化遗产。在物质文化遗产方面，涉及的历史遗址有黄池、陈桥驿、御坝碑、林公堤、铜瓦厢决口改道处、蒋介石扒口处、刘邓大军渡河处以及黄河故道等，古建筑有嘉应观、善护寺塔等。在非物质文化遗产方面，《黄河号子》已被列入国家非物质文化遗产名录。正是这些深厚的文化积淀，为黄河的治理开发提供了智慧源泉和强大的动力支持。

黄河花园口旅游区、开封市黄河柳园口水利风景区、濮阳市黄河水利风景区、范县黄河水利风景区、将军渡黄河风景游览区、孟州黄河水利风景区、孟津黄河水利风景区等一处处国家级水利风景区，以其特有的人文景观和黄河文化元素向人们展示治黄成就的同时，更成为具有丰富历史人文价值的教育基地。河南省黄河河务局党组提出，要充分发挥黄河文化的桥梁和纽带作用，以波澜壮阔的治河实践为载体，在黄河传统文化的基础上，承前启后、推陈出新，创造无愧于时代的先进治河文化。

二、中原文化

中原文化是黄河中下游地区的物质文化和精神文化的总称，是中华文化的母体和主干。中原文化以河南省为核心，以广大的黄河中下游地区为腹地，逐层向外辐射，影响延及海外。中原地区在古代不仅是中国的政治经济中心，也是主流文化和主导文化的发源地。中国历史上先后有 20 多个朝代定都于中原地区，河南省占据中国八大古都的一半，包括洛阳市、开封市、安阳市和郑州市。中原地区以特殊的地理环境、历史地位和人文精神，使中原文化在漫长的中国历史中长期居于主流地位，中原文化在一定程度上代表着中国传统文化。[5]

1. 中原文化的特征

中原文化是中华文化之根，具有如下特征：

（1）根源性：中原文化在整个中华文明体系中具有发端和母体的地位。无论是口口相传的史前文明，还是有文字记载以来的文明肇造，都充分体现了这一点。从"盘古开天""女娲造人""三皇五帝""河图洛书"等神话传说，到对早期裴李岗文化、仰韶文化、龙山文化和二里头文化的考古发掘，河南省均有大量遗址遗物。

（2）原创性：中原文化对构建整个中华文明体系发挥了筚路蓝缕的开创作用。无论是元典思想和政治制度的建构，还是汉字和商业文明的肇造，乃至重大科技发明与中医药的产生，都烙下了中原文化的印记。

（3）包容性：中原文化具有兼容众善、合而成体的特点。中原文化通过经济、战争、宗教、人口迁徙等众多方式，实现了物质文化、制度文化和思想观念的全面融合与不断升华。考古人员发现，20万年前南北文化在中原一带交汇。进入新石器时代，文化交流更为频繁，文化融合更为深化。

（4）开放性：中原文化有着很强的辐射力和影响力。集中表现在：一是辐射各地。如岭南文化、闽台文化以及客家文化，其核心思想都来源于中原的河洛文化。唐代思想家、文学家韩愈就极大地影响了潮汕文化。二是化民成俗。中原文化中的一些基本礼仪规范常常被统治者编成统一的范本，推广到社会及家庭教育的各个环节，从而实现了"万里同风"的社会效果。三是远播异域。秦汉以来，中原文化主要通过陆路交通由东向西广泛传播，不仅影响了朝鲜、日本的古代文明，而且开辟了延续千年的丝绸之路。

（5）基础性：中原文化在中华文化系统中处于主体地位。中原文化在与其他文化不断地融合交流中，自身外延也在不断扩大，并由此催生了中华文化的形成。

2. 神龙文化

神龙是智慧、勇敢、吉祥、尊贵的象征，河南省是龙的故里。被称为人文始祖的太昊伏羲，在今周口市淮阳县一带"以龙师而龙名"，首创龙图腾，实现了上古时期多个部族的第一次大融合；被称为又一人文始祖的黄帝，在统一黄河流域各部落之后，为凝聚各部族的思想和精神，在今新郑一带也用龙作为新部落的图腾，今天的中国人之所以被称为"炎黄子孙"和"龙的传人"，即由此而来。

3. 政治文化

（1）中原政治文化具有源头性。华夏文明的起源主要在中原，中国政治文化的源头也在中原。可以说，一部河南政治史就是一部浓缩的中国政治史，从这个意义上讲，中原在中国政治上所占的位置非其他地方所能及，"得中原者得天下"成为政治家们追寻的梦想。翻开中国历史的浩瀚篇章，早在远古时代，三皇五帝就在这里开疆拓土，建立了影响中国政治文明进程的典章制度。特别是夏、商、周以后，中原地区更成为政治博弈的主要地区，并由此诞生了许多政治制度、政治思想、政治流派、政治人物，河图洛书、周易八卦、老庄道家的政治思想、墨子"非攻"的和平理想、鬼谷子的军事思想、商鞅的变法图新思想等，都是中国政治文化的源头。

（2）中原政治文化具有国都文化特征，我们称之为政治中心文化，也可以称之为官文化。过去人们在谈到中原政治文化的优势时，很少谈及国都文化，认为中原政治文化的独特性就是它的政治中心优势，这种优势造就了影响中国政治进程的诸多文化。可以说，从汉唐盛世一直到北宋，围绕着洛阳、开封这两大政治中心城市，衍生出影响中国政治进程的重大事件，如"天人感应"理论，为大一统封建统治提供了理论支撑点；五代官方雕版印刷儒家经典，昭示着从此以后官方对意识形态的控制更加严格和成熟；尤其是北宋时期理学的诞生，不仅是中国思想界的一次大震荡，更是中古以后封建政治统治思想的一次更新。诸如此类，曾经发生在中原地区重大的政治、文化现象，并不是孤立产生和偶然迸发，而是在历代国都政治的巨大影响下产生的。

（3）融合性与辐射性。在国都政治文化的影响和渗透下，衍生出更多的政治文明和文化思潮，如国都政治文明对周边少数民族政治进程的影响、中原先进政治文明对移民地区政治的影响、先进的中原政治文化对外来民族的影响以及对世界政治进程的影响，都能从这里找到历史的印痕。

4. 圣贤文化

河南省的文化对于全国的贡献相当大，圣人在全国相当多。在我国公认的41位圣人中，出生于河南省的有20余位，在河南省长期活动的有八九位，不仅数量多，而且分布面广，如道圣、儒圣、诗圣、文圣、画圣、酒圣、厨圣等，同时圣贤在河南省群体性地出现，具有延续性。秦始皇统一六国功劳很大，但这些功劳都是依靠他手下的大臣良将完成的，如依靠的治国思想出自韩非子，治国的谋略出自吕不韦，统一文字、度量衡的是李斯，这些人都是河南人。伟大的汉字是河南人发明的，仓颉造字，李斯统一文字，许慎在中国历史上第一个提出文字学，他们对中国文字的发展贡献很大。河南省为什么圣贤比较多？一是河南省有着深厚的文化渊源和基础，二是河南省有着广阔的平台。河南省的文化厚重，"厚"是历史渊源，三皇五帝主要在河南省，"重"是强调圣贤最多，圣典最多。文献始祖在河南省，学派始祖在河南省，姓氏始祖在河南省，行业始祖在河南省，这些都属于根文化，也就是说中华传统文化的根在河南省。

5. 思想文化

中原是中国思想文化的源头圣地。《周易》这部被誉为中华第一经的文化大典，是在中原河洛地区孕育而成的。中国古代思想的黄金时代在先秦。先秦时代，作为东方文明轴心标志的道、儒、墨、法等诸子思想与著作，被奉为中华文化的元典，其创始人或集大成者多为河南人。中原思想文化是中华民族思想文化的核心，也是百家思想集大成者。孔子是儒学的开山人物，虽然出生于山东省，但祖籍为河南省，且孔子讲学、游说的主要活动地域在中原。洛阳人程颢、程颐开创的宋代理学，又把儒学推向一个新的思想高峰，成为宋、元、明、清以来居统治地位的主流意识形态。道家思想的老祖宗老子，是河南鹿邑人，长期生活在河南省，《道德经》就是在河南省写的。法家思想的主要代表人物韩非子，也是河南人。总的来看，中原思想文化传达着刚健有为、自强不息、中庸尚和的生活哲学，不仅隐含着"日新"的变革进取精神，更体现了友好共处、向往和平的精神境界。这些思想文化塑造了中华民族的基本文化形态和性格，丰富了中华民族精神宝库，并对世界文化产生了很大影响。同时，西方许多杰出人物如伏尔泰、狄德罗、托尔斯泰、布莱希特都曾受到《道德经》的影响。

6. 名流文化

名流是人才中的杰出代表，是人才中的精华和精英部分，他们都以自己的才智在各自的领域做出突出的贡献，并以其文化素养、文化格调和文化创造影响社会，形成一种社会文化效应和文化风尚。河南省名流，既有思想家、哲学家、政治家、军事家、科学家、教育家、文学家、艺术家，也有社会贤达和社会名士，从先秦到11世纪河南省名流文化都处于一个非常辉煌的时期，产生了重大影响，是中华文化乃至世界文化宝贵遗产中的优秀篇章。中原大地名流辈出，据统计，在二十四史中立传的历史人物达5700余人，其中河南省籍的历史名人为912人，占总数的15.8%。唐代留名的2000多名作家中，河南省占据两成。

7. 英雄文化

中原英雄文化起源于原始的英雄崇拜。从神话中的英雄故事开始，在中原这块政治、文化高地上，涌现出一批批英雄人物，演绎出一幕幕英雄活剧，形成了人们仰慕英雄、崇尚英雄、学习英雄的人文精神，成为中华英雄文化的主要源头。河南省是一片仰慕英雄、产生英雄的土地，也是热爱英雄、造就英雄的热土。中原儿女在历史的长河中谱写的英雄谱如灿烂画卷，光耀神州，女娲补天、夸父追日、大禹治水、愚公移山等歌颂英雄的神话传说，都产生并流传在河南省。历史上第一次农民起义的领袖陈胜，是河南省登封人。代父从军的巾帼英雄花木兰，是河南省虞城人，其义举令世人赞叹不已，甚至美国人也将其英雄故事搬上银幕，向全球传播。河南省邓州人、唐代名将张巡在抵御叛军中，坚守睢阳，"守一城，捍天下"，被后人奉为神灵。宋代的包拯权知开封府，刚正不阿、铁面无私、不畏权贵、惩恶扬善，成为世人景仰、万代传颂的"包青天"。南宋爱国将领岳飞是河南省汤阴人，其"精忠报国"的壮志、"还我河山"的呐喊、"驾长车踏破贺兰山缺"的豪情，一直激励着中华儿女抵御外侮、报效祖国。这些英雄们，历来都是人们尊崇、歌颂的对象。

8. 农耕文化

农业最早是在中原地区兴起的。中原农耕文化包含了众多特色耕作技术、科学发明。裴李岗文化有关遗存中出土了不少农业生产工具，为早期农耕文化的发达提供了实物证据，尤其是精制而成的石磨盘棒，成为我国所发现的最早的粮食加工工具。三皇之首的伏羲教人们"作网"，开启了渔猎经济时代；炎帝号称"神农氏"，教人们播种收获，开创了农业时代；大禹采用疏导的办法治水，推进了我国水利事业的发展，也促进了数学、测绘、交通等相关技术的进步。战国时期，由河南人郑国主持修建的"郑国渠"，极大地改善了关中地区的农业生产条件。随着民族的融合特别是中原人的南迁，先进的农业技术与理念传播到南方，促进了中国古代农业水平的提高。可以说，中国农业的起源与发达、农业技术的发明与创造、农业的制度与理念，均与河南省密切相关。

9. 科技文化

（1）冶金技术——当惊世界殊。河南省不仅是中华民族文明的发祥地，也是中国古代冶金技术发展的中心。据《汉书·地理志》记载：汉武帝刘彻于公元前119年实行盐铁官营，在全国设铁官49处，仅河南省就有6处，每个铁官下面还属有一个至几个作坊，目前已发掘汉代冶铁遗址20余处。如南阳市北关汉代冶铁遗址，在20万平方米的范围内，发现残炼铁炉17座，还有鼓风管及大量耐火材料；巩义市铁生沟冶铁遗址，发掘出各式炼炉、熔炉、锻炉20座。这些重要的考古发现，不仅为研究中国冶金史的发展提供了大量的实物例证，其中一些传统的冶金技术，对当今世界发展也有着十分重要的现实意义。

（2）汉代铸铁——世界惊叹。球墨铸铁是英国人莫洛和威廉姆在1947年研制成功的，是现代科技的产物。但是，远在莫洛之前的两千多年，汉代的铸匠师利用原始方法，生产出符合现代标准的球墨铸铁，可以说是世界冶金史上不可思议的奇迹。河南汉魏时期球墨铸铁的重大发现，揭开了我国古代冶金技术发展史上光辉的一页，为中国和世界冶金史的研究，提供了大量第一手实物资料，为冶金考古和冶金技术研究提供了新的视角和思路。

（3）巨型高炉——两千年历史。金属冶炼在我国已有6000多年的历史。出土于河南省安阳市侯家庄武官村的司母戊鼎，是商后期（约公元前14世纪至公元前11世纪）铸品，重达875千克，高133厘米，形制雄伟，是迄今为止出土的最大最重的青铜器。考古发现，到了汉代，在郑州市古荥镇出现了炉缸为椭圆形的炼铁炉。经高炉专家根据现存遗迹研究推算，该炉是两千年前世界上最大、最高的炼铁炉，比欧美国家早了1800多年。随着高炉容积扩大，特别是炉缸为椭圆形的高炉出现后，利用人力鼓风来提高炉温的方法已满足不了需要。公元31年，南阳太守杜诗，发明了利用水流推动鼓风机的水排，不仅节省了大量劳力，也大大地提高了炉的温度，对冶铁工业发展有巨大的推动作用。

（4）失蜡法——冶金史上的重大发明。河南省博物院陈列的云纹铜禁，出土于淅川县。禁身为长方形，四周装饰有透雕的多层云纹并攀附着 12 条虎形怪兽。整个造型，布局严谨，错落有致，其铸造工艺之复杂，令人惊叹不已。1979 年冬，经冶金专家鉴定，该铜禁是采用失蜡法铸成的。根据与铜禁同墓出土带有铭文的"王子午鼎"的年代推算，铜禁的绝对年代为楚康王七年（公元前 552 年），是迄今所知我国最早的失蜡铸件。失蜡法的重要性可与火和轮子的发现相提并论，将古代失蜡法应用于现在制造业，促进了熔模精密铸造业的大发展。

（5）瓷器——璀璨夺目的艺术奇葩。瓷器是我国古代劳动人民的一项伟大发明，其生产技术对世界各国产生重大的影响，为世界陶瓷生产科学技术发展史树立了一座光辉的历史丰碑。河南省郑州市商代原始瓷的烧制成功，距今已有 3600 多年的历史，是世界上生产瓷器最早的地区。约经过 1800 多年的延续和发展，到了东汉时期，我国创烧的青瓷已很成功，从出土的遗物观察，造型多样，庄重大方，注重装饰，美观实用。

（6）地动仪——至今无法企及的高度。汉朝历时 400 余年，为后人留下了丰富的文化遗存，这样的背景为当时的科技发展创造了必要的社会基础。人们对地球构造和天体运行的认识更加接近实际，"浑天说"被更多的人所接受，王充提出了地震源自地壳自动的理论，青铜冶铸工艺达到了新的高度，所有这一切使地动仪的出现成为可能。这一伟大的创造，于阳嘉元年（公元 132 年）在张衡手中应运而生。

（7）观星台——中原大地上的一颗明珠。河南省考古工作证明郑州市大河村新石器时代遗址中出土陶器上绘画的太阳纹及与太阳有关的多种天象图案，反映了这里的先民们对天体变化的细心观察与高度概括能力；河南省发现的不同时代建造的古灵台故址，多是用于观测天象的建筑遗迹。

（8）古代建筑——美观与坚固的完美结合。河南省古建筑遗迹十分丰厚，现存文物建筑多达 1000 余处。遍布河南省各地的古建筑美观而坚牢，不论是存留于地下的古代建筑遗迹，还是屹立于地面上的木构、砖石建筑文物，都充分展现了独具特色的中国古代建筑体系在中原大地上由萌芽、成长、发展到形成的历史轨迹。建于北魏的砖构建筑——登封嵩岳寺塔，是中国现存最古老的砖塔，经历 1400 余年后，至今仍俨如擎天巨柱，巍然屹立于嵩岳大地上；建于北宋初年的木构建筑——济源济渎庙寝宫和建于宋代晚期的登封少林寺初祖庵大殿，经历数百年乃至上千年后，至今基本保存完好。特别是木构建筑，其梁架、柱枋、斗拱等主体结构部分，利用榫卯技术，不使用一根铁钉，却能组合成庞大的建筑物框架，使整座建筑物美观坚牢，有效地抗御大风、暴雨、地震、水患等自然力的破坏，充分展示了古代劳动人民的聪明才智，显示了中原古代建筑技艺的高超。尤其是在抗御地震水平运动和垂直运动所造成的山崩地裂、房屋倾圮、人畜惨重伤亡的巨大破坏方面，显示出抗震性能良好的突出特点。

10. 商业文化

中国商业文化的起源在中原，这是考古学界、史学界的共识。自古以来，中原地区就有比较自觉的商业意识，产生了中华商业文化的许多第一。商代的王亥"肇牵车牛远服贾"，是第一个用牛车拉着货物到远地去做生意的人，被奉为商业鼻祖。第一个儒商，孔老夫子的弟子子贡，是河南省浚县人，不仅能做官，而且善于经商致富。第一个热心公益事业而被后人称为商圣的范蠡，是南阳人，他帮助越王勾践灭吴复国之后，悄然隐退，把才能用于经商。第一个爱国商人是新郑人弦高，在经商途中遇到了秦师入侵，以自己的 15 头牛为代价智退秦军。此外，中原还产生了中国商业的许多第一，比如，中国历史上第一批职业商人诞生于西周时期的洛阳，第一个由政府颁布的保护商人利益的法规《质誓》诞生于春秋时期的新郑，以"城门之征"为代表的最早的关税征收发生在春秋时期的商丘，第一个有战略思路的产业商人为东周时洛阳人白圭，第一个商业理论家是今商丘人计然，最早的商家诉讼条例发生在春秋时的郑国即今郑州市，第一个重商理论的倡导者为西汉洛阳人桑弘羊，唐代洛阳城内管理市场的"三市之长"是最早的"市长"。世界上第一座真正意义的人口超百万的国际化大都市就是北宋时的汴京（今开封市），当时人口达到 150 多万人，宋代著名画家张择端的《清明上河图》就是对这一盛况的真实写照，而当时欧洲最古老、最发达的城市伦敦只有 5 万人。清代巩义的康百万家族，更是写下了"富过十二代、历经四百年而不败"的商业神话。由此可见，中原商业文化在中华文化体系中占有重要的地位。

11. 医学文化

中原医学文化因整体的治疗思想、多角度观察病理的方法、奇特的治疗技术、和谐的用药手段而著称于世，是传统文化中的精华与国粹。黄帝被后人公认为中医药的创始人，战国时期编著的《黄帝内经》至今仍是中医学工作者必读的指导性医学著作。东汉南阳人张仲景的《伤寒杂病论》，提出了六经辨证的理论体系，是我国第一部理、法、方、药兼备的中医经典专著，张仲景也被誉为"中国医方之祖"。洛阳龙门石窟的"药方洞"，保留有北齐时期完整的中医药方 118 个，治疗的病种达 37 个。这些药方为中国现存最早的石刻药方。北宋都城开封设有"尚医局""御药院""药密库""太医局""翰林医官院"等机构，设置之齐全在当时首屈一指。放置于"医官院"制作精细的"针灸铜人"，成为世界针灸医学发祥地的象征。可以说，中医药文化起源于中原，中医药大师荟萃于中原，中医药文化发达于中原，中医药巨著诞生于中原。

12. 汉字文化

汉字是传承和弘扬中华文化的重要载体，是中华民族的基本标志，也是中华文明的显著标志，并对朝鲜、韩国、日本等国汉字文化有巨大而深远的影响。连续 4000 多年的汉字文化史，可以说就是一部中原汉字史，汉字的产生及其每一个重要发展阶段几乎都发生在中原大地上。传说中黄帝时代的仓颉造字在河南省；第一套完善的汉文字系统甲骨文出土在河南省；帮助秦始皇"书同文"、制定规范书写"小篆"的李斯，是河南省上蔡人；编写世界第一部字典、归纳汉字生成规律、统一字义解析的文字学家许慎是河南省漯河人，他在家乡完成了《说文解字》这部汉文字学巨著；至今我们还在使用的规范性字体"宋体"字就产生于河南省开封，著名的活字印刷术也产生在这里。

13. 诗文文化

河南省是中国文学的发祥地。中国最早的散文总集《尚书》，是经过东周洛阳的史官整理成书的。我国第一部诗歌总集《诗经》中，属于今河南省内的作品有 100 多篇，占总篇目的 1/3 以上。鲁迅说过，在秦代可称为作家的，仅河南省上蔡的李斯一人。汉魏时期，有"汉魏文章半洛阳"之说。洛阳贾谊开骚体赋之先河，张衡《二京赋》则为汉大赋之极品，贾谊、晁错将西汉政论推向巅峰。汉魏时期"建安七子"中的阮瑀、应场都是河南省人。左思的《三都赋》名动天下，留下了"洛阳纸贵"的佳话。宋词的故乡在开封，"梁园文学"的主阵地在商丘，都留下了许多千古绝唱。东晋以后，河南省大族南迁，以谢灵运的山水诗、江淹的抒情赋为代表的中原文人作品，推动了江南文学的繁荣。唐代最著名的三大诗人中，河南省有二。"诗圣"杜甫是河南省巩义人，他以沉郁顿挫的风格反映了一个时代的沧桑巨变，其诗歌被赞为"诗史"；把现实主义和浪漫主义完美结合的诗人白居易是河南省新郑人，他创作的《长恨歌》《琵琶行》成为千古传诵的佳篇。"文起八代之衰"的孟州人韩愈，位居"唐宋八大家"之首，达到了中国散文的高峰。岑参、刘禹锡、李贺、李商隐等河南省人，也以其卓越的文学成就跻身于著名诗人之列。

14. 宗教文化

中华民族传统文化的一个重要特点就是儒、释、道"三教合流"，其中"释"（即佛）、"道"都属于宗教文化，其繁荣发展均与河南省息息相关。道教是中国的本土宗教，被奉为鼻祖的老子李聃是河南省鹿邑人。登封中岳庙是历代皇帝祭祀中岳神的地方，是我国现存较早、规模较大的道教建筑群之一。济源的王屋山为道教"十二洞天"之一，是唐代著名道长司马承祯携玉真公主出家修道的地方。佛教传入中国后，第一座佛寺白马寺就在河南省洛阳。洛阳的龙门石窟是佛教三大艺术宝库之一，已被列入世界文化遗产名录。推动佛教信仰大众化的净土宗祖庭在开封相国寺。标志着佛教文化中国化初步完成的"禅宗"，其祖庭在嵩山少林寺。在佛教文化史和中外文化交流史上鼎鼎大名的玄奘法师，是河南省偃师人，也是《西游记》中唐僧的原型。儒、释、道三教合流的典型代表也在登封嵩山脚下。

15. 戏曲文化

中原戏曲具有起源早、种类多、受众广、影响大等特点。"诸宫调"创始于开封，标志着戏曲作为一门综合艺术开始成熟的《目连救母》扮演于开封，北宋的杂剧也形成于开封。这些都表明中原是中国戏曲的重要发源地。中原戏曲来源于生活，扎根于民众，具有浓郁的乡土气息和灵活多样的表现形式，受到了广大人民群众的喜爱。

16. 民俗文化

中原民俗文化具有典型的原始性特征。民俗就其总的特点来说是民族文化的根。一个民族的文化土壤是民俗文化。中原民俗文化更具有典型的根文化特征。中原民俗上可以推到伏羲、女娲，甚至可以推到盘古。中原是中华文明的主要发祥地，伏羲和女娲的神话、轩辕黄帝的传说等，主要在中原。这些传说在8000年前的裴李岗文化中可以得到印证。因此可以说，从产生来看，中原民俗文化是华夏民俗文化之根。从发展来看，由于中原长期是中国政治、经济、文化的中心，民俗文化不断地向外辐射、扩散，又不断地融合、吸收外来的民俗文化，再向外辐射、扩散，使中原民俗文化成为中华民俗文化的基础和骨干，根文化的特征十分突出。民俗文化大致包括三大方面：物质民俗文化，以生产、交换、交通、服饰、饮食、居住等为主要内容；社会民俗文化，以家庭、亲族、村镇、社会结构、生活礼仪等为重点；精神民俗文化，包括信仰、伦理道德、民间口头文学、民间艺术、游艺竞技等。中原地区民俗文化特色鲜明、斑斓多姿，集中体现在饮食、服饰、日常起居、生产活动、礼仪、信仰、节令、集会等各个方面。中原民俗文化具有典型的根文化特征，对中国民俗文化乃至民族文化都有着重大的影响。

17. 姓氏文化

形形色色的姓氏寻根追宗，不能避开河南省。在《新百家姓》中，有73个姓氏能在河南省找到发源地，而且有48个姓氏的主要发源地在河南省。河南省处于河洛一带，河洛是黄河与洛水的简称，也指黄河中下游和洛水流域的一些主要地区，是中原地区最核心的部位。这片土地孕育了母系氏族社会最繁荣的代表——仰韶文化，曾经是"人祖"伏羲、炎帝、黄帝、颛顼和帝喾的活动区域，还是夏和商的国都所在地和政治与文化中心，"八大古都河南省居半"，无论如何，炎黄子孙曾经深情地眷念这片土地是毋庸置疑的，河南省历史上最辉煌的年代都与姓氏的开端、发展息息相关。正是悠久的历史和灿烂的文化，催生了这个"大姓的故乡"，因此，河南省是姓氏资源第一大省，海内外华人的祖根大半在河南省。

18. 武术文化

武术有着悠久的历史，是中华民族在长期生活与斗争实践中不断积累和发展起来的一项宝贵的文化遗产。河南省是少林拳、陈氏太极拳、苌家拳、形意拳四大拳派的发源地。全国129个武术拳种中，河南省流行的就有40余种。除此之外，还有查拳、形意拳、八极拳、八卦拳、梅花拳、关东拳、岳家拳、罗汉拳、燕青拳、翻子拳、杨氏太极拳、孙氏太极拳、吴氏太极拳、和氏太极拳等。

三、古都风采

中原是中国建都朝代最多，建都历史最长，古都数量最多的地区，夏朝、商朝、西周、东周、东汉、曹魏、西晋、北魏、隋朝、唐朝、武周、后梁、后唐、后晋、后汉、后周、辽朝、北宋、南宋、金朝等先后有20多个朝代300多位帝王建都或迁都于此，中原一直是中国政治、经济、文化和交通中心，自古就有"得中原者得天下"之说，逐鹿中原，方可鼎立天下。在中国有历史记载或考古证明的主要政权的八大古都中，中原地区占据四个，分别是洛阳、开封、安阳和郑州（见表2-23）。

表2-23　河南省古都朝代

城市	历经朝代
开封市	魏、后梁、后晋、后汉、后周、北宋、金
安阳市	商、曹魏、后赵、冉魏、前燕、东魏、北齐
洛阳市	东周、西汉、东汉、曹魏、西晋、北魏、隋朝、唐朝、后梁、后唐、后晋

资料来源：河南省人民政府网。

1. 洛阳市

洛阳市，立河洛之间，居天下之中，既禀中原大地敦厚磅礴之气，也具南国水乡妩媚风流之质。开天辟地之后，三皇五帝以来，洛阳以其天地造化之大美，成为天人共羡之神都。洛阳代表最早的中国，也是最本色的中国、最渊深的中国。洛阳城，北据邙山，南望伊阙，洛水贯其中，东据虎牢关，西控函谷关，四周群山环绕、雄关林立，因而有"八关都邑""山河拱戴，形势甲于天下"之称；而且雄踞"天下之中""东压江淮，西挟关陇，北通幽燕，南系荆襄"，人称"八方辐辏""九州腹地""十省通衢"。所以历朝历代均为诸侯群雄逐鹿中原的皇者必争之地，成为历史上最重要的政治、经济、文化中心。远在五六十万年前的旧石器时代，已有先民在此繁衍生息。新石器时代，黄河中游两岸及伊、洛、瀍、涧等河流的台地上，分布着许多氏族部落，中华人民共和国成立后在洛阳一带发现的孙旗屯遗址、王湾遗址、矬李遗址等近200处聚落遗址，便是当时人们居住、生活的地方。

2. 开封市

八朝古都，已有2700多年的历史，历史上的开封有着"琪树明霞五凤楼，夷门自古帝王州""汴京富丽天下无"的美誉，北宋东京开封更是当时世界第一大城市。曾使用"大梁""汴州""东京""汴京"等名称，是世界上唯一一座城市中轴线从未变动的都城，城摞城遗址在世界考古史和都城史上是绝无仅有的。城市南北宽约92千米，东西长约126千米，总面积6444平方千米，其中市区面积395平方千米。开封市是《清明上河图》的原创地，有"东京梦华"之美誉，市区分布着包公湖、龙亭湖、西北湖、铁塔湖、阳光湖等诸多湖泊，水域面积达145公顷，占老城区面积的1/4，是著名的"北方水城"，享有"一城宋韵半城水"的盛誉。

3. 安阳市

安阳市，又名邺城，简称殷、邺，有着3300年的建城史、500年的建都史，是甲骨文的故乡，周易的发源地，以世界文化遗产殷墟而闻名，是早期华夏文明的中心之一。安阳市殷墟是世界公认的现今中国所能确定的最早都城遗址，历史上先后有商朝、曹魏、后赵、冉魏、前燕、东魏和北齐定都于此，故安阳市又被称为"七朝古都"。安阳地区人杰地灵，人才辈出，历史文化名人众多，比如，中国历史上有据可查（甲骨文）的第一位女性军事统帅妇好、战国中期著名的政治家商鞅、隋末农民起义领袖翟让、唐代史学家李延寿、南宋抗金名将岳飞等。历史上这里曾发生过一系列重大事件，如盘庚迁殷、瓦岗军起义、天门会起义等。

4. 郑州市

郑州市是华夏民族和中华文明的重要发源地。据考证，郑州地区在几十万年前就有人类居住，是裴李岗文化的发源地。郑州地区在5300多年前就已经形成了城市，曾为夏朝和商朝的开国都城，也是春秋时期的郑国和战国时期的韩国等建都之地，是中国八大古都之一。老城区的郑州商城遗址，占地25平方千米，是商朝开国君主成汤所建的亳都，也是3600年前世界最大的城市。郑州市是中华人文始祖轩辕黄帝故里，是法家思想和少林武术的主要发源地，也孕育了韩非子、杜甫和白居易等世界文化名人。郑州西南的中岳嵩山，是古人眼里的"天下之中"，是儒、释、道三教圣地，也是中国古代天文学、建筑学和武学圣地。

参考文献

[1] 张海霞，牛叔文，齐敬辉，叶丽琼，李娜 . 基于乡镇尺度的河南省人口分布的地统

计学分析 [J]．地理研究，2016，35（2）：325-336.

[2] 杨家伟，乔家君．河南省产业结构演进与机理探究 [J]．经济地理，2013，33（9）：93-100.

[3] 宋晓舒．河南省转变外贸增长方式对策研究 [J]．经济研究导刊，2007，12（5）：130-132.

[4] 张成才，罗清元，孟德臣，罗军．河南省航运开发对经济发展影响研究 [J]．人民黄河，2010，32（3）：17-18.

[5] 刘庆柱，韩国河．中原历史文化演进的考古学观察 [J]．考古学报，2016，202（3）：293-318.

第三章　经济发展的资源环境约束

河南省丰富的自然资源在社会经济发展过程中起到了重要的支撑作用，但当发展到一定阶段时，自然资源的供需矛盾就会对经济发展产生约束，城镇化与工业化引发的环境污染问题更是会直接阻碍经济发展。从自然资源方面来看，低水平的开发利用和产业发展制约了矿产资源对经济的贡献；地下水超量开采和水资源分配不均制约了缺水地区的经济发展；耕地数量减少与质量下降，建设用地需求不断增长与过度开发对土地资源可持续发展造成阻碍。环境污染对经济发展的约束主要表现在环境保护和生产发展需求之间的矛盾方面，经济发展需要生产更多的产品，在此过程中会对水、空气和土壤产生大量的污染，要想减少这三方面的污染就要在一定程度上限制河南省的经济发展。当前，可持续发展理论深入人心，必须在注重经济发展的同时加强对环境的保护，实现生态保护和高质量发展。

第一节　自然资源约束与资源开发利用方向

一、自然资源约束

自然资源与经济增长均具有不可替代的作用，但在经济社会发展过程中，会出现由于自然资源的供给数量减少、质量下降以及开发利用难度提高所引发的自然资源供不应求的现象，从而对社会经济发展形成约束。[1]

1. 矿产资源约束

河南省是矿产、矿业大省，矿业是全省支柱产业之一。矿产采选及矿产原料加工制品业在全省工业中占有非常重要的地位，对经济发展具有越来越重要的影响。河南省多种自然矿产资源居全国前列。表3-1显示了截至2022年河南省的主要矿种储量情况，从表3-1中可以看出，主要矿种中煤炭的储量最多，金矿（岩金）的储量最少。

表 3-1　2022 年河南省主要矿种储量情况

矿种	单位	年低保有储量	矿种	单位	年低保有储量
煤炭	亿吨	44.43	钼矿	金属 万吨	126.11
铁矿	矿石 亿吨	3.09	锑矿	金属 万吨	0.37
锰矿	矿石 亿吨	33.38	金矿（岩金）	金属 吨	145.37
钒矿	V_2O_5 万吨	5.90	银矿	金属 吨	797.93
原生钛铁矿	TiO_2 万吨	4.23	普通萤石	矿石 万吨	476.39
铜矿	金属 万吨	18.34	硫铁矿	矿石 万吨	1439.77
铅矿	金属 万吨	73.44	盐矿	NaCl 亿吨	12.41
锌矿	金属 万吨	61.05	玻璃硅质原料	矿石 万吨	6356.39
铝土矿	矿石 亿吨	1.65	晶质石墨	矿石 万吨	41.13
钨矿	WO_3 万吨	17.44	滑石	矿石 万吨	7.57

资料来源：《2022 年河南省自然资源公报》。

　　2022 年，全省地质工作继续围绕市县"358"找矿目标，深化找矿重大突破。全年共开展各类矿产勘查项目 82 项，投入地质勘查经费 1.38 亿元。其中，中央财政无投入；省财政投入 1.20 亿元，同比减少 16.7%；社会资金投入 0.18 亿元，同比减少 86.8%。从数据可以看出，中央财政、地方财政和社会资金投入都呈现出减少的趋势。

　　三门峡市卢氏县发现中型规模锡矿，为全省首次，结束了"中原无锡"的历史；崤山地区银矿取得找矿突破，预计提交大型银矿产地两处；桐柏老湾金矿深部勘查持续推进，远景资源量突破 100 吨；栾川地区钼矿、钨矿取得较大进展，为当地提供新的经济增长点。

　　2020 年河南省固体矿石产量 3.46 亿吨，同比增长 25.82%；工业生产总值为 848.56 亿元，同比增长 0.72%；矿产品销售收入 774.54 亿元，同比增长 14.37%；利润总额为 75.97 亿元，其中煤炭利润总额 21.03 亿元。表 3-2 显示了 2020 年河南省主要矿产资源开发利用情况，从利润总额来看，煤炭的利润总额最高，为 210318.60 万元，钼矿的利润总额次之，为 99901.43 万元。但钼矿的矿山数仅有 17 个，这说明了钼矿在河南省具有很好的经济发展前景。

表 3-2　2020 年河南省主要矿产资源开发利用情况

	矿山数（个）	从业人员（人）	年产矿量（万吨）	工业总产值（万元）	矿产品销售收入（万元）	利润总额（万元）
煤炭	200	202119	9326.47	7598462.30	7642631.39	1297073.87

续表

	矿山数（个）	从业人员（人）	年产矿量（万吨）	工业总产值（万元）	矿产品销售收入（万元）	利润总额（万元）
铁矿	123	4203	804.72	275900.72	215800.95	24372.19
铜矿	13	300	5.33	1672.91	1672.91	247.99
铅矿	88	3191	51.04	77981.23	77632.16	27363.95
铝土矿	103	4227	386.40	2449699.38	223770.46	-29904.24
钼矿	17	4145	4524.25	1053306.16	1063432.92	431219.57
金矿	123	12647	345.16	642204.50	617318.17	136458.01
银矿	14	894	36.66	23029.88	23360.88	1351.74
普通萤石	64	1483	16.19	25047.99	24757.22	3879.27
耐火黏土	13	219	22.32	17368.63	17344.16	3206.96
硫铁矿	8	300	22.50	17925.06	18030.48	-125.12
硫铁矿	8	338	7.29	1427.19	1387.19	-1209.00
石墨	13	84	0.00	0.00	0.00	-149.42
水泥用灰岩	70	2201	6849.73	374172.9	349119.84	91146.56
建筑石料用灰岩	146	5414	10175.93	476412.41	468494.56	128525.62

资料来源：《2020 年河南省自然资源公报》。

随着多年的强力开发，矿产保有资源储量明显减少，储采比降低，资源保证程度下降。铁矿、钼矿、硫铁矿储量都存在减少的现象。以钼矿来说，钼矿是河南省的优势产业，主要分布在东秦岭—大别山地区的卢氏、栾川、嵩县、汝阳、西峡、镇平、南召、罗山、新县、商城等县。其中，南泥湖、三道庄、上房沟、东沟、千鹅冲为超大型矿床，夜长坪、雷门沟、鱼池岭、汤家坪为大型矿床，还有陡坡、母山、肖畈等一大批中小型矿床。河南省查明保有钼资源储量占全国的 52%，累计查明资源储量和保有资源储量均居全国第一位，且潜在资源量巨大。河南省钼产量约占全国的一半，约占世界的 1/6，在世界钼产业中占有举足轻重的地位。但是，自 2005 年以来，河南省钼矿的投资和开采达到了过热的程度。钼矿开采企业数量较多，开采和加工以及出口总量都出现过剩的现象，但开采、加工设备都极为落后，加工生产和技术工艺都比较落后，采、选回收率偏低，与占有的资源不对应。并且，前些年钼价的暴涨使整个钼产业都呈现出一种急功近利的现象。为了利益和收入的增加，无视整体技术水平的提高和生产率的提高。虽然河南省钼精矿产量位居全国第一，但主要是钼初级产品（主要是氧化钼和钼铁），钼的深加工产品如钼化工产品、钼粉及其制品等基本没有生产或生产规模较小。即使是龙头企业洛钼集团，也是以生产氧化钼、钼铁等初级产品为主，缺乏下游产品，深加工利用程度低，产业链延伸度低，没有把握住钼矿带来的经济优势。

此外，河南省整体矿产资源存在开发利用水平和产业集聚度偏低的现象，主要表现在矿山企业数量多、规模小、矿山布局不合理。为了获取短期的经济利益，有的企业管理层目光短浅，综合利用方面的意识不足，开发比较粗放，采富弃贫情况依然存在，引发资源利用率不高。如河南省现有的部分矿产企业，对贫矿、矿渣任意闲置，不能综合地研究利用伴生的矿产资源。企业有偿获取采矿证时，没有充足的依据支撑开发利用方案的编制，核查矿产资源过程当中只关注主矿物，对于一些伴生的矿物却缺乏足够的重视，导致资源浪费问题非常严重，对当地矿产资源的持续健康发展形成很大的阻碍。小规模企业的无序开发破坏了矿业生产和经营秩序，浪费了资源，同时给矿产开发管理工作带来极大难度。小企业的不合理开采造成综合回收率低、能源消耗大、环境污染严重。矿山环境的破坏，在对河南省经济发展产生影响的同时，也造成了对植被、岩土、水域以及大气等自然资源和生态环境的影响与破坏。

2. 水资源约束

河南省人均水资源占有量约 400 立方米，亩均 350 立方米，人均、亩均分别为全国平均水平的 1/6，属于北方缺水省份之一。同时河南省人口规模大，经济处于快速发展阶段，省内整体用水需求量大（见表 3-3）。2020 年全省总用水量为 237.14 亿立方米，其中，农业用水 123.45 亿立方米、工业用水 35.59 亿立方米、生活用水 43.12 亿立方米、生态环境用水 34.98 亿立方米，分别占总用水量的 52.0%、15.0%、18.2% 和 14.8%。在省内各省辖市用水量方面，人均用水量大于 300 立方米的有开封市、新乡市、焦作市、濮阳市、信阳市和济源市 6 市，其中济源市人均用水量最大，为 385 立方米。

表 3-3　2020 年河南省各省辖市供水量和用水量　　单位：亿立方米

城市	供水量				用水量			
	地表水	地下水	其他	合计	农业	工业	城乡生活环境	合计
郑州市	11.075	5.692	3.97	20.737	3.680	4.393	12.663	20.737
开封市	6.487	8.666	0.397	15.549	8.427	1.593	5.529	15.549
洛阳市	8.385	6.042	0.495	14.922	4.624	4.651	5.647	14.922
平顶山市	7.714	2.367	0.642	10.722	2.762	2.636	5.324	10.722
安阳市	6.088	8.719	0.23	15.037	9.430	1.318	4.29	15.037
鹤壁市	1.822	2.448	0.098	4.367	2.559	0.553	1.255	4.367
新乡市	10.196	9.776	—	19.973	13.259	2.315	4.399	19.973

续表

城市	供水量				用水量			
	地表水	地下水	其他	合计	农业	工业	城乡生活环境	合计
焦作市	5.196	6.173	0.545	11.913	6.890	1.461	3.563	11.913
濮阳市	8.989	4.210	0.081	13.280	8.322	1.188	3.770	13.280
许昌市	3.343	4.154	1.596	9.093	3.727	1.230	4.136	9.093
漯河市	1.482	3.818	0.129	5.429	2.670	1.295	1.465	5.429
三门峡市	2.363	1.320	0.173	3.856	1.831	0.754	1.271	3.856
南阳市	17.632	10.372	0.307	28.310	16.532	4.130	7.648	28.310
商丘市	3.472	9.031	0.960	13.463	8.463	1.961	3.039	13.463
信阳市	17.610	1.414	0.512	19.536	10.946	1.905	6.685	19.536
周口市	4.100	14.494	0.115	18.710	13.019	2.422	3.268	18.710
驻马店	2.971	6.184	0.290	9.445	5.128	1.164	3.153	9.445
济源市	1.865	0.895	0.044	2.804	1.185	0.620	0.999	2.804
全省	120.787	105.774	10.584	237.145	123.455	35.590	78.101	237.145

资料来源:《2020年河南省水资源公报》。

　　用水量的巨大需求导致河南省地下水超量开采,区域地下水长期处于超负荷运营状态,容易诱发地面沉降等一系列环境地质问题,同时造成巨大的经济损失。随着经济发展和城市建设规模扩大,废污水排放量随时间变化先增加后减少,2020年河南省废污水排放总量为27.3亿立方米,其中,工业(含建筑业)废水排放量为4.3亿立方米,占15.8%。河南省地下水资源埋藏较浅,易受到来自地表污染水体和地面污染物的污染,导致可供开发利用的水资源更少。河南省农业用水在总用水量中占比最大,需要全力保障农业灌溉用水。同时,河南省属于中东部地区,在工业化和城市化快速发展的进程中,经济仍处于一个较长时间的高速增长期,不仅对水的需求量急剧增长,废污水排放量也会增加,相应满足水环境要求所需稀释废污水的环境用水量也将增加。因此,河南省未来人口增长和经济发展面临着水资源供需不足的严峻挑战。

　　除了水资源总量对经济发展的制约影响,水资源的地区分布不均也在制约着区域的社会经济发展。河南省内降水量由南向北递减,导致水资源地区分布南多北少。占全省人口不足30%的信阳、南阳、驻马店三市,水资源量却占全省的50%以上。而占全省人口的57%,经济相对较发达的豫北、豫东平原区水资源却不足33%,人均占有量仅有300立方米左右,许昌、郑州等市的人均水平更低。水资源地区分布特性与河南省人口、耕地、矿产资源、城镇分布和工业布局不相适应,造成了局部地区水资源供求矛盾突出。同时,河南省降水量四季分配不均，使水资源调控难度加大，与城镇工业和生活均衡需水以及农业季节性需水发生矛盾。

3. 土地资源约束

截至 2022 年底，全省共有耕地 753.49 万公顷。园地 40.24 万公顷，林地 434.93 万公顷，草地 24.61 万公顷，湿地 3.50 万公顷，城镇村级工矿用地 246.52 万公顷，交通运输用地 40.68 万公顷，水域及水利设施用地 86.55 万公顷（见表 3-4）。

表 3-4 　2022 年河南省土地变更调查数据情况 　　　　单位：万公顷

耕地	园地	林地	草地	湿地	城镇村级工矿用地	交通运输用地	水域及水利设施用地
753.49	40.24	434.93	24.61	3.5	246.52	40.68	86.55

资料来源：《2022 年河南省自然资源公报》。

2022 年全省建设用地批准情况如表 3-5 所示。从表 3-5 中可以看出，建设用地占用耕地的比例在 2022 年达到最高，为 71%。这也表明了耕地大多被建设用地占用，耕地保护与建设用地扩张之间的矛盾日趋严重。

表 3-5 　2018~2022 年河南省建设用地批准情况 　　单位：万公顷，%

	2018	2019	2020	2021	2022
建设用地批准	2.60	2.99	2.47	2.61	3.49
其中占用耕地	1.55	2.05	1.61	1.75	2.48
比例	0.60	0.69	0.65	0.67	0.71

资料来源：《2022 年河南省自然资源公报》。

自河南省政府下发《关于进一步落实最严格耕地保护制度的若干意见》（豫政〔2015〕71 号）文件以来，全省建立以耕地保护为首要任务的"大耕保"格局，综合运用行政、经济、技术、法律、纪律等多种手段，集聚多方力量，对耕地实行管控、约束、补救、建设、倒逼、惩治六重保护。严格落实耕地占补平衡制度，确保"先补后占、占一补一、占优补优"。

河南省的耕地保有量和基本农田保护面积对保障粮食安全至关重要。[2] 河南省有限的耕地资源多年来受生态退耕、农业结构调整、自然灾害损毁和非农业建设占用等影响大量减少，未来上述耕地减少因素依然存在，而适宜开垦的后备土地资源日益匮乏，开发利用难度日益增大，耕地保护形势更加严峻。河南省正处于城镇化和工业化快速发展时期，在注重保护耕地的同时，建设用地需求也在不断增大。城乡居民消费结构加速升级，全省基础设施用地需求仍然很大，新产业新业态发展用地和生活生态用地需求快速增长。近几年，河南省新增建设用地实际需求量每年都在2.32万公顷（合34.8万亩）左右，而国家下达河南省的新增建设用地计划（含国家追加、调剂、奖励计划指标）基本上维持在1.19万公顷（合17.9万亩）左右，用地供需矛盾非常突出。在土地利用方面，存在区域统筹不够、土地利用率较低的问题。一些地方城乡、区域土地利用缺乏统筹，盲目竞争、无序发展现象比较严重，降低了土地资源利用的整体效率，严重影响了城乡和区域的社会经济协调发展。一些地方不顾资源环境承载能力，过度开发建设，导致土地退化和破坏严重，生态环境质量恶化，削弱了区域可持续发展的能力。

二、资源开发利用方向

1. 加强矿产资源开发管理，完善矿产资源产业机制

（1）发挥资源优势，实现规模效应。充分发挥河南省钼资源分布集中、储量丰富、采选条件良好的特点，要做大做强采选和冶炼产业。对栾川三道庄、上房沟、汝阳东沟、光山千鹅冲等特大型钼矿山，要淘汰资源利用率低、成本高的地下坑采矿。同时，下决心关闭全省以坑采为主的小钼矿矿山，取缔小型选厂，淘汰规模小、成本高、污染重的小型冶炼厂，对采选回收率低的脉状钼矿暂停勘查和开发。引导洛钼集团等优势企业要抓住钼价相对较低的有利时机，充分利用以往上市募集和前几年企业留存的发展资金，以股份制等多种形式对其他矿山注入资金，进行采选技术改造，弥补关闭小矿山、小选场的产能缺口，建设具有国际先进水平的现代化冶炼厂，在规模化上做文章。以洛钼集团为核心，大幅度提高全省钼资源包括后备资源的矿业权集中度，要充分运用联合、兼并、参股、控股等经济手段，利用好近几年钼价格持续低迷的有利时机，着眼于国内外储量较大、开发条件良好的优势资源，实现低成本强力扩张。充分发挥河南省优势矿产资源作用，以优势资源带动经济发展。

（2）完善产业发展，推动产业加工。针对河南省矿产资源开发利用水平和产业集聚均偏低的现象，要彻底改变河南省矿产资源以初级产品为主的状况，通过技术创新，向多品种、高科技、高效益的方向发展，大幅度提升河南省矿产资源的深加工能力。要重视优势资源的开发和利用，带动加工增值转变，提高深度加工水平，提高优势资源开发力度。改变过去旧的资源项目，向市场需要的项目转变。资源开发过程中要打破只面向国内市场的观念，应当迈向国际化市场，重视出口导向型产品产业的发展。河南省需要进一步整合资源，强化资源配置，坚持重要资源向优势矿业企业聚集，这样有利于企业做大做强、转型升级，也有利于资源保护与节约利用。还必须坚持资源出让主要面向优势矿业企业和技术先进、管理科学、经济实力强的已有大中型矿业企业和大型下游

企业，以此来推动河南省矿产资源的深加工和产业链的进一步完善。[3]

（3）完善管理机制，加强生态保护。河南省存在小规模的矿产资源无序开发并对生态环境产生了严重的破坏，针对此类问题，河南省在未来的矿产资源管理中，要进一步明确管理工作的重要性，逐步完善管理机制，有效维护非金属矿产资源的可持续开发。要充分明确国土资源管理部门职责，并明确各个部门的任务，充分考虑河南省的矿产资源特点，并结合当地的经济发展形势以及社会特点，进一步强化分类管理，提高综合执法能力，将其功能充分发挥出来，使问题在萌芽状态就得到有效解决。对于非法采矿应当进一步加大执法力度，强化矿产资源运输管理工作，并加强材料供应方面的管理，切断其销售途径。在开发利用矿产资源时，必须要充分重视生态环境保护工作，控制和减少生产过程中存在的各种污染问题，保证资源持续科学开发与生态环境保护共同发展。[4]

2. 推动水资源开发合理化，实现高效节水发展规划

（1）加强科技创新，提高资源效率。针对河南省地下水超采并引发环境地质问题的情况，特别是豫东、豫北平原地区，用水以地下水为主，这些地区亟须科学地规划地下水开发。故河南省要依靠科技创新，并不断强化水资源的节约利用。目前河南省全省水资源循环处理技术的水平仍较低，仍然存在着水资源浪费现象。首先，对先进实用的节水技术进行研究开发，同时，通过技术交流等方式，注重加快先进成熟技术的推广应用。其次，充分发挥市场机制的作用，以市场为导向、以企业为主体大力发展节水技术，广泛推广应用节水设备，提高水资源有效利用。再次，加强水资源循环处理技术和工艺流程的研究。为形成规模化的水资源循环利用产业，要针对有一定基础、有需求的企业和地市，建立各种类型示范工程或示范区，以点带面，广泛推广，进一步提高河南省水资源可持续利用的水平。最后，培育和发展节水技术服务体系，为企业提供节水技术服务。[5]

（2）控制工业布局，促进结构调整。河南省存在水资源分配不均的问题，制约着地区的经济发展，因此要加强建设项目水资源论证和取水管理，严格控制用水审批程序。在河南省水资源分布较少的北部地区，禁止引进高耗水、高污染工业项目；以水定产，以水定发展。目前，河南省部分企业还存在生产设施落后，用水管理粗放，水的重复利用率偏低现象，但这也从侧面反映了这些企业具有很大节水潜力。企业应通过技术改造和升级、工艺改革、设备更新，逐步淘汰耗水大、技术落后的工艺设备，降低单位产品或单位产值用水定额，限期达到产品节水标准。加快污水资源化步伐，促进污水、废水处理回用，实施分质供水、一水多用、循环利用，提高水重复利用率。强化企业内部用水管理，建立完善三级计量体系，建立健全企业用水统计制度、用水考核制度，加

强用水定额管理。通过加强对企业的用水管理，实现河南省缺水地区工业企业的稳定发展，以此来带动地区的经济发展。

（3）加强生活节水，提高节水意识。加强公共供水管网改造和节水器具的推广应用，降低输配水管网漏失率。改造城镇供水管网，加强对供水、用水设施的维护管理。建立适应市场经济的水价体系，发挥价格调节作用，促进城镇居民节约用水。推行节水型用水器具，提高生活用水节水效率，制定推行节水型用水器具的强制性标准。河南省各地区、有关部门要将水资源节约纳入教育体系，加强水资源节约教育。要利用广播、电视、报纸、杂志、互联网等多种形式，多种手段广泛深入地开展节水宣传，深入宣传保护水资源的重要意义，要使全体民众认识到水危机，要懂得珍惜水、节约水、保护水，积极参与节水型社会建设，在全社会形成节约水资源、防治水污染、保护水环境的良好氛围。

（4）发展节水农业，提高用水效率。据统计，在"十三五"期间，河南省农业用水量约为 122 亿立方米，占总用水量的 52.8% 左右，农业用水占比高，节水潜力大。河南省需大力发展旱作节水，在丘陵、山区，因地制宜建设水窖、水池等小型集雨工程，开展覆盖集雨、雨水积蓄补灌。在水资源短缺地区，控制高耗水作物的种植面积，优先发展旱作节水农业和旱作节水技术，积极培育和推广耐旱的优质高效作物品种。加大田间节水改造力度，大力发展田间渠道防渗和管道输水，持续推广地埋低压输水管道输水。改革传统耕作方式，发展保护性耕作，推广各种生物、农艺节水技术，研究开发和推广耐旱、高产、优质农作物品种，提高田间用水效率。河南省要结合高标准农田建设，大力推进高效节水灌溉；实施旱作节水项目建设，示范推广节水农业技术；加快大中型灌区续建配套和节水技术改造，提高灌区水利用效率。

3. 完善土地资源管理制度，实现土地资源合理规划

（1）严守耕地红线，保障耕地质量。针对河南省耕地面积被建设用地、农业结构调整、生态退耕等原因占用的现象，首先，要贯彻落实最严格的耕地保护制度，把核定的耕地保有量和基本农田保护面积指标层层落实，保足保够。其次，要坚持耕地数量、质量和生态并重，把质量和生产能力较高的耕地保护起来，促进耕地集中连片，不能借机随意调整耕地和基本农田布局，不能用劣地、坡地、生地来滥竽充数。最后，要坚持规划调整完善与永久基本农田划定协同推进。按照城镇由大到小、空间由近及远、耕地质量等别和地力等级由高到低的顺序，优先将城镇周边、交通沿线现有易被占用的优质耕地划为永久基本农田，划足补齐城市周边以外区域的永久基本农田保护面积，落实到规划分区、地块图斑，实行特殊管护。[6]

（2）严控建设用地，科学布局规划。河南省实际建设用地需求量要高于国家下达河南省的新增建设用地计划，因此，要加大建设用地"双控"倒逼存量挖潜。首先，各市在落实建设用地指标时，既要严格管控城镇工矿用地规模和规划期增量、农村居民点用地规模和规划期减量，也要严格控制建设用地总规模（特别是以郑州市为中心的城镇发展较快地区），以此来督促各地统筹考虑中心城区、县城、乡镇和农村发展需要，科学布局交通水利等基础设施和能源、环保、民生等重点项目，以求发挥各类建设项目的最佳效益和综合效益。其次，要调查清楚城镇闲置地、空闲地、低效使用和批而未供土地的规模、布局及形成原因，制定盘活利用规划，把盘活和消化存量用地作为满足城镇发展用地的重要组成部分。最后，要在规划调整方案中提出具体的节约集约用地政策措施，充分利用规划、行政、经济等手段引导和推动存量建设用地盘活挖潜。

（3）严格执行政策，整治农村土地。合理控制农村居民点拆旧规模。农村居民点拆旧复垦已经成为弥补建设用地指标不足、补充耕地的重要途径，但是需要合理控制农村居民点拆旧规模。首先，根据现行规划实施以来农村居民点拆旧复垦总量及年均情况，预测剩余规划期内可以完成的拆旧规模，将其视为衡量拆旧规模是否合适的基本依据。再综合考虑地方的经济实力和农民群众的意愿，对规划调整方案进行审核，合理安排拆旧规模。其次，明确提出要把农村居民点拆旧复垦列入当地政府领导工作责任目标，实行目标考核，考核不合格的，扣减年度计划指标及规划期末减少用地指标分配，考核优秀的，给予年度计划指标奖励及规划期末用地指标奖励，督促各地合理安排拆旧规模。最后，严格执行城乡建设用地增减挂钩政策和农村土地综合整治有关政策，加大拆旧复垦督导，要求挂钩项目等拆旧区必须按照规定限期完成相应的拆旧复垦任务。

第二节 环境污染的危害与治理

一、经济结构带来的环境约束

保护和改善生态环境，实现经济、社会、自然协调可持续发展，是人类亟待解决的重大课题。[7] 党的十九大报告提出"建设生态文明是中华民族永续发展的千年大计。必须树立和践行绿水青山就是金山银山的理念，坚持节约资源和保护环境的基本国策"。然而，在社会经济高速发展的背景下，人类活动对生态环境的干扰程度不断增加，与人类对生态环境高质量需求之间的矛盾日益突出。[8] 人类的生产活动、生活方式对生态系统的影响不断加大，从某种程度上来说，经济的发展在一定程度上以牺牲环境为代价，并由此产生了各种生态环境问题，对人类的可持续发展造成了一定影响。近年来河南省社会经济的迅速发展，也为河南省生态环境带来极大压力，使得河南省面临水污染、空气污染、土壤污染等生态环境问题，并逐渐成为制约经济发展的主要因素。

河南省工业增加值贡献比较大的行业主要集中在能源开采、化工、能源重化工等几个行业（见表3-6），这表明了河南省产业结构偏重，经济发展主要倚重重工业。这些行业是河南省经济发展的基础产业，是拉动其经济发展的重要力量，同时也是污染物排放的主要行业。

表3-6 河南省工业增加值贡献率最大的十个行业   单位：%

行业	工业增加值贡献率	废水排放贡献率	固废产生贡献率	SO_2 排放贡献率
电力、热力生产和供应业	12.92	1.21	2.99	14.74
煤炭开采和洗选业	8.02	18.09	15.60	0.37
有色金属矿采选业	7.00	9.13	0.31	1.69
黑色金属冶炼及压延加工业	5.46	2.24	9.95	11.21
有色金属冶炼及压延加工业	5.05	13.30	4.93	7.94
化学原料和化学制品制造业	4.52	0.96	9.56	7.78
非金属矿物制品业	4.30	0.34	0.08	0.06
黑色金属矿采选业	3.89	2.80	35.74	40.20
石油加工、炼焦和核燃料加工业	3.84	4.10	0.08	0.52
造纸和纸制品业	3.75	0.32	0.06	0.09

资料来源：李新杰. 河南省环境经济协调发展路径及预警研究 [D] . 武汉理工大学博士学位论文，2014.

近30年来河南省经济快速发展，由此对产业结构产生了重大的影响。1990~2020年，河南省的GDP增长了58.84倍，经济的增长伴随着能源消耗的增长，能源消费总量由1990年的5206万吨标准煤增长到2020年的22752万吨标准煤，增长了近4.4倍（见图3-1）。

1990~2000年，河南省能源消费总量稳步增加，2001年以后，能源消费总量急剧上升，年增速在2.47%~18.96%，该时期的第二产业，尤其是重工业比重快速提高，能源开采和重化工产业迅速崛起成为拉动河南省经济发展的重要力量，2010年以后能源消费总量的增速呈逐年放缓的趋势，甚至在2013年和2016年出现负增长。煤炭消费比重由1990年的87.8%下降至2020年的67.6%；一次能源消费中的煤炭比重总体呈下降趋势，与全国其他省份相比，河南省的一次能源消费中煤炭比重偏高，且远高于全国平均水平（70%左右）。河南省单位 GDP 能耗近 25 年总体上也呈现下降的趋势，如图 3-2 所示，由 1990 年的 5.57 下降到 2020 年的 0.41，下降近 92.64%，表明河南省的能源综合利用效率在逐步提高，技术在不断进步，产业结构在进一步优化。

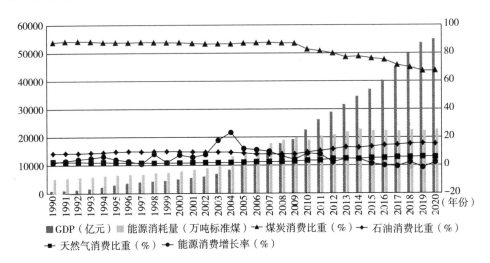

图 3-1　河南省能源消耗情况变化趋势

资料来源：《河南统计年鉴》（1991~2021）。

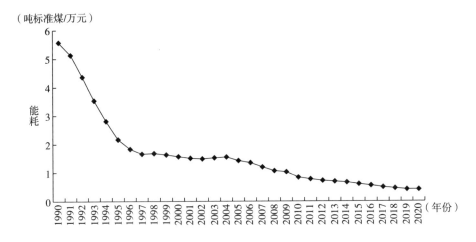

图 3-2　河南省单位 GDP 能耗变化趋势

资料来源：《河南统计年鉴》（1991~2021）。

经济发展不可避免地影响着环境质量的变化，环境质量的变化又反过来影响并制约经济的发展。2020 年河南省 GDP 是 2000 年的 10 倍，工业废水排放量是 2000 年的 1.2 倍，SO_2 排放量是 2000 年的 0.09 倍，工业固废排放量是 2000 年的 0.88 倍。经济的高速增长，带来了工业三废排放量的剧增，如图 3-3 所示。2000 年以来污染物的排放总体呈现增长的态势，2000~2020 年，工业废水和工业固废排放量与这一时期的 GDP、工业增加值快速增长以及产业机构偏重的趋势相吻合。2000~2005 年 SO_2 排放量急速增加，表明河南省结构型污染问题在此阶段较严重，电力、水泥、焦炭、铁合金、造纸、化肥六大行业尤为突出。2006~2020 年 SO_2 排放量逐年下降，2016 年河南省对高污染、高能耗行业进行了治理整顿，仅一年时间河南省关闭了不符合国家产业政策、污染严重的水泥机械化生产线共 219 条，有效地削减了河南省 SO_2 和烟尘排放量。尤其是到了 2016 年，SO_2 排放量和工业废水排放量均大幅度减少。

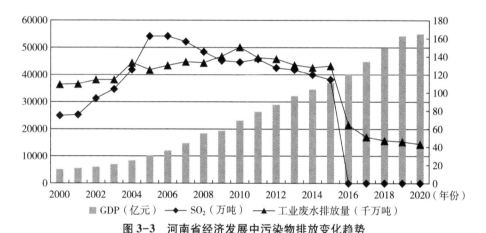

图 3-3 河南省经济发展中污染物排放变化趋势

资料来源：历年《河南统计年鉴》。

2004 年河南省治污总投资为 141719 万元，2016 年增至 651538 万元，增长了约 4.6 倍，2020 年又回到 144548 万元（见图 3-4），环境治理力度由不断加大到逐渐减小。治污投资强度（治污总投资/GDP）从 2016 年到 2020 年逐渐降低，可见河南省所面临的环境问题逐渐减缓。

河南省近十几年来人口、经济、技术、城镇化都经历了快速发展，GDP 呈现快速增长的状态，河南省在经济快速发展的同时，产业结构也发生了重大改变。[9] 从上述河南省经济结构现状分析中可以看出，河南省的产业结构偏重于重工业发展，由此产生的环境污染也日趋严重。经济快速发展的代价是生态环境的严重破坏，反过来，环境质量的变化又制约着经济的发展。在河南省经济发展过程中，由于产业结构的调整，造成了水污染、空气污染和土壤污染现象日趋严重，同样地，这三方面污染也制约着河南省的经济发展。

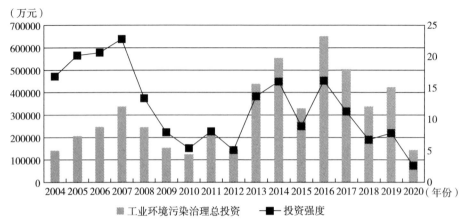

图 3-4　河南省环境污染治理总投资及投资强度

资料来源：《河南统计年鉴》（2005～2021）。

1. 水污染

河南省地跨四大流域，水资源相对丰富，水环境系统有其自身的特点。随着河南省工业的发展、人口的增加和城区面积的不断扩大，对水资源的需求量也在逐年增加，供需矛盾日益突出。河流的水质受到农业的面源污染、工业废污水排放、城市及农村生活污水排放的影响。河南省四大流域中海河流域的水质最差，长江流域的水质最好。由 2000～2020 年河南省全年各个水质监测结果的河流长度占比（见表 3-7）可以看出，河南省劣 V 类河流，即失去供水功能的河长占据较大比例，地表水中的河流水质污染问题较为严重。大量的地下水水质不达标制约了河南省产业的发展，导致水资源已成为制约其经济发展和社会进步的重要因素，且随着污染种类和数量的不断增多，水环境对社会、经济和生态的制约作用将会越来越明显。

表 3-7　2000～2020 年河南省河流水质　　　　　　单位：%

河长比例 年份	达到和优于Ⅲ类	Ⅳ类	Ⅴ类	劣Ⅴ类	断流
2000	—	—	—	54.3	—
2001	27.1	10	12.1	50.8	—
2002	28.2	15.5	—	56.3	—
2003	32.6	4.3	—	63.2	—
2004	34.5	14.4	—	51.1	—
2005	31.1	16.7	—	52.2	—
2006	35.8	13.6	—	50.6	—

续表

河长比例 年份	达到和优于Ⅲ类	Ⅳ类	Ⅴ类	劣Ⅴ类	断流
2007	30.9	12.9	—	56.2	—
2008	27.9	19.2	—	52.9	—
2009	31.2	24.3	—	44.4	—
2010	38.2	15.6	11.4	34.8	—
2011	37.9	18.3	9.7	34.1	—
2012	39.4	15.9	9.4	35.3	—
2013	38.3	16.5	10.5	34.7	—
2014	43.7	12.5	9.3	31.8	2.7
2015	44.4	12.6	8.6	33.0	1.4
2016	49.1	11.6	9.7	26.8	2.7
2017	57.5	24.8	7.8	9.2	0.7
2018	60.4	26.2	9.9	3.5	
2019	63.1	29.8	3.5	2.8	0.7
2020	73.8	24.1	1.4	0.7	

资料来源:《河南省水资源统计公报》(2000~2020)。

河南省水环境受工业行业的污染尤为严重,从表3-8可以看出,对河南省工业废水排放贡献最大的十个行业,其中前五位是造纸和纸制品业,煤炭开采和洗选业,化学原料和化学制品制造业,农副食品加工业,酒、饮料和精制茶制造业。这五个行业的工业废水排放贡献率占了全行业废水排放的65.8%,然而其工业增加值仅占全行业工业增加值的23.98%,其中以造纸和纸制品行业最为突出,工业废水排放贡献率为19.91%,但工业增加值的贡献率只有1.77%。这充分说明了某些行业产生的水污染较为严重,但是其并没有达到应有的经济价值。

表3-8 河南省工业废水排放贡献率最大的十大行业　　　　单位:%

行业	废水排放贡献率	工业增加值贡献率
造纸和纸制品业	19.91	1.77
煤炭开采和洗选业	18.09	8.02
化学原料和化学制品制造业	13.30	5.05
农副食品加工业	9.13	7.00

续表

行业	废水排放贡献率	工业增加值贡献率
酒、饮料和精制茶制造业	5.05	2.13
皮革、毛皮、羽毛及其制品和制鞋业	4.70	2.06
医药制造业	4.57	2.20
纺织品业	4.10	3.84
食品制造业	3.13	1.77
电力、热力生产和供应业	2.80	3.89

资料来源：李新杰. 河南省环境经济协调发展路径及预警研究［D］. 武汉理工大学博士学位论文，2014.

2. 空气污染

河南省是华北雾霾气象频发的地区之一，河南省空气质量监测的指标包括六种污染物：PM2.5、PM10、SO_2、NO_2、CO、O_3。根据河南省人气环境污染的现状，郑州市、安阳市、鹤壁市、新乡市、焦作市等七个城市已经被确定为京津冀大气污染传输通道城市。

河南省环境保护厅公布的《2020年河南省环境状况公报》显示，按《环境空气质量标准》（GB3095－2012）中可吸入颗粒物（PM10）、细颗粒物（PM2.5）、SO_2、NO_2、CO、O_3 六项因子评价全省城市环境空气质量，河南省城市环境空气质量首要污染物为PM2.5。其中，省辖市城市环境空气质量级别总体为轻污染，信阳市和驻马店市空气质量级别为良好，其他16个城市均为轻污染。

由表3-9可以看出，河南省五大行政区域的雾霾污染情况呈现出一定的差异。以空气质量指数为例，豫西地区大于豫东地区，豫北地区大于豫南地区，而豫中地区雾霾污染也较严重，仅次于豫北地区。虽然部分城市与行政区域内其他地市雾霾污染程度不同，但整体区域表现为西高于东，北高于南的特征。豫北地区工业集中、人口密度大、自然扩散条件较差等多种原因导致该区域是全省雾霾污染最严重的地方。其中工业废气中包括工业二氧化硫、氮氧化物以及烟（粉）尘等污染物。河南省废气污染物除工业废气排放贡献之外，还包括生活污染源、生活餐饮、烧烤产生的烟尘、厨房油烟和农村秸秆燃烧、鞭炮燃放等。豫中地区以省会城市郑州市为主，工业发展较快，建筑施工面积大，都是造成污染的原因。除此之外，北部城市冬季采暖期较长，消耗煤炭较多，燃煤会造成烟（粉）尘、二氧化硫、氮氧化物和一氧化碳等大气污染物的增加，也是南北雾霾差异的成因之一。

表 3-9　河南省行政区各地市大气环境监测指标均值汇总

行政区域	地市	AQI	PM2.5	PM10	SO_2	NO_2	CO	O_3
豫东地区	开封市	108	73	131	29	40	1.589	110
	商丘市	108	75	120	26	33	0.896	114
	周口市	107	75	128	20	26	1.697	99
豫西地区	洛阳市	108	74	130	40	44	1.965	109
	平顶山市	116	81	146	40	42	1.209	120
	三门峡市	106	69	132	37	37	1.500	109
豫中地区	郑州市	126	87	171	30	54	1.537	115
	漯河市	113	78	136	31	37	1.195	121
	许昌市	110	74	138	30	46	1.532	109
豫南地区	信阳市	93	63	114	17	29	0.873	110
	南阳市	102	67	139	25	28	1.241	118
	驻马店市	105	70	128	36	36	0.964	114
豫北地区	新乡市	124	89	163	44	50	1.451	110
	焦作市	120	85	152	44	45	1.130	112
	鹤壁市	107	72	127	43	51	1.760	108
	安阳市	124	88	155	49	48	2.144	94
	濮阳市	114	75	144	29	41	1.553	112

资料来源：李梦．河南省雾霾污染时空特征及影响因素分析［D］．重庆大学博士学位论文，2017.

　　SO_2 是重要的空气污染来源，从表 3-10 可以看出，对河南省 SO_2 排放贡献最大的十大行业，其中排在前五位的是电力、热力生产和供应业，非金属矿物制品业，黑色金属冶炼及压延加工业，化学原料和化学制品制造业和有色金属冶炼及压延加工业。这五个行业的 SO_2 排放贡献率占了全行业 SO_2 排放的81.87%，然而其工业增加值仅占全行业工业增加值的 31.84%，其中以电力、热力生产和供应业最为突出，SO_2 排放贡献率为 40.20%，但工业增加值的贡献率只有 3.89%。这说明河南省高污染行业对经济发展的促进作用还存在提升的空间，也说明了河南省工业行业的技术水平还需进一步提升，以实现低污染，高经济增长。

表 3-10　河南省 SO_2 排放贡献率最大的十大行业　　　　　单位：%

行业	SO_2 排放贡献率	工业增加值贡献率
电力、热力生产和供应业	40.20	3.89

续表

行业	SO₂ 排放贡献率	工业增加值贡献率
非金属矿物制品业	14.74	12.92
黑色金属冶炼及压延加工业	11.21	5.46
化学原料和化学制品制造业	7.94	5.05
有色金属冶炼及压延加工业	7.78	4.52
石油加工、炼焦和核燃料加工业	4.15	1.90
造纸和纸制品业	4.05	1.77
农副食品加工业	1.69	7.00
食品制造业	1.43	1.77
酒、饮料和精制茶制造业	1.06	2.13

资料来源：李新杰．河南省环境经济协调发展路径及预警研究［D］．武汉理工大学博士学位论文，2014.

此外，据统计，河南省机动车尤其是重型柴油车尾气污染排放严重，柴油车占比高，工程施工使用的非道路移动机械70%以上排放都低于国Ⅲ标准，冒黑烟现象普遍，成为造成城市灰霾、光化学烟雾污染的主要因素之一。统计显示，目前河南省机动车保有量全国第三，已达2418万辆，污染物排放量达到392.7万吨，污染占比较高。其中，郑州市汽车尾气污染已占全市PM2.5污染的37%。河南省已进入名副其实的"汽车时代"，尤其省会郑州市的机动车总量已超过300万辆，在中部六省省会城市中名列第一。

3. 土壤污染

随着社会经济发展，人类生产活动对自然环境产生越来越广泛而深刻的影响，土壤污染已成为危及生态系统稳定、农产品质量安全和人体健康的突出环境问题之一。[10] 重金属、有机污染化合物、病原菌及抗性基因等各类污染物大量进入土壤后，对土壤生物系统有毒害作用，影响到土壤生态功能；另外，土壤生物如细菌、真菌、土壤动物等在一定程度上能够适应土壤污染，深刻影响着污染物在土壤中的迁移转化过程，在土壤污染修复中具有潜在重要作用。

河南省是华北平原乃至全国重要的粮食生产基地，受土壤类型及耕种历史悠久等的影响，农民采用的高灌溉指标和高施肥量，使农业非点源污染日趋加重，同时造成的土壤污染现象尤为突出。河南省很早就开展了土壤污染调查工作。2004年河南省人民政府与中国地质调查局合作开展了《河南省黄淮平原经济区多目标地球化学调查》工作，对黄淮平原经济区土地质量进行了初步评价，认为黄淮平原经济区土地质量总体较好，局部地区土壤污染比较严重，如在三门峡小秦岭地区就发现多个土壤表层样与深层样的汞、铅、镉、铜、锌、砷等重金属污染异常，面积超过300平方千米。其中，商丘市、新乡市、漯河市、信阳市、郑州市、周口市、平顶山市、许昌市、开封市、驻马店市、安阳市、南阳市12市土壤环境质量相对较好。但其土壤污染防治仍面临挑战，河南省正处于工业化、城镇化加速推进时期，农业农村正在经历前所未有的变化和至关重要的转型，土壤也开始呈现新老污染并存、有机污染和无机污染交织的复杂局面。

二、环境治理的对策

发达地区的发展经验表明，经济增长与环境污染之间存在一定的恶性循环，但是如果能够采取有效措施，经济与环境可以在一定条件下协调发展。在经济增长的同时，保护好人类赖以生存与发展的环境，实现经济社会的可持续发展，是经济与环境协调发展的基本条件。可持续发展要求下的新经济发展模式：从对自然资源"竭泽而渔"的做法转向以再生资源为基础，重复或循环利用资源的经济；在处理发展与治理环境污染方面，由先污染后治理转向边发展边治理并进一步转向先治理后发展，走向可持续发展之路。目前我国生态环境承载能力极其脆弱，再加上产业结构层次较低、结构型污染突出、主要污染物排放量大等诸多因素，致使污染减排压力日益加大，环境形势严峻，环保工作任务更加繁重。因此，为实现经济与环境的协调发展，应采取的方法主要有推进能源结构"绿色化"进程、优化升级产业结构、运用市场手段促进能源可持续发展、有效利用经济政策和环境立法等。

1. 推动水污染治理规范化，实现水资源污染零排放

（1）发展循环经济，减少废水排放。对于有限的淡水资源需要以循环经济的思想为指导，尽可能地促进其循环利用的范围和次数，从而更有效地提高生产的效率，为河南省实现经济转型和产业结构调整提供良好的模式。针对省内造纸和纸制品业等工业废水排放贡献率大的产业，需要提升产业用水技术，实现企业内部各工序之间水资源的再生利用。产业发达，但水资源量相对较少的豫北、豫东地区要借鉴一些发达地区所遵循的"3R"原则，即减量化（Reduce）—再利用（Reuse）—再循环（Recycle），采用先进的节水技术、雨水利用技术和污水混用技术，将水资源的开发利用与管理纳入社会经济水资源生态环境复合系统之中，实现水循环与经济循环的和谐统一。在减量化环节，从水资源开发利用的输入端控制用水量，用较少的水资源进入生产和消费领域，在利用环节尽可能多次或多种形式使用水资源，从输入端进行水处理和加工，使污水变成可用的水资源实现污染零排放。

（2）实施综合治理，改善河道水质。统筹推进农业面源污染、工业污染、城乡生活污染防治，全面整治城市黑臭水体，保护南水北调中线工程水质安全，保障集中式饮用水水源地环境安全，减少农村农业面源污染，完善突发水环境事件应急预案。持续开展蟒河、金堤河水系水生态环境综合整治；以黄河流域内三门峡市、洛阳市、焦作市、济源市为重点，对历史遗留涉重金属企业排放的河流严格管控并持续整治涉重金属企业。深入开展含重金属尾矿废渣、河道污染底泥等环境调查、风险评估工作，对环境风险较大、影响河流水质、确需治理的河流河段制定河道治理和生态修复方案。深化工业污染防治，取缔不符合国家产业政策的小型污染企业，实施造纸、焦化等重点污染行业水污染专项治理方案，提升企业废水深度治理水平，确保稳定达标。

（3）实现生态修复，提升自净能力。河南省失去供水功能的河长占据较大比例，其中海河流域的水质最差，为了使该河道生态系统能够重新演替到一个完整稳定的状态，应该从最基础的环境因子开始控制。保护野生草本植被，依靠两岸生态环境的修复，自然固定流沙；河道外部可设置疏林草地景观和生物防洪地带，建设绿化工程。在河堤迎水面密植草本、灌木，建设生物软堤防，外围土地营造防护林带。要坚持以防治水土流失为中心，多造林并造好林，利用森林来涵养水源和加固土地。同时可以利用水生生物调控，水生生物是河流生态系统中的"消费者"，可以滤食和摄食河道中浮游生物与有机碎屑，促使水体环境朝着良性方向发展。一些鱼类与贝类对河流水体中的重金属、放射性元素等污染物通过食物链具有一定的富集作用，可从一定程度上改善水质。适时从其他河流给污染河道水域调水和补水，增大河流的流速与流量。水量的增加可以稀释河道水体，降低河流污染物浓度，提高水体自净能力。

2. 持续推进大气污染防治，不断改善环境空气质量

（1）深化污染治理，加强重点改造。加快调整能源消费结构，持续削减煤炭消费总量，是减少河南省大气污染的有效途径。针对污染较为严重的豫北地区，重点开展水泥、玻璃、耐材、碳素行业的提标改造治理，减少大气污染物排放。根据河南省对 SO_2 贡献率最大的十大行业来看，要加强电力、热力生产和供应业，非金属矿物制品业以及黑色金属冶炼及压延加工业的改造和监管。全面实现工业企业达标排放是减少河南省大气污染物、改善环境空气质量的重要途径。实施燃煤机组超低排放改造，对全省在运统调煤电机组和所有地方燃煤发电机组要完成超低排放改造；加强对钢铁、煤炭等产能过剩行业企业的环保执法检查和工业用能监察，督促达标排放无望、无法达到能耗限额标准的钢铁、煤炭企业关停。全面完成火电、钢铁、焦化、水泥、有色等重点工业企业料场封闭改造。

（2）控制扬尘排放，完善监管机制。对于生活污染对河南省空气产生的影响，要建立完善市、县、乡、村四级环境监管网格，强化乡镇、村级末端网格监管作用，并建立"街巷定界、无缝衔接、全面覆盖"管理模式，消除河南省农村秸秆燃烧和鞭炮燃放产生的污染。针对豫中地区建筑施工面积大、排放的扬尘过多的现象，制定建筑、道路等施工工地"六个百分之百"扬尘防控措施，定期对在建的建筑、拆迁、道路、市政、水利等施工项目进行排查。对多次查处仍不进行整改的施工工地从严从重处罚，坚决列入环保"黑名单"并公开曝光。全面落实网格员、巡查员、监督员"三员"现场监管，建设工地要立牌公告，明确网格员姓名、联系方式和工作职责。突出对市政建设、水利施工及道路扬尘污染监管，对建设工地环境管理措施不得力、粗放施工，物料随意堆放不覆盖，施工场地不及时清理，施工物料垃圾运输及渣土车辆覆盖不严的，要严管重罚。开展全民城市清洁行动，发动群众广泛参与，全面清洁城市环境卫生，消除盲区死角，营造环境洁净、设施整洁的生活环境，切实减少扬尘污染。

（3）加强车辆减排，完善交通管理。河南省愈发严重的机动车排放污染要求本省持续推进清洁燃料使用，积极发展新能源车辆，加强车用燃料管理，控制燃料中有毒有害物质的含量，确保燃料质量，通过推进国Ⅳ、国Ⅴ标准汽柴油的使用，进一步加快燃料的清洁化，使之与新车排放标准相匹配；逐步推广燃油清净剂的使用，防止电控喷射发动机的喷嘴堵塞和气缸内积碳；推动天然气等清洁能源的使用，减少机动车污染物排放；积极鼓励先进的混合动力电动车、燃料电池车、单燃料车的发展和使用；加强对加油站、油库的日常监督，安装使用油气回收装置，减少挥发性气体的排放。同时，以郑州市、开封市、洛阳市为试点，研究适合河南省的城市交通管理模式，特别是省会郑州市，要对易堵点段逐个排查，制定有针对性的治堵措施，通过优化车道设置、推进信号灯配时智能化、整治道路无序施工等方式，努力提高道路通行能力和车辆通行效率。

3. 积极推进土壤污染防治，有效提升土地资源质量

（1）加强污染源管理，推进重金属治理。要控制和消除河南省土壤污染源，首先要加强对工业"三废"的治理和污灌区的监测和管理。增强涉镉等重金属企业排查整治和环境监管，对废水废气处理设施逐步进行升级改造，切断镉等重金属污染物进入农田的途径，限制含重金属工业废水进入城市生活污水处理厂，对不能稳定达标排放的，依法进行停产治理或关闭；积极推进清洁生产，减少重金属污染物产生，降低重金属排放量；在栾川、桐柏等矿产资源开发活动集中区域，执行重点重金属污染物特别排放限值；以文峪河、枣香河等为重点，开展底泥重金属（含氰化物）调查及风险评估，进行综合整治；加快对历

史遗留含铬污染物和重金属废渣的安全处置；严格控制新建涉镉等重点重金属排放的建设项目，坚决落实重点行业重点重金属排放等量置换或减量置换要求，不满足重金属排放总量控制要求的建设项目不予审批。[①]

（2）推动科学生产，降低农业污染。针对河南省农业非点源污染日趋加重的情况，应充分发挥目前在建的农技推广、动植物疫病防控、农产品质量监管"三位一体"基层农业公共服务中心的农技终端服务作用，与农场、种粮大户、畜牧养殖场等规模经营主体挂钩，加大农业土壤污染识别和防治科普宣传，提高农民保护土壤意识，同时积极给予水、肥、药的使用指导和监管，推广测土配方施肥、病虫害综合防治等无公害农产品、绿色食品和有机农产品生产技术，并示范带动散户科学生产，减少农业投入品对土壤环境的污染。全省应结合生态文明建设以及"6.25土地日""6.5世界环境日"等，深入宣传农业土壤环境保护的重要性，发动全社会的力量加入到农业土壤环境保护的队伍中来。

（3）完善垃圾处理，建立处置体系。河南省在快速城镇化和工业化过程中会产生大量的生活垃圾与工业废物废料，需要推进垃圾减量化、收集分类化和处理资源化，开展城乡生活垃圾分类，推进城市生活垃圾收运基础设施建设。在有条件的城市和农村，逐步推进生活垃圾分类试点工作，提升污水垃圾处理水平，推进建筑垃圾资源化利用，对不符合规定的生活垃圾填埋场开展专项整治；进一步完善配套政策和标准法规，落实限制一次性用品使用制度；加强含重金属废物的收运与处理管理，建立全省生活源类废氧化汞电池、镍镉电池、铅酸蓄电池，以及含汞荧光灯管、温度计、废弃电子产品等含重金属废物的收集贮存网络和安全处置体系。

参考文献

［1］王士红，何平，张锐．资源约束与经济增长关系研究新进展［J］．经济学动态，2015（11）：138-146.

［2］朱媛媛，汪紫薇，罗静，崔家兴．中国中部重点农区新型城镇化与粮食安全耦合协调发展研究——以河南省为例［J］．地理科学，2021，41（11）：1947-1958.

［3］程宝成，李永峰，谢克家，王锋．河南省钼矿资源特征、开发现状及产业发展对策［J］．资源与产业，2014，16（1）：66-70.

［4］刘臻，吴孔逸，任效颖，等．矿产资源规划数据库建设应用情况及思考［J］．国土资源信息化，2017（4）：47-49+7.

［5］张焱．河南省水资源开发利用存在问题与节水措施［J］．河南水利与南水北调，2016（7）：50-51.

---

① 河南省人民政府关于印发河南省污染防治攻坚战三年行动计划（2018-2020年）的通知［EB/OL］．https：//www.henan.gov.cn/2018/09-21/692225.html.

［6］王兵，臧玲. 土地利用总体规划调整完善问题与建议——以河南省为例［J］. 开发研究，2017（5）：156-160.

［7］于法稳. 中国生态经济研究：历史脉络、理论梳理及未来展望［J］. 生态经济，2021，37（8）：13-20+27.

［8］王毅，巫金洪，储诚进，李添明. 中国生态安全屏障体系建设现状、主要问题及对策建议［J］. 生态学报，2023，43（1）：166-175.

［9］赵德昭，许家伟. 河南省县域就地城镇化时空演变与影响机理研究［J］. 地理研究，2021，40（7）：1978-1992.

［10］骆永明. 中国土壤环境污染态势及预防、控制和修复策略［J］. 环境污染与防治，2009，31（12）：27-31.

第二篇

经济发展与产业布局

.

第四章 经济发展状况及演变

第一节 经济发展历史及演化阶段

中华人民共和国成立以来，为响应国家号召，建设具有中国特色的社会主义，全面振兴河南，加快中原崛起，河南省人民经历了不断追求、摸索甚至失误的磨难，取得了巨大成就。特别是改革开放以来，全省人民始终坚持以经济建设为中心，以富民强省为目标，抢抓发展机遇，不断创新，积极奋斗，开拓进取，成功实现了由传统农业大省向全国重要的经济大省、新兴工业大省和有影响的文化大省的重大转变，创造了河南省历史上从未有过的繁荣与辉煌。河南省经济发展历程可以分为五个阶段。

一、恢复调整时期（1949~1965 年）

1949 年初，河南省处于封闭的农业社会状态，工业企业基本上都是手工作坊和工场，技术水平很低，工业在国民经济中处于从属地位。交通闭塞，邮电通信落后，人民生活极端贫困，国民经济整体处于非常落后的状态。为此，在党中央领导下，全省建立了各级党委和政府，开始了从革命战争年代向以经济建设为主要任务的历史性转变。经济效益明显提高，人民生活得到明显改善，经过恢复发展后的国民经济呈现出生机勃勃的好势头。在这一时期，河南省经济发展历程又可分为三个阶段。[1]

1. 三年恢复发展阶段（1949~1952 年）

（1）农业发展概况。1949 年，河南省农业总产值只有 17.19 亿元（按当年价计算），粮食总产量为 713.5 万吨。1949~1952 年，党和政府领导农民进行了土地改革，彻底废除了封建土地所有制，农民在政治上和经济上翻了身，生产积极性得到极大提高，农业和农村经济开始得以恢复发展。1952 年，河南省农业总产值达到 27.74 亿元，比 1949 年增长 61.4%；粮食总产量达到 1007.0 万吨，比 1949 年增长 41.1%。

（2）工业发展概况。河南省在这三年的国民经济恢复建设中，对民族资本主义工业和个体手工业生产进行了社会主义改造，工业生产得以快速恢复和发展。1952 年，河南省工业总产值达到 9.98 亿元，占全省工农业总产值的比重从 1949 年的 14.8%上升到 26.5%。在这一时期，国有工业产值从 1949 年的 0.25 亿元增长到 1952 年的 2.40 亿元，在工业总产值中的比重从 1949 年的 8.4%上升到 24.0%，为河南省工业发展奠定了初步基础。

（3）服务业和交通运输业发展概况。中华人民共和国成立初期，河南省经济与全国一样，是高度集中的计划经济，发展重点是物质产品的生产，主要发展农业，服务业只是一种福利性和辅助性的单位，并不能称得上是完整的产业。1952 年，河南省服务业产值仅有 5.40 亿元，都是一些附属的学校、幼儿园、医院等。

1949 年，广阔的中原大地上公路通车里程仅 3909 千米。公路密度为 23.4 千米/平方千米，按照人口计算，每万人拥有 0.94 千米，大型桥梁、地方铁路基本没有。运输车辆缺乏，特别是在广大农村地区，短途运输多依赖人背马驮，以手推车、牛马车作为主要运输工具，根本谈不上机械化运输。河南省全省民用汽车只有 434 辆，营运线路 13 条；铁路通车里程仅 1224 千米，且线路设备陈旧，作业能力低，航运萧条。1952 年，铁路通车总里程 1225 千米，公路通车总里程 5766 千米，内河通航总里程 2916 千米，公路旅客运输量达到 51 万人，旅客周转量达到 3600 万人千米。货运量为 1042 万吨，货运周转量为 3912 百万吨千米。郑州航运站于 1950 年建立，为过往的民航飞机提供联络服务。

2. "一五"计划阶段（1953~1957 年）

（1）农业发展概况。随着第一个五年计划的实施，从 1953 年开始，河南省通过建立互助组、初级社和高级社等多种农业合作社形式对农业进行社会主义改造，1956 年基本完成。1957 年，河南省农业总产值达到 31.57 亿元，比 1949 年增长近 1 倍，达到 96.6%，比 1952 年增长 13.8%；粮食总产量达到 1180.0 万吨，比 1950 年增长 40.1%，比 1952 年增长 17.2%。

（2）工业发展概况。河南省继续对资本主义工业和个体手工业进行社会主义改造，将优先发展重工业作为经济建设的战略重点，集中主要力量在煤炭、电力、化学和机械等重工业领域进行投资建设，重工业产值比重迅速提高。1957 年，河南省工业总产值达到 16.63 亿元，比 1952 年增长近 1 倍，达到 93.2%，占全省工农业总产值的比重上升到 31.8%。在这一时期，重工业快速增长，年均增长 23.2%，在工业总产值中的比重从 1952 年的 26.5%上升到 34.5%，为进一步进行全面的社会主义建设创造了必要条件。河南省已有能力生产诸如锻压设备、滚动轴承、变压器等重要机械设备。

> 在国民经济得到恢复的基础上，"一五"时期开始了大规模的经济建设，洛阳轴承厂、洛阳第一拖拉机厂、洛阳矿山机器厂、洛阳铜加工厂、洛阳耐火材料厂等大型工业相继动工兴建。在此期间，洛阳的经济发展迅速，GDP年平均增长11.3%，发展速度达到了全省先进水平。

（3）服务业和交通运输业发展概况。"一五"计划期间集中发展重工业，这种非市场化的服务业竞争不充分，市场程度低下，发展受到制约，并没有得到快速发展。

"一五"时期，是河南省交通运输业发展的重要阶段。根据过渡时期党的总路线和"为国防、为工农业生产、为人民生活服务"的方针，河南省既抓交通建设，大力发展国营运输经济；又抓社会主义改造，大力发展集体运输经济，大大加快了河南省交通运输业的发展。1957年，铁路通车总里程1318千米，公路通车总里程14945千米，内河通航总里程3837千米，公路旅客运输量达到428万人，旅客周转量达到23300万人千米。货运量为3761万吨，货运周转量为11268百万吨千米。民航郑州航站于1956年8月1日正式开航运营，当年旅客发运量为12人次，货邮发运量为793千克。

3. 调整发展阶段（1958~1965年）

（1）农业发展概况。河南省贯彻党的"调整、巩固、充实、提高"八字方针，实行以生产队为基本核算单位的体制，农业生产在徘徊中恢复发展。1965年，全省农业总产值达到了42.17亿元，粮食总产值达到1166万吨，基本恢复到1957年的水平。

（2）工业发展概况。1958年，河南省工业发展集中在重工业，工业经济比例严重失衡，重工业比例从1957年的30.0%上升到1962年的46.0%，工业生产几乎归国有和集体所有。1961年，中央实施的"调整、巩固、充实、提高"八字方针，关、停、并、转了一大批企业，大力发展轻工业，工业生产才得以整顿。1965年，河南省工业总产值达到42.24亿元，比1957年增长1倍多，达到154.0%，占全省工农业总产值的比重上升到50.0%。在这一时期，重工业和轻工业都有不同程度的增长，河南省工业开始出现转机。

> 平顶山市作为国家重要的能源原材料工业基地，煤炭业在这一时期得到了快速发展。1953年，平顶山矿区开始建设。1954年，成立平顶山煤矿筹备处，1955年，第一对矿井二矿破土兴建。1956年，成立中共平顶山矿区委员会，到1966年，已有七对矿井建成投产，煤炭业占工业总产值的比重达到

74.0%。矿区形成了勘探、基建、采掘、洗选、焦化、运输、机械修造等成龙配套的生产体系，煤炭作为主体产业，占有绝对优势，矿山开发一直是平顶山市经济工作的中心。

（3）服务业和交通运输业发展概况。这一时期的服务业依然在国民经济中处于附属地位，总量和规模明显偏小，结构单一。

1958年，中央提出全党全民大办交通，成立各级交通运输指挥部，群众开始大规模修路。1958~1960年，全省共修公路10166千米，1960年内河通航里程达到6103千米。

许昌市、新乡市等地自力更生，开始兴办地方铁路，1962年通车里程达到154千米。京广、陇海铁路复线开始修建，郑州市至南阳市的民用航空线通航。1962年，河南省全省的汽车完好率从"一五"时期的80%下降到45%，因此贯彻"调整、巩固、充实、提高"的经济调整方针，加强了运输市场的统一管理，积极恢复运输能力。

1965年，铁路通车总里程1823千米，公路通车总里程19907千米，内河通航总里程3389千米，公路旅客运输量达到2072万人，旅客周转量达到86500万人千米。货运量为6753万吨，货运周转量为22788百万吨千米。

中国一拖集团有限公司（以下简称中国一拖）是国家"一五"时期156个重点建设项目之一，1955年开工建设，1959年建成投产，是中国特大型机械制造企业，拥有的"东方红"商标为中国"驰名商标"。中国一拖已由单一的履带拖拉机制造业发展成为当今拥有农业装备、动力机械、汽车及零部件三大支柱产业研发制造业务的现代化大型企业集团。

1958年7月20日，新中国第一台履带拖拉机开出一拖厂门，开启了中国农民"耕地不用牛"的新时代。在中国缺衣少食的年代，东方红履带拖拉机完成了全国机耕地80%以上的耕作任务，因此也成了中国农业机械化的象征。1979年，履带拖拉机实现年产销2.6万余台，达历史最高纪录。

二、波动发展时期（1966~1978年）

1966~1978年，河南省的国民经济发展历程波动。一方面，河南省国民经济发展在高度集中的计划体制下继续缓慢前进。另一方面，"三线建设"和"大办五小"（大办地方工业，小钢铁、小机械、小化肥、小煤炭、小水泥）两个高潮的兴起，地方工业获得了较快的发展。国民经济做过几次调整，河南省经济在这一时期依然在徘徊、波动中向前发展。这一时期又可分为两个阶段。

1. "文化大革命"阶段（1966~1976年）

（1）农业发展概况。"文化大革命"时期，河南省农业生产又一次受到严重挫折，在徘徊、波动中缓慢发展，农业生产不计成本和效益，付出了高投入、低产出的经济代价。在此期间，河南省农业总产值年均增长2.5%。1976年，农业总产值达到87.17亿元，比1965年增长1倍多，达到106.7%。

（2）工业发展概况。河南省工业总产值平均增速逐渐降低，工业管理混乱。1976年，河南省工业总产值达到107.99亿元，占全省工农业总产值的比重上升到55.3%，全省工矿企业亏损面达到67.0%，在此期间，河南省的工业化进程较慢，国民经济处于崩溃的边缘。

（3）服务业和交通运输业发展概况。服务业长期的从属地位使得服务业的发展缓慢，1952~1978年，河南省服务业增加值由5.40亿元增加到28.61亿元，年平均增长6.7%，仅仅占生产总值增加量的18.3%，发展比较缓慢。

虽然河南省工农业生产遭到了严重破坏，运输机构也被撤销，但全省人民和交通系统广大干部职工坚守职位，共同努力，使交通运输业仍然得到发展。新建了焦枝铁路，京广铁路复线、陇海铁路复线河南省西段也建成通车。1975年底，中央铁路在河南省境内通车里程达到2099千米，河南省公路通车里程达到26934千米。地方铁路也有一定的发展，1975年通车里程达到1014千米。

2. 徘徊发展阶段（1977~1978年）

（1）农业发展概况。1978年，河南省农业总产值和粮食总产量都与1976年相比变化不大，这两年河南省的农业发展在徘徊、波动中缓慢前进。1978年，河南省农业总产值达到95.38亿元，比1965年增长126.2%；粮食总产量达到2097.4万吨，比1965年增长80.0%，比1952年增长17.2%。

（2）工业发展概况。河南省工业开始有了转机。1978年，河南省工业总产值达到170.82亿元，占全省工农业总产值的比重上升到64.2%。

（3）服务业发展概况。河南省服务业在狭小的隙缝中缓慢发展。1978年，河南省服务业增加值占GDP的比重仅为17.6%，吸纳社会从业人数占全社会劳动力总数的比重仅为8.9%。

河南省交通运输业取得了一定成绩。1978年，全省公路通车里程达到31549千米，77%的公路是沥青路面，拥有了各类大小不同的桥梁4900多座。全省拥有从事营运货车5650辆，从事客运车辆1724辆。内河航运方面，拥有了61艘拖轮，8艘客轮共2092个客位。客运量增长迅速，1978年，铁路通车总里程3212千米，公路通车总里程31549千米，内河通航总里程2202千米，公路旅客运输量达到6781万人，旅客周转量达到304700万人千米。货运量为18176万吨，货运周转量为50841百万吨千米。公路、内河和地方铁路等运输方式快速推进。

三、全面调整时期（1979~1991年）

1978年，党的十一届三中全会做出了把工作重心转移到经济建设上来的重大决策。纠正了优先发展重工业的路线，制定了"翻两番"的基本目标，实行改革开放，实施家庭联产承包责任制，开始让市场发挥一定的作用。乡镇企业开始异军突起，在河南省全省经济生活中扮演着重要的角色，国民经济开始好转。在这一时期，河南省人民的奋斗历程又可分为两个阶段。

1. 全新调整阶段（1979~1983年）

（1）农业发展概况。通过推行家庭联产承包责任制和统分结合的双层经营体制，河南省农业开始走上持续稳定发展的轨道。1983年，河南省农业总产值达到187.49亿元，比1976年增长1倍多，达到115.1%；粮食总产量达到2904.0万吨，比1976年增长36.9%。

（2）工业发展概况。河南省针对国民经济比例严重失调的情况，按照"调整、改革、整顿、提高"的方针，积极进行经济体制改革，在对工业结构进行优化调整的同时，对全省2300多家企业进行整顿，积极开展扩大企业自主权试点工作，全省工业停滞、倒退的局势开始迅速得到扭转。1983年，河南省工业总产值达到268.14亿元，占全省工农业总产值的58.9%，达到1978年的近2倍。河南省工业进入到一个新的发展时期。

（3）服务业和交通运输业发展概况。改革开放初期，由于工业规模较小，现代化水平不高，为基础较为薄弱、基数较小的服务业发展提供了发展空间。企业内部附属的服务业单位，开始作为自主经营的独立法人走向市场。在此期间，河南省服务业增加值年平均增长17.4%。河南省服务业和全国一样，以交通运输、仓储、邮电和商贸流通为主体，长期主导着服务业的发展。1980年，这些行业的增加值已经达到21.44亿元，占服务业增加值的51.7%。

1978年以后，交通部门抓住机遇，采取一系列措施推动干线公路建设。1983年，铁路通车总里程3305千米，公路通车总里程37196千米，内河通航总里程1110千米，公路旅客运输量达到17907万人，旅客周转量达到709600万人千米。货运量为21579万吨，货运周转量为67422百万吨千米。

2. 全面发展阶段（1984~1991年）

（1）农业发展概况。1985年，改革农产品购销体制，取消粮、棉、油和猪等主要农产品的传统派购，代之以合同收购，并逐步放开农产品的市场价格，使河南省农村出现了农、林、牧、渔全面发展的良好局面。1991年，农业总产值达到531.05亿元，比1983年增长快两倍，达到184.0%；粮食产量达到3010.30万吨，与1983年相差不大，比1983年增长3.5%。

（2）工业发展概况。1984 年，河南省政府要求扩大国营工业企业的自主权，实行政企分开；实行厂长负责制，有效解决了无人对企业生产经营负责的局面；适度提高国营工业的固定资产折旧率，加大企业固定资产的更新和改造力度。1991 年，河南省工业总产值达到 1222.68 亿元，占全省工农业总产值的 67.0%。

（3）服务业和交通运输业发展概况。随着政府加快发展服务业的政策引导，服务业的地位和重要性开始得到人们的认可，河南省服务业开始得到快速发展，全省服务业增加值占 GDP 的比重也由 1978 年的 17.6% 提高到 1989 年的 28.6%。相应的服务业吸纳的就业人数也大幅度增加，1989 年，河南省服务业从业人员达到 565 万人，占全社会从业人员的 14%。

干线公路由薄弱走向强大。1985 年，在全省范围内开展大规模的公路拓宽改造，仅一年就拓宽了干线公路 3763 千米、县乡公路 1733 千米。道路交通运输管理体制改革不断深化，运输能力有待提高。1985 年，河南省汽车运输公司下放到市地管理，运输管理部门由管理直属企业向管理行业转变。1991 年，道路运输市场关系得以理顺，出现了多层次、多渠道、多种经营成分并存的运输新局面。1991 年，铁路通车总里程 3384 千米，公路通车总里程 44199 千米，内河通航总里程 1110 千米，公路旅客运输量达到 49494 万人，旅客周转量达到 2096400 万人千米。货运量为 39923 万吨，货运周转量为 119931 百万吨千米。

四、快速发展时期（1992~2013 年）

社会主义市场经济的确立和继续完善的 21 世纪，国民经济一直以良好的势头发展。围绕农业办工业、办好工业促农业的思路更加清晰，河南开始向着工业化、城镇化、农业现代化"三化"协调发展。依据自然资源、区位优势和较好的工业基础，全省的战略重点放在长期持续稳定增长、总量平衡、优化结构、发展农业和加强基础设施建设上。加快经济大省向经济强省跨越，加快文化资源大省向文化强省跨越，推进和谐中原的建设。在这一时期，河南人民的奋斗历程又可分为两个阶段。

1. 进一步全面发展阶段（1992~2008 年）

（1）农业发展概况。我国于 1990 年初全面放开了粮食购销价格，改变农业指令性计划为指导性种植计划，为农业和农村经济的发展注入了新的动力，农业生产开始由数量型向质量效益型转变，使河南农村经济开始进入向市场经济全面发展的新阶段。2000 年，河南农业总产值达到 1266.00 亿元，比 1991 年增长 1 倍多，达到 138.4%；粮食总产量达到 4253.25 万吨，比 1991 年增长 41.3%。

党中央把"三农"工作由基础地位上升到"重中之重"，2002 年，河南全面推行农村税费改革，2005 年起在全省范围内免征农业税。2004~2008 年，党中央接连下发关于加强"三农"工作的"一号文件",坚持"多予、少取、放活"方针,制定各项支农政策,以建设社会主义新农村为目标,全省农村经济出现全面、稳定、持续、协调发展的崭新局面。2008 年,河南省农业总产值达到 4669.54 亿元,比 1999 年增长 51.8%;粮食总产量达到 5365.48 万吨,比 1999 年增长 26.2%。

(2)工业发展概况。河南省工业经济步入了良性发展的轨道。2000 年,河南工业总产值达到 3494.96 亿元,占全省工农业总产值的 70.7%。2008 年,河南工业总产值达到 15360.91 亿元,占全省工农业总产值的 74.0%。

> 食品名城漯河市体系日趋完善,已经形成了以食品、造纸、化工等行业为主的 32 个行业,特别以食品工业为主导的优势产业,涌现出了双汇、银鸽、南街村、龙云等一批骨干企业。2008 年,漯河市规模以上食品工业增加值达到 164.2 亿元,对规模以上工业增长的贡献率达到 70.2%。其中,双汇集团发展成为世界第四、亚洲最大的肉类加工企业,南街村集团是全国最大的方便面生产企业之一,乐天澳的利集团是全国第一家葡萄糖饮料生产企业。

(3)服务业和交通运输业发展概况。河南服务业进入稳定发展时期,年平均增长率在 10% 左右。尽管服务业已经有了较快增长,总量规模进一步扩大,并逐步形成了交通运输、仓储、邮电通信、批发零售贸易、住宿餐饮等传统服务业稳步发展,以旅游业、房地产业和金融业为亮点的现代服务业和新兴服务业快速发展的格局,但服务业占 GDP 的比重变化仍然不显著,基本维持在 30% 左右,表现出相对平稳的发展态势。

交通运输业已经成为河南全省国民经济的重要支柱,交通基础设施日益完善,运输结构不断优化,综合运输能力大大增强。2008 年,河南全省公路通车里程达到 240645 千米,居全国第一位;公路密度为 144.1 千米/百平方千米,居全国第二位。全省公路运输完成客运量、货运量、旅客周转量、货物周转量分别占全社会运输量的 93.8%、85.4%、53.3%、57.4%。

一是高速公路建设飞速发展。河南全省 18 个省辖市中有 17 个省辖市形成了高速公路的十字交叉,全省 109 个县(市)中有 99 个通达高速公路,通达率为 92%。全省高速公路已基本形成了以郑州为中心的一个半小时中原城市群经济圈,3 小时可达全省任何一个省辖市,6 小时可达周边六省中的任何一个省会城市。

二是干线公路建设继续巩固提高。2008 年,河南全省普通干线公路总里程达到 17775 千米,其中,一级公路 547 千米,二级以上干线公路比重达到 84.7% 以上。

三是农村公路网络逐步完善。2008年，全省农村公路通车总里程已达216555千米，100%的乡镇和98%的行政村通了班车。

四是道路运输能力不断提升。2008年底，全省公路运输完成客运量12.24亿人、货运量11.82亿吨、旅客周转量808.32亿人千米、货物周转量2995.15亿吨千米，分别比1949年增长6119.7倍、742.4倍、4489.7倍、14261.6倍。

五是内河航运稳步发展。2008年，铁路通车总里程3989千米，公路通车总里程240645千米，内河通航总里程1439千米，公路旅客运输量达到122414万人，旅客周转量达到8083200万人千米。货运量为138392万吨，货运周转量为521584百万吨千米。

2. 稳步发展阶段（2009~2013年）

（1）农业发展概况。"十一五"期间，河南农业和农村经济发展卓有成效。积极推进农业现代化，加大对农业的投入，加强农业科技创新，农业综合生产能力稳定提高。2010年河南全省粮食产量达到5437.0万吨，连续11年居于全国首位。畜牧业发展迅速，猪、牛、羊等肉类产量持续增长。特色农业也得到了快速发展，如优质小麦、玉米、花生等农作物的种植面积和产量都有所增加。农业内部结构进一步优化，农业产业化水平全面提升，农业基础设施进一步加强，农业服务体系不断完善，农民生活水平不断提高。2013年，河南农业总产值达到4058.98亿元，农村居民人均纯收入8475.34元，比上年增长12.6%，扣除价格因素，实际增长9.5%。

（2）工业发展概况。"十一五"期间，河南省积极推进工业结构调整和转型升级，加大对工业的投资力度，加快工业化进展。全省规模以上工业增加值年均增长14.9%，实现利润总额年均增长38.6%。传统产业升级改造，如钢铁、化工、纺织等产业的技术水平和产品质量都得到了提升。电子信息、生物医药、新能源等一系列高新技术产业得到快速发展。2013年，全部工业增加值为15960.60亿元，比上年增长9.9%，规模以上工业增加值增长11.8%。汽车、电子信息、装备制造、食品、轻工、建材六大高成长性产业比上年增长13.2%，对全省规模以上工业增长的贡献率为64.0%。产业集聚区规模以上工业增加值比上年增长18.1%，对全省规模以上工业增长的贡献率达到73.7%。

（3）服务业和交通运输业发展概况。"十一五"期间，河南省坚持市场化、产业化、社会化方向，建立公开、平等、规范的行业准入制度，努力提高服务业增加值占生产总值的比重和从业人员占全社会从业人员的比重。加快发展现代物流、金融、信息服务、房地产、社区服务、中介、会展等现代服务业和新兴服务业，改造提升交通运输、仓储、邮电通信、批发零售、餐饮等传统服务业。

大力发展中原城市群城际快速交通、干线铁路、干线公路和城际铁路、城际快速客运通道、城际快速物流通道"两干三城"建设成效明显，郑开、郑焦、郑州至机场城际铁路和郑汴物流通道等项目建设进度加快。推进城市数字化管理和应急指挥平台建设，着力解决城市交通拥堵等突出问题。与此同时，不断改善农村交通条件，新建改造县乡公路5430千米、通村公路4675千米。

五、提质发展时期（2014年至今）

2014年5月习近平总书记在河南考察时正式提出了"新常态"这一新概念，认为"我国经济发展处于重要战略机遇期，应从当前我国经济发展的阶段性特征出发，适应新常态。保持战略上的平常心态"。"新常态"表现为三个方面的特征：经济增长速度由高速转为中高速，经济结构优化升级，经济发展方式由要素驱动、投资驱动转向创新驱动。应对新常态，河南省以全面深化改革为引领，实现经济平稳增长；以重大项目建设为手段，持续扩大有效投资；以新型城镇化建设为抓手，有效扩大消费需求；以实施创新驱动战略为核心，增强经济发展动力；以服务民生为目标，实现经济提质可持续发展。

（1）农业发展概况。以建设现代农业大省为契机，农业内部结构有所优化，农业现代化水平持续提升。2014年底，河南农业总产值达到4492亿元，粮食总产量达到5772.30万吨。"十二五"期间，粮食总产量跨越5500万千克、600万千克两个台阶，达到6065万千克。"十三五"期间，全省粮食总产量连续4年超1300亿斤，2020年达到1365.16亿斤，占全国粮食产量的10.2%，稳居全国第二位。其中，小麦产量750.63亿斤，占全国的比重达28%，继续保持全国第一。

"十四五"规划中提出，坚决扛稳粮食安全重任，推进高标准农田建设和种业自主创新，推动粮食产业三链同构，实施村庄基础设施和人居环境改善工程，强化农村公共服务供给县、乡、村三级统筹，加快农业农村现代化。把确保重要农产品特别是粮食供给安全作为首要任务，打好粮食生产王牌，建设全国重要的口粮生产供给中心、粮食储运交易中心、绿色食品加工制造中心、农业装备制造中心和面向世界的农业科技研发中心、农业期货价格中心。落实最严格的耕地保护制度，压实各级政府耕地保护责任，推进耕地数量、质量、生态"三位一体"保护，规范耕地占补平衡，建立耕地激励性保护机制，严禁耕地"非农化"、防止耕地"非粮化"，坚决守住耕地红线。坚持"粮头食尾""农头工尾"，延伸粮食产业链、提升价值链、打造供应链，培育粮油加工龙头企业，壮大粮油制品产业集群，推动"大粮仓"迈向"大餐桌"。推进优质粮食工程，打造"豫麦"品牌。加快发展粮油期货现货市场和直采直供模式，提升收储调控能力，保障粮、油、肉等重要农产品供给安全。推进粮食产业发展示范县（市、区）、示范园区、示范企业创建。

河南省当前及今后农业发展方向：培育新型农业经营主体，创新农业经营方式；实施农业产业化集群培育工程，促进一、二、三产业融合；以都市生态农业发展工程为引领，推进农业结构调整；提高资源利用效率，实现农业绿色可持续发展；推进农业科技创新，提升科技装备水平；坚持"产、管"结合，提升农产品质量安全水平；加快农业"走出去"步伐，利用国际资源和市场。

（2）工业发展概况。适应经济发展新常态，加快构建新型工业体系，以产业集聚区为平台载体，加大承接产业转移力度，围绕电子信息、装备制造、汽车及零部件、食品加工等高成长性制造业，引进一批基地型、龙头型项目，通过建链、补链、延链和强链，提升竞争力。"十三五"期间，工业生产总体平稳，2020 年全省规模以上工业增加值是 2015 年的 1.35 倍，2016～2020 年年均增长 6.2%，高于全国平均水平 0.7 个百分点。

坚持链式集群化发展，锻长板与补短板相结合，做强优势产业、做大新兴产业、做优传统产业，深入推进高端化、智能化、绿色化、服务化改造，完善先进制造业体系，推动河南制造向河南创造、河南速度向河南质量、河南产品向河南品牌转变。坚持把制造业高质量发展作为主攻方向，推进产业基础高级化、产业链现代化，强化战略性新兴产业引领、先进制造业和现代服务业协同驱动，加快建设实体经济、科技创新、现代金融、人力资源协同发展的现代产业体系。坚持市场导向、精准对接，协同部署产业链和创新链，畅通价值链跃升的关键环节，提高创新链整体效能。实施战略性新兴产业跨越发展工程，力争实现产业规模翻番。以链长制为抓手，强化建链引链育链，动态实施重点事项、重点园区、重点企业、重点项目清单，构建新型显示和智能终端、生物医药、节能环保、新能源及网联汽车、新一代人工智能、网络安全、尼龙新材料、智能装备、智能传感器、5G 等产业链。积极发展硅碳、聚碳、电子玻纤等新材料。

（3）服务业和交通运输业发展概况。推进服务业专业化、标准化、品牌化、数字化建设，积极培育新业态新模式新载体，增强服务产业转型升级的支撑能力和满足消费需求升级的供给能力。畅通 10 大骨干物流通道，推进国家规划的 10 个物流枢纽、省规划的 30 个左右区域物流枢纽建设，完善基础设施、信息平台、联运配送服务网络，构建"通道+枢纽+网络"的现代物流运行体系，做强冷链、航空、电子商务、快递等特色物流，打造万亿级物流服务全产业链，加快建设现代物流强省。顺应消费结构升级趋势，加强公益性、基础性服务业供给，扩大发展型消费服务供给。推动制造业企业延伸服务链条，建设服务型制造公共服务平台，培育智能制造系统解决方案、流程再造等服务机构，推广设计外包、柔性化定制、网络化协同制造、远程维护、总集成总承包等模式。积极发展服务衍生制造，鼓励电子商务、研发设计、文化旅游、现代物流等服务企业，通过委托制造、品牌授权等方式向制造环节拓展。

充分发挥大市场、大枢纽、大通道优势，加快构建以航空和高铁为引领的现代交通网络，大力发展多式联运，统筹推进现代物流、商贸流通设施改造升级，加强应急物资储备基地建设，健全商品和要素自主有序流通的体制机制，培育具有国际竞争力的现代流通企业和供应链平台，塑造流通经济新优势。

第二节　经济发展总体现状

一、经济总量与发展速度

自改革开放以来，河南省在传统优势的基础上，不断"调结构、转方式、促转型"，实现了由传统农业大省向全国重要的经济大省、新型工业大省和有影响的文化大省转变，取得了一系列的经济成绩。2022 年，河南省 GDP 总量达到61345.05 亿元，位居全国第五，增速高于全国增速 1.5 个百分点。从中部六省的 GDP 总量看，河南省 GDP 总量处于第一位，是名副其实的经济大省。从重要的 GDP 总量节点看，河南省经济总量在 2000 年超越 5000 亿元，2005 年超过10000 亿元，2010 年超过 20000 亿元，2013 年突破 30000 亿元，2016 年超过40000 亿元，2019 年超过 50000 亿元，2022 年突破 60000 亿元，经济总量不断实现新跨越。从发展速度看，改革开放以来，除"七五"时期和近期经济新常态背景下 GDP 增速低于 10% 外，其余年份均高于 10%，同时年均增速高于全国同期水平。2014~2019 年，由于经济新常态、工业化转型与绿色化发展的要求，河南省经济增速有所下降，平均增速为 6.97%。值得一提的是，受新冠疫情的影响，2020 年河南省 GDP 增速降至 1.1%。由于后疫情时代市场需求回暖，再加上政府的宏观调控等原因，2022 年河南省经济增速有所回升，当年增至 2.4%。

从经济发展质量看，河南省各项人均收益指标不断提升。①人均国民生产总值持续提高且增速的稳定性不断增强。改革开放以来，人均 GDP 由 1978 年的232 元增加到 2014 年的 35982 元，按可比价格提升 31.87 倍。在经济新常态背景和绿色化发展的提质转型下，2014~2019 年人均 GDP 增速进入相对稳定的成熟增长阶段，平均增速为 7.55%。2020 年新冠疫情全面暴发后，河南省人均

GDP 增速骤降至 0.9%。值得一提的是,疫情防控稳定后人均 GDP 增速回升,2021 年达到 6.4%,2022 年稍有回落下降到 4.4%。②全员劳动生产率明显提高。全员劳动生产率(按现价生产总值计算)从 1979 年的 669 元/人提高至 2014 年的 67954 元/人,从业人员创造的价值日益增多。进入经济新常态以来,全员劳动生产率从 2015 年的 76978 元/人增至 2022 年的 127510 元/人。2020~2022 年受疫情冲击,全员劳动生产率有所波动但依然保持上升状态,2022 年全员劳动生产率增速达到 5.01%。③资源利用效率显著提高。能源加工转换率从 1995 年的 59.73%提高到 2014 年的 74.30%,呈现较好的上升状态。但受经济转型和产业结构调整的影响,自 2015 年起能源加工转换率由 73.46%波动下降,至 2022 年变化为 69.93%;单位 GDP 能耗由 2005 年的 1.38 吨标准煤/万元降低至 2022 年的 0.397 吨标准煤/万元;单位 GDP 电耗由 2005 年的 1277.7 千瓦时/万元降低至 2022 年的 637.05 千瓦时/万元。总体来说,1995~2022 年河南省资源利用效率均显著提高,整体仍然呈现上升趋势。

二、城乡二元经济结构特点

改革开放以来,随着经济社会发展水平的不断提升,河南省城乡居民的收入水平有了大幅提升,其中,城镇居民人均可支配性收入由 1978 年的 315 元增至 2022 年的 38484 元,农村居民人均纯收入由 1978 年的 105 元增至 2022 年的 18697 元。然而,城乡居民收入差距随着改革开放进程的不断深入,表现出波动变化的特点。从城乡收入比看,改革开放初期,由 1978 年的 3.008 波动降至 1984 年的 1.652,反映出随着经济社会发展水平的提高城乡差距呈现不断缩小的趋势。1984 年后,伴随着城乡二元结构调整与经济结构的变化,城乡收入比波动升至 1994 年的 2.878,随后降至 1998 年的 2.264,之后又逐步升至 2003 年的 3.098。自 2003 年以来政府陆续提出一系列强农惠农政策,如社会主义新农村建设等,使得城乡差距不断缩小,至 2014 年降至 2.375。2014 年后,随着经济转型、新型城镇化推进、绿色化建设大力推进,城乡收入比波动下降至 2022 年的 2.058。虽然 2020~2022 年的新冠疫情给河南省经济带来不利影响,但其对城乡收入比影响较小,反映出近期河南省城乡差距仍在逐年缩小。总体看来,河南省城乡收入比除 1984 年前波动下降外整体呈波动上升状态,2003 年升至最高点 3.098,2004 年后以较小的幅度逐年下降但仍维持在 2.3~3.0。由城乡基尼系数(城镇居民人均可支配收入/城乡总收入−城镇人口/总人口)看,该值从 1978 年的 0.615 波动下降到 1994 年的 0.574 后,1995 年以来,除个别年份有小幅上升外一直处于下降状态。城乡基尼系数在 2007 年后低于 0.4 的国际警戒线,表明城乡差距有进一步缩小的趋势。不难发现,城乡基尼系数的整体下降趋势主要得益于城镇化建设的快速推进，尤其是近年来河南省的新型城镇化战略和各项惠农政策提高了农民的收入，促使基尼系数在一定程度上减小。但这仅仅显示了一种可能的发展趋势，如果让该趋势真正实现还需要多种因素的合力作用。

三、产业结构

随着社会主义市场经济体制的不断完善，农业的基础地位不断巩固，工业实现持续快速发展，服务业不断发展壮大，河南省产业结构逐步升级与优化。1981~1985 年期间，河南省农业建设力度较大，河南省三次产业结构为"一二三"；随着工业化的进程加快，1986 年三次产业结构变化为"二一三"；1992 年后，伴随着服务业的进一步发展，产业结构变化至"二三一"；近些年来，第三产业已成为国民经济的支柱产业，其产业贡献度越来越高，到 2019 年产业结构变化至"三二一"；至 2022 年，河南省三次产业增加值在地区生产总值中所占比例进一步变化为 9.48：41.51：49.01。由表 4-1 可知，同 1981 年相比，第一产业比重下降 33.02 个百分点，第二产业比重上升 3.21 个百分点，第三产业比重上升 29.81 个百分点。40 多年来，尽管河南省第一产业比重大幅下降，但其增加值由 1981 年的 106.04 亿元增至 2022 年的 5817.8 亿元，按可比价增长了8.63 倍；第二产业增加值由 1981 年的 95.79 亿元增至 2022 年的 25465 亿元，按可比价增长了 99.94 倍；第三产业增加值由 1981 年的 47.86 亿元增至 2022 年的30062.2 亿元，按可比价增长了 99.24 倍。

表 4-1　1981~2022 年河南省三次产业结构变化

产业	GDP（亿元）					GDP 构成（%）				
	1981 年	1986 年	1992 年	2019 年	2022 年	1981 年	1986 年	1992 年	2019 年	2022 年
总计	249.69	502.91	1207	54259.2	61345	100	100	100	100	100
第一产业	106.04	179.02	345	4635.4	5817.8	42.5	35.6	26.8	8.6	9.48
第二产业	95.79	202.15	555	23605.8	25465	38.3	40.2	42.4	42.9	41.51
第三产业	47.86	121.74	307	26018	30062.2	19.2	24.2	30.8	48.5	49.01

资料来源：《河南统计年鉴》（1982~2023）。

从第一产业看，河南省第一产业以种植业为主，林业、牧业、渔业比重较小。在种植业方面，以粮食、棉花为主，其他经济作物所占比重较小。1978 年，河南省第一产业增加值仅有 95.38 亿元，其中，农业增加值比重达 85.7%，林业、牧业与渔业增加值之和仅为 14.3%。当时，农业生产的首要目的是解决温饱问题，因此，当时农业增加值所占比重较大。截至1995年，河南省第一产业增加值达到762.99亿元，其中，农业增加值为512.10亿元，占比67.1%；牧业增加值为215.85亿元，占比28.3%；林业、渔业增加值之和为35.04亿元，占比仅为4.6%。与1978年相比，农业增加值比重下降了19.3%；牧业增加值比重上升了18.6%；林业、渔业增加值之和比重上升了0.7%。1978~1995年，农作物种植业依然以粮食生产为主，棉花、油料、水果等经济作物面积增加，农民的温饱问题已经解决。1995年以来特别是2000年后，农业内部经济结构进一步优化，粮食、油料、棉花、蔬菜种植面积的比重更趋合理。截至2022年，河南省农林牧渔业增加值达到10952.24亿元，其中农业增加值为6948.3亿元，占比63.44%；林牧渔业及其他服务业增加值为874.64亿元，占比7.99%，农业内部产业的结构进一步优化。

从第二产业看，河南省工业先后经历了1979~1992年的以轻纺工业为重心的轻工业补偿性优先发展阶段，1993年至今的以能源、原材料工业为重心的重化工业主导的重工业化阶段，2005年以来向战略性新兴产业转移的发展阶段。2005年后，河南省工业经济实现了大跨越，在地区经济发展中的主导地位进一步增强。2014年，受经济转型和工业化大力推进的影响，河南省工业增加值比重达到45.76%，产业结构进一步向"三二一"转变。改革开放以来，全部工业增加值以年均13.7%的速度递增，2014年达到15809.09亿元。2022年，第二产业对河南省GDP增长的贡献率达到52.4%，比第一产业高37.2个百分点，比第三产业高20个百分点。2020年，受疫情的影响，河南省的工业发展产生波动，第二产业的贡献率下降至8.9%。近期，河南省工业竞争力明显增强，工业不仅主导地位突出，而且内部结构也取得突破性进展，在钢铁板材、水泥、中高档纸、超硬材料、电子信息材料、金刚石和超薄电子玻璃等传统产业技术改造升级的基础上，形成并发展了食品、有色金属、化工、汽车及零部件、装备制造业、纺织服装六大优势产业。2022年，六大优势产业增加值占全部工业增加值比重超过40%。当前，河南省重点发展电动汽车、"互联网+"、生物医药、电子信息、高端装备制造、新材料、节能环保等战略性新兴产业，必将为河南省工业发展带来新活力，助推第二产业内部的结构升级。

从第三产业看，伴随着河南省经济社会的快速发展和整体实力的不断增强，城乡居民收入水平、消费水平与消费质量的不断提高，第三产业迅速发展。2022年，河南省第三产业生产总值达30062.23亿元，是1978年的171.38倍（按可比价）。教育、文化、交通、医疗和娱乐等生活消费支出的比重不断上升，家用电器、通信工具等更新换代的速度提升，汽车、住房消费成为21世纪的消费热点。从第三产业结构构成看，基础行业明显增强，瓶颈制约大为改善，传统批发零售餐饮、交通运输、邮电通信、教科文卫等行业不仅得到巩固而且进一步发展，新兴第三产业如信息服务、金融、房地产、旅游、咨询、社会与居民服务业等行业同样蓬勃发展。2022年，批发零售餐饮业、交通运输仓储邮政业、房地产业、金融保险业增加值占第三产业的比重分别为14.96%、12.38%、3.55%、31.13%，以计算机服务及软件业，信息传输业，居民服务与其他服务业，租赁与商务服务业，文化、体育和娱乐业等为主的营利性服务业占比为18.23%，以科学研究、技术服务和地质勘查业，教育、卫生、社会保障和社会福利业，水利、环境和公共设施服务业，以公共管理与社会组织等为主的非营利性服务业占比为25.27%。

四、产业从业人员

根据1978~2022年河南省的产业从业人员的统计数据，绘制总体从业人员的变动情况图。由图4-1可知，自1978年改革开放以来，河南省从业人数始终保持稳步递增的趋势，数据点基本上分布在一条直线附近，基本符合回归方程$y=105.27x+2701.2$，且趋势线的拟合度高达0.989，拟合度及可信度较高。而在经济新常态化的发展背景下，河南省从业人员不断下降，数据点也基本位于趋势线拟合度高达0.979的回归方程$y=-42.905x+5154.6$附近。

2014年，河南省第一产业从业人员达到2651.74万人，第二产业从业人员达到1995.57万人，第三产业从业人员达到1872.72万人，三次产业从业人员比重为40.7：30.6：28.7，产业结构相对均衡。在经济新常态发展阶段，受能源消费结构、产业转型升级等因素的影响，2019年第一产业从业人员达到1251万人，第二产业从业人员达到1469万人，第三产业从业人员达到2214万人，三次产业从业人员比重为25.4：29.8：44.9，产业结构的重心向第三产业转移。值得一提的是，疫情影响期间三次产业从业人员结构并未受到明显影响，截至2022年，河南省第一产业从业人员缩减到1320万人，第二产业从人员缩减至1356万人，而第三产业从业人员则增加至2106万人，三次产业从业人员比重变化为27.6：28.4：44，第三产业在产业结构中仍然占据绝对优势。通过分析1978~2016年河南三次产业从业人员（见图4-2）可以发现，第一产业的从业人数以2000年为分界点先逐渐增加后逐渐减少，而第二产业和第三产业的从业人数逐渐上升且2000年以来增幅相对较大。从增长速度看，第二产业和第三产业的从业人员几乎持平，这在一定程度上反映出第二、第三产业发展比较迅速，也充分显示出产业结构调整对吸纳就业人员、拓展就业渠道所具备的能力和优势。

（万人）

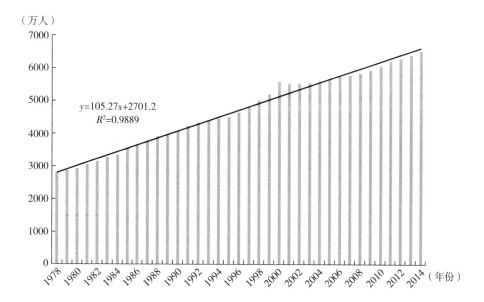

$y=105.27x+2701.2$
$R^2=0.9889$

（万人）

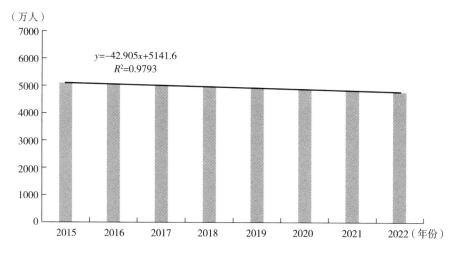

$y=-42.905x+5141.6$
$R^2=0.9793$

图 4-1 2015~2022 年河南省从业人员变化趋势

资料来源：《河南统计年鉴》（1979~2023）。

从 1978~2022 年河南省城乡产业从业人员变化趋势（见图 4-3）可以直观地看出，乡村从业人员数要明显高于城镇从业人员数，表明乡村从业人员依然在河南省占有很大的比重，但在 2021 年后，城镇从业人员人数均超过乡村从业人员。从具体数字看，1978 年，河南省乡村从业人员所占比重为 84.93%，1997 年降为 79.21%，1998~2005 年，波动增加至 83.93%，随后逐渐下降，2014 年，乡村从业人员占比为 73.72%。尽管乡村从业人员所占比重有所下降，但从业人

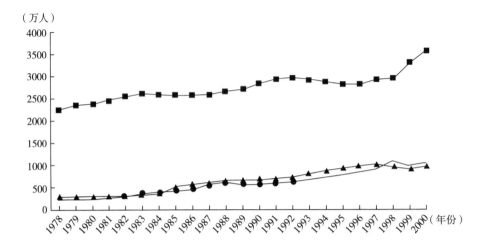

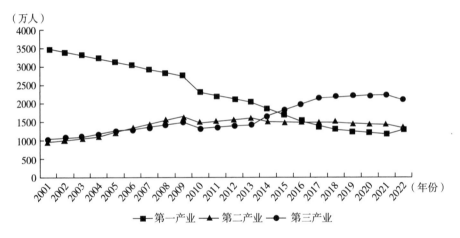

—■— 第一产业 —▲— 第二产业 —●— 第三产业

图 4-2　1978~2022 年河南省三次产业从业人员变化趋势

资料来源:《河南统计年鉴》(1979~2023)。

员数目却逐渐增加,由 1978 年的 2384 万人逐渐增加到 2014 年的 4806.82 万人。在经济新常态以及疫情的影响下,乡村从业人员与城镇从业人员数量出现反转,在 2019 年城镇从业人员为 2532 万人,超过乡村从业人员数的 2402 万人。然而,从业人员总数自 2014 年后出现持续下降的现象,截至 2022 年已下降至 4782 万人。不难发现,2000 年以来,河南省乡村从业人员数量变化不大,但在 2014 年以后,乡村从业人员出现大幅下降,而城镇从业人员稳步上升,这反映出城镇化工业化对产业结构拉动的变化,也反映出河南省产业结构不断优化。截至 2022 年,乡村从业人员已缩减至 2209 万人,而城镇从业人员则增加至 2573 万人。

（万人）

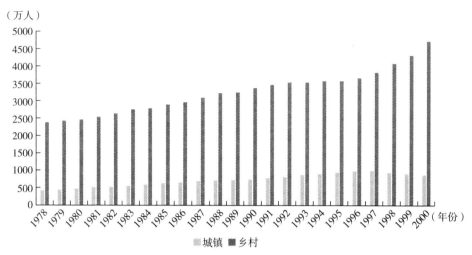

（万人）

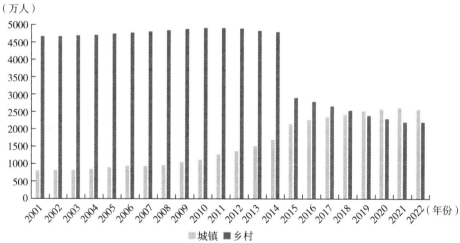

图 4-3 1978~2022 年河南省城乡产业从业人员变化趋势

资料来源:《河南统计年鉴》（1979~2023）。

自改革开放以来，河南省非公有制经济逐渐占据主导地位。对于规模以上的企业工业，非公有制单位数逐渐增加，且平均从业人员也在稳步上升，而公有制的单位数及平均从业人员均逐渐减少。截至 2014 年底，非公有制企业个数占比高达 86.9%，非公有制经济增加值达到 22043.05 亿元，占全行业增加值比重的 63.1%。从三次产业非公有制增加值看，第一产业增加值占全行业产业增加值的比重为 6.68%，第二产业占比为 61.59%，第三产业占比为 31.37%。在 2014~2022 年间，非公有制企业与经济增加值进一步攀升，在 2020 年，非公有制企业占比已达 98.92%，经济增加值达到 35409.72 亿元，占全行业增加值的比重达到 65.3%。从 2020 年三次产业非公有制增加值的内部构成看，第一产业占比为 5.61%，第二产业占比为 50.4%，第三产业占比为 43.99%，同样显示出第三产业强大的发展动力。至 2022 年，非公有制企业发展更进一步，数量占比更是高达 99.03%，经济增加值达到 37711.35 亿元。2014 年，公有制建筑业总产值为 1936.7 亿元，而非公有制建筑业总产值达 5975.19 亿元，比公有制多 2 倍有余。2020 年，公有制建筑业总产值为 4454.62 亿元，而非公有制建筑业总产值达 8667.98 亿元，且非公有制建筑业仍然保持优势。至 2022 年，公有制建筑业与非公有制建筑业总产值分别达到 5763.2 亿元与 9323.7 亿元，公有制建筑业与非公有制建筑业总产值稳步提升。2014 年，非公有制从业人员高达 748.97 万人，是公有制从业人员的 1.8 倍。至 2022 年非公有制从业人员已高达 873.9 万人，几乎达到公有制从业人员的 2.53 倍。因此，积极发展河南省非公有制企业，有助于增加河南省的居民收入，也有助于解决居民的就业等问题，更有助于增加河南省的财政收入。

第三节　现代产业体系的建设现状与地理布局

一、现代产业体系的总体架构

产业是国民经济健康持续发展的基础支撑。"十二五"以来，河南省把推进新型工业化、构建现代产业体系作为"三化"（新型工业化、新型城镇化和农业现代化）协调科学发展的核心和建设中原经济区的重要支撑。抓住经济新常态下产业转移和新一轮产业变革"两个机遇"，强化传统产业升级和新型产业培育"双轮驱动"，通过深入推进信息化与工业化融合、改造提升传统优势产业、培育战略性新兴产业、发展现代服务业，已经形成了融现代农业、先进制造业、战略性新兴产业和高成长性服务业为一体的现代产业体系，实现由以传统农业为经济主体向以新兴工业为经济主体的重大转变。

1. 现代农业不断壮大

河南省在推进工业化与城镇化的进程中，一直走的是不以牺牲农业和粮食为代价的"三化"协调发展道路，保障了河南农业大省和粮食生产核心区的坚固地位。在现代农业以及工业化农业发展进程的持续推进中，传统农业向现代农业迈进的步伐越来越大。2010 年以来，河南省农林牧渔业总产值持续增长，2021~2022 年连续两年保持在 1 万亿元以上，2022 年已增至 10952.24

亿元，在全国仅次于山东位列第 2。2022 年，河南省农业总产值为 6948.3 亿元，位列全国第 1；牧业总产值为 2832.3 亿元，位列全国第 3；林业总产值为 149.55 亿元，位列全国第 19；渔业总产值为 147.45 亿元，位列全国第 16。其中，粮食总产量 6789.37 万吨，在全国粮食产量中仅次于黑龙江位列第 2，已连续 5 年粮食总产稳定在 1300 亿斤以上，播种面积保持在 1.6 亿亩。经济作物产量总体得到提升，其中，油料产量为 684.03 万吨，位居全国第 1；蔬菜及食用菌产量 7845.30 万吨，增长 3.1%；生猪存栏量 4260.52 万头，位居全国第 1。

尤其"十三五"以来，河南省加快转变农业发展方式，发展多种形式适度规模经营，以集约、高效、绿色、可持续为发展方向，提高农业质量效益和竞争力，推动粮经饲统筹、农林牧渔结合、种养加一体、一二三产业融合发展[①]。加强科技创新和推广应用，农业生产不断向机械化、规模化、专业化和绿色化方向发展，农业设施不断完善，新型经营主体数量不断增加。2022 年，农作物耕种收综合机械化率达到 85.3%，比全国平均水平高 14 个百分点，河南省农用机械总动力 10858.66 万千瓦，有大中型拖拉机 44.656 万台，小型拖拉机 282.80 万台，农用水泵 219.5 万台，联合收获机 25.0 万台，机动脱粒机 47.2 万台。农业生产机械化程度的不断提高支撑了河南省新型农业经营主体队伍的不断壮大。根据第三次全国农业普查结果可知，截至 2016 年末，全省农业经营单位数量达到 12.42 万个，较 10 年前增长 6.4 倍，规模农业经营户达 27.09 万户，其中农民合作社已达 6.02 万个，占农业经营单位的 48.5%。到 2022 年，河南省家庭农场总数达到 4.88 万个，同比增长 19.3%；乡镇农业企业总数达到 2.21 万个，同比增长 4.4%；有实际经营活动的农民专业合作社达到 8.40 万个，同比增长 1.4%。建成高标准农田 8330 万亩，主要粮食作物良种覆盖率为 97%。优势特色农业产值占比 57.8%，粮油加工转化率为 80%。农业绿色发展取得积极成效。截至 2021 年 10 月，河南省有效期内共有绿色、有机和地理标志农产品 2724 个，其中绿色食品 2216 个，有机农产品 31 个，地理标志农产品 163 个，名特优新农产品登录 314 个。

河南现代农业的发展载体不断创建。自 2012 年提出农业产业化集群培育工程，至 2021 年底，河南省累计创建 8 个国家级、100 个省级、206 个市级、98 个县级现代农业产业园，4 个国家级产业集群，69 个国家级农业产业强镇，4 个首批全国农业现代化示范区，打造了"双汇"全国肉制品全产业链重点链和延

① 河南省人民政府关于印发河南省国民经济和社会发展第十三个五年规划纲要的通知（豫政〔2016〕22 号）［EB/OL］. https://www.henan.gov.cn/2016/04-27/239447.html.

津优质小麦、泌阳夏南牛、信阳浉河茶叶等全产业链重点县①。以现代畜牧业、高效特色农业、现代粮油产业为重点，大力培育新型农业产业化经营主体和龙头企业，推动产品加工增值链、资源循环利用链、质量全程控制链有机融合，强化科技支撑，扩大品牌影响，打造了一批"全链条、全循环、高质量、高效益"的现代农业产业化集群。积极引导工商资本投入优势产区，建设肉牛、畜禽、花卉、苗木、林果等特色高效农产品生产基地，完善产业链配套体系。促进农业产业化集群发展，依靠科技创新与进步，促进农业产业优化升级和农产品加工业的快速发展，实现农工联动、协调发展。建立重要农产品供给保障机制，努力夯实现代农业物质基础。健全农业支持保护制度，不断加大强农惠农富农政策力度。创新农业生产经营体制，稳步提高农民组织化程度。构建农业社会化服务新机制，大力培育发展多元服务主体。

2. 现代工业持续推进

河南省在推进新型工业化的过程中，坚持制造兴省，实施中国制造 2025 河南行动，一手抓高成长性制造业和战略性新兴产业高端突破，一手抓传统产业脱胎换骨改造，加快向集群化、智能化、绿色化、服务化升级，构建了竞争优势明显的制造业体系②。2022 年，河南省全部工业增加值为 19592.76 亿元，比上年增长 4.2%；规模以上工业企业实现营业收入 60206.77 亿元，比上年增长 5.8%，实现利润总额 2534.00 亿元，比上年下降 4.2%。

（1）传统优势产业转型加速推进。长期以来，河南省形成了食品加工业、有色金属业、石油和煤化工业、汽车及零部件制造业、装备制造业、纺织服装业六大传统优势产业，为河南省国民经济的发展做出了巨大贡献。"十三五"时期，河南省加大了推进传统产业转型升级力度，坚持区别对待、分业施策，以产业链延伸为主攻方向，推动冶金、建材、化工、轻纺等传统产业绿色化、循环化和高端化发展，积极推进钢铁、建材等主要耗煤行业清洁生产，减少污染。支持企业瞄准国际同行业标杆推进新一轮技术改造升级，全面提高产业技术、工艺装备、能效环保等水平。综合运用市场机制、经济手段、法治办法，加快推动产业重组和产能转移，稳妥有序处置特困企业，有效化解产能过剩。探索与"信息化"深度融合的"互联网+传统产业+绿色化"传统产业升级新路径，以创新、升级、提质、增效为导向，以绿色化引领、智能化发展、服务化改造为方向，推进装备制造业升级；加快推动产业重组和产能转移，强化技术改造，

① 非凡十年 农业发展实现新跨越——党的十八大以来河南农业发展成就［EB/OL］. 河南省人民政府网，https：//www.henan.gov.cn/2022/10-11/2620574.html.

② 河南省人民政府关于印发河南省国民经济和社会发展第十三个五年规划纲要的通知（豫政〔2016〕22 号）［EB/OL］. https：//www.henan.gov.cn/2016/04-27/239447.html.

引进高新技术加工设备、采用绿色化生产方式，支持传统优势化工企业向生物医药生产等领域转型，促进化工企业升级。通过这些措施，河南传统优势产业转型投资效果明显。2022年传统支柱产业（包括冶金工业、建材工业、化学工业、轻纺工业、能源工业等）的投资完成额占工业投资的比重为39.9%，其增加值增长4.7%，占规模以上工业增加值的49.5%。煤炭开采和洗选业、化学原料及化学制品制造业、非金属矿物制品业、黑色金属冶炼及压延加工业、有色金属冶炼及压延加工业、电力热力的生产和供应业等高耗能行业的投资完成额占工业投资的比重为29.9%，其增加值增长4.3%，占规模以上工业增加值的38.6%；能源原材料工业增加值增长5.4%，占规模以上工业增加值的45.4%。

（2）优势主导产业能级不断提升。"十三五"以来，河南省以知名品牌为引领增创了食品工业的新优势，以特色优势为重点推动了高端装备制造业的突破发展，以龙头企业为带动促进了电子信息产业的规模壮大，以产品提质升级为导向促进了消费品工业的提速发展。2022年河南省五大主导产业（包括食品产业、装备产业、新材料产业、电子信息产业、汽车及零部件产业）增加值增长5.4%，占规模以上工业增加值的比重为45.3%，实现利润总额1305.72亿元，其中，食品产业和装备制造产业表现尤为突出，分别以423.46亿元和415.01亿元的利润总额排在前两位。食品产业的增加值占比达13.4%，位列五大主导产业之首。目前河南省已建设成为全国重要的优质小麦生产加工基地和优质畜产品生产加工基地。河南的小麦粉、饼干、速冻米面食品、方便面产量均居全国第一位，鲜冷藏肉产量居全国第三位，面制品、肉制品全国领先。全国肉类综合10强中，河南入选3家企业；全国方便面10强中，河南企业占据半壁江山。双汇集团成为全国最大的肉类加工企业，三全、思念速冻食品全国市场占有率超过50%，白象集团居全国方便面行业前三名。双汇、三全、思念、白象等品牌在全国具有较强竞争力的骨干企业的快速涌现和成长，使食品加工业成为河南省的第一大优势主导行业；而装备制造产业的增加值占比达12.1%，居于第二位；消费品制造业增长3.9%，占规模以上工业增加值的25.6%。全年全省规模以上工业产品销售率96.9%。未来河南省将持续提升装备制造、食品工业两个万亿级产业能级，争取电子信息、消费品工业成为新的万亿级产业，打造一批位居国内行业前列的制造业集聚地，带动全省制造业规模壮大、结构跃升。

（3）战略性新兴产业规模持续增长。战略性新兴产业代表新一轮科技革命和产业变革的方向，是打造经济增长新活力的重要力量。河南省坚持战略需求和市场机制相结合，以新一代信息技术、生物、高端装备、先进材料、新能源、新能源汽车、节能环保、数字创意等领域为重点，在新型显示、大数据、智能制造等细分领域取得重要突破，推动了战略性新兴产业的发展壮大。尤其2016

年以来，培育壮大了一批特色明显、发展潜力大的优质企业和产业集群，推动战略性新兴产业实现规模化、高端化、集聚化发展，量子信息、氢能等未来产业也呈突破发展态势，成为推动全省经济高质量发展的重要引擎。郑州下一代信息网络和信息技术服务、许昌节能环保、平顶山新型功能材料等国家战略性新兴产业集群引领带动作用进一步凸显。新型显示和智能终端、新一代人工智能等十个新兴产业链现代化水平逐步提升，产业链关键环节支撑能力不断增强。"十三五"期间，战略性新兴产业增加值年均增速10.4%，高于同期规模以上工业增加值年均增速4.2个百分点；占规模以上工业增加值比重达到22.4%，较2015年提高10.6个百分点。初步建成全球重要的智能终端制造基地，农机装备、航空轴承、诊断试剂、血液制品、智能传感器等研发和产业化处于全国上游水平，在盾构、新能源客车、光通信芯片、超硬材料、流感疫苗等领域技术水平处于全国领先、市场占有率居全国首位，全省新兴产业呈现加快发展态势，初步形成错位发展、优势互补的格局。受全球新冠疫情影响，2020年以后增长速度有所下降。2022年，工业战略性新兴产业增长8.0%，占规模以上工业的25.9%，增速高于规模以上工业的2.9个百分点。高技术制造业增长12.3%，占规模以上工业增加值的12.9%。

3. 现代服务业蓬勃发展

现代服务业是全球产业竞争的战略制高点。大力发展现代生产性和生活性服务业，既可以有效激发内需潜力、带动扩大社会就业，也有利于引领产业向价值链高端提升。从2013年至2022年，河南省服务业增加值由10290.49亿元上升到30062.23亿元。"十三五"时期，河南省坚持需求引领、产业带动、能力提升，加快发展现代服务业，推动城乡服务的专业化、高端化、精细化、品质化发展；通过创新新业态、培育新热点、应用新技术，构建高端城乡服务业体系。加强产业关联，构建生产性服务业与制造业的互动发展机制，大力推进生产性服务业的集聚式发展。突出发展现代物流、现代金融，加快壮大电子商务、信息服务、商务服务、专业生产服务、服务外包等产业规模，打造中西部生产性服务业高地。建设国际物流中心，大力发展航空物流、国际多式联运、快递物流、保税物流，支持第三方、第四方物流发展，构建国际、区域、城市三级物流网络体系，打造辐射东中西、连接境内外的物流通道枢纽。建设区域性金融中心，壮大银行、证券、保险主体金融业，扩大"金融豫军"规模，规范和支持非银行金融机构发展，加强农村金融、消费金融、绿色金融、融资租赁、离岸金融等产品和服务方式创新，基本建成郑东新区金融集聚核心功能区。提升商务服务水平，大力发展总部经济和会展经济，促进广告、咨询、商务中介、人力资源服务等行业向"专精特优"方向发展。深化专业化分工，创新服务产品和模式，加快发展与制造业联系紧密的研发设计、检验检测、节能环保服务、售后服务等服务业，引导生产企业加快服务环节专业化分离和外包。开拓服务外包业务市场，建设服务外包基地。通过这些措施，河南省规模以上新服务企业、战略性新兴服务业和高技术服务业竞相发展，2016~2021年年均增长分别达13.3%、10.9%和9.7%。受疫情影响，2022年复合增速12.65%，比全国同期平均水平高2.9个百分点，服务业增加值占全省生产总值的比重为49.0%。全年服务业对全省经济增长的贡献率为32.4，拉动全省生产总值增长1.0个百分点。分行业来看，2022年全省批发和零售业增加值为4496.54亿元，比上年下降2.7%，占服务业比重为15.0%；交通运输、仓储和邮政业增加值为3721.08亿元，增长7.7%，占服务业比重为12.4%；住宿和餐饮业增加值为1066.49亿元，下降6.0%，占服务业比重为3.5%；金融业增加值为3301.35亿元，增长5.1%，占服务业比重达11.0%；房地产业增加值为3631.00亿元，下降2.5%；信息传输、软件和信息技术服务业增加值为1587.38亿元，增长9.5%；租赁和商务服务业增加值为2007.87亿元，下降0.8%。教育行业增加值为2438.48亿元，占服务业比重为8.1%；公共管理、社会保障和社会组织行业增加值为2116.84亿元，占服务业比重为7.0%。全年规模以上服务业企业营业收入7429.02亿元，下降0.7%；利润总额为423.29亿元，下降33.7%。为培育适配市场需求的服务业新供给，河南省计划到2025年，围绕新零售服务、新餐饮服务、新文娱服务、新社会服务四大领域培育形成"四个100"（即百个项目、企业、品牌、运营商）服务业新供给标杆，打造一批复合型高能级新服务集聚载体，形成内容丰富、品质精良、市场繁荣的服务业新供给矩阵。

二、现代产业的地理分布①与集群体系形成

1. 产业地理基础分布

（1）农业的地理分布。河南省的耕作农业主要分布在平原地区和岗台沟谷地区，其中，小麦、玉米和棉花主要分布在省内广大平原地区；水稻主要分布在淮河南岸和黄河沿岸；芝麻主要分布在驻马店市和南阳市。蔬菜生产的区域化、规模化和产业化不断加快，主要分布在城镇周围和交通比较便利的地方。林地主要分布在太行山、伏牛山、桐柏山-大别山片区等山地丘陵地区，而在豫东黄淮海冲积平原和南阳盆地等区域以农田林网、果园及防护林为主。2022年，全省森林面积403.18万公顷，森林覆盖率为24.14%，其中三门峡市森林覆盖率最高，居全省第一位。此外，河南省的水域面积相对较少，可供渔业养殖的

---

① 历年《河南统计年鉴》。

水面更少，2020 年，约有 12.859 万公顷，主要分布在水库、城市郊区及部分可控制河道和坑塘。

（2）工业的地理分布。河南省的能源工业主要分布在省内京广铁路以西，其中，开采工业主要分布在中原油田和永夏煤田所在及毗邻的地市；钢铁工业分布在安阳市和舞阳县；有色金属冶金工业主要分布在郑州市以西区域。机械制造业是河南省最大的工业部门，其中，农机制造业主要分布在郑州市、洛阳市、开封市和许昌市等地区；矿山机械制造业主要分布在郑州、洛阳和焦作等市；纺织机械和器材制造业主要分布在郑州市和开封市；机床制造业和电工制造业则分布在省内各大中城市。化学工业遍布全省，其中，开封市为全省最大的硫酸、硝酸和盐酸生产基地。纺织工业主要分布在郑州市，另外在安阳市、新乡市、洛阳市、周口市、平顶山市、开封市和南阳市等地区也已形成多个中型棉纺、毛纺、丝纺和麻纺中心。食品工业和饲料工业发展较快，是省内厂家最多、分布最广的行业部门，其中面粉加工能力、肉类精深加工能力和油脂加工产量等均居全国前列。此外，卷烟工业也发展较好，主要分布在郑州市、新郑市、安阳市、许昌市、驻马店市、洛阳市和南阳市等地区。

（3）服务业的地理分布。河南省的金融业主要分布在郑州市，郑东新区集聚了上百家金融机构，"金融豫军"已初步成形。现代物流业主要分布在郑州市、洛阳市、商丘市和南阳市，其中，郑州市是国家级流通节点城市，洛阳市、商丘市和南阳市是重要的区域级流通节点城市。信息传输、计算机服务和软件业主要分布在郑州市、洛阳市和济源市，这三个城市都是信息惠民国家试点城市。养老及家庭服务业主要分布在郑州市、洛阳市和漯河市，其中洛阳、漯河两市被列入国家养老服务业综合改革试点城市。此外，河南省文物古迹众多，旅游资源丰富，南太行、伏牛山、桐柏-大别山区等旅游胜地发展势头迅猛。旅游景区主要集中在郑州市、洛阳市、开封市、安阳市、焦作市、鹤壁市、信阳市和南阳市等地区，其中郑州市是国家智慧旅游试点城市；开封市古城风貌浓郁；洛阳市牡丹花誉满中外；安阳市文化遗产殷墟世界闻名；信阳市是山水相依的十佳宜居城市；焦作市和鹤壁市依托于太行山资源，在旅游方面也表现突出；南阳市则也是中国历史文化名城之一。

2. 特色产业集群体系的形成

河南省秉承创新、协调、绿色、开放、共享的发展理念，基于三产融合、四化同步、循环经济、城乡协调的原则，坚持产业集群化发展战略，运用新技术新模式推动产业融合发展，已经初步形成了独特的现代产业集群体系。产业集群体系是所有有潜力产业集群的集合，这些集群基于共同的地域文化、可以以某种中介（如投入产出关系、共同的供应或销售渠道、物流业、专业市场等）

形成产业上的关联，又在地域上邻近，构成规模庞大的产业集群系统。这种产业集群系统既是经济整体优势的重要源泉，又是特定产业集群发展的基本依托。它具有产业高度融合、产业链条完整、人地关系和谐、创业环境优良等内涵。通过整个系统的优化组合和产业集群之间的知识溢出，形成相关产业集群的相互效仿和各个集群创造力的迸发。

尤其"十三五"以来，河南省实施了"百千万"亿级优势产业集群的培育工程①，即在省级层面重点打造万亿级优势产业集群，以省辖市为主体打造千亿级主导产业集群，以县域为主体打造百亿级特色产业集群，建设了一批新型工业化产业示范基地和具有核心竞争优势的集群品牌。比如，以国家大数据综合试验区为依托，加快数据资源开放聚集和开发利用，深入实施"互联网+"行动，促进数字产业化和产业数字化，大力发展数字产业集群；以郑州经济和数字等交通枢纽城市为节点，完善枢纽功能，以物流带产业，以枢纽聚产业，培育高铁、临空、临港产业，大力发展枢纽产业集群；以"文化创意+"为引领，培育一批创意园区、骨干企业和品牌，大力发展创意产业集群；以节能、环保、生态产业为重点，大力发展生态产业集群。

依托县域特色优势资源，河南省各县也已经发展了许多各具竞争优势的特色产业集群，如杞县大蒜产业集群、禹州钧瓷产业集群、正阳花生产业集群、灵宝苹果产业集群、信阳毛尖产业集群和柘城辣椒产业集群等。随着"十三五"以来河南省"百千万"亿级优势产业集群和"三个对接"优势产业链培育工程的加快实施，各县仍可以立足本地资源禀赋、文化基因和产业基础，大力发展各自的优势特色产业集群。如既可以依托资源优势发展原料型的农业产业集群、生产型的加工业集群，也可以依托批发市场来发展商贸型、物流型的产业集群；既可以利用当地的祖传技艺，发展具有特殊文化基因的产业集群，也可以依托当地的大型企业、拳头产品发展配套产业集群，还可以利用人才、信息和科研机构的相对集中，发展高科技产业集群或数字产业集群等。对现有的产业集聚区，可以基于"三链（产业链、供应链、价值链）同构"和"五链（产业链、创新链、供应链、价值链、人才链）协同"的发展理念，延长产业链，打造供应链，提升价值链，通过聚链、延链、补链和强链，完善产业网络，激发产业主体间的竞争合作和网络创新机制，促进产业集聚区的集群化升级，以提升本地的核心竞争力。全省通过各县建设各具特色的产业集群，强强联合，最终建成一个各地独具优势又分工协作的有机的现代产业集群体系。

---

①　河南省人民政府关于印发河南省国民经济和社会发展第十三个五年规划纲要的通知（豫政〔2016〕22 号）［EB/OL］．https：//www.henan. gov. cn/2016/04-27/239447. html.

第四节　经济功能区的建设与发展

一、郑州航空港经济综合实验区

随着经济全球化的加深，航空港越来越被视为本地区经济发展的催化剂[2]，它不仅仅是区际间联系的枢纽，同时也是区域内交通流和信息汇聚的重要节点[3]。航空港经济是以航空枢纽为依托，以现代综合交通运输体系为支撑，以提供高时效、高质量、高附加值产品和服务并参与国际市场分工为特征，吸引航空运输业、高端制造业和现代服务业集聚发展而形成的一种新的经济形态①，其特征主要体现为以临空产业为核心，带动临空经济的发展，最终促进临空经济区及周边区域的崛起[4]，即作为区域的"极点"发挥辐射带动作用。作为一种新的经济和产业现象，以都市空港为中心形成的临空经济区近年来受到了学者们的高度关注，有学者将其称为是继河运、海运、铁路、高速公路之后推进世界经济发展和城市兴起的第五波力量[5]。2013 年 3 月，国务院正式批准设立"郑州航空港经济综合实验区"，其战略定位为：国际航空物流中心、以航空经济为引领的现代产业基地、中国内陆地区对外开放重要门户、现代航空都市、中原经济区核心增长极。郑州航空港为地处中原腹地的河南省参与国际分工提供了有效载体和途径。

1. 发展历程

自 2007 年河南省政府提出设立郑州航空港区到 2013 年国务院正式批复，郑州航空港区的前期建设工作稳步推进：2007 年 10 月，为加快郑州国际航空枢纽建设，河南省委、省政府批准设立郑州航空港区；2010 年 10 月，国务院批准设立郑州新郑综合保税区；2011 年 4 月，郑州新郑综合保税区（郑州航空港区）管理委员会获批设立；2012 年 11 月，国务院批准的《中原经济区规划》，提出以郑州航空港为主体、以综合保税区和关联产业园区为载体、以综合交通枢纽为依托、以发展航空货运为突破口，建设郑州航空港经济综合实验区；2013 年 3 月，国务院批准《郑州航空港经济综合实验区发展规划（2013—2025 年）》，标志着全国首个航空港经济发展先行区正式起航。

2. 区位优势

郑州航空港经济综合实验区位于郑州市中心城区东南约 20 千米处（见图 4-

---

① 中华人民共和国国家发展和改革委员会. 郑州航空港经济综合实验区发展规划（2013～2025 年）[EB/OL]. http：//www.sdpc.gov.cn/zcfb/zcfbghwb/201304/t20130422_588370.html.

4)，区位优势明显。首先，地面交通四通八达，郑州机场高速、郑民高速、郑少洛高速、京港澳高速、连霍高速、绕城高速、宁洛高速以及107国道、310国道均在航空港区交汇，郑州市区至机场快速路、城际铁路以及"四港"联动大道等将航空港区与郑州市区连为一体，"米"字形高铁更强化了其连南贯北、承东启西的能力；其次，郑州航空港处于我国内陆腹地，空域条件较好，便于接入主要航路航线，适宜衔接东西南北航线，开展联程联运，其"1.5小时航程圈"可以覆盖全国2/3的主要城市和3/5的人口；最后，郑州航空港有利于辐射京津冀、长三角、珠三角、成渝等主要经济区，促进区域间的经济、社会往来，实现区际联动发展。

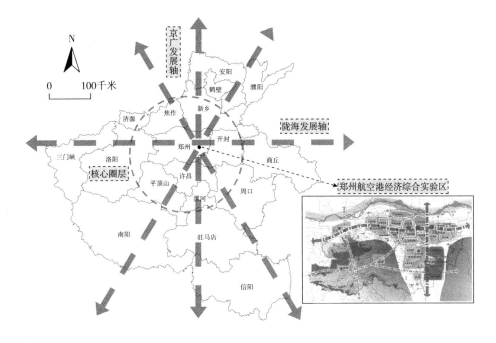

图4-4 郑州航空港地理区位

3. 空间布局

郑州航空港经济综合实验区是以航空客货物流、临空制造、现代商贸等为主要功能的现代化生态型航空新城，其规划面积415平方千米，形成了"一核领三区、两廊系三心、两轴连三环"的空间结构，并通过合理的产业布局和有效的交通组织使各功能区连接到一起。

（1）空间结构。按照"一核领三区、两廊系三心、两轴连三环"的空间规划，郑州航空港经济综合实验区的服务功能逐步完善、辐射带动作用日益凸显。其中：①"一核三区"，"一核"即空港核心区，"三区"分别为城市综合性服务区（北区）、临港型商展交易区（东区）、高端制造业集聚区（南区）；②"两廊三心"，"两廊"即小清河滨水景观廊和南水北调滨水景观廊，"三心"分别为北区公共文化航空商务中心、南区生产性服务中心和东区航空会展交易中心；③"两轴三环"，即依托新G107和迎宾大道打造的城市发展轴带，同时结合区内骨干路网体系形成机场功能环、城市核心环和拓展协调环的三环骨架，如图4-5所示。

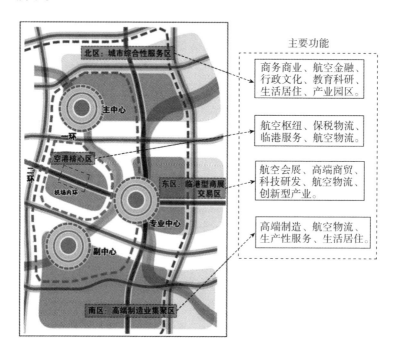

图4-5　郑州航空港空间结构

资料来源：根据《郑州航空港经济综合实验区总体规划（2014—2040）》绘制。

其中，空港核心区主要包括机场及其周边核心区，其发展定位为国际航空货运枢纽、国内航空综合枢纽，功能构成主要有航空运输、航空物流、航空制造、航空保障、临港服务、对外贸易等；城市综合性服务区位于空港核心区北侧，集聚发展商务商业、航空金融、行政文化、教育科研、生活居住、产业园区等功能；临港型商展交易区主要由航空会展、高端商贸、科技研发、航空物流、创新型产业等功能构成；高端制造业集聚区重点建设航空科技转化基地和航空偏好型产业，其功能主要包括高端制造、航空物流、生产性服务、生活居住等方面。

（2）产业布局。基于不同的功能定位，空港核心区、城市综合性服务区、临港型商展交易区和高端制造业集聚区的产业布局亦不相同，产业布局状况如图4-6所示。其中，空港核心区和临港型商展交易区重点布局发展航空运输、航空航材制造维修、航空物流、保税加工、展示交易等产业；城市综合性服务区重点发展航空金融、服务外包、电子商务、文化创意、健康休闲等产业；高端制造业集聚区的布局以通用航空设备制造、电子信息、生物医药、精密机械、新材料等产业为主。

图4-6 郑州航空港产业布局

资料来源：根据《郑州航空港经济综合实验区总体规划（2014—2040）》绘制。

4. 发展现状

近年来，郑州航空港经济综合实验区快速发展，经济发展水平、对外联系强度及服务能力不断增强，随着实验区基础设施和各项功能的逐步完善，航空港将迎来持续、高效的发展阶段。

（1）经济发展水平稳步提升。郑州航空港经济综合实验区经济社会发展保持了良好的发展态势（见图4-7），2013年，郑州航空港经济综合实验区的生产总值为 333.82 亿元，2022 年，其生产总值达到了 1208.01 亿元，年均增长率达 15.36%，规模实力明显提升。与此同时，固定资产投资完成额也由 2013 年的 201.54 亿元增长至 2022 年的 462.43 亿元，增长了 1.29 倍，基础设施水平显著提高；社会消费品零售总额在 2013 年为 63.24 亿元，2022 年该值增至 153.6 亿元，年均增长率达 10.36% 以上，社会消费水平进一步提高；地方公共预算财政收入和财政支出也均保持高速增长，2013 年，郑州航空港经济综合实验区地方公共预算财政收入和财政支出分别为 15.07 亿元和 38.03 亿元，2022 年分别达到 68.56 亿元和 107.57 亿元，年均增长率分别为 18.33% 和 12.25%，政府财政收入规模及支配能力明显提高。

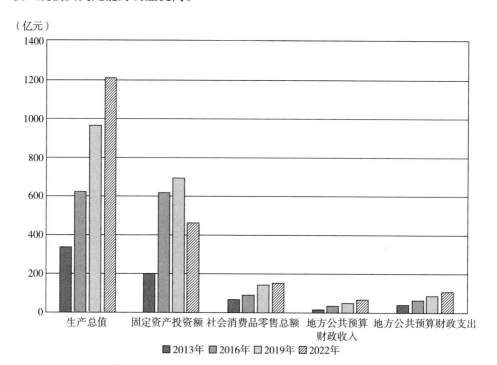

图 4-7　2013～2022 年郑州航空港主要经济指标变化

资料来源：《河南统计年鉴》（2014～2023）。

随着郑州航空港经济综合实验区基础设施功能的逐渐完善、政策及区位优势的逐渐显现，其产业结构亦发生了显著变化（见表 4-2）。2013 年，郑州航空港经济综合实验区第一产业、第二产业和第三产业的产值分别为 16.02 亿元、277.47 亿元和 40.33 亿元，其所占比重分别为 4.80%、83.12%、12.08%，显然，第二产业产值在产业结构中占主导地位，第一产业和第三产业的规模相对较小。2022 年，三次产业的产值分别为 13.19 亿元、907.63 亿元和 287.19 亿元，第二和第三产业产值大幅增加，其所占比重也发生了显著变化，第一产业和第二产业产值所占比重分别由 2013 年的 4.80%、83.12% 下降至 1.09%、75.13%，而第三产业产值所占比重则上升至 23.77%，可以看出，郑州航空港经济综合实验区产业规模在不断扩大的同时，产业结构亦在逐步优化。

表 4-2　2013~2022 年郑州航空港产业结构变化　　单位：亿元，%

产业 ＼ 年份	2013		2016		2019		2022	
	产值	比重	产值	比重	产值	比重	产值	比重
第一产业	16.02	4.80	12.20	1.94	9.04	0.94	13.19	1.09
第二产业	277.47	83.12	475.29	75.61	682.15	70.81	907.63	75.13
第三产业	40.33	12.08	141.15	22.45	272.16	28.25	287.19	23.77

资料来源：《河南统计年鉴》（2014~2023）。

（2）对外联系强度显著增加。随着政策环境及配套基础设施的完善，郑州航空港经济综合实验区对外联系强度亦逐步增加，进出口贸易额、招商引资能力大幅提升。2013 年，航空港区的进出口总值为 348.75 亿美元，同比增长 15.2%，2021 年，进出口总值增至 724.66 亿美元，年均增长率为 9.57%；外商实际投资额由 2013 年的 4.20 亿美元增至 2021 年的 6.66 亿美元，年均增长率为 5.93%；2013~2021 年，航空港区与我国其他省份的经济往来日益密切，省外投资额显著增加，2013 年，航空港区引进省外境内资金 29.67 亿元，2021 年，该值增至 49.60 亿元，年均增长率达 6.63%。如表 4-3 所示。

表 4-3　郑州航空港对外联系强度

指标 ＼ 年份	2013		2016		2019		2021	
	数值	增长率（%）	数值	增长率（%）	数值	增长率（%）	数值	增长率（%）
进出口总值（亿美元）	348.75	15.2	461.94	-4.4	506.10	-3.97	724.66	17.96
外商实际投资额（亿美元）	4.20	58.2	5.34	5.7	5.84	3.1	6.66	8.6
引进省外境内资金（亿元）	29.67	55.7	39.80	7.6	46.60	3.3	49.60	3.1

资料来源：《河南统计年鉴》（2014~2022）。

（3）服务能力不断提高。基于"国际航空物流中心、中国内陆地区对外开放重要门户、现代航空都市"的战略定位，郑州航空港发挥了巨大的服务功能，其客运、货运能力也在全国空运体系中占据重要地位。2013 年，郑州航空港民航旅客吞吐量为 1314.00 万人次，同比增长 12.6%，2019 年，民航旅客吞吐量达到 2912.93 万人次，年均增长率为 14.19%，客运能力显著增强，之后受疫情影响，2022 年民航旅客吞吐量仅有 922.17 万人次；同时，郑州航空港在货运方面所发挥的作用亦逐渐凸显，民航货邮吞吐量由 2013 年的 25.57 万吨增至 2022 年的 62.47 万吨，年均增长率达到 10.43%；航空运输飞行架次由 2013 年的 12.78 万架次增加至 2019 年的 21.57 万架次，年均增长率为 9.12%，之后下降至 2022 年的 9.36 万架次。可以看出，航空港的客运及货运能力有较大幅度的提升，正朝着国际航空物流中心的目标迈进。如表 4-4 所示。

表 4-4　郑州航空港服务能力

年份 指标	2013		2016		2019		2022	
	数值	增长率 （%）	数值	增长率 （%）	数值	增长率 （%）	数值	增长率 （%）
民航旅客吞吐量（万人次）	1314.00	12.6	2076.32	20.0	2912.93	6.6	922.17	51.3
民航货邮吞吐量（万吨）	25.57	69.1	45.67	13.2	52.20	1.4	62.47	11.4
航空运输飞行架次（万架次）	12.78	17.0	17.75	15.3	21.57	3.3	9.36	41.7

资料来源：《河南统计年鉴》（2014~2023）。

二、中国（郑州）跨境电子商务综合试验区

跨境电子商务跨越时空局限，具有开放性、全球性、成本低、高效率等特点，已成为当前国际贸易最具竞争力的新业态。中国跨境电子商务综合试验区是中国设立的具有跨境电子商务综合性质的先行先试的城市区域，旨在跨境电子商务交易、支付、物流、通关、退税、结汇等环节的技术标准、业务流程、监管模式和信息化建设等方面先行先试，通过制度创新、管理创新、服务创新和协同发展，破解跨境电子商务发展中的深层次矛盾和体制性难题，打造跨境电子商务完整的产业链和生态链，逐步形成一套适应和引领全球跨境电子商务发展的管理制度和规则，为推动中国跨境电子商务健康发展提供可复制、可推广的经验[①]。当前，全国已设立广州、深圳、杭州、宁波、上海、苏州、青岛、沈阳、重庆、成都、合肥、天津、郑州 13 个跨境电子商务综合试验区。中国（郑州）跨境电子商务综合试验区于 2016 年 1 月正式获批，这对于促进河南省企业和外贸转型升级、推动大众创业和万众创新、打造新的经济增长点、跨越和突破国外贸易壁垒、融入"一带一路"倡议等方面具有重大意义。

1. 发展历程

2012 年 5 月，国家发展改革委在全国 23 个电子商务示范城市中，选择了 5

---

① 河南省人民政府. 中国（郑州）跨境电商综合试验区建设方案公布［EB/OL］. https：//www. henan. gov. cn/2016/05-12/361179. html.

个城市开展试点，郑州市是全国唯一的综合性跨境贸易电子商务试点城市；2015 年 7 月，河南省积极申建中国（郑州）跨境电子商务综合试验区，起草了申建总体方案；2016 年 1 月 6 日，国务院常务会议决定，在郑州等 12 个城市新设一批跨境电子商务综合试验区，用新模式为外贸发展提供新支撑；2016 年 5 月 3 日，河南省政府印发《中国（郑州）跨境电子商务综合试验区建设实施方案》，标志着郑州跨境电子商务综合试验区建设工作全面启动；2022 年 3 月 28 日，商务部发布"2021 年跨境电子商务综合试验区评估"结果，该区综合排名处于第一档，成效明显。

2. 功能定位

中国（郑州）跨境电子商务综合试验区的功能定位为进出口商品集疏交易示范区、对外贸易转型升级试验区、监管服务模式创新探索区和内外贸融合发展实验区。

（1）进出口商品集疏交易示范区。充分发挥河南省区位优势和铁路、公路、航空综合立体交通运输物流网络优势，打造国内外干线集运、专线服务和终端派送的物流服务模式，通过多式联运，加快形成进出口商品集疏交易中心，带动人流、物流、信息流、资金流集聚流转。

（2）对外贸易转型升级试验区。探索"互联网+外贸"新模式，引导传统外贸和制造企业上线，促进产业转型升级，推动出口商品质量提升，扩大自主品牌商品出口，培育和增强河南省外贸竞争新优势。研究对外贸易新规则，探索互联网经济下服务贸易、加工贸易发展新模式，促进传统贸易电商化，为外贸转型升级提供新路径、新动力，不断提升参与国际分工的层次和水平。

（3）监管服务模式创新探索区。大胆简政放权，加强事中事后监管，建设功能齐全、统一规范的跨境电子商务"单一窗口"综合服务平台，实现信息互联互换、监管互认和执法互助。探索建立商品质量安全体系和市场主体失信惩戒机制。在有效监管的同时，不断提高贸易便利化程度。

（4）内外贸融合发展实验区。统筹"两个市场"深度融合、促进"两种资源"自由流动，带动商贸流通、国际物流、国际金融、展览展示等模式创新，促进各类市场主体共同参与、进出口平衡发展、内外贸有效互补，构建统一开放、竞争有序的大市场。

3. 实施范围

按照"立足郑州、梯次推进、带动全省"的总体要求，郑州跨境电子商务综合试验区分三个阶段实施：第一阶段为在跨境电商综合试验区"单一窗口"综合服务平台登记备案的，在郑州市开展业务的各类市场主体；第二阶段拓展到在"单一窗口"综合服务平台登记备案的，在洛阳市、开封市、南阳市、焦作市、三门峡市、信阳市、新乡市开展业务的各类市场主体；第三阶段拓展到在"单一窗口"综合服务平台登记备案的，在全省其他地方开展业务的各类市场主体。

4. 发展目标

加快构建信息支撑、物流带动、线上线下融合、多部门协调联动、通关一体的跨境电子商务新型监管服务模式，促进专业跨境电子商务服务企业、外贸企业、工业企业、中小网商积极参与，第三方跨境电子商务平台和自建平台相互补充，B2B、B2C、O2O（线上线下）等多种业务模式共同推进，扩出口促转型，扩进口促消费。"十四五"时期，河南省将进一步加强开放合作，服务贸易创新发展试点实现新突破，开放准入有序扩大，并继续高标准建设中国（郑州）跨境电子商务综合试验区。加快吸引跨境电商产业链上下游企业在河南省集聚，大力推进跨境电商业态创新、模式创新、监管创新，高水平建设E贸易核心功能集聚区，打造全国跨境电商中心与多元化贸易中心。到2025年，跨境电子商务交易额达到230亿美元。"网购保税1210服务模式"向全国推广、向海外反向复制，业务覆盖196个国家和地区。

5. 主要任务

加快推进跨境电商综合试验区建设，结合河南省的实际情况，着力构建三个平台（"单一窗口"综合服务平台、"综合园区"发展平台、人才培养和企业孵化平台）和七个体系（跨境电子商务信息共享体系、跨境电子商务金融服务体系、跨境电子商务智能物流体系、跨境电子商务信用管理体系、跨境电子商务质量安全体系、跨境电子商务统计监测体系、跨境电子商务风险防控体系）。

6. 发展现状

2016年，河南省电子商务交易额突破1万亿元，达到10033亿元，增长了30%[①]，其中，跨境电商交易额达到767.5亿元，郑州市海关验放跨境电商B2C进出口5741万票，全省快递包裹出口1656万个[②]。至2022年，河南省商品、服务类电子商务交易额为12122.45亿元，居全国第十一位，比上年同期增长3.5%。其中，跨境电商进出口交易额2209.2亿元（含快递包裹），同比增长9.5%。其中，出口1700.6亿元，同比增长15.3%，进口508.6亿元，同比下降6.3%[③]。跨境电商的蓬勃发展，促进了全省外贸转型升级，带动了出口产业集

① 新华网.2016年河南省电子商务交易额突破万亿元［EB/OL］.http：//www.ha.xinhuanet.com/news/20170414/3696105_c.html.

② 大河报.河南跨境电商产业领跑全国［EB/OL］.http：//newpaper.dahe.cn/dhb/html/2017-07/29/content_171292.htm

③ 河南省人民政府.2022年河南电子商务稳定增长［EB/OL］.https：//www.henan.gov.cn/2023/02-15/2689574.html.

群发展，拉动了航空经济和物流快递"质量"双向提速。

三、郑洛新国家自主创新示范区

建设国家自主创新示范区，是新时期党中央、国务院加快创新型国家建设、实施创新驱动发展战略的重要举措。郑洛新（郑州、洛阳、新乡三市的简称）国家自主创新示范区是 2016 年 4 月被国务院批准，依托郑州、洛阳、新乡 3 个国家高新区，举河南全省之力将其建设成为具有较强辐射能力和核心竞争力的创新高地。建设郑洛新国家自主创新示范区，是河南省加快实施创新驱动发展战略的重要抓手，对于引领支撑河南省创新发展、促进经济转型升级、加快中原崛起、河南振兴、富民强省具有重大意义。

1. 发展基础

郑州市、洛阳市、新乡市是河南省创新资源最集中、创新体系最完备、创新活动最丰富、创新成果最显著的区域。从经济发展水平（见表 4-5）看，郑州市、洛阳市、新乡市在河南省居于核心地位，2022 年，三市的 GDP 总量占全省的 35.98%，工业增加值、规模以上工业企业主营业务收入分别占到 34.01%、44.47%。科技创新方面，郑州市、洛阳市、新乡市的优势更为突出，其中，三市的研发经费内部支出总额达到 601.68 亿元，占全省总量的一半以上；研发人员总数为 197070 人，所占比重为 52.66%；技术市场成交额 676.88 亿元，占比达到 66.02%；有效发明专利和授权总量分别为 67164 件、135990 件，分别占到全省的 68.38% 和 57.80%；可以看出，该地区具有突出的经济与科技发展基础。

表 4-5 2022 年郑洛新经济及科技发展状况

	主要指标	郑州市	洛阳市	新乡市	占全省比重（%）
经济发展指标	GDP（亿元）	12934.69	5675.19	3463.98	35.98
	工业增加值（亿元）	3533	1978.3	1150.19	34.01
	规模以上工业企业主营业务收入（亿元）	13099.7	4964.18	3026.09	44.47
科技创新指标	研发经费内部支出额（亿元）	344.72	168.09	88.87	52.63
	研发人员数（人）	124163	44647	28260	52.66
	技术市场成交额（亿元）	509.28	113.89	53.71	66.02
	有效发明专利数（件）	30704	10668	4554	68.38
	专利授权数（件）	52031	14120	12452	57.80

2. 战略定位

郑洛新国家自主创新示范区是河南省创新驱动发展的核心载体，总体定位为具有国际竞争力的中原创新创业中心，具体定位为开放创新先导区、技术转移集聚区、转型升级引领区、创新创业生态区①。

（1）开放创新先导区。积极推进开放式创新，坚持"引进来"与"走出去"相结合，拓展创新合作的深度和广度，发挥后发优势，为中西部科教资源相对短缺的地区探索依靠开放合作促进创新驱动发展做出示范。

（2）技术转移集聚区。建立健全技术转移转化体系，充分发挥郑洛新地区的区位和交通枢纽优势，促进创新要素合理流动，形成以国家技术转移郑州中心为枢纽的跨区域、跨领域、跨机构的技术流通新格局。

（3）转型升级引领区。促进高端要素集聚，大力培育具有比较优势的战略性新兴产业，利用高新技术改造提升传统优势产业，加快发展现代服务业，加快形成三次产业协调、创新驱动主导、绿色低碳发展的新格局。

（4）创新创业生态区。完善技术创新服务体系，加快建设科技企业孵化器、众创空间等各类创新创业载体，大力发展科技金融，努力打造创新要素集聚、创业载体丰富、创业服务专业、创新资源开放的创新创业生态体系，不断壮大科技型中小企业群体。

3. 空间布局与功能布局

（1）空间布局。按照"三市三区多园"的架构，加快形成创新一体化发展格局。"三市"即以郑州、洛阳、新乡三市作为示范区建设主体（见图4-8）。"三区"即以郑州国家高新区、洛阳国家高新区、新乡国家高新区作为核心区，充分预留发展空间，发挥核心区的辐射带动作用。"多园"即在郑洛新三市内规划建设一批园区，实现产业发展差异化、资源利用最优化和整体功能最大化。三市将核心区和辐射区纳入所在地城市总体规划。其中，郑州片区以郑州国家高新区为核心区，以郑州航空港经济综合实验区、郑东新区、金水区、郑州经开区内的重点园区为辐射区；洛阳片区以洛阳国家高新区为核心区，以先进制造产业园区、洛龙科技园区和伊滨科技园区为辐射区；新乡片区，以新乡国家高新区为核心区，以平原示范区、新乡国家化学与物理电源产业园区、大学科教园、新东产业集聚区为辐射区。

（2）功能布局。示范区的核心区即高新区突出"高"和"新"，充分发挥引领、辐射、带动作用，辐射区突出"专"和"精"，发展特色产业。致力于形成示范区优势互补、错位发展、特色明显的产业格局，开创各有侧重、各具特色、协同发展的创新新局面，从而全面提升区域创新体系整体效能。其中，郑州片区重点发展智能终端、盾构装备、超硬材料、新能源汽车、非开挖技术、智能仪表与控制系统、可见光通信、信息安全、物联网、北斗导航与遥感等产

---

① 河南政府网. 中共河南省委　河南省人民政府关于印发《郑洛新国家自主创新示范区建设实施方案》的通知［EB/OL］. https：//www. henan. gov. cn/zt/system/2016/06/24/010650851. shtml.

业，打造国内具有重要影响力的高端装备制造产业集群和新一代信息技术产业集群；洛阳片区重点发展工业机器人、智能成套装备、高端金属材料、新型绿色耐火材料等产业，打造国内具有重要影响力的智能装备研发生产基地和新材料创新基地；新乡片区，重点发展新能源动力电池及材料、生物制药、生化制品等，打造新能源动力电池及材料创新中心和生物医药产业集群。

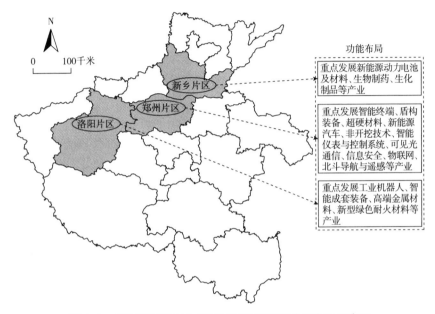

图 4-8 郑洛新国家自主创新示范区空间及功能布局示意图

4. 发展目标

通过开放带动、深化改革、政策引导和协同创新，广泛汇聚国内外创新资源，不断激发创新的活力和动力，把示范区建设成为在全国有影响力的创新高地，加快构建中心带动、周边协同的引领、支撑全省创新发展的新局面，为建设创新型河南省提供强力支撑。"十四五"时期，河南省将继续发挥郑洛新国家自主创新示范区的创新引领示范作用和先行先试的优势，持续开展改革创新和政策探索，建设产业共性关键技术创新和转化平台，强化产业共性技术支撑，培育壮大创新型产业集群。区内集聚创新引领型企业、人才、平台、机构总数均占全省的50%以上，创新能力持续增强。

四、中国（河南）自由贸易试验区

自由经济区作为经济全球化和区域经济一体化的产物，近年来已成为促进各国尤其是发展中国家经济发展的增长极、城市化的驱动力以及制度创新的重要平台。贸易型自由经济区如自由贸易区的建设对于我国应对全球化与世界贸易格局的新挑战、增强深化改革开放新动力、实施国家"一带一路"倡议显得尤为重要[6]。2013年9月，国务院批复成立我国首个自由贸易试验区——中国（上海）自由贸易试验区，此后，广东省、天津市、福建省自由贸易试验区相继获批。2016年8月31日，国务院决定设立中国（河南）自由贸易试验区，2017年3月31日，国务院发布《国务院关于印发中国（河南）自由贸易试验区总体方案的通知（国发〔2017〕17号）》和《中国（河南）自由贸易试验区总体方案》①，标志着中国（河南）自由贸易试验区正式获国务院批复成立。随着《中国（河南）自由贸易试验区"十四五"发展规划》（豫自贸办〔2021〕8号）②和《中国（河南）自由贸易试验区2.0版建设实施方案》（豫政〔2023〕12号）③的印发，河南省迎来了新的重大发展机遇。

1. 实施范围

中国（河南）自贸试验区的实施范围为119.77平方千米，涵盖三个片区（见图4-9）：郑州片区73.17平方千米（含河南郑州出口加工区A区0.89平方千米、

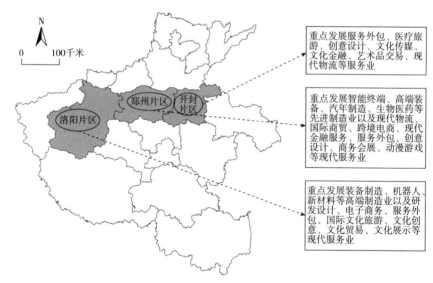

图4-9 中国（河南）自贸试验区实施范围与功能布局

① 国务院. 关于印发中国（河南）自由贸易试验区总体方案的通知［EB/OL］. http：//www. gov. cn/zhengce/content/2017-03/31/content_5182296. htm.

② 河南省商务厅. 关于印发《中国（河南）自由贸易试验区"十四五"发展规划的通知［EB/OL］. https：//hnsswt. henan. gov. cn/2022/01-29/2392588. html.

③ 河南省人民政府. 关于印发中国（河南）自由贸易试验区2.0版建设实施方案的通知［EB/OL］. https：//www. henan. gov. cn/2023/03-02/2699709. html.

河南省保税物流中心0.41平方千米），开封片区19.94平方千米，洛阳片区26.66平方千米。

2. 功能布局

郑州片区重点发展智能终端、高端装备、汽车制造、生物医药等先进制造业以及现代物流、国际商贸、跨境电商、现代金融服务、服务外包、创意设计、商务会展、动漫游戏等现代服务业，在促进交通物流融合发展和投资贸易便利化方面推进体制机制创新，打造多式联运国际性物流中心，发挥服务"一带一路"建设的现代综合交通枢纽作用。开封片区重点发展服务外包、医疗旅游、创意设计、文化传媒、文化金融、艺术品交易、现代物流等服务业，提升装备制造、农副产品加工国际合作及贸易能力，构建国际文化贸易和人文旅游合作平台，打造服务贸易创新发展区和文创产业对外开放先行区，促进国际文化旅游融合发展。洛阳片区重点发展装备制造、机器人、新材料等高端制造业以及研发设计、电子商务、服务外包、国际文化旅游、文化创意、文化贸易、文化展示等现代服务业，提升装备制造业转型升级能力和国际产能合作能力，打造国际智能制造合作示范区，推进华夏历史文明传承创新区建设。如图4-9所示。

3. 发展定位

围绕"两体系、一枢纽"战略定位，全力打造国内国际双循环战略重要支点，建设制度型开放先导区、高能级枢纽经济先行区、现代产业高质量发展示范区、营商环境国际化引领区，高水平建设河南自贸试验区2.0版。

制度型开放先导区。对标高标准国际经贸规则和国际公认富有竞争力的自由贸易园区，加大压力测试力度，推进规则、规制、管理、标准等制度型开放，在更大范围、更宽领域、更深层次深化改革扩大开放，基本形成以投资贸易自由化便利化为核心的制度型开放政策体系。

高能级枢纽经济先行区。以空中、陆上、网上、海上四条丝绸之路建设为支撑，打造连通境内外、辐射东中西的国际物流通道枢纽，促进人流、商流、物流、资金流、信息流"五流"融合，把"流量"变"留量"，推动交通区位优势向枢纽经济优势转变。

现代产业高质量发展示范区。坚持绿色低碳循环发展，完善制度创新与产业发展协同机制，推动产业链、创新链、供应链、价值链和制度链深度耦合，推进战略性新兴产业加快发展，先进制造业提质增量，服务业国际化创新，数字经济形成优势，前瞻布局未来产业，构筑具有国际竞争力的开放型现代产业体系。

营商环境国际化引领区。主动适应国际国内形势变化，精准聚焦市场主体需求，加快转变政府职能，持续深化"放管服效"改革，优化法治环境，营造公平公正透明的市场环境，提升政府服务和管理水平，市场化、法治化、国际化营商环境达到国际前沿水平。

4. 发展现状

中国（河南）自由贸易试验区自 2017 年挂牌以来，深入贯彻落实习近平总书记关于自贸试验区建设的重要指示批示精神，以制度创新为核心，大胆试、大胆闯、自主改，各项工作取得显著成效，较好发挥了改革开放试验田作用。

制度创新取得丰硕成果。国务院批复的总体方案 160 项改革试点任务基本完成，累计形成 416 项改革创新成果。

枢纽通道优势更加凸显。郑州机场利用第五航权新增 9 条国际货运航线，连续四年实现客货运吞吐量中部地区"双第一"，2020 年货运吞吐量为 63.9 万吨，居全国第 6 位，跻身全球 50 强。中欧班列（郑州）打造"数字班列""冷链班列""运贸一体"特色品牌，综合指标居全国第一方阵，2020 年开行 1126 班，增长 13%，货值 43.11 亿美元，增长 27%。郑州国际陆港获批"郑州港"国际代码，合作港口增加到 5 个，2020 年海铁联运班列完成 1.51 万标箱。

产业聚集效应逐步显现。截至 2020 年底，河南自贸试验区累计入驻企业 9 万家，注册资本 1.1 万亿元。郑州、开封、洛阳片区入驻企业数分别是成立前的 3 倍、33 倍、3.6 倍。设立外商投资企业 394 家，累计实际利用外资 40.57 亿美元，累计货物进出口 910.6 亿元。

营商环境持续优化。承接省级下放 455 项经济社会管理权限，实施 526 项"证照分离"改革全覆盖审批事项，事中事后监管体系日趋完善。

5. 发展目标

到 2025 年，基本形成以投资贸易自由化便利化为核心的制度型开放体系，营商环境达到国内一流水平，功能布局更加优化，主导产业、新业态新模式和外向型经济快速增长，服务共建"一带一路"的现代综合交通枢纽地位进一步增强，成为畅通国内国际双循环、联通国内国际市场的重要节点和核心枢纽，建成多式联运国际性物流中心、国际文化贸易和人文旅游合作平台、国际智能制造合作示范区，形成新时代制度型开放高地。

展望 2035 年，形成更加成熟的制度型开放体系，深度融入全球经济，全域联动效应明显，建成投资贸易自由、高端产业集聚、交通物流通达、监管高效便捷、辐射带动作用突出的高水平自由贸易园区。

五、国家大数据河南省综合试验区

大数据作为互联网、物联网、移动计算、云计算之后 IT 产业又一次颠覆性的技术变革，正在重新定义社会管理与国家战略决策、企业管理决策、组织业务流程、个人决策的过程和方式，且已经在政府公共管理、医疗服务、零售业、制造业以及涉及个人的位置服务等领域得到了广泛应用，并产生了巨大的社会价值和产业空间[7]。在此背景下，我国把大数据上升为国家战略，2016年2月，国家发展改革委、工业和信息化部、中央网信办同意贵州省建设国家大数据（贵州）综合试验区，这也是我国首个国家级大数据综合试验区。2016年10月，同意在京津冀、河南、内蒙古、沈阳、上海、重庆、珠江三角洲七个区域推进国家大数据综合试验区建设。目前，内蒙古综合试验区、沈阳综合试验区、京津冀综合试验区、河南综合试验区、重庆综合试验区、上海综合试验区、贵州综合试验区、珠江三角洲综合试验区这八个区域正积极推进国家大数据综合试验区建设工作。2017年6月，河南省出台《关于加快推进国家大数据综合试验区建设的若干意见》，提出河南省要打造全国一流的大数据产业中心、数据应用先导区、创新创业集聚区、制度创新先行区，建成引领中部、特色鲜明的国家大数据综合试验区①。

1. 发展布局

国家大数据河南省综合试验区以郑州大都市区为核心、洛阳中原城市群副中心城市为重要支撑、省辖市中心城市为主要节点、各类大数据产业园区为支撑的空间格局。

打造郑州大都市区核心发展区。重点布局建设区域性大型数据中心，积极争取国家部委和互联网、金融等大型企业全国性或区域性数据中心布局建设，成为国家中部数据汇聚交互基地和服务全省乃至全国的大数据中心。依托郑州市和开封市、许昌市、新乡市、焦作市中心城区，大力推进大数据创新创业，吸引骨干企业、科研院所建设大数据创新平台，布局建设郑东新区龙子湖智慧岛和一批高水平大数据产业园区，形成产业带，成为大数据高端人才集聚地、大数据创新应用中心和大数据产业发展高地，形成引领试验区加快发展的核心增长极。

建设中心城市重要发展节点。推动洛阳布局建设数据中心、大数据研发应用中心和大数据产业园区，成为支撑试验区发展的重要增长极。各省辖市重点布局建设市级大数据服务平台，汇聚市级、县（市、区）、乡镇数据资源，实现与省级平台互联互通，成为全省重要的数据汇聚节点。重点突出地方优势和特色，开展大数据创新应用。在中心城区、城乡一体化示范区、产业集聚区、服务业集聚区布局建设以大数据创新应用、数据加工和服务为主要业态的大数据产业园，推动上下游企业集聚发展，成为大数据产业发展集聚地，形成中心城市各具特色、错位发展、优势互补的发展格局。

---

① 河南省人民政府. 关于印发河南省推进国家大数据综合试验区建设实施方案的通知［EB/OL］.
https://www.henan.gov.cn/2017/04-25/239713.html.

2. 发展目标

"十四五"时期,河南省将形成以郑东新区龙子湖智慧岛为核心区、省辖市和济源示范区 18 个大数据产业园区为主要节点的"1+18"发展格局。形成涵盖数据工厂、数据加工、数据技术、数据确权、数据定价、数据创业"六数"数据交易生态。支持郑州、洛阳等数据要素活跃地方探索建设数据要素交易流通市场,支持新乡、濮阳等地联合国内成熟大数据交易机构开展数据交易,引导数据要素交易生态加速汇集,形成基础夯实、布局合理、特色鲜明、协同高效的数据交易生态圈。

3. 重点任务

国家大数据河南省综合试验区要着重推进大数据制度创新、推进数据资源共享开放、推进大数据创新应用、推进大数据产业集聚发展、探索推动大数据要素流通、推进数据中心整合利用、推进大数据交流合作、推进信息基础设施建设,促进产业转型升级,培育壮大发展新动能,为国家大数据战略实施探索路径、积累经验、提供示范。

参考文献

[1] 邓力群,等. 当代中国的河南(上)[M]. 北京:中国社会科学出版社,1990.

[2] 李晓江. 航空港地区经济发展特征[J]. 国外城市规划,2001(2):35-37.

[3] 王晓川. 国际航空港近邻区域发展分析与借鉴[J]. 城市规划汇刊,2003(3):65-67.

[4] 赵文. 临空经济与区域经济发展的耦合作用机理——以首都第二国际机场兴建为例[J]. 经济社会体制比较,2011(6):120-125.

[5] 王勇,刘毅. 都市航空港区域经济效应分析——基于中国 10 个城市空港面板模型实证[J]. 经济问题,2011(6):127-129.

[6] 孟广文,王洪玲,杨爽. 天津自由贸易试验区发展演化动力机制[J]. 地理学报,2015,70(10):1552-1565.

[7] 徐宗本,冯芷艳,郭迅华,等. 大数据驱动的管理与决策前沿课题[J]. 管理世界,2014(11):158-163.

第五章 产业发展与布局

河南省经过改革开放 40 多年的发展，经济增长取得了巨大成就，三次产业均取得了长足进步，产业布局更加合理。尤其是河南省产业边界逐渐被打破，优势产业更趋明显，产业间分工日益细化，产业融合互动日益加强，各具特色的以产业集聚区为核心的产业集群体系基本建成。

第一节 农业发展与布局

一、农业发展概况

1. 综合生产能力稳步提升，农业发展位居全国前列

河南省是农业大省，以全国 1/16 的耕地，生产出了占全国 1/10 的粮食、1/4 的小麦，在全国农产品供给和保障粮食安全方面起着重要作用。河南省农业发展涉及农、林、牧、渔等各个行业，1991~2022 年，河南省农林牧渔业总产值占全国比重的平均值为 7.34%，在全国省份中的排名由 1991 年的第五升至1999 年的第二，自 1999 年至今，一直保持第二。其中，种植业占全国比重的平均值为 8.32%，排名由 1996 年起一直保持第二，在 2017 年超过山东省此后一直位居第一；林业占全国比重的平均值为 4.64%，排名自 1998 年列前六名，2010年后排名有所下降，列第十位之后；畜牧业占全国比重先上升后下降，由 1991年的 5.70% 升至 2006 年的 9.52%，后下降至 2022 年的 6.97%，1996 年起在全国各省份中的排名维持在第一至第三位次；河南省渔业相比其他产业而言所占比重较少，平均为 0.87%。

2. 种植业与牧业在河南省农业发展中占据主导地位

河南省以种植业为主、牧业为辅，林业和渔业占比较少，农林牧渔各产业占比基本呈稳定状态。从河南省农业内部构成（见图 5-1）来看，种植业占据一半以上，牧业高于 20%，林业与渔业比重较低，均低于 5%。种植业从整体来

看，1991~2003年比重有缓慢下降的趋势，自2003年降低到51.88%之后，一直维持在60%上下浮动。由于市场需求的转变，粮食的生产逐步趋于饱和状态，传统的种植业生产方式逐步改变，更多农业生产趋于综合经营方式；1991~2003年，畜牧业所占比重一直呈现不断上升的趋势，2003年后有一定的起伏，但整体上趋于上升。在农业产业化经营方式转变、畜产品生产和加工基础良好以及政府支持力度大、市场需求足等优势的推进下，畜牧业所占比重不断提高，畜牧业的发展能够不断满足农业产业扩大规模的需求，尤其为食品加工业提供源头资源，促进了双汇、华英、众品、大用、永达等一系列知名企业的发展壮大；林业生产在河南省所占比重不大，而且呈逐年下降趋势。河南省本身林业资源匮乏，分布不均匀，生产力低下，随着城镇化和工业化的推进，林业用地被占用现象愈发严重。另外，林业产业化水平还需进一步提高，技术含量高、产品附加值高的林产品加工业还需进一步发展；河南省渔业生产所占比重较低，渔业发展较为平稳。在河南省渔业发展过程中，要重在提高养殖技术与模式，促进产品的多样化、产品结构的优化以及质量的进一步提升。

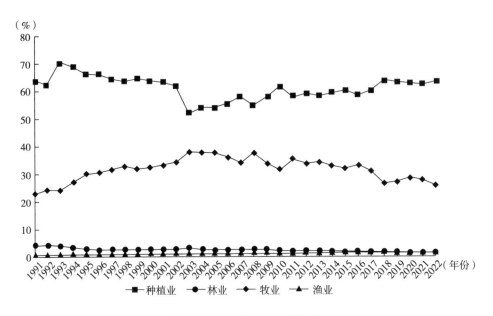

图5-1 河南省农业内部构成

资料来源：《中国统计年鉴》（1992~2023）。

二、农业空间布局及演变特征

1. 农业发展水平存在较大差异，整体表现为南高北低

河南省农业发展水平布局呈现出"南高""北低"的趋势，农业高产值区域

数量增加，并且主要位于南部地区。由于区域自然条件、生产基础、分工选择及政策支持等差异，河南省各地市的农业发展状况不尽相同。

从河南省1991年、2005年和2022年18个地市的农林牧渔业总产值的布局图（见表5-1和图5-2）来看，农业水平较高区域主要分布在河南省的西南部、南部以及东部地区，主要集中在商丘市、周口市、南阳市；农业水平较低区域主要位于河南省西北地区、北部及中部的部分地区，主要集中在三门峡市、济源市、鹤壁市。

表 5-1（a）　　1991 年河南省各市农林牧渔业总产值及其构成　　单位：亿元

项目\地市	农林牧渔业总产值	种植业	林业	牧业	渔业
郑州市	26.85	17.03	1.01	6.96	0.38
开封市	33.92	24.59	1.47	6.29	0.18
洛阳市	18.34	9.39	0.99	6.24	0.23
平顶山市	29.52	18.24	1.15	8.00	0.11
安阳市	30.75	23.02	0.80	5.84	0.02
鹤壁市	9.10	6.20	0.21	2.01	0.04
新乡市	36.62	26.62	1.35	5.49	0.14
焦作市	30.95	18.34	1.06	5.68	0.10
濮阳市	24.77	17.74	0.64	3.83	0.05
许昌市	26.55	17.80	1.00	4.96	0.06
漯河市	18.16	11.09	0.67	3.67	0.06
三门峡市	11.02	7.33	0.82	2.20	0.04
南阳市	63.55	41.38	2.00	13.75	0.51
商丘市	49.37	33.86	1.99	11.74	0.18
信阳市	31.45	14.68	1.98	11.75	1.46
周口市	55.96	38.93	2.75	11.16	0.29
驻马店市	29.39	15.26	0.76	10.76	0.37

注：济源市 1991 年为县级市，故不予统计。

资料来源：《河南统计年鉴》（1992）。

表 5-1（b）　　2005 年河南省各市农林牧渔业总产值及其构成　　单位：亿元

项目\地市	农林牧渔业总产值	种植业	林业	牧业	渔业
郑州市	126.22	63.01	2.61	53.08	5.81

续表

项目 地市	农林牧渔业总产值	种植业	林业	牧业	渔业
开封市	221.15	129.33	3.71	73.03	1.50
洛阳市	184.14	100.99	13.56	60.07	1.27
平顶山市	120.88	55.06	3.66	59.92	0.64
安阳市	152.74	104.08	4.44	42.59	0.44
鹤壁市	49.32	20.28	0.83	25.90	0.21
新乡市	152.33	78.49	3.23	67.41	2.07
焦作市	102.22	54.44	1.74	43.84	0.40
濮阳市	93.78	55.73	3.56	32.61	0.68
许昌市	174.5	—	—	—	—
漯河市	101.31	51.98	0.83	44.38	0.39
三门峡市	56.55	41.01	2.02	12.99	0.23
南阳市	475.45	264.11	14.46	177.92	5.30
商丘市	332.33	202.64	5.60	111.80	2.35
信阳市	255.42	138.61	12.96	86.17	10.49
周口市	363.2	—	—	—	—
驻马店市	297.83	151.27	4.05	135.95	3.03
济源市	16.68	7.63	1.20	7.24	0.45

资料来源：各地市 2006 年统计年鉴。

表 5-1（c）　2022 年河南省各市农林牧渔业总产值及其构成　单位：亿元

项目 地市	农林牧渔业总产值	种植业	林业	牧业	渔业
郑州市	278.78	181.54	9.10	60.68	11.87
开封市	736.30	467.66	6.57	200.22	9.48
洛阳市	496.96	305.32	17.28	116.54	5.75
平顶山市	410.03	219.75	8.80	151.86	4.57
安阳市	448.95	313.23	1.93	105.81	1.05
鹤壁市	166.43	60.41	2.58	89.94	1.56
新乡市	579.79	373.31	3.18	167.61	7.24
焦作市	278.16	171.78	2.48	66.73	0.81
濮阳市	471.46	298.72	6.08	112.00	4.49

续表

项目 地市	农林牧渔业总产值	种植业	林业	牧业	渔业
许昌市	364.17	215.98	3.04	99.10	1.66
漯河市	292.89	159.37	0.09	122.71	1.79
三门峡市	288.71	227.20	4.63	49.91	1.96
南阳市	1325.59	929.74	31.90	303.99	15.44
商丘市	1111.96	778.38	10.97	264.60	6.08
信阳市	1280.57	755.18	25.51	219.34	47.79
周口市	1261.47	829.41	5.38	325.71	6.27
驻马店市	1114.55	642.63	8.89	354.38	16.64
济源市	45.45	18.67	1.17	21.16	3.01

资料来源：《河南统计年鉴》（2023）。

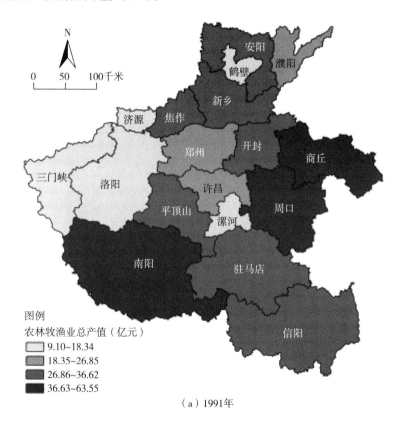

（a）1991年

图5-2 河南省农林牧渔业总产值分布

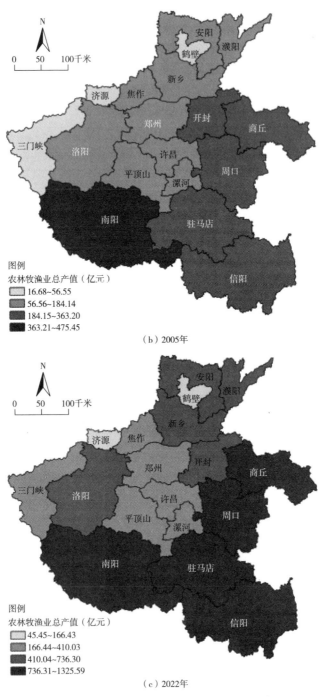

（b）2005年

（c）2022年

图5-2 河南省农林牧渔业总产值分布（续）

资料来源：《河南统计年鉴》（1992、2006、2023）。

从河南省农业分布状况变化和转移状况看，高产值水平区域数量有明显增加的趋势，除商丘市、周口市、南阳市高产值区域较为稳定外，呈现出向南部扩大延伸的趋势，截至2022年，驻马店市与信阳市农业产值明显提高，表明河南省的农林牧渔业总产值在地市尺度上是不断增加的；低产值水平区域较为稳定，主要是鹤壁市、济源市和三门峡市；中低产值水平区域呈现先扩大后减少的特征，郑州市、许昌市稳定在该水平上；农林牧渔业产值处于中高水平的区域不断缩小，平顶山市、焦作市经历了从中高产值水平区域降低到中低产值水平区域的过程，而北部的安阳市、新乡市等市农业水平经历了先减弱后恢复的过程。

从农业生产分布的区域特征看，农业水平较高的地市，农业生产基础条件良好，地域范围相对较大，农业生产的自然条件优渥。农业水平相对落后的区域，地域范围较小，农业基础条件落后，相对来说，二三产业较为发达，农业产值比重较低。河南省产业结构升级优化的过程中，应注重一二三产业的融合，促进农业产业化进程和各产业关联互动、协调发展。

2. 各市农业生产结构也是以种植业为主、牧业为辅

河南省各市农业构成与整个河南省的农业构成规律基本一样，占比较高的也是种植业和牧业。由河南省1991年、2005年、2022年18个省辖市种植业、林业、牧业、渔业的产值（见表5-1）可以看出，各市的基本农业组合规律是相同的，种植业为农业生产中最主要的行业，牧业所占比例较大，林业与渔业仅占据很少一部分。

1991~2022年，各市种植业、林业、牧业、渔业的产值都有不同程度的增长，且增幅较大。其中，牧业增长效果较为明显，其与种植业的比例差距逐渐缩小，有些地市截至2022年，牧业已占据其农业构成的主要位置，例如鹤壁市。

从农业的几个构成行业来看，种植业与牧业产值较高的省辖市基本为农业总体发展水平较高的区域，集中在南阳市、商丘市、周口市、驻马店市，林业产值较高的地市为南阳市、洛阳市和信阳市，渔业产值较为突出的地市为信阳市、郑州市和南阳市。

三、优势农产品及空间布局

河南省农业综合生产能力持续提升，粮食作物、油料作物、畜产品等农产品的区域优势显著。由河南省主要农产品的区位熵计算可知（见表5-2），从全国来看，河南省的小麦、玉米、花生、芝麻、牛肉、羊肉等农产品比较优势突出。全省粮食总产量连续跨越550亿千克、600亿千克两大台阶，2022年粮食总产量达到678.94亿千克，居全国第二位，且连续6年稳定在650亿千克以上。

2022 年，河南省粮食总产量占全国粮食产量的 9.89%，由河南省主要作物的产量在全国相应作物的产量中所占比重（见图 5-3）可知，作为河南省重要粮食作物的小麦和玉米，其产量分别占全国小麦和玉米产量的 27.68% 和 8.21%，在全国粮食供给中占有重要地位。油料、蔬菜及食用菌和水果总产量分别达到 684.03 万吨、7845.3 万吨和 2542 万吨，特别是河南省的油料作物，其产量在全国的比重达到了 18.72%，仅次于小麦。2022 年河南省肉、蛋、奶产量分别达 660 万吨、456.2 万吨、217.8 万吨，分别位居全国第三、第一、第七；猪、牛、羊、禽饲养量分别达 4260.52 万头、400.74 万头、2030.4 万只和 71090.33 万只，均位居全国前列，是全国重要的畜产品生产和加工基地。

表 5-2　1991 年、2005 年、2022 年河南省主要农产品区位熵（基于农产品产量）

主要农产品	1991 年	2005 年	2022 年	平均值
稻谷	0.19	0.21	0.23	0.21
小麦	2.34	2.79	2.80	2.65
玉米	1.24	0.98	0.83	1.02
豆类	0.98	0.36	0.38	0.58
薯类	1.23	0.70	0.40	0.78
棉花	0.17	0.12	0.00	0.10
花生	1.91	1.61	1.79	1.77
油菜籽	0.37	0.46	0.17	0.33
芝麻	3.46	2.42	2.21	2.70
猪肉	0.85	0.99	1.11	0.99
牛肉	3.11	1.60	0.72	1.81
羊肉	1.27	1.21	0.78	1.09
奶类	0.02	0.04	0.05	0.04
绵羊毛	0.02	0.03	0.01	0.02
山羊毛	0.07	0.08	0.07	0.07
羊绒	0.01	0.03	0.01	0.02
禽蛋	0.08	0.13	0.13	0.11
蜂蜜	0.07	0.09	0.10	0.09

资料来源：《中国统计年鉴》（1992、2006、2023）。

1. 粮食作物

河南省粮食作物具有明显的区域聚集性，1991~2022 年粮食作物的专业化生产格局变化情况不一。结合空间基尼系数和区位熵的变动情况（见表 5-3）可知，

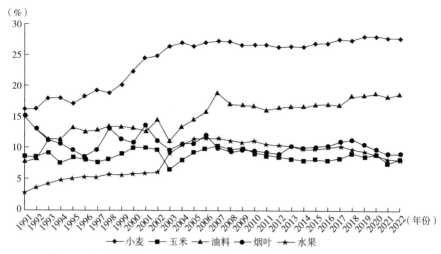

图 5-3　河南省主要作物的产量在全国相应作物的总产量中所占比重

资料来源:《中国统计年鉴》(1992~2023)。

表 5-3　1991 年、2005 年、2022 年河南省主要粮食作物的地理集聚格局变化

粮食作物	1991 年		2005 年		2022 年	
	空间基尼系数	区位熵列前三位且>1 的地市	空间基尼系数	区位熵列前三位且>1 的地市	空间基尼系数	区位熵列前三位且>1 的地市
稻谷	0.296	信阳市 南阳市 新乡市	0.595	信阳市 濮阳市 新乡市	0.667	信阳市 濮阳市 南阳市
小麦	0.002	三门峡市 周口市 开封市	0.005	开封市 周口市 商丘市	0.003	驻马店市 开封市 商丘市
玉米	0.006	焦作市 漯河市 鹤壁市	0.011	鹤壁市 郑州市 济源市	0.007	郑州市 鹤壁市 济源市
大豆	0.012	濮阳市 南阳市 平顶山市	0.185	三门峡市 周口市 许昌市	0.027	三门峡市 漯河市 许昌市

资料来源:《河南统计年鉴》(1992、2006、2023)。

水稻的优势产区一直稳定在信阳并有逐步向水分条件较好的新乡、濮阳扩展的趋势。粮食作物专业化格局变化明显:小麦有自豫东向豫南发展的趋势;大豆则不断向豫东、豫西发展,而玉米向豫中、豫北发展,玉米专业化区域向鹤壁集中。从各地市粮食种植面积以及粮食产量占全省比例（见表5-4）可以看出，周口市、驻马店市、商丘市、南阳市、信阳市5个市是河南省粮食生产水平较高的地市，其粮食种植面积比例基本居于河南省的前五位。1991年，驻马店市、南阳市与信阳市粮食产量所占比例与其种植面积比例不相符，产量未达到预期的结果。但在2005年与2016年两市粮食产量基本与其种植面积水平维持同步，该现象说明，种植大市粮食产量的稳定性越来越高，产出值能达到投入的预期值，这与农业技术的进步、种植条件的改善、品种优良化等是分不开的。

表5-4　河南省各地市粮食种植面积以及粮食产量占全省比例　　单位：%

地市	粮食种植面积比			粮食产量比		
	1991年	2005年	2022年	1991年	2005年	2022年
南阳市	12.94	11.25	12.14	8.80	10.17	10.54
驻马店市	11.57	12.18	12.10	5.46	11.60	11.96
周口市	11.04	11.03	12.78	12.27	12.05	13.73
商丘市	8.62	9.57	10.21	11.93	10.57	10.91
信阳市	7.85	8.05	7.80	5.37	9.26	8.56
新乡市	5.43	6.06	6.71	7.48	6.80	7.05
洛阳市	5.40	5.42	4.60	3.62	4.59	3.62
平顶山市	5.09	4.38	4.14	5.55	3.52	3.36
安阳市	5.04	5.14	5.21	6.46	5.54	5.59
开封市	5.00	4.67	4.89	5.54	4.43	4.62
郑州市	4.75	3.90	2.55	4.99	3.34	2.03
许昌市	3.83	4.31	4.18	5.20	5.07	4.39
濮阳市	3.68	3.88	4.00	4.77	4.42	4.45
焦作市	3.16	2.64	2.61	5.43	3.62	3.08
漯河市	2.73	2.66	2.55	3.53	2.90	2.81
三门峡市	2.20	1.63	1.52	1.37	1.08	1.09
鹤壁市	1.67	1.68	1.58	2.22	2.03	1.86
济源市	—	0.46	0.41	—	0.40	0.36

注：济源市1991年为县级市，故不予统计。

资料来源：《河南统计年鉴》（1992、2006、2023）。

粮食生产水平高的五市位于河南省的南部、东南部、东部地区，这些区域的气候条件好、地势平坦且劳动力资源丰富，这些都是农业生产得以顺利开展的有利因素。河南省是中国的"粮仓"，河南省的这些区域则是河南省的粮食保障，在河南省农业发展中担当重要职责。这些区域的经济发展水平比其他地市相对落后，但其农业重点发展区域的定位不会改变，保障农业发展的同时，促进农业的升级改造，利用现有的农业资源，促使农业产业化向二三产业积极靠拢，走特色的农业现代化道路是这些区域的最佳选择。

（1）小麦。河南省是全国小麦生产和调出第一大省。小麦作为河南省地区最适宜种植的粮食作物，其种植面积、单位面积产量、占全国小麦产量比重等指标在我国小麦主产省区都名列前茅，河南省每年向市场提供的商品小麦占全国的25%~30%。就种植面积而言，相较全国小麦种植面积的波动起伏，河南省小麦种植面积显示了较强的稳定性。2006年以来，始终维持在500万公顷以上，并呈缓慢上升趋势，2022年河南省小麦种植面积达到了568.245万公顷，约占全国小麦种植面积的24.16%，是全国小麦种植面积最大的省份。就产量而言，河南省小麦产量以及在全国的比重呈现波动上升的趋势；2008年以来，河南省小麦产量始终维持在3000万吨以上，2022年小麦产量达到了3812.71万吨；自2003年以来，河南省小麦产量在全国的比重稳定维持在25%以上，最高时为2019年，达到28.01%。通过发展农业产业化，河南省已经成为全国最大的面粉及面制品加工基地，面粉、挂面产量居全国第一位；速冻食品占国内市场总销量的60%，方便面年产量占全国的近三成。

由河南省1991~2022年粮食作物种植面积与产量数据得到的粮食种植面积柱状图与粮食产量折线图（见图5-4）可知，河南省粮食种植面积整体呈现递增的趋势，小麦增势较为平缓，2022年河南省小麦种植面积占河南省农作物总种植面积的38.47%，占粮食总种植面积的52.72%。相较于种植面积，小麦产量的增长趋势显著，平均每年增长70.58万吨，2022年河南省小麦产量占河南省粮食作物总产量的56.16%。小麦产量的增长速度大于种植面积的增长速度，这说明小麦单位面积的产量越来越高，小麦总产量受种植面积影响的程度越来越小，更多地依赖于农业科技的进步，品种的优良化，科学有效的灌溉技术与施肥、除虫害技术的推广，抗击自然灾害能力的提高等。

（2）玉米。河南省是我国主要的粮食生产大省，玉米是该省仅次于小麦的第二大粮食作物，河南省具有发展小麦和玉米生产的良好生态环境条件，冬小麦、夏玉米轮作是河南省粮食作物的主要种植方式。自1991年以来，河南省玉米种植面积在逐渐上升，到了2009年，河南省玉米种植面积突破300万公顷，2022年河南省玉米种植面积达385.75万公顷，占全国玉米种植面积的8.96%，相较于1991年增长了84.78%。河南省的玉米产量在波动中上升；2007年以来，河南省玉米产量始终维持在1500万吨以上，2022年玉米产量达到了2275.05万吨，占全省秋季作物产量的76.44%，相较于1991年增长了167.94%。河南省玉米产量占全国玉米总产量的比重在6%~10.5%波动，最高的是2007年，占比为10.39%。因此发展玉米生产对于保证河南省和我国粮食安全具有十分重要的意义。

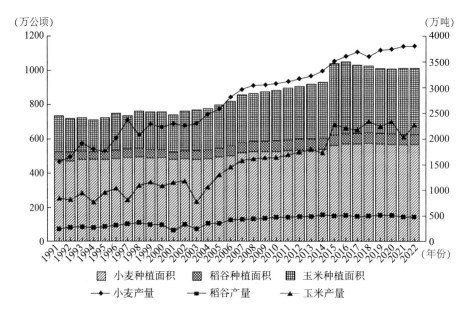

图5-4　1991~2022年河南省粮食作物种植面积与产量

资料来源：《河南统计年鉴》（1992~2023）。

由图5-4可知，河南省玉米种植面积增势明显，尤其在2000年以后，种植面积持续增加。2022年河南省玉米种植面积占河南省农作物总种植面积的26.11%，占据粮食总种植面积的35.79%。玉米的产量虽然整体呈上升趋势，但在2003年出现了明显的降低，这与1998~2003年的农业结构战略性调整有关，政府提倡减少粮食生产，增加经济作物的种植面积，该时期的粮食种植面积略有降低[1]，再加上不可控的自然灾害等因素的影响导致产量有一定的降低。2006年之后，中央提出的促进中部崛起战略中明确指出要把中部地区建成全国重要的粮食生产基地、现代农产品加工业基地，河南省农业大省的地位逐步得到巩固与提高，在政策支持下强化技术水平，推进品种优良化、生产现代化，故玉米产量持续增高。

2. 经济作物

河南省以优质花生、优质果蔬为重点，大力推进产业转型升级，特色优势逐渐形成，区域布局更趋合理。结合河南省主要经济作物的地理集聚格局变化情况（见表5-5）可知，优质花生基本形成沿黄及黄河故道大果花生区和豫南、豫西、豫西南优质小果花生区两大优势种植区。油菜主要集中在信阳市、平顶山市、驻马店市。在豫南沿淮形成了以周口市、驻马店市、南阳市为主的优质白芝麻种植区域带，占全省白芝麻种植区域的80%以上。优质蔬菜集中在40个蔬菜大县，形成豫北、豫南、豫东、豫中四大设施蔬菜生产基地及豫西山区越夏蔬菜生产基地。优质水果形成以灵宝市、三门峡市陕州区、洛宁县为中心的豫西苹果优势产区，中东部平原梨、桃传统产区，以及西峡猕猴桃、新郑大枣和内黄大枣、荥阳石榴和开封石榴、济源玉皇李、渑池仰韶杏等特色杂果生产区。食用菌形成以南阳市、洛阳市、三门峡市、驻马店市为中心的豫西、豫西南、豫南的香菇优势产区；以辉县市、清丰县为中心的平菇优势产区；以商丘市、濮阳市为中心的双孢菇优势产区。优质茶叶形成大别山区、桐柏山区及汉水流域三大茶区，其中，信阳市、南阳市和驻马店市等地茶园面积和产量占全省茶园面积和产量的98%以上。同时，优质桑柞蚕、优质棉花产业也在调整中形成具有特色的优势产区。

表 5-5　1991 年、2005 年、2022 年河南省主要经济作物的地理集聚格局变化

经济作物	1991 年		2005 年		2022 年	
	空间基尼系数	区位熵列前三位且>1 的地市	空间基尼系数	区位熵列前三位且>1 的地市	空间基尼系数	区位熵列前三位且>1 的地市
花生	0.022	开封市	0.024	驻马店市	0.060	南阳市
		濮阳市		鹤壁市		驻马店市
		鹤壁市		新乡市		鹤壁市
油菜籽	0.100	驻马店市	0.164	信阳市	0.205	信阳市
		信阳市		驻马店市		许昌市
		商丘市		平顶山市		平顶山市
棉花	0.034	周口市	0.057	周口市	0.075	洛阳市
		商丘市		商丘市		济源市
		安阳市		南阳市		鹤壁市
烟叶	0.075	三门峡市	0.076	三门峡市	0.176	三门峡市
		平顶山市		洛阳市		许昌市
		漯河市		许昌市		洛阳市
蔬菜	0.001	信阳市	0.000	平顶山市	0.000	濮阳市
		鹤壁市		漯河市		三门峡市
		焦作市		许昌市		济源市
水果	0.009	三门峡市	0.060	三门峡市	0.019	开封市
		商丘市		洛阳市		商丘市
		濮阳市		商丘市		周口市

资料来源：《河南统计年鉴》（1992、2006、2023）。

（1）油料。河南省油料作物的种植面积在 2005 年以前增势明显，平均每年

增加 4.73 万公顷，2005 年以后，油料的种植面积在 130 万～160 万公顷波动，2022 年已达 159.24 万公顷。油料作物主要包括花生、油菜籽和芝麻，其分别约占全省油料作物的 80%、15% 和 5%。从图 5-5 可知，河南省的油料作物在全国所占的比重虽有波动，但整体呈上升趋势。自 2006 年以来，始终保持在 15% 以上，最高时为 2007 年，达到了 18.84%。除个别年份外，全省的油料作物产量一直在持续增长，并在 2004 年超越其他省份，成为我国油料作物产量最高的省份。2008 年以来，河南省油料作物的产量始终维持在 500 万吨以上，2022 年达到了 684 万吨，约占全国油料作物总产量的 1/5。

（2）水果和蔬菜及食用菌。河南省经济作物种植面积整体呈现上升趋势。由图 5-5 可知，从 1991 年到 2006 年蔬菜及食用菌种植面积增加了 133.62 万公顷，平均每年增加 8.91 万公顷，增长非常迅速，2006 年后增势变缓，到 2022 年蔬菜及食用菌种植面积已达 178.25 万公顷。水果的种植面积在波动中增长，但增势较为平缓。经济作物的产量在 1991～2022 年同样呈现增长的趋势，但对比种植面积，产量的增势更明显。特别是蔬菜及食用菌的产量，从 1991 年的 884.96 万吨增加到 2022 年的 7845.30 万吨，平均每年增加 217.51 万吨，是河南省产量增长最快的作物。水果的产量以每年 41.98 万吨的速度在波动中增长。

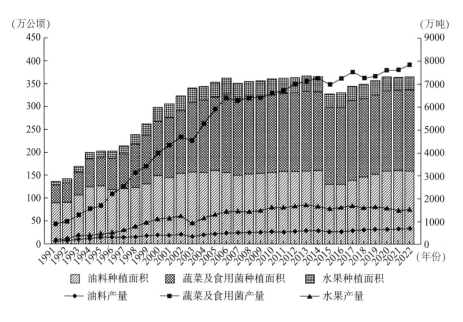

图 5-5　1991～2022 年河南省经济作物种植面积与产量

资料来源：《河南统计年鉴》（1992～2023）。

3. 畜产品

河南省是农业大省也是畜牧业大省，近年来畜牧业生产呈现良好发展态势，综合生产能力不断增强，规模化养殖发展迅速。截至 2020 年底，河南省畜禽综合规模化率达 67.3%，高出全国平均水平 2.8 个百分点；生猪规模养殖比重达到 73.4%，其中年出栏万头以上比重超过 30%；全省肉牛规模养殖比重达 29.8%，高出全国平均水平 2.4 个百分点；千头以上奶牛规模场存栏和奶产量占规模场比重均超过 50%，均超全国平均水平；蛋鸡、肉鸡规模养殖比重分别达到 68.5%、78.1%。生猪、家禽、肉牛年屠宰加工能力分别达 5200 万头、11 亿只、124 万头，乳制品年加工能力达 400 万吨，均居全国前列。

1991~2016 年河南省畜牧业地理聚集向西南部地区和东北部地区转移，逐渐形成了西南和东北分异的空间格局。通过对河南省 5 种主要畜产品的地理集聚格局变化（见表 5-6）分析可知，高度和中高度集聚区主要在西南的南阳、驻马店、洛阳、平顶山和东北的商丘、开封、新乡、濮阳等地，其余为低度和中度集聚区。从细分行业来看，肉类主要集聚在驻马店、信阳、周口、漯河等高度和中高度集聚区，其中猪肉多聚集在驻马店、漯河、许昌、周口、济源等地；牛肉多集聚在三门峡、南阳、驻马店、商丘、周口；羊肉集聚在商丘、周口、南阳、开封、濮阳等地。奶类的集聚地区最为稳定，一直都集中在洛阳、郑州和焦作等地，但逐渐向西部的洛阳集中的趋势比较明显。禽蛋在 5 种畜产品中的空间基尼系数和专业化指数较低且变化不大。

表 5-6　1991 年、2005 年、2016 年河南省 5 种畜产品的地理集聚格局变化

畜产品	1991 年		2005 年		2016 年	
	空间基尼系数	区位熵列前三位且>1 的地市	空间基尼系数	区位熵列前三位且>1 的地市	空间基尼系数	区位熵列前三位且>1 的地市
猪肉	0.002	信阳市	0.023	信阳市	0.019	驻马店市
		平顶山市		漯河市		漯河市
		许昌市		驻马店市		许昌市
牛肉	0.230	驻马店市	0.061	周口市	0.056	三门峡市
		商丘市		南阳市		南阳市
		三门峡市		商丘市		驻马店市
羊肉	0.138	商丘市	0.053	商丘市	0.041	商丘市
		濮阳市		周口市		周口市
		周口市		开封市		南阳市

续表

畜产品	1991 年		2005 年		2016 年	
	空间基尼系数	区位熵列前三位且>1 的地市	空间基尼系数	区位熵列前三位且>1 的地市	空间基尼系数	区位熵列前三位且>1 的地市
禽蛋	0.002	鹤壁市	0.017	濮阳市	0.013	安阳市
		安阳市		鹤壁市		濮阳市
		新乡市		安阳市		信阳市
奶类	0.142	郑州市	0.054	郑州市	0.032	洛阳市
		开封市		洛阳市		郑州市
		洛阳市		焦作市		焦作市

资料来源：《河南统计年鉴》（1992、2006、2017）。

四、农业生产功能区

1. 粮食生产核心区

河南省是国家重要的粮食生产基地和现代农业基地，建设河南省粮食生产核心区，是国家粮食战略工程的重要组成部分，是全面建设小康社会、奋力实现中原崛起的良好现实机遇，是稳步提高粮食生产能力、为国家粮食安全多做贡献的需要，是进一步建立粮食生产功能区和重要农产品生产保护区、稳住粮食和重要农产品供给、促进多样化生产需求、稳步推进农业结构调整的需要。推进粮食生产核心区建设，落实"藏粮于地、藏粮于技"战略，大力实施高标准粮田"百千万"建设提升工程，加强农田水利建设，提高机械化、科技化水平，突出发展优质小麦，促进粮食绿色高产高效，扛稳保障国家粮食安全的重任。

打造高标准粮田是河南省建设粮食生产核心区的重要举措。河南省从 2012 年开始高标准粮田建设工程，截止到 2022 年底，累计建成高标准粮田 8330 万亩，约占河南省耕地总面积的 73.91%。河南省计划"十四五"期间，全省新建高标准农田面积 1929 万亩，改造提升面积 1007 万亩，新增高效节水灌溉面积 1574 万亩。到 2025 年年末，全省高标准农田总面积累计达到 8759 万亩，其中高标准农田高效节水灌溉面积达到 3924 万亩，实现粮食生产功能区和重要农产品保护区高标准农田全覆盖，高标准农田率达到 78%，高效节水灌溉率达到 45%。"十五五"期间，全省新建高标准农田面积 700 万亩，改造提升面积 1679 万亩，新增高效节水灌溉面积 1500 万亩。到 2030 年年末，全省高标准农田总面积累计达到 9459 万亩，其中高标准农田高效节水灌溉面积达到 5424 万亩，高标准农田率达到84%，高效节水灌溉率达到57%。①

河南省还注重粮食生产的支撑条件的改善。依据《河南省高标准农田建设规划（2021—2030年）》，建成的高标准农田，平原区中型以上农机综合作业率达到100%，山丘区达到90%以上；农田耕作层土壤有机质含量平原区一般不低于15克/公斤、山地丘陵区一般不低于12克/公斤，土壤pH（酸碱度）值一般保持在6.0以上，盐碱区土壤pH值保持在8.5以下；灌溉保证率达到75%以上，田间工程配套率达到100%，排涝标准达到5~10年一遇，灌溉水利用率和水分产出率明显提高；农田有效防护面积比例不低于90%，农田防洪标准达到10~20年一遇。②

2. 特色农产品优势区

随着农业产业化、专业化和现代化水平的不断提高，河南省优势农产品和农业产业集群发展迅速，各市在空间上已形成了各具特色且稳定集聚的分布格局。河南省信阳市的信阳毛尖（2017年12月）、灵宝市的灵宝苹果（2017年12月）、杞县的杞县大蒜（2019年1月）、泌阳县的泌阳夏南牛（2019年1月）、平舆县的平舆白芝麻（2019年1月）、西峡县的西峡猕猴桃（2020年2月）、焦作市的怀药（2020年2月）、汝阳县的汝阳香菇（2020年12月）、卢氏县的卢氏连翘（2020年12月）、兰考县的兰考红薯（2020年12月）和宁陵县宁陵金顶谢花酥梨（2020年12月）分四批分别于2017年、2019年和2020年被认定为中国特色农产品优势区。

在此基础上，2020年河南省农业农村厅、林业局、发展改革委、财政厅、科技厅、自然资源厅、水利厅七部门，按照资源禀赋独特、产业基础扎实、产品优质安全、带动作用较好的原则，认定了33个省级特色农产品优势区。具体包括，洛阳市汝阳县的汝阳红薯、鹤壁市浚县的浚县花生、新乡市封丘县的封丘金银花、三门峡市渑池县的渑池丹参、南阳市唐河县的唐河红薯、周口市郸城县的郸城红薯、驻马店市确山县的确山红薯、驻马店市正阳县的正阳花生、洛阳市新安县的新安樱桃、洛阳市洛宁县的洛宁苹果、洛阳市偃师市的偃师葡萄、洛阳市嵩县的嵩县香菇、平顶山市鲁山县的鲁山香菇、新乡市辉县的辉县山楂、濮阳市清丰县的清丰食用菌、漯河市临颍县的临颍辣椒、三门峡市卢氏县的卢氏香菇、三门峡市陕州区的陕州苹果、南阳市西峡县的西峡香菇、南阳市桐柏县的桐柏玉叶茶、商丘市柘城县的柘城辣椒、商丘市夏邑县的夏邑西瓜、周口市扶沟县的扶沟蔬菜、驻马店市泌阳县的泌阳花菇、兰考县的兰考蜜瓜、滑县的滑县甜瓜、黄泛区农场的黄泛区黄金梨、平顶山市郏县的郏县红牛、济源示范区的济源肉兔、固始县的

①② 资料来源：河南省人民政府办公厅关于印发河南省高标准农田建设规划（2021—2030年）的通知（豫政办〔2022〕87号）［EB/OL］．河南省人民政府网，https：//www.henan.gov.cn/2022/09-16/2608420.html.

固始鸡、固始县的固始鹅、信阳市的信阳油茶和济源示范区的济源核桃。

3. 农业产业化集群

随着河南省农业一二三产业的不断融合和集群化发展，河南省农业产业化集群发展成效显著。据河南省农业农村厅的数据，河南全省农业产业化重点龙头企业共有 4186 家。其中，国家重点龙头企业 102 家；省级重点龙头企业 1067 家；其余为市、县两级。截至 2021 年底，河南全省省级以上重点龙头企业资产规模达 6186 亿元，其中资产超 10 亿元的企业 80 家，超百亿元的企业 4 家。这些企业的营业收入达 8088 亿元，流通及批发市场、肉及肉制品、面及面制品三大行业营收达 6354 亿元，占比达 78.56%[①]。全省累计创建 8 个国家级、100 个省级、206 个市级、98 个县级现代农业产业园，4 个国家级产业集群，69 个国家级农业产业强镇，4 个首批全国农业现代化示范区，打造了"双汇"全国肉制品全产业链重点链和延津优质小麦、泌阳夏南牛、信阳浉河茶叶等全产业链重点县。全省共培育农民专业合作社 19.6 万家；家庭农场 26 万家；农业专业化社会化服务组织 12.5 万家，托管服务覆盖 1575.9 万农户。2021 年全省土地流转面积达到 3799.5 万亩，占全省耕地面积的 34.4%[②]。

目前，河南省按照"基地支持、龙头带动、流通服务、特色高效"的原则，选择一批基础好、优势强、潜力大的农产品生产区，重点围绕面（米）品、肉品、乳品、果蔬、油脂、饮品、茶叶、花卉（木）、中药材、调味品等优势农产品，着力将其打造成"全链条、全循环、高质量、高效益"的现代农业产业化集群，同时做强做大一批龙头企业，以此打造一批农产品知名品牌，像白象食品、思念速冻食品、郑州博大面业等面（米）品产业化集群；雏鹰生猪、河南省广安生猪、开封禾丰肉鸡等肉品产业化集群；花花牛奶业、平顶山源源乳业、焦作蒙牛乳品等乳品产业化集群；河南省金苑粮油、河南省豫粮粮油等油脂产业化集群；栾川君山中药材产业化集群；鄢陵花艺花木产业化集群以及河南省万邦国际农产品物流产业化集群等。着力做强粮食产业集群，以产业集群为工具，将小麦等粮食产业做成特色产业，并从"小特色"到"大产业"迈进，提高粮食产业的核心竞争力。同时，完善一批农产品物流园区。以产业融合较好、产业链条较为完整的农业产业化集群为重点，推动农、牧、工、商四大业态深度融合发展，打造完整的资源循环链条，促进一二三产业融合发展。

2020 年 7 月，河南省伏牛山香菇产业集群和河南省豫西南肉牛产业集群进

---

① 资料来源：河南省级以上"农业龙头"中资产超 10 亿元有 80 家 ［EB/OL］. 人民网，http：// ha. people. com. cn/n2/2023/0314/c351638-40335130. html.

② 资料来源：非凡十年 农业发展实现新跨越——党的十八大以来河南农业发展成就 ［EB/OL］. 河南省人民政府网，https：//www. henan. gov. cn/2022/10-11/2620574. html.

入农业农村部、财政部批准建设的中国优势特色产业集群名单①。

扛稳粮食安全重任，做强小麦产业集群

推进粮食产业集群化发展，既是扛稳国家粮食安全重任的根本选择，也是推动乡村产业振兴的迫切要求。河南省是我国小麦生产第一大省，2022年播种面积为8523.68万亩，总产量高达3812.71万吨，约占全国小麦总产量的27.68%。河南省依托得天独厚的小麦种植优势，大力发展小麦产业集群，培育了延津克明面业、温县天香面业等51家省级农业产业化联合体，约占全省省级农业产业化联合体的15%。河南省培育了温县、延津县、新乡市、永城市和临颍县五个小麦产业国家现代农业产业园，约占全国小麦产业现代农业产业园的45%。临颍和温县的玉米小麦轮作是全国大田种植数字农业建设试点中唯一的小麦试点。由此可见，河南小麦在全国以及河南省的农业产业结构中都占据着重要地位。

但河南小麦产业集群在发展方面还有一些突出问题亟待破解。例如：小麦头部企业和头部产品少，品牌竞争力不强；生产标准化程度低，供需之间不平衡；中小企业发展受限，雁阵效应不明显；产业链融合和创新能力弱，产业集群发展水平低等。

为此，本书建议：①扶持头部企业绿色转型，力争进入全国绿色小麦产业集群建设行列。扶持头部企业进行绿色化和数字化协同转型；鼓励企业联合申报区域性绿色小麦品牌，可采用成立产业联盟的方式实现抱团发展，共同做好绿色有机基地建设、产品质量追溯体系建设等，以扩大河南绿色小麦在全国的影响力，共同塑造河南绿色小麦产品品牌。②精准分类分级，提高小麦种收环节标准化水平。支持河南省相关高校和科研单位牵头申请小麦现代农业全产业链标准化试点，提高河南小麦全产业链标准化水平。③坚持培育与引进并重，加速发展新型经营主体。坚持培育本土优势企业与引进外来龙头企业并重，使其"带出一串链条，形成一片产业"；促进小农户向种粮大户或加工、服务企业转变。④构建产业网络和创新体系，促进小麦产业"三链同构"。延伸产业链，促进企业向价值链高端环节升级，提升产品附加值；催生从选种、种植、仓储，到加工、流通、购销等各类企业，打造本地供应链；打通"政产学研金用"协同创新通道，利用"科研机构+企业+合作社"技术推广模式，推动科技创新和产业发展深度融合。

---

① 农业农村部财政部关于公布2020年优势特色产业集群建设名单的通知［EB/OL］．http：//www.moa.gov.cn/nybgb/2020/202006/202007/t20200708_6348297.html.

习近平总书记指出，推进农业现代化是实现高质量发展的必然要求。党的二十大报告提出，发展乡村特色产业，拓宽农民增收致富渠道。河南省应推进小麦产业从"小特色"到"大产业"迈进，空间布局由"平面分布"转型为"集群发展"，抱团发展，龙头带动，成为河南农业强省的助推剂。

五、农业生产布局优化方向

按照各地农产品发展优势和2021年发布的《河南省"十四五"乡村振兴和农业农村现代化规划》[①]，河南省正以市场需求为导向，开发农业多种功能，巩固粮食等重要农产品生产优势，加快产业转型升级，着力构建科学合理、安全高效的重要农产品供给保障体系。因地制宜优化产业布局，着力建设黄淮海平原和南阳盆地现代化粮食生产功能区，着力打造沿黄和南水北调干渠（含水源地）沿线农业生态保护和高质量发展示范带，着力提升大别山、伏牛山、太行山特色产业优势区，构建"一区两带三山"的空间发展布局。

1. 种植业

以粮食生产功能区和重要农产品生产保护区为重点，巩固和提升粮食产能，稳定粮食种植面积，优化种植结构，推动粮食产业"三链同构"。根据气候和地理环境，在豫北、豫中、豫南科学布局强筋、中筋、弱筋小麦，推进标准化、规模化生产和订单种植。筛选适宜黄淮海地区的籽粒机收玉米优良品种，推行种植籽粒机收品种—籽粒机收—机械烘干的生产方式；积极发展青贮饲料玉米、鲜食玉米，推广高赖氨酸玉米、高油玉米、高淀粉玉米等加工专用品种，在豫中南、豫西发展兼用型青贮玉米，在豫北推行优质鲜食玉米生产加工。以信阳稻区和沿黄稻区为重点，加快籼稻品种改良和再生稻选育推广，发展稻田综合种养，提升水稻质量品质和综合效益。扩大优质高蛋白食用大豆、谷子、红薯、小杂豆等种植，建设以杂粮为主导产业的特色农产品优势区；引导豫西山区丘陵旱地玉米改种大豆，推广大豆新品种新技术，发展大豆精深加工。

以花生产业为重点，兼顾油菜、芝麻产业，因地制宜发展木本油料产业，增强油料生产供应能力，加快培育精深加工业，提升产业发展质量和竞争力。以沿黄及黄河故道优质大果花生区32个县（市、区）和豫南、豫西、豫西南优

① 资料来源：河南省"十四五"乡村振兴和农业农村现代化规划（豫政〔2021〕56号）［EB/OL］. 河南省人民政府网，https://www.henan.gov.cn/2022/01-21/2386282.html.

质小果花生区 40 个县（市、区）为重点，持续打造花生优势产业集群。积极发展大豆油料产业。巩固信阳、南阳、驻马店等油菜重要农产品生产保护区，引导豫南冬闲田油菜种植，发展沿黄油菜观光带。打造豫东南、豫西南两大芝麻优势产业带，引导芝麻种植向豫西丘陵旱作地区发展。引导豫南、豫西山区大力发展油茶、核桃、油用牡丹等木本油料种植。

在稳定蔬菜种植面积的基础上，积极引导设施蔬菜发展，大力发展蔬菜产地初加工和精深加工，巩固提升河南省蔬菜产业优势，全面提高供给质量、水平。巩固提升内黄、扶沟等 40 个蔬菜大县（市、区）产业发展优势，着力培育豫东、豫北、豫南和沿黄四大设施蔬菜产区，大别山区、南阳盆地、豫东平原、豫西山区四大露地蔬菜产业带和小辣椒、大蒜两大蔬菜产业集群，打造郑州等中心城区周边工厂化蔬菜生产示范基地、城镇周边叶菜类蔬菜生产基地和种养结合生态蔬菜生产示范基地，构建"露地蔬菜、设施蔬菜、特色蔬菜"均衡发展的产业格局。

2. 畜牧业

以布局区域化、生产标准化、经营规模化、发展产业化、产品绿色化为方向，以产业转型升级为目标，构建现代畜牧业产业体系、生产体系和经营体系。持续巩固驻马店、南阳等年饲养量 400 万头以上生猪养殖大市和国家级生猪调出大县传统优势，引导新增产能重点向豫西、豫南、豫北浅山丘陵区和资源丰富、环境承载力较大的适养区域布局；积极推动生猪龙头企业"走出去"，在全国布局生猪养殖和屠宰加工基地。以南阳、三门峡等市为重点，在豫西、豫南地区建设母牛繁育基地，在平原区建设肉牛育肥基地，培育 37 个肉牛养殖大县。巩固豫东肉羊传统优势产区，积极发展"三山一滩"新兴优势区，培育 40 个肉羊养殖大县。持续推进沿黄区域绿色奶业带建设，加快培育沿黄和豫东、豫西南、豫南"一带三片"奶业产业布局，积极培育豫西、豫西南、豫北浅山丘陵区奶羊优势区。以漯河、鹤壁等市为重点，布局肉鸡蛋鸡产业；以信阳、濮阳等市为重点，布局鸭鹅水禽产业；以焦作、新乡等市为重点，布局鹌鹑和鸽业。

3. 水产业

以池塘养殖标准化建设为重点，建设一批国家级健康养殖、生态养殖示范区和集中连片标准化高产养殖池塘。以大、中型水库为重点，发展以净水、生态、休闲为主的大水面绿色渔业。以信阳、沿黄稻区为重点，在全省 22 个稻田生态宜渔区发展稻渔综合种养。对省级水产良种场进行升级改造，提高优质苗种生产能力。

第二节　工业发展与布局

一、工业发展概况

工业是国民经济提高、社会健康发展的基础保障，是国家综合实力的重要标志。打造具有国际竞争力的制造业，是提升区域综合能力的必由之路。河南省成功实现了由农业大省向新兴工业大省的历史性转变，正努力向先进制造业强省迈进。

1. 工业增加值总体平稳增长，工业占比波动增加

河南省工业发展水平不断提升，工业在河南省经济发展中发挥着重要的战略作用。先进制造业强省建设、全面推进供给侧结构性改革等一些政策措施的实施，强力推动了河南省传统产业转型升级，实现了工业经济由大到强的新飞跃，加快了河南省的工业化进程，大大提升了河南省的经济竞争力。1991~2022年，河南省工业增加值从 336. 26 亿元大幅增长到 19592. 76 亿元。2013 年以前稳定增长，但 2013~2017 年增速有所放缓，2018~2021 年基本保持在同一水平（见图 5-6）。同时，河南工业占比呈现波动变化，总体呈现增加趋势。在 2002年之前，河南省的工业占比与全国工业占比基本同步变化，但在 2002 年至 2018年期间，河南工业占比显著高于全国工业占比，尤其 2008~2012 年河南工业占比均在 50%以上，但 2013~2022 年又呈现波动下降趋势，2018~2022 年河南工业占比与全国工业占比基本持平（见图 5-6）。

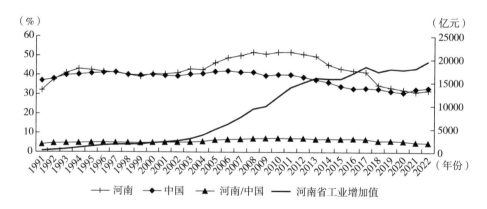

图 5-6　1991~2022 年河南省工业占比、全国工业占比及河南省工业占中国比重

资料来源：《中国统计年鉴》（1992~2023）和《河南统计年鉴》（1992~2023）。

河南省处于工业化快速发展的重要时期，从 1991 年到 2022 年，其工业占比

平均达到42.27%，比全国平均水平高出4.2个百分点。同时，河南省工业在全国的比重呈现先增后减的趋势，从1991年的4.13%上升至2022年的4.88%，整体上保持稳中向好的发展态势。这些数据表明，河南省工业发展水平在全国范围内不断提升，为全省经济实现跨越式发展奠定了坚实基础。

2. 河南省工业在全国的地位总体提升

河南省处在工业化快速发展的重要时期，工业发展水平在全国的地位不断提升。1991~2022年，河南省工业占比平均达到42.27%，高于全国平均水平4.2个百分点。同时，河南省工业占全国比重呈现先增后减但总体提高的趋势，由1991年的4.13%提升至2022年的4.88%（见图5-6）。中国制造2025年确定的10个重点领域，河南省不仅全部覆盖，而且均拥有骨干企业，河南省已经成为推动我国工业发展的中坚力量。

3. 河南省是全国重要的能源原材料基地

河南省的资源和能源比较丰富，是全国重要的能源大省，原煤、原油、发电量等均居全国前列。近年来，河南省抓住国家促进中部地区崛起的战略机遇，着力打造全国重要的能源原材料基地，煤炭生产能力不断提高，电力装机大幅增加，截止到2022年底，发电装机容量为11946.66万千瓦，同比增长7.5%，居于全国前十行列[1]；电网建设日益完善，"十三五"期间青电入豫工程建成送电，形成保障河南省电力供应的青电、疆电"双引擎"，省级500千伏"鼎"字形网架基本成形，城乡配电网供电能力实现倍增，电网发展达到中部地区领先水平；全省"两纵三横"天然气长输管网更加完善，管道天然气覆盖全部省辖市及90%以上县（市）[2]。全省清洁可再生能源一直保持持续增长，清洁可再生能源占规模以上工业发电量的比重以每年提高1%稳步推进。2018年清洁可再生能源发电量超过208亿千瓦时，到2022年该数值达到483亿千瓦时，比2018年翻了一番。全国能源基地的地位更加巩固。

二、工业空间布局与演变特征

1. 各地市工业发展差距逐渐缩小

自1991年到2022年，河南省18个地市工业基尼系数由0.359下降至0.227，基尼系数曲线呈现缓慢下降趋势（见图5-7）。因此，河南省各地市工业发展差距正在逐步缩小。1991年，排名前三位的郑州市、洛阳市与新乡市在全省工业的占

① 中国电力最新版图出炉！（内附装机10强榜单！）_全国_装机容量_组件（sohu.com）；河南2022年度发电装机及分类总体情况。https：//news.bjx.com.cn/html/20230201/1285702.shtml.

② 关于印发河南省"十四五"现代能源体系和碳达峰碳中和规划的通知（豫政〔2021〕58号）[EB/OL].https：//www.henan.gov.cn/2022/02-22/2402738.html.

比达到36.15%，排名后三位的济源市、鹤壁市、漯河市占全省工业的比重仅为5.48%；到了2022年，排名前三位的郑州市、洛阳市与许昌市占全省工业的比重为37.34%，排名后三位的济源市、濮阳市、鹤壁市占比为7.8%。可以看出，河南省工业水平高的地市所占比重与工业水平较低的地市在全省的份额之间的差距有所缩小，工业高水平地市与低水平地市间的发展差距在逐渐缩小。

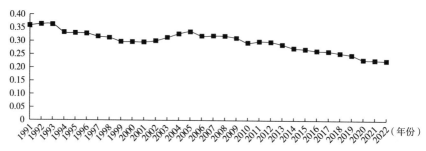

图5-7 1991~2022年河南省工业基尼系数

资料来源：《河南统计年鉴》（1992~2023）。

2. 工业发达区集中在中西部地区，欠发达区域逐渐减少

由于区域自然条件、生产基础、支持力度以及生产分工选择的差异，河南省各区域的工业发展状况不尽相同。从河南省18个地市在1991年、2005年、2022年的工业空间分布情况（见表5-7和图5-8）来看：①工业水平较高区域主要分布在河南省中部以及西部区域，重点集中在郑州市、洛阳市；②工业水平较低区域主要位于河南省东部以及北部的部分区域，长期维持较低水平的区域为济源市、鹤壁市；③从1991年、2005年和2022年三个时间点工业空间分布的变化来看，河南省各市的工业增加值不断增大。工业高水平区域相对稳定，郑州及其周围地市表现出明显的高值特征，而河南省东部原有工业低水平区域基本升高了一个档次，说明东部区域工业发展成效相对显著。

表5-7 1991年、2005年、2022年河南省各市工业增加值及空间关联度

年份 地市	工业增加值（亿元）			空间关联度		
	1991	2005	2022	1991	2005	2022
郑州市	206.38	759.73	3282.43	1.09	0.59	0.95
开封市	57.16	147.16	759.77	0.94	0.65	2.01
洛阳市	152.64	566.07	1842.09	0.17	0.2	-0.21
平顶山市	99.24	316.2	959.54	1.93	2.88	2.42
安阳市	99.05	284.08	693.38	-0.15	-0.87	-1.07
鹤壁市	20.45	103.68	506.97	-0.15	-0.87	-1.07
新乡市	114.46	233.97	1049.07	1.72	0.61	0.70

年份 地市	工业增加值（亿元）			空间关联度		
	1991	2005	2022	1991	2005	2022
焦作市	119.08	333.42	689.95	1.85	1.04	1.18
濮阳市	48.73	213.77	490.57	−0.68	−0.82	−1.23
许昌市	59.45	344.89	1637.18	0.71	0.91	1.73
漯河市	31.44	189.46	620.98	0.50	0.98	1.77
三门峡市	39.42	188.16	552.73	0.66	0.89	0.42
南阳市	88.64	468.18	982.23	0.60	1.02	−0.08
商丘市	40.09	183.19	905.77	−0.80	−1.06	−0.20
信阳市	37.71	153.24	775.61	−1.10	−0.98	−0.47
周口市	60.92	206.30	1133.83	−1.58	−1.18	−0.12
驻马店市	36.30	172.48	808.79	−1.46	−1.25	−0.57
济源市	19.97	90.06	413.92	2.28	2.13	1.84

注：空间关联度用 GiZScore 表示，高值集聚表示工业发展水平较高的集聚地区；反之，表示工业发展水平较低的集聚地区。

资料来源：《河南统计年鉴》（1992、2006、2023）。

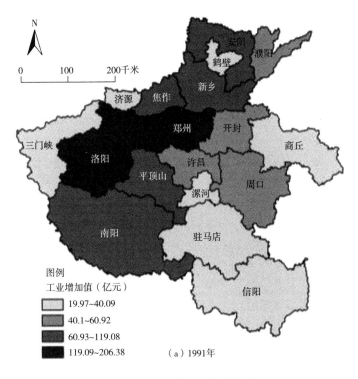

（a）1991年

图 5-8　河南省工业空间分布

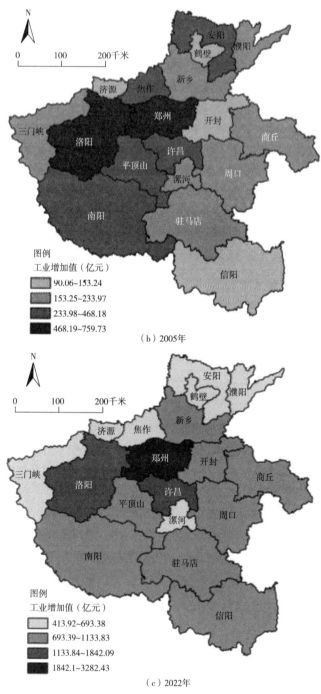

（b）2005年

（c）2022年

图5-8　河南省工业空间分布（续）

资料来源：《河南统计年鉴》（1992、2006、2023）。

3. 工业发展的集聚能力不足，各地市联动效应不明显

　　各区域工业发展程度不尽相同并且与周围地市发展相互影响，根据工业发展水平刻画河南省各地市 1991 年、2005 年、2022 年工业水平的空间关联情况（见图 5-9）可以看出：①工业发展水平较高的集聚区域较少，主要分布在河南省中部与北部的部分地区，主要有许昌、漯河、济源、平顶山等地市，这些地市与其周边地市工业的发展均处于较高水平。②工业发展水平较低的集聚区域主要集中在河南省的东部与北部的部分地区，主要分布在濮阳、商丘、周口、驻马店、信阳等地区，这些地市与其周边地市工业发展水平均处于较低水平。③从集聚区的变化情况来看，工业高水平集聚区域呈现减少趋势，济源、平顶山地区较为稳定，一直保持为工业高水平集聚区。工业低水平集聚区域呈现扩张趋势，尤其在北部地区，低水平集聚区逐渐扩大，而在东南部地区的商丘、周口、驻马店、信阳等地区历年来都较为稳定，一直处于低水平集聚区。因此，河南省高工业水平地市对其他区域的带动不足，联动效应不明显。

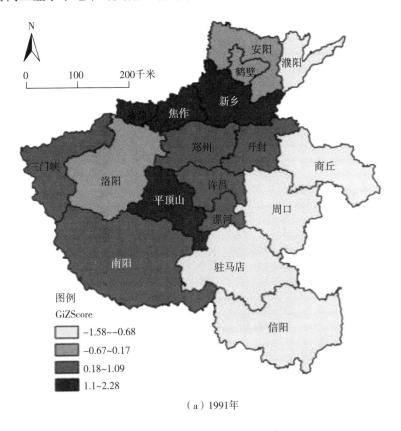

（a）1991年

图 5-9　河南省工业空间关联

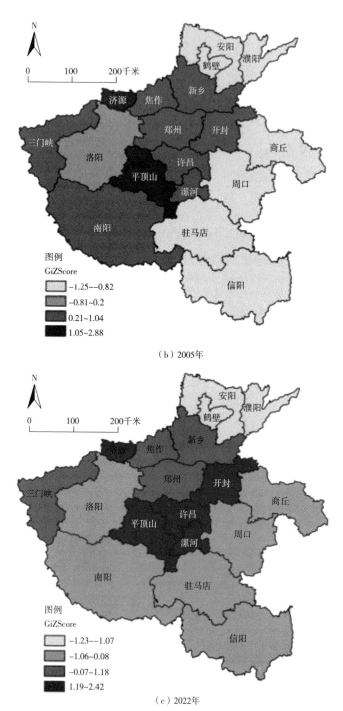

（b）2005年

（c）2022年

图 5-9 河南省工业空间关联（续）

资料来源：《河南统计年鉴》（1992、2006、2023）。

三、优势工业及空间布局

1. 工业优势行业

（1）主导产业。主导产业一般具有较强的产业关联度以及较高的增长率，在整个经济发展当中占据较大比重。利用偏离份额模型（SSM）获取2012～2022年河南省分部门的 SSM 分析表（见表5-8）可以看出，河南省的主导产业主要有农副食品加工业、化学原料及化学制品制造业、专用设备制造业、交通运输设备制造业和电气机械及器材制造业等产业，基本隶属于河南省认定的六大传统优势产业。

表5-8 2012～2022年河南省工业各行业部门偏离份额指数　单位：亿元

行业	G_{ij}	N_{ij}	P_{ij}	D_{ij}	P_{dij}
煤炭开采和洗选业	231.9	7.30	191.87	32.73	224.60
石油和天然气开采业	27.98	0.13	9.89	17.97	27.85
黑色金属矿采选业	−45.47	−0.27	−28.65	−16.55	−45.20
有色金属矿采选业	−312.03	−0.99	−161.67	−149.37	−311.04
非金属矿采选业	−92.16	−0.05	−11.51	−80.60	−92.11
开采辅助活动	28.68	0.05	25.77	2.86	28.63
其他采矿业	0	0.00	0.00	0.00	0.00
农副食品加工业	−806.14	1.41	23.76	−831.31	−807.55
食品制造业	−349.54	1.80	103.66	−455.00	−351.34
酒、饮料和精制茶制造业	−250.47	0.35	23.32	−274.13	−250.82
烟草制品业	280.94	1.81	219.80	59.33	279.13
纺织业	−395.38	−4.75	−132.04	−258.59	−390.63
纺织服装服饰业	−121.53	−0.61	−32.30	−88.62	−120.92
皮革、毛皮、羽毛及其制品和制鞋业	−250.19	−0.78	−63.92	−185.48	−249.41
木材加工及木、竹、藤、棕、草制品业	−181.27	−0.29	−26.07	−154.91	−180.98
家具制造业	−104.09	0.13	21.05	−21.18	−0.13
造纸及纸制品业	−177.52	0.40	29.46	−207.38	−177.92
印刷和记录媒介的复制业	−48.07	0.19	38.18	−86.43	−48.26
文教、工美、体育和娱乐用品制造业	−111.18	0.30	27.21	−138.70	−111.48
石油、煤炭及其他燃料加工业	502.5	5.82	131.44	365.24	496.68
化学原料及化学制品制造业	254.82	16.01	203.60	35.20	238.81
医药制造业	−230.38	2.72	142.82	−375.92	−233.10

续表

行业	G_{ij}	N_{ij}	P_{ij}	D_{ij}	P_{dij}
化学纤维制造业	240.06	0.09	12.65	227.31	239.97
橡胶和塑料制品业	−232.4	1.25	46.91	−280.56	−233.65
非金属矿物制品业	−1254.56	29.80	599.78	−1884.14	−1284.36
黑色金属冶炼及压延加工业	127.11	10.19	122.12	−5.20	116.92
有色金属冶炼及压延加工业	1265.31	19.61	422.06	823.64	1245.70
金属制品业	−109.92	5.20	161.03	−276.15	−115.12
通用设备制造业	−185.54	4.22	98.95	−288.72	−189.76
专用设备制造业	106.49	4.78	150.08	−48.37	101.71
汽车制造业	59.15	14.53	248.99	−204.37	44.62
铁路、船舶、航空航天和其他运输设备制造业	41.8	0.36	21.02	20.41	41.44
电气机械及器材制造业	−15.6	17.41	279.27	−312.28	−33.01
计算机、通信和其他电子设备制造业	36.43	25.71	313.53	−302.81	10.72
仪器仪表制造业	37.71	0.25	34.14	3.32	37.46
其他制造业	54.84	0.02	7.39	47.43	54.82
废弃资源综合利用业	30.12	0.17	54.65	−24.70	29.95
金属制品、机械和设备修理业	16.88	0.00	4.77	12.11	16.88
电力、热力的生产和供应业	2596.56	21.59	358.90	2216.07	2574.97
燃气生产和供应业	97.08	0.49	135.42	−38.83	96.59
水的生产和供应业	119.21	0.06	40.14	79.02	119.15

资料来源：《河南统计年鉴》（1992~2023）。

　　从工业行业的部门结构和竞争力情况（见图5-10）来看，河南省原有基础好、发展水平高、竞争力较强（即处于第一象限）的行业主要有电力、热力的生产和供应业，有色金属冶炼及压延加工业，石油、煤炭及其他燃料加工业，化学纤维制造业，水的生产和供应业，烟草制品业，化学原料及化学制品制造业，煤炭开采和洗选业8个。

　　由工业行业部门的增长优势以及对部门总增量的贡献情况（见图5-11）来看，河南省既具有增长优势又具有部门优势（即位于第一象限）的行业主要有烟草制品业，电力、热力的生产和供应业，有色金属冶炼及压延加工业，化学原料及化学制品制造业，汽车制造业，黑色金属冶炼及压延加工业，煤炭开采和洗选业，石油、煤炭及其他燃料加工业，专用设备制造业9个。

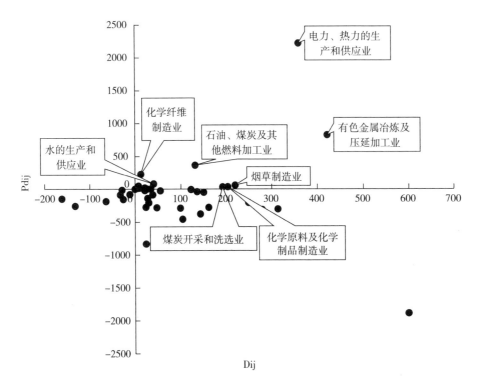

图 5-10 河南省行业部门偏离分量分析（DP）

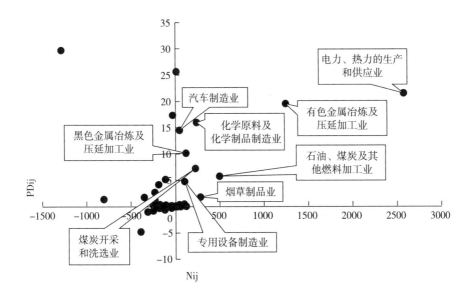

图 5-11 河南省行业部门优势分析（NPD）

从工业细分行业的超前发展情况（见表5-9）来看，河南省黑色金属矿采选业、通用设备制造业、通信和其他电子设备制造业、专用设备制造业等16个行业的超前系数大于1，这些行业相对于整个产业经济系统而言，增长趋势较快，产业呈现超前发展趋势。并且从1991年到2022年，这些行业所占比例大幅提升。

表5-9 河南省工业行业结构变化及超前系数

行业	1991年	2022年	1991~2022年	
	行业所占比例（%）	行业所占比例（%）	比例变化值（%）	超前系数
煤炭开采和洗选业	4.81	3.17	-1.64	-2.37
石油和天然气开采业	3.53	0.32	-3.21	-18.09
黑色金属矿采选业	0.05	0.1	0.05	7.98
有色金属矿采选业	0.7	0.5	-0.2	-1.82
非金属矿采选业	0.29	0.21	-0.08	-1.81
开采辅助活动		0.24		
其他采矿业				
农副食品加工业		6.25		
食品制造业	7.08	2.05	-5.03	-7.90
酒、饮料和精制茶制造业	2.68	1.04	-1.64	-5.97
烟草制品业	5.09	1.27	-3.82	-8.88
纺织业	12.74	1.44	-11.3	-15.39
纺织服装服饰业		0.7		
皮革、毛皮、羽毛及其制品和制鞋业	1.17	0.81	-0.36	-1.97
木材加工及木、竹、藤、棕、草制品业	0.28	0.71	0.43	12.52
家具制造业	0.37	0.33	-0.04	0.09
造纸及纸制品业	2.09	0.86	-1.23	-5.61
印刷和记录媒介的复制业	0.98	0.4	-0.58	-5.67
文教、工美、体育和娱乐用品制造业	0.58	0.55	-0.03	0.60
石油、煤炭及其他燃料加工业	1.84	3.41	1.57	7.45
化学原料及化学制品制造业	7.6	6.62	-0.98	-0.19
医药制造业	2.51	1.45	-1.06	-3.34
化学纤维制造业	1.61	0.62	-0.99	-6.06
橡胶和塑料制品业	3.22	0.87	-2.35	-8.34

续表

行业	1991 年	2022 年	1991~2022 年	
	行业所占比例（%）	行业所占比例（%）	比例变化值（%）	超前系数
非金属矿物制品业	6.43	5.99	-0.44	0.38
黑色金属冶炼及压延加工业	3.32	5.63	2.31	6.60
有色金属冶炼及压延加工业	3.38	12.53	9.15	19.98
金属制品业	1.82	2.26	0.44	3.06
通用设备制造业	0.78	2.65	1.87	18.08
专用设备制造业	2.47	2.81	0.34	2.18
汽车制造业		3.2		
铁路、船舶、航空航天和其他运输设备制造业	2.25	0.64	-1.61	-8.01
电气机械及器材制造业	3.65	3.81	0.16	1.38
计算机、通信和其他电子设备制造业	1.1	14.84	13.74	73.87
仪器仪表制造业	0.3	0.55	0.25	7.63
其他制造业	0.41	0.23	-0.18	-3.42
废弃资源综合利用业		0.9		
金属制品、机械和设备修理业		0.13		
电力、热力的生产和供应业	4.53	7.92	3.39	6.99
燃气生产和供应业		1.57		
水的生产和供应业	0.29	0.42	0.13	4.65

注：1991 年按乡及乡以上工业口径计算，缺少农副食品加工业、纺织业服饰业等相关数据，2022 年按国有规模以上工业口径计算。

资料来源：《河南统计年鉴》（1992、2023）。

（2）各省辖市优势行业。河南省各地区工业的迅速发展一方面增强了地区经济实力和综合竞争力，另一方面有利于资源要素的合理配置和区域特色优势行业的发展，促进了居民就近就业和收入水平的提高。各地市根据自身条件，已形成了各具特色的行业类型。根据河南省各地市区位熵大于 1 且排名前三的工业行业分布情况，总结出各个地市的工业优势行业（见表 5-10）。

表 5-10 2018 年河南省各地市区位熵列前三位且大于 1 的工业行业

地市	工业行业
郑州市	专用设备制造业，汽车制造业，电气机械和器材制造业，计算机、通信和其他电子设备制造业，仪器仪表制造业，金属制品、机械和设备修理业

续表

地市	工业行业
开封市	木材加工和木、竹、藤、棕、草制品业
洛阳市	有色金属冶炼和压延加工业，通用设备制造业，专用设备制造业
平顶山市	非金属矿物制品业，金属制品业
安阳市	黑色金属冶炼和压延加工业
鹤壁市	农副食品加工业，计算机、通信和其他电子设备制造业
新乡市	化学原料和化学制品制造业，通用设备制造业，专用设备制造业，电气机械和器材制造业
焦作市	烟草制品业，皮革、毛皮、羽毛及其制品和制鞋业，化学原料和化学制品制造业，橡胶和塑料制品业，通用设备制造业
濮阳市	纺织服装、服饰业，化学原料和化学制品制造业
许昌市	烟草制品业，文教、工美、体育和娱乐用品制造业，电气机械和器材制造业
漯河市	农副食品加工业，食品制造业，酒、饮料和精制茶制造业
三门峡市	非金属矿物制品业，有色金属冶炼和压延加工业
南阳市	纺织业
商丘市	食品制造业，纺织业，纺织服装、服饰业
信阳市	酒、饮料和精制茶制造业，非金属矿物制品业
周口市	食品制造业，纺织业，纺织服装、服饰业
驻马店市	农副食品加工业，烟草制品业，皮革、毛皮、羽毛及其制品和制鞋业
济源市	酒、饮料和精制茶制造业，橡胶和塑料制品业，黑色金属冶炼和压延加工业，有色金属冶炼和压延加工业，计算机、通信和其他电子设备制造业

资料来源：2018年河南省各市经济普查数据。

郑州市在电子信息、装备制造以及汽车与零部件产业等高成长性制造业方面具备绝对优势。在所有地市中，郑州市具有专业化优势的工业行业数量最多，并且以高端制造业为主，尤其在汽车制造业与金属制品、机械和设备修理业方面，全省仅有郑州市区位熵大于1。洛阳市、新乡市的工业基础较好，在装备制造业方面优势突出，这两地市在通用设备制造业的区位熵分别达到了3.05与2.02，同时两市分别在有色金属冶炼及压延加工业以及化学原料和化学制品制造业这两个高载能行业方面具有优势。焦作市与济源市具备专业化优势的行业数量相对较多，而且涉及范围较广，包括饮品制造、化学原料和化学制品制造业、橡胶和塑料制品业、设备制造业、金属冶炼等高成长性制造业以及高载能行业。三门峡市与安阳市的工业优势聚焦在高载能行业，包括非金属矿物制品业以及金属冶炼加工业。豫东地区的商丘市、周口市、驻马店市以及漯河市在食品制造、制鞋、纺织、服装服饰等劳动密集型产业方面具有优势。平顶山市、鹤壁市、濮阳市、信阳市和许昌市各具特色，平顶山市在非金属矿物制品业与金属制品业方面具有生产优势，鹤壁市在农副食品加工与计算机、通信和其他电子设备制造业方面具有优势，濮阳市的纺织服装以及化学原料和化学制品制造业的专业化优势较为突出，信阳市在酒、饮料和精制茶制造业以及非金属矿物制品业上具有专业化优势，许昌市在烟草制品业上优势特别突出，区位熵高达9.56，除此之外在文教娱乐用品制造业以及电气机械和器材制造业上也有一定的竞争力。开封市与南阳市的专业化优势产业较为单一，开封市的优势行业主要是木材加工业，南阳则在纺织业发展上具有优势。

2. 主要工业产品

（1）河南省主要工业产品。河南省的主要产品有化学纤维、纱、布、服装、卷烟、饮料、液体乳、速冻米面、机制纸及纸板、塑料制品、焦炭、十种有色金属、发电、生铁、粗钢、成品钢材、硫酸、烧碱、原铝、合成氨、农用化肥、化学农药、人造板、水泥、平板玻璃、小型拖拉机等。河南省纯碱，啤酒，化学农药原药，农用氮、磷、钾化肥，水泥，卷烟，机制纸及纸板，焦炭，烧碱等产品的产量占全国比例较高[1]。

河南省的主要产品仍然集中在能源、轻工业、建材以及化工等领域。相对技术含量较高的电器、电子产品、机械产品虽在近几年来有明显增长的趋势，但是与其他省份相比生产优势不够明显，这与河南省资源丰富、劳动力充足的优势有很大的关系，有利于开展资源密集型、劳动密集型加工业。在制造业不断升级改造的过程中，技术密集型产业的提高至关重要，河南省技术密集型产业的比重虽有所上升，但是比重相对较小，在提高技术密集型行业的竞争力方面还有待进一步提升。

（2）各地市主要工业产品。根据各地市生产的工业产品产量在全省占比情况，总结出河南省各个地市的主要工业产品（见表5-11）。从这些主要工业产品在各个地市的分布情况来看，郑州市、洛阳市、安阳市、新乡市和焦作市等的优势工业产品种类较为丰富，1991年，这些地市的主要工业产品数量均在10个以上，而鹤壁市、三门峡市、周口市和驻马店市产量较高的工业产品较少。到了2022年，郑州市、洛阳市、安阳市、新乡市和济源市主要工业产品数量依然相对较高，在河南省工业生产方面仍然占据重要地位。与此同时，黄淮地区驻马店市、周口市、商丘市加工业逐步崛起，部分工业产品产量在全省占比不

---

[1] 资料来源：《河南统计年鉴》（1992、2006、2023）。

断提升，依托产业基础和服务设施，有效承接了农用产品、食品加工业等产业的转移。

表5-11　1991年、2022年河南省各地市的主要工业产品

地市	1991年	2022年
郑州市	纱、布、机制纸及纸板、灯泡、肥皂、卷烟、饮料酒、原煤、硫酸、盐酸、烧碱、化学农药、化学原料药、变压器、钢芯铝绞线、工业泵、农用水泵、小型拖拉机、录放音机	饮料酒、液体乳、速冻米面食品、原煤、发电量、原铝、水泥
开封市	合成洗涤剂、火柴、硫酸、盐酸、化学原料药、交流电动机、电风扇	纱、烧碱、合成氨、农用化肥、化学农药、人造板、小型拖拉机
洛阳市	合成洗涤剂、钢、硫酸、磷肥、塑料、轮胎外胎、滚动轴承、小型拖拉机、平板玻璃、电风扇	化学纤维、饮料酒、塑料制品、原煤、焦炭、十种有色金属、发电量、原铝、平板玻璃
平顶山市	化学纤维、发电量、原煤、电石	化学纤维、焦炭、生铁、粗钢、钢材、烧碱
安阳市	针棉织品、灯泡、合成洗涤剂、火柴、干电池、钢、生铁、成品钢材、金属切削机床、电视机	生铁、粗钢、钢材、农用化肥
鹤壁市	原煤	
新乡市	化学纤维、纱、布、针棉织品、丝织品、干电池、酒精、合成氨、农用化肥、氮肥、化工设备、交流电动机、变压器、工业泵、金属切削机床、水泥、人造板、电风扇、电视机、录放音机	化学纤维、饮料酒、机制纸及纸板、塑料制品、合成氨、农用化肥、水泥、小型拖拉机
焦作市	机制纸及纸板、发电量、原煤、硫酸、电石、塑料、轮胎外胎、化学原料药、钢芯铝绞线水泥、平板玻璃	液体乳、烧碱、原铝、机制纸及纸板、农用化肥、化学农药
濮阳市	合成氨、农用化肥、氮肥	焦炭、化学农药
许昌市	卷烟、手推车外胎、化工设备、工业泵	布、人造板、水泥、小型拖拉机
漯河市	肥皂、磷肥、钢芯铝绞线、农用水泵	畜肉制品、人造板
三门峡市	原煤	十种有色金属、硫酸、原铝
南阳市	丝织品、卷烟、饮料酒、酒精、合成氨、氮肥、交流电动机、人造板、电风扇	纱、布、原煤、生铁
商丘市	饮料酒、酒精、平板玻璃	服装、液体乳、速冻米面食品、平板玻璃、化学纤维、纱、饮料酒、粗钢、人造板
信阳市	烧碱、磷肥、化学农药	人造板、生铁、粗钢

续表

地市	1991 年	2022 年
周口市	农用水泵	纱、布、塑料制品、服装
驻马店市	滚动轴承	人造板、焦炭
济源市		十种有色金属、生铁、粗钢、硫酸、烧碱

注：济源市 1991 年为县级市，故不予统计。

资料来源：《河南统计年鉴》（1992、2023）。

四、工业生产布局优化方向

依据河南省工业发展和各地市优势产业发展状况，推动河南省工业集聚发展，发挥产业集聚区优势，稳步提升工业发展水平；推进河南省中西部地区产业优化升级，有序向东部和南部地区转移；推动优势工业地区持续创新发展，优势产业提质升级[1][2]。

1. 发挥产业集聚区优势，推动工业集群化发展

以河南省各地市产业集聚区为主体，实现制造业高端化、智能化、集群化发展。推动以矿产资源、农业资源等为依托的传统支柱产业脱胎换骨改造，加快制造业向集群化、智能化、绿色化、服务化转型升级。提升河南省工业集聚水平，培育壮大优势产业集群，推进郑州市、洛阳市、开封市和许昌市的机械制造业集群化、智能化和网络化发展。优化产业集聚区功能布局和定位，加强产业链上下游协同和跨区域产业协作，推动中心城区产业集聚区高端化发展、县域产业集聚区特色化发展，推进安阳市、周口市、平顶山市、开封市和南阳市纺织工业协同发展，不断向产业链上游延伸。聚焦创新突破、开放联动、产城融合、体制创新，提升主导产业能级和承载服务功能，促进郑州市、安阳市、许昌市、驻马店市和南阳市卷烟业集群化发展，加快推进产业集聚区智能化改造，打造园区数字供应链体系。开展国家和省级战略性新兴产业集群创建，创新组织管理和专业化推进机制，加快完善创新和公共服务综合体，重点培育千亿级新兴产业集群。

2. 提质升级传统优势工业，促进优势工业地区持续创新发展

以传统优势工业地区为主导，持续推进产业创新升级。推进郑州市、开封

---

① 资料来源：河南省国民经济和社会发展第十四个五年规划和二〇三五年远景目标纲要（豫政〔2021〕13 号）［EB/OL］. https：//www.henan.gov.cn/2021/04-13/2124914.html.

② 资料来源：河南省"十三五"规划建议全文［EB/OL］. http：//www.achie.org/13wu/2016010 41773.html.

市、许昌市、洛阳市和焦作市等优势工业地区合作创新发展，培育区域大工业品牌。洛阳市、许昌市和郑州市等地以装备制造、新材料以及光伏等产业为重点，推动高端装备制造业突破发展，发挥郑洛新自主创新示范区带动作用，以郑州市知名品牌宇通、三全、富士康等企业为引领增创传统优势工业新优势，以产品提质升级为导向促进消费品工业提速发展，以产业延链为主攻方向推进原材料工业转型发展，培育形成具有核心竞争力的"百千万"亿级优势产业集群。促进许昌市和新乡市深入开展质量提升行动和企业标准"领跑者"行动，以许继集团、瑞贝卡公司、新飞等企业为龙头，完善标准计量、认证认可、检验检测等质量基础设施，以地区知名品牌培育品牌集群，打造一批质量标杆、制造精品和知名自主品牌。深入推进安阳市、三门峡市和焦作市资源类行业集约发展，推动能源开采和冶金行业智能化转型，加快中小企业智能化改造，提升智能车间、智能工厂覆盖率。实施绿色制造提升行动，推进三门峡市、焦作市和开封市等地建材制造和化学重点行业企业绿色化改造，开展高端再制造、智能再制造和在役再制造示范。

3. 推动先进制造业和战略性新兴产业发展，培育产业发展新动能

发展先进制造业和战略性新兴产业，优化产业结构。推进郑州市、洛阳市、开封市、许昌市和焦作市等地装备制造业突破发展，立足本地产业基础和比较优势，发展高端装备制造业，推动装备制造业由河南省制造向河南省创造和河南省智造转变。建设郑州市、洛阳市、新乡市、许昌市和焦作市等地汽车及零部件制造基地，形成中西部地区最大的专用车生产基地，提升国内市场占有率，培育以郑州市为核心的区域汽车工业品牌。建设现代信息通信枢纽，推进互联网与各领域深度融合，着力构建信息技术产业合作创新网络，促进新一代信息技术产业健康发展。以天方药业、辅仁制药、天冠集团和中棉种业等骨干企业为引领，大力推动郑州市、新乡市、驻马店市、焦作市、南阳市和周口市生物产业基地建设，构建河南省生物产业体系。重点发展高端合金材料、电池新材料、功能材料和前沿新材料，建设国内重要的高端合金材料产业基地。着力推动太阳能、风能、生物质能等多种形式新能源规模化发展，在此基础上建设新能源智能电网系统、智能输配电系统，形成完备的新能源产业体系，促进能源生产消费智能化。积极发展新能源汽车动力总成，培育壮大新能源动力总成产业基地，加快发展便捷智能充电基础设施，发挥新能源汽车对材料、信息技术和新能源产业的带动作用。以智能化、绿色化、集群化、网络化为发展方向，重点发展工业机器人、智能工厂、航空航天设备制造等相关高端装备制造业。大力发展环保节能和资源循环利用技术装备体系，推动传统优势产业向绿色化和集成化发展。

4. 推进中西部地区产业优化升级，有序向东部和南部地区转移

促进河南省高水平工业地区优化升级，逐步提升河南省东部地区工业化水平。逐步促进济源市、许昌市、平顶山市和洛阳市等地产业结构转型升级，优化要素投入结构，由要素高强度投入驱动向投资、创新驱动转变。推动有条件的企业"走出去"，参与海外能源资源开发，支持食品工业、装备制造、资源加工和电子信息等领域优势企业开展国际产能合作，共建境外产业集聚区。提升信阳市、周口市、商丘市和驻马店市等地的工业承载能力，加快由规模扩张向量质并重转变，补齐工业发展短板，立足本地产业基础和比较优势，增强要素集聚和辐射带动能力，有序承接来自中西部地区的工业转移，提升东部和南部地区的工业发展水平。

第三节　服务业发展与布局

一、服务业发展概况

伴随着经济的迅速发展，世界产业结构表现出由工业型向服务型转变的趋势，第三产业的发展水平高低在整个区域经济水平中发挥重要作用，是经济发展水平的重要标志。河南省服务业发展整体呈现稳中有升、产业结构渐趋优化，但从发展实际来看，仍然面临一些问题和挑战，同时也迎来前所未有的发展机遇。

1. 第三产业发展较为迟缓，与全国平均水平差距较大

1991 年以来河南省第三产业占 GDP 的比重维持在 24%~46%，全国第三产业比重为 32%~53%，河南省在整个时期内的三产比重均低于全国平均水平，第三产业的发展相对较为迟缓。河南省第三产业比重从 1994 年到 2003 年表现为上升趋势，从 2003 年到 2010 年，第三产业占 GDP 的比重不断下降，2010 年之后又明显上升，其中 2016 年以后三产比重接近于全国平均水平（见图 5-12）。而全国第三产业比重自 1996 年到 2020 年不断上升，在 2021 年和 2022 年有所下降，两者在 2010 年差距最大，达到 13.50%，近几年来差距有所减小。

2. 第三产业发展水平低，缺乏一定的竞争力

河南省第三产业占据全国水平的比例在 4% 上下浮动，整个时期该比例较为稳定（见图 5-12），与其他省份相比该比值略低，说明河南省第三产业的发展水平较低，发展速度慢。河南省在适应经济水平、城镇化水平提高的过程中，仍然面临产业升级、结构优化和提高第三产业竞争力的问题。

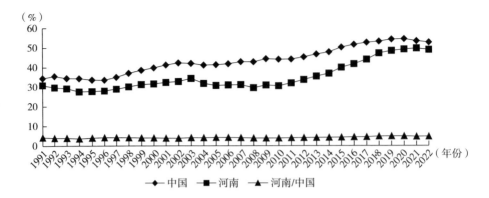

图 5-12　1991~2022 年河南省和全国第三产业占 GDP 比重、河南省第三产业占中国比重

资料来源:《中国统计年鉴》(1992~2023)和《河南统计年鉴》(1992~2023)。

二、服务业空间布局与演变特征

1. 各地市服务业差距呈扩大趋势,空间集聚水平偏低

采用基尼系数来刻画河南省各地市第三产业的发展差距,发现自 1991 年到 2021 年,河南省 18 个地市的区位基尼系数由 0.244 上升到 0.317,基尼系数曲线增长明显(见图 5-13)。1991 年,郑州市服务业占到河南省服务业的 17.1%,洛阳占到 9.1%;2022 年,郑州服务业占到全省的 25.23%,洛阳占到 9.81%。河南省服务业水平高的地市,在基础条件的带动下,优势更加明显,对其周围地市的涓滴作用也更明显,河南省的服务业逐步向高水平的郑州等地区发展与集中,与其他地市的发展差距逐渐增大。

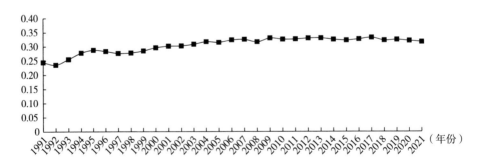

图 5-13　1991~2021 年河南省第三产业基尼系数

资料来源:《河南统计年鉴》(1992~2022)和《河南省 2010 年人口普查资料》。

采用 Moran's I 指数分析河南省各地区服务业在空间上的集聚特征。1991 年、2005 年和 2022 年的 Moran's I 指数分别为 -0.032、-0.011、-0.031。可以看到整个河南省之间呈现的是负相关性，集聚特征并不明显，存在空间异质性，地市发展水平与周围地市相异的比率大于同步发展的概率。自身服务业发展水平较高且周围地区服务业发展水平也较高的区域主要是郑州市、洛阳市、南阳市。因此，河南省服务业集聚特征仅出现在以郑州为中心的少数地区，其他区域服务业相关性不明显。在服务业发展的30多年中，各地市均发生了不同程度的变化，受到地理位置、政策、产业基础、技术水平等条件的限制，整个区域之间的服务业关联程度较弱、集聚水平偏低。

2. 服务业指向性较为明显，主要集中在少数高水平区域

郑州市作为稳定的服务业高水平区域，利用其省会城市的政治、经济、文化的城市职能优势，大大促进了其第三产业的发展，一直领跑河南省18个地市；其次服务业水平较高的区域为洛阳与南阳，洛阳是除郑州外河南省经济整体水平较高，竞争力较强的核心城市，尤其是在科研技术业方面具有专业化优势。南阳服务业发展迅速，增长速度高于工业增长速度。服务业水平处于一般水平的区域面积较广，分布在河南省绝大部分区域，说明河南省的服务业具有空间均衡性，多数地市的发展水平相当，集中程度较弱。总的来说，河南省的服务业指向性较为明显，表现出向少数更高水平区域集中的特征，而其他大部分区域则表现空间无关联性。

3. 各地市的服务业发展较为稳定，基本维持其原有水平

根据各地市的第三产业分布情况（见表5-12）可以看出，1991年、2005年、2022年的第三产业产值分布情况没有发生变化，仍是以郑州作为河南省服务业最高水平区域，其次是洛阳、南阳。与此同时，三门峡、济源、鹤壁、濮阳、漯河等地市第三产业产值从1991年到2022年始终处于较低水平，并没有在服务业发展方面实现较大突破。

表5-12　1991年、2005年、2022年河南省各市第三产业总产值　单位：亿元

地市	1991年	2005年	2022年
郑州市	35.03	715.38	7574.47
开封市	11.60	122.83	1248.07
洛阳市	23.32	353.48	2943.41
平顶山市	15.53	156.69	1320.81
安阳市	14.55	148.50	1172.49
鹤壁市	3.17	43.08	394.84
新乡市	16.70	174.73	1575.37
焦作市	16.80	163.60	1184.38

地市	1991 年	2005 年	2022 年
濮阳市	9.18	80.50	938.19
许昌市	11.91	135.63	1605.82
漯河市	5.32	63.74	855.86
三门峡市	8.51	99.82	711.51
南阳市	24.17	249.68	2362.88
商丘市	11.61	151.70	1424.14
信阳市	11.63	164.67	1485.54
周口市	16.37	153.68	1530.25
驻马店市	13.49	137.52	1402.28
济源市	5.00	37.47	288.69

资料来源：《河南统计年鉴》（1992、2006、2023）。

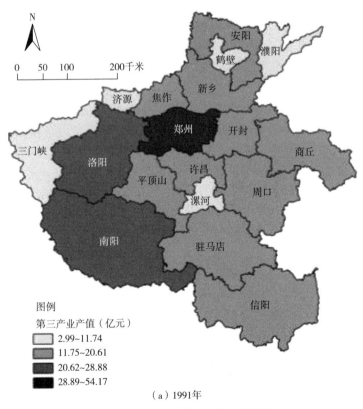

（a）1991年

图 5-14　河南省第三产业空间分布

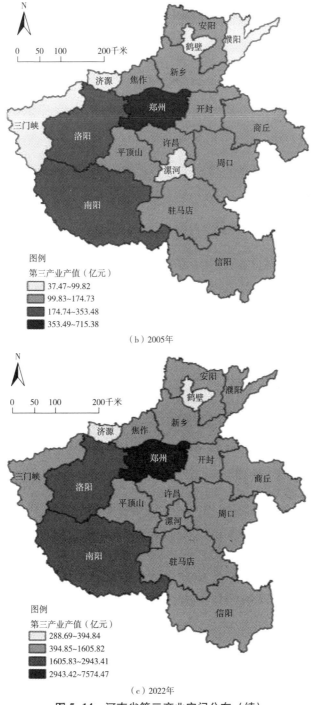

（b）2005年

（c）2022年

图5-14 河南省第三产业空间分布（续）

三、优势服务业与空间布局

1. 优势服务业

服务业的发达程度决定了一个国家或地区经济水平、现代化水平和人民富裕程度，而其优势服务业更是对一个区域的竞争力起到重要作用。优势服务业是指具有较强的比较优势和竞争优势的服务产业，优势服务业在整个服务业当中所占比重较高，且维持较好的发展势头。

河南省的优势服务业主要集中在交通运输、仓储和邮政业，金融业，房地产以及批发和零售业等方面。由河南省服务业各细分行业所占比例（见表5-13）来看，1991年，占据河南省服务业比例较高的是商业饮食、物供仓储业，交通运输、邮电通信业，金融保险业，房地产业，构成比例在10%以上；2005年，服务业主导产业是交通运输、仓储和邮政业，批发和零售业，住宿和餐饮业，房地产业，构成比重在9%以上；2016年和2022年，批发和零售业，交通运输、仓储和邮政业，房地产业，金融业所占比重较高且在11%以上。

表5-13　河南省各细分行业所占比例　　　　　单位：%

服务业细分行业	1991年	服务业细分行业	2005年	2016年	2022年
交通运输、邮电通信业	19.04	交通运输、仓储和邮政业	19.67	11.61	12.56
商业饮食、物供仓储业	20.79	信息传输、计算机服务和软件业	4.51	4.60	5.36
金融保险业	17.60	金融业	5.71	13.52	11.14
综合技术和生产服务业	2.90	房地产业	9.37	11.32	12.25
居民服务业	3.19	租赁和商务服务业	2.79	4.02	6.78
公用事业	0.71	科学研究、技术服务和地质勘查业	2.36	2.42	4.14
房地产业	12.58	批发和零售业	19.37	17.89	15.18
卫生、体育、社会福利事业	3.26	住宿和餐饮业	9.50	6.65	3.60
教育、文艺、广播电视事业	9.45	居民服务和其他服务业	4.03	4.82	5.04
科学研究事业	1.16	水利、环境和公共设施管理业	1.01	1.15	1.10
国家政党机关、社会团体	7.38	卫生、社会保障和社会福利业	4.24	3.98	5.33
其他	1.95	文化、体育和娱乐业	1.04	1.87	2.15
		公共管理和社会组织	9.17	6.95	7.14
		教育	7.22	9.21	8.23

资料来源：《河南统计年鉴》（1992、2006、2017、2023）。

河南省服务业类别以传统服务业为主，现代服务业的比例近年来有所增加，但是新兴产业的拓展还是不足，在极具竞争力与发展潜力的行业上优势并不突出。河南省的信息传输、计算机服务和软件业，租赁和商务服务业，科学研究、技术服务和地质勘查业所占比例均不超过 5%。因此，河南省服务业的产业层次还需进一步拓展，在代表未来发展方向的高科技服务业、社会服务业、文教艺术等方面有待推进。

2. 各地市优势服务业

按各行业就业人员计算河南省 2022 年各地市各服务行业的区位熵，以探明各地市的专业化优势服务行业（见表 5-14）。从结果我们可以看出，各地市均有一系列具备专业化水平的优势服务行业。

表 5-14　2022 年河南省各地市就业人员数区位熵大于 1 的服务业行业

地市	服务业行业
郑州市	批发和零售业，交通运输、仓储和邮政业，住宿和餐饮业，信息传输、计算机服务和软件业，金融业，房地产业，租赁和商务服务业，科学研究、技术服务和地质勘查业，居民服务和其他服务业，文化、体育和娱乐
开封市	居民服务和其他服务业，水利、环境和公共设施管理业，卫生、社会保障和社会福利业，公共管理和社会组织，教育
洛阳市	住宿和餐饮业，信息传输、计算机服务和软件业，房地产业，科学研究、技术服务和地质勘查业，卫生、社会保障和社会福利业，文化、体育和娱乐业，公共管理和社会组织
平顶山市	金融业，居民服务和其他服务业，水利、环境和公共设施管理业，卫生、社会保障和社会福利业，公共管理和社会组织，教育
安阳市	水利、环境和公共设施管理业，卫生、社会保障和社会福利业，公共管理和社会组织，教育
鹤壁市	批发和零售业，租赁和商务服务业，科学研究、技术服务和地质勘查业，水利、环境和公共设施管理业，文化、体育和娱乐业，教育
新乡市	卫生、社会保障和社会福利业，公共管理和社会组织，教育
焦作市	交通运输、仓储和邮政业，金融业，水利、环境和公共设施管理业，卫生、社会保障和社会福利业，公共管理和社会组织，教育
濮阳市	租赁和商务服务业，公共管理和社会组织，教育
许昌市	批发和零售业，信息传输、计算机服务和软件业，租赁和商务服务业，水利、环境和公共设施管理业，文化、体育和娱乐业，公共管理和社会组织，教育
漯河市	批发和零售业，租赁和商务服务业，水利、环境和公共设施管理业，卫生、社会保障和社会福利业
三门峡市	住宿和餐饮业，金融业，水利、环境和公共设施管理业，文化、体育和娱乐业，公共管理和社会组织，教育

续表

地市	服务业行业
南阳市	水利、环境和公共设施管理业，卫生、社会保障和社会福利业，公共管理和社会组织，教育
商丘市	批发和零售业，交通运输、仓储和邮政业，居民服务和其他服务业，卫生、社会保障和社会福利业，公共管理和社会组织，教育
信阳市	批发和零售业，房地产业，水利、环境和公共设施管理业，公共管理和社会组织，教育
周口市	交通运输、仓储和邮政业，水利、环境和公共设施管理业，卫生、社会保障和社会福利业，公共管理和社会组织，教育
驻马店市	房地产业，卫生、社会保障和社会福利业，公共管理和社会组织，教育
济源市	交通运输、仓储和邮政业，金融业，租赁和商务服务业，水利、环境和公共设施管理业，公共管理和社会组织

资料来源：《河南统计年鉴》（2023）。

在现代生产性服务业具备专业化优势的地市主要有郑州市、洛阳市。郑州市在信息传输、计算机服务和软件业，金融业，房地产业，租赁和商务服务业，科学研究、技术服务和地质勘查业行业具备绝对的优势，其中郑州市的房地产业区位熵为1.38，科学研究技术服务和地质勘查业区位熵为2，在整个河南省排名第一。在所有地市中，郑州市专业化现代生产性服务业行业最多，涉及范围较广。洛阳市在信息传输、软件和信息技术服务业，房地产业，科学研究、技术服务和地质勘查业专业化水平较高，尤其信息传输、软件和信息技术服务业区位熵值较高，达到2.12，洛阳市作为一个具备核心效应的区域，引领信息技术业的发展，有较强的服务行业竞争力。

传统性生产服务业具备专业化优势的是郑州市和商丘市。这两个地市传统性生产服务业发展基础好，涉及全面，传统优势领域不断拓展，区位熵大于1的传统性生产服务业郑州市有三个，包括了批发和零售业、住宿和餐饮业、居民服务和其他服务业，涵盖了所有传统性生产服务业，而商丘市有批发和零售业、居民服务和其他服务业。

公共服务业专业化优势突出的是开封市、平顶山市、安阳市、焦作市、许昌市、三门峡市、南阳市和周口市。这些区域公共服务业专业化水平相对较高，在基础设施建设与改造、公共事业管理方面获得相应调整，公共服务业的生产相对集中，区域公共服务能力得到很大程度提升与改善。

总的来看，河南省各地市虽然具备专业化的服务产业，但是产业的相似性大，同构现象严重。多数地市包含相同的专业化行业，尤其表现在传统性生产服务业上，受到产业雷同现象的影响易导致地域分工不明确，不利于产业的良性竞争。各地区应该强化地区功能定位，加快产业调整，推动形成具备特色与优势的专业化产业，提高综合竞争力，促进产业结构的高级化。近几年来，郑州市中央商务区和特色商业区崛起，逐步成为服务业增长的主动力，引领郑州市服务业快速发展。郑东新区中央商务区逐步成为具有金融集聚功能的核心区域；金水区电子信息业迅速发展，电子信息特色产业集群逐步形成；郑欧货运班列的开启进一步促进了河南省特色物流业与金融业产业链的外延。

河南省的服务业内部结构有待进一步优化。河南省服务业专业化程度高的产业中，现代生产性服务业尤其是新兴产业没有传统性生产服务业的专业化优势突出。知识密集型行业代表了服务业未来发展的方向，也是河南省服务业升级转型的主要方向，而目前河南省服务业与高技术的融合仍稍显不足，应积极推进技术、资本、知识密集型行业的发展，优化产业结构，发掘发展潜力，实现服务业的高级化、高价值化和高效化，提升产业综合竞争力。

四、服务业空间布局优化

依据河南省服务业发展和各地市优势产业发展状况，推进服务业空间集聚，强化郑州国家中心城市龙头引领作用；推动郑州都市圈一体化进程，促进各地区联动发展；加快服务业与制造业深度融合，提升中心城市服务业发展能级；增强县域服务承载功能，推进县域服务业转型升级①。

1. 推进服务业空间集聚，强化郑州国家中心城市龙头引领作用

河南省各地市服务业空间集聚程度和发展水平存在差异，因此服务业水平低的地区要不断借鉴高水平地区的成功经验，服务业高水平地区要与周边地区进行资源整合，促进服务业的空间集聚。围绕郑州现代化国家中心城市建设，依托国家级战略平台叠加优势，加强高端资源要素集聚，增强服务业新模式新业态创新策源能力，强化郑州国家中心城市龙头引领作用，发挥郑州市对洛阳市、许昌市、新乡市、焦作市和开封市等周边地区的辐射带动作用[2]，打造区域辐射带动能力强劲、国内比较优势突出、国际影响力彰显的产业矩阵，构筑全省服务业创新发展核心增长极。

2. 推动郑州都市圈一体化进程，促进各地区联动发展

建立郑州与周边城市物流发展联动对接机制，共建共享物流基础设施，打造衔接紧密、高效便捷的都市圈物流网络。发挥郑州、开封、新乡高校和科研院所集聚优势，发展信息服务、科技服务、人力资源服务等产业，培育形成一批知识密集型服务业集群。结合黄河文化旅游带建设，支持郑州、开封、新乡、焦作联合开发文化体验、都市休闲、教育研学产品，推进"两山两拳"区域生

---

① 资料来源：河南省"十四五"制造业高质量发展规划和现代服务业发展规划（豫政〔2021〕49号）［EB/OL］. https：//www.henan.gov.cn/2022/01-26/2389089.html.

态文化旅游融合示范带建设，支持开封建设全国文化贸易高地和具有国际影响力的旅游目的地。依托郑州、许昌、平顶山、漯河产业基础，加快发展跨境电商、商务会展、检验检测等现代服务业，促使各地区联动发展。

3. 加快服务业与制造业深度融合，提升中心城市服务业发展能级

积极推进技术、资本、知识型密集行业融合发展，探索现代服务业和先进制造业融合发展新路径。支持洛阳、南阳创建国家文化产业和旅游产业融合发展示范区、国家中医药传承创新示范区。支持三门峡、济源等地服务业提质扩量，密切与洛阳功能对接，打造黄河金三角区域服务中心。支持信阳、驻马店等地加强与南阳协作，做强研学教育、康养旅游等产业，打造"红色旅游发展融合示范区""国际农都"等区域品牌，建设全国重要的农业服务业示范区。支持商丘、周口等地推进东向开放协作，加快商贸流通变革和物流体系集成创新，建设全国重要的商贸物流中心和豫东承接产业转移示范区。支持安阳、鹤壁、濮阳等地结合工业转型升级，大力发展制造服务业，培育大数据、节能环保等新兴产业，建设全国重要的大宗商品物流基地和服务业引领老工业基地转型示范区。

4. 增强县域服务承载功能，推进县域服务业转型升级

促进与周边大中城市公共服务共建共享，有效承接中心城市服务需求溢出，强化与当地主导产业对接，建设一批制造业配套协作服务中心和区域性专业服务基地。依托区域资源优势，打造文旅特色产业。推动区位优势明显或资源禀赋突出的小城镇发展成为商贸流通、文化旅游、康养休闲等专业功能镇，因地制宜打造特色服务品牌。增强大别山、伏牛山革命老区产业造血功能，依托"红绿特"资源优势，发展红色教育、旅居养老、农村电商等环境友好型产业，促进旅游、文化娱乐等现代服务行业的高质量发展。实施县域产业平台配套设施补短板工程，加快传统服务业数字化转型升级，推动基础设施和公共服务向农村延伸，促进城乡贯通、三产融合，提高城乡居民生活水平。

第四节　产业集群与产业集聚区发展

产业集聚是一个世界性的经济现象，也是经济活动最突出的地理特征[3]，它是某种特定产业及其关联产业或属于不同类型的产业在一定地域范围内的地理集中[4]。早在19世纪末期，马歇尔就从规模经济与外部经济的角度阐述了产业集聚的经济动因[5]。产业集聚通过规模效应和溢出效应等优势在提升产业竞争力、优化资源配置和激励企业技术创新等方面发挥了积极作用，成为拉动经

济增长的重要因素。产业集聚区是产业集聚所形成的组织实体，即在一定区域内实现企业相对集中、资源集约利用、整体效益提升。而产业集群是指那些在特定产业领域内既竞争又合作的互相关联的公司、专业化供应商和服务商、相关产业的企业和有联系的机构（如大学、标准代理机构和贸易协会等）的地理集中或所形成的地理集聚体。它更加强调地理集聚性、生产专业化特征、主体之间的网络联系以及主体和网络在当地经济社会中的根植性。相对于产业集聚区，产业集群的本质特征是企业依托网络基础上的密切交流和分工合作，由此而产生的网络创新是集群发展的根本动力。典型的产业集群内部各企业之间存在着分工与合作的关系，发展水平较高的产业集群中，都存在着企业之间、企业与支撑机构之间所组成的复杂的地方网络。"集群"＝"集聚"＋"网络"正是这种成员间相互依赖的地方网络使产业集群既提高了整体的协作效率，又激发了各成员个体创新的积极性，实现了"群"的优势，从而增强了产业集群的竞争力和稳定性。产业集聚区和产业集群的形成与发展是多种因素相互作用的结果，社会经济条件、自然资源禀赋、交通条件以及市场作用、企业自身条件、政府作用等因素均对其具有重要影响，其中，政府作用对于河南省产业集聚区和产业集群的形成具有特别的主导地位。

一、产业集群初期发展

改革开放以来，河南省紧抓发展机遇，形成了一批具备一定规模和数量的产业集群。根据 2005 年河南省中小企业服务局发展规划处在全省范围内所做的产业集群调查，截至 2004 年底，河南省 18 个省辖市域范围内，有加工制造业年产值 1 亿元以上的产业集群 143 个[①]；产业集群内集聚着 6.27 万家企业；2004 年产业集群实现国内生产总值 2749.4 亿元，占全省 GDP 的 31.2%；2004 年河南省产业集群内企业共完成工业增加值 651.3 亿元；2004 年底河南省产业集群内从业人数 250.6 万人。其中，年产值百亿元以上的产业集群是：安阳钢铁产业集群（213 亿元）、洛阳吉利区石油化工产业集群（190 亿元）、漯河源汇区肉类加工产业集群（175 亿元）、郑州服装加工产业集群（150 亿元）、郑州食品加工产业集群（150 亿元）、平顶山煤炭产业集群（120 亿元）、郑州煤炭产业集群（103 亿元）、郑州汽车与配件产业集群（100 亿元）。

这些产业集群在 18 个省辖市中均有分布（见表 5-15），行业分布在食品加工（27 个）、机械制造（19）、工艺陶瓷（15）、冶金（12）、纺织服装

[①] 本次统计产业集群的下限定性和定量标准是在参考意大利国家统计局标准和国家农业部门相关标准的基础上，结合河南省实际最终确定的，即在一个乡镇的范围内，至少集聚相关企业 30 家，其制造加工主导产品企业不少于 10 家，集群内企业产值不少于 1 亿元，并具有产业集群的基本特征。

（11）、化工医药（10）、煤炭（10）、建材（8）、农副产品（7）、汽车配件（6）、木材加工（6）、电子电器（5）、造纸（2）、其他（5），这也与河南省"十一五"规划发展的重点行业基本吻合。

表5-15　2004年各省辖市产业集群的数量分布情况

地区	郑州	开封	洛阳	平顶山	安阳	鹤壁	新乡	焦作	濮阳	许昌	漯河	三门峡	南阳	商丘	信阳	周口	驻马店	济源
集群个数	8	8	12	10	15	3	12	7	7	14	3	4	9	9	3	11	3	5
集群产值（亿元）	694.1	65.7	256.8	144.9	367.3	41.6	204.1	44.0	165.9	257.6	207.1	80.5	77.7	46.1	11.5	52.4	5.5	26.6

二、产业集聚区建设

为了加快提升产业集聚水平、持续加强基础设施建设、明显提高集约节约水平、大幅提高就业承载能力，在上述中小企业集聚发展的基础上，河南省自2008年做出规划建设产业集聚区的重大战略决策。自此，产业集聚区已成为全省区域经济的增长极，其支撑作用日益突出，为实现中原崛起、河南省振兴提供了强大的物质支撑①。产业集聚区作为产业集聚的空间载体，是优化经济结构、转变发展方式、实现节约集约发展的基础工程，已成为地方政府关注的重点并在其规划建设方面给予大力支持。

1. 发展历程

2008年12月，河南省确定首批产业集聚区名单，作为产业发展与人口集聚的载体，以及加快工业化、城镇化的核心环节，政府将其功能定位为：按照产城融合发展的要求，建设产业生态良好、吸纳就业充分、人居环境优美的现代化城市新区②。2009年，河南省产业集聚区规划建设工作正式启动。2010年，第二批产业集聚区的补进，标志着河南省产业集聚区正式规范确立成形并进入全面推进的阶段。为了促进产业集聚区更好更快发展，使其在全面建成小康社会、促进中原崛起、加快现代化建设的进程中发挥更大作用，河南省制定了产业集聚区考核评价办法，根据考核情况进行动态调整，即实现"有进有出"③，截至2016年底，河南省共确定180个产业集聚区，如表5-16所示。

① 河南省产业集聚区建设工作会议召开［N/OL］. 河南日报. 2014-04-12［2014-04-11］. http：//www. xinhuanet. com/chi-nan ews/2008-12/25/content_15276652. htm.

② 河南省首批产业集聚区已经确定共175个［N/OL］. 河南日报. 2008-12-25［2009-11-10］. http：//www. xinhuanet. com /chi-nanews/2008-12/25/content_15276652. htm.

③ http：//cyjjq. shuzihenan. com/xiangxi. aspx? N_ID=399.

表 5-16 截至 2016 年底河南省各省辖市产业集聚区名单

省辖市（数量）	产业集聚区
郑州市（13）	郑州高新技术产业集聚区、郑州经济技术产业集聚区、郑州航空港产业集聚区、郑州市白沙产业集聚区、郑州市中牟汽车产业集聚区、郑州上街装备产业集聚区、郑州马寨产业集聚区、巩义市产业集聚区、巩义市豫联产业集聚区、新郑新港产业集聚区、新密市产业集聚区、登封市产业集聚区、荥阳市产业集聚区
开封市（8）	开封汴西产业集聚区、开封黄龙产业集聚区、开封汴东产业集聚区、尉氏县产业集聚区、杞县产业集聚区、开封市精细化工产业集聚区、通许县产业集聚区、兰考县产业集聚区
洛阳市（18）	洛阳高新技术产业集聚区、洛阳工业产业集聚区、洛阳经济技术产业集聚区、洛阳市伊滨产业集聚区、洛阳市洛龙产业集聚区、洛阳市洛新产业集聚区、洛阳市石化产业集聚区、洛阳市先进制造业集聚区、洛宁县产业集聚区、宜阳县产业集聚区、新安县产业集聚区、栾川县产业集聚区、孟津县华阳产业集聚区、汝阳县产业集聚区、嵩县产业集聚区、伊川县产业集聚区、偃师市产业集聚区、洛阳空港产业集聚区
平顶山市（10）	平顶山高新技术产业集聚区、平顶山平新产业集聚区、平顶山化工产业集聚区、平顶山市石龙产业集聚区、郏县产业集聚区、汝州市产业集聚区、叶县产业集聚区、宝丰县产业集聚区、舞钢市产业集聚区、鲁山县产业集聚区
安阳市（8）	安阳高新技术产业集聚区、安阳市产业集聚区、安阳市纺织产业集聚区、安阳县产业集聚区、滑县产业集聚区、林州市产业集聚区、汤阴县产业集聚区、内黄县产业集聚区
鹤壁市（4）	鹤壁市鹤淇产业集聚区、鹤壁市宝山循环经济产业集聚区、鹤壁市金山产业集聚区、浚县产业集聚区
新乡市（12）	新乡高新技术产业集聚区、新乡工业产业集聚区、新乡经济技术集聚区、新乡电源产业集聚区、新乡市新东产业集聚区、长垣县产业集聚区、原阳县产业集聚区、获嘉县产业集聚区、封丘县产业集聚区、卫辉市产业集聚区、延津县产业集聚区、辉县市产业集聚区
焦作市（8）	焦作经济技术产业集聚区、焦作市工业产业集聚区、武陟县产业集聚区、温县产业集聚区、孟州市产业集聚区、沁阳市沁北产业集聚区、修武县产业集聚区、博爱县产业集聚区
濮阳市（9）	濮阳经济技术产业集聚区、濮阳市产业集聚区、濮阳市濮东产业集聚区、南乐县产业集聚区、清丰县产业集聚区、台前县产业集聚区、濮阳县产业集聚区、范县产业集聚区、濮阳市化工产业集聚区
许昌市（10）	许昌经济技术产业集聚区、许昌魏都产业集聚区、许昌尚集产业集聚区、中原电气谷核心区、长葛市产业集聚区、鄢陵县产业集聚区、襄城县产业集聚区、禹州市产业集聚区、长葛市大周再生金属循环产业集聚区、襄城县循环经济产业集聚区
漯河市（6）	漯河经济技术产业集聚区、漯河市沙澧产业集聚区、漯河市东城产业集聚区、漯河淞江产业集聚区、舞阳县产业集聚区、临颍县产业集聚区

省辖市（数量）	产业集聚区
三门峡市（7）	三门峡经济技术产业集聚区、三门峡产业集聚区、义马市煤化工产业集聚区、卢氏县产业集聚区、渑池县产业集聚区、灵宝市产业集聚区、陕县产业集聚区
南阳市（15）	南阳高新技术产业集聚区、南阳市新能源产业集聚区、南阳光电产业集聚区、邓州市产业集聚区、新野县产业集聚区、淅川县产业集聚区、内乡县产业集聚区、唐河县产业集聚区、桐柏县产业集聚区、镇平县产业集聚区、西峡县产业集聚区、社旗县产业集聚区、南召县产业集聚区、方城县产业集聚区、南阳化工产业集聚区
商丘市（11）	商丘经济技术产业集聚区、豫东综合物流集聚区、商丘市梁园产业集聚区、商丘市睢阳产业集聚区、永城市产业集聚区、民权县产业集聚区、夏邑县产业集聚区、虞城县产业集聚区、柘城县产业集聚区、宁陵县产业集聚区、睢县产业集聚区
信阳市（15）	信阳市产业集聚区、潢川经济技术产业集聚区、信阳市平桥产业集聚区、信阳市上天梯产业集聚区、信阳金牛物流产业集聚区、信阳明港产业集聚区、固始县史河湾产业集聚区、固始县产业集聚区、光山县官渡河产业集聚区、新县产业集聚区、罗山县产业集聚区、淮滨县产业集聚区、商城县产业集聚区、潢川县产业集聚区、息县产业集聚区
周口市（11）	周口经济技术产业集聚区、周口市川汇产业集聚区、项城市产业集聚区、淮阳县产业集聚区、扶沟县产业集聚区、鹿邑县产业集聚区、郸城县产业集聚区、西华县产业集聚区、沈丘县产业集聚区、太康县产业集聚区、商水县产业集聚区
驻马店市（12）	驻马店经济技术产业集聚区、驻马店装备产业集聚区、驻马店市产业集聚区、遂平县产业集聚区、新蔡县产业集聚区、正阳县产业集聚区、汝南县产业集聚区、西平县产业集聚区、泌阳县产业集聚区、平舆县产业集聚区、确山县产业集聚区、上蔡县产业集聚区
济源市（3）	济源市高新技术产业集聚区、济源市玉川产业集聚区、济源市虎岭产业集聚区

资料来源：《河南统计年鉴》（2017）。

2. 空间布局

（1）分布状况。基于河南省 180 个产业集聚区（管委会）的地理坐标，将其添加至河南省矢量化地图上，得到其空间分布状况，如图 5-15 所示。

（2）空间集聚性分析。通过最近邻指数分析方法能够对河南省产业集聚区的空间分布类型进行分析，运用 ArcGIS 软件计算得到河南省产业集聚区的最近邻指数（NNI）、Z 值和 P 值等指标（见表 5-17）。由表 5-17 可知，河南省产业集聚区的预期平均距离为 20.14 千米，而平均观测距离为 17.98 千米，故其总体邻近比率为 0.89，Z 得分为-2.75，P 值为 0.01，表明河南省产业集聚区呈显著集聚分布。

基于 ArcGIS 软件平台，利用其空间分析工具中的核密度分析功能，得到河南省产业集聚区的空间分布密度图（见图 5-16）。由图 5-16 可知，河南省产业集聚区的密度分布区域差异较大，其中，形成了以洛阳、新乡市区为中心的产业集聚区密集分布核心区，其中，洛阳为全省密度最高的区域，许昌市区周边的密度也较高，而作为河南省核心城市的郑州市的产业集聚区的空间分布则相对均匀，在一定程度上也反映出其经济发展的相对均衡性，上述四市的产业集聚区总数占到全省的29.4%。其他省辖市市区则分别为其所在区域的密度核心区，但从全省范围来看，其集中度并不突出，豫西南及豫东南地区为全省产业集聚区分布密度的低值区，这一方面与当地的经济发展水平有关，另一方面也受制于其地势地形的影响。

图 5-15　河南省产业集聚区空间分布

表 5-17　河南省产业集聚区的空间集聚性分析

名称	NNI	Z得分	P值	空间分布类型	平均观测距离（千米）	预期平均距离（千米）
产业集聚区	0.89	-2.75	0.01	显著集聚	17.98	20.14

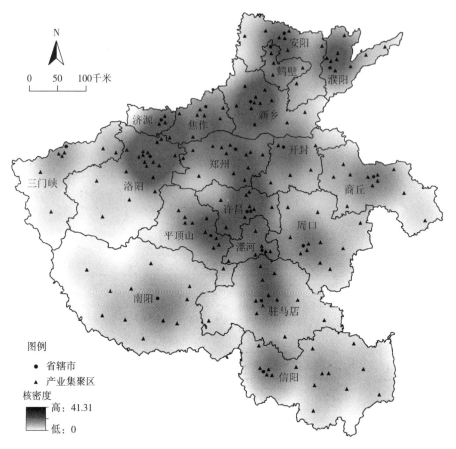

图 5-16 河南省产业集聚区分布密度

3. 发展现状

2008 年以来，河南省委、省政府按照"四集一转"（即企业（项目）集中布局、产业集群发展、资源集约利用、功能集合构建、农民向城镇转移）的发展目标，将产业集聚区建设作为全面实施国家三大战略规划的重要抓手。产业集聚区在新常态下已经成为支撑全省经济发展的综合载体。2016 年，河南省产业集聚区规模以上工业增加值比上年增长 11.9%，占全省规模以上工业的 63.4%；主营业务收入 51613.89 亿元，增长 12.0%；利润总额为 2972.41 亿元，增长 10.0%；固定资产投资 21013.58 亿元，同比增长 13.5%，占全省固定资产投资的 52.9%，其中，产业集聚区工业投资 13903.01 亿元，增长 9.1%①。

2019 年，河南省产业集聚区工业增加值占全省规模以上工业增加值的

①《2016 年河南省国民经济和社会发展统计公报》。

68.9%，对全省规模以上工业增长的贡献率为 69.5%，拉动全省规模以上工业增加值增长 7.8 个百分点①。受新冠疫情影响，2020 年河南省产业集聚区规模以上工业增加值比上年仅增长 0.6%，占全省规模以上工业的比重为 68.9%②。2019 年县（市）产业集聚区增加值占县域工业增加值的比重达到 72% 以上，工业用地亩均税收达到 11 万元，单位工业增加值能耗下降 4% 以上，主营业务收入超 300 亿元的产业集群达到 15 个以上，工业企业智能化改造普及率进一步提高，创新水平和内生活力进一步增强，产业发展生态明显优化③。

为了促进产业集聚区的快速发展，河南省根据经济效益、科技创新、集群发展、绿色环保的标准制定了产业集聚区的晋级标准和晋级办法。产业集聚区历年星级评比情况如表 5-18 所示。比如，2019 年，郑州航空港产业集聚区被评为六星级产业集聚区，郑州经济技术产业集聚区为五星级产业集聚区，永城市产业集聚区为四星级产业集聚区，郑州高新技术产业集聚区等 11 个产业集聚区为三星级产业集聚区，巩义市产业集聚区等 44 个产业集聚区为二星级产业集聚区，郑州市中牟汽车产业集聚区等 54 个产业集聚区为一星级产业集聚区。

表 5-18 历年星级产业集聚区评比情况

星级	2014 年	2015 年	2017 年	2018 年	2019 年
六星	郑州经济技术产业集聚区	郑州经济技术产业集聚区、郑州航空港产业集聚区	郑州经济技术产业集聚区、郑州航空港产业集聚区	—	郑州航空港产业集聚区
五星	郑州航空港产业集聚区	—	—	郑州经济技术产业集聚区、郑州航空港产业集聚区	郑州经济技术产业集聚区
四星	—	—	—	—	永城市产业集聚区
三星	—	郑州高新技术产业集聚区等 3 个	长葛市产业集聚区等 6 个	郑州高新技术、产业集聚区等 8 个	郑州高新技术产业集聚区等 11 个
二星	郑州高新技术产业集聚区等 24 个	新密市产业集聚区等 34 个	济源市虎岭产业集聚区等 59 个	郑州马寨产业集聚区等 48 个	巩义市产业集聚区等 44 个
一星	郑州马寨产业集聚区等 80 个	郑州马寨产业集聚区等 93 个	范县产业集聚区等 73 个	新郑新港产业集聚区等 54	郑州市中牟汽车产业集聚区等 54 个

资料来源：根据历年产业集聚区考核晋级结果的通报整理。

① 《2019 年河南省国民经济和社会发展统计公报》。
② 《2020 年河南省国民经济和社会发展统计公报》。
③ 河南省产业集聚区联席会议办公室关于印发 2020 年河南省推进产业集聚区高质量发展工作方案的通知 ［EB/OL］．https：//fgw.henan.gov.cn/2020/04-07/1313759.html．

河南省产业集聚区的快速发展为全省的经济增长提供了强大动力，但不可否认的是，河南省各省辖市之间产业集聚区的发展情况存在显著的差异。由表5-19可以看出，2017年，郑州市产业集聚区的规模以上工业从业人员数、规模以上工业主营业务收入及固定资产投资完成额均明显高于其他城市，凸显出郑州市作为河南省中心城市的地位；洛阳的各项指标均排第二名，反映出洛阳市具有较为雄厚的工业基础和发展潜力；许昌、焦作、周口等在规模以上工业主营业务收入方面，焦作、南阳、商丘等在固定资产投资额方面，以及商丘、焦作、周口等在规模以上工业从业人员数方面亦具有一定规模；鹤壁、三门峡、济源等市相应的指标则处于全省的低值区。

表5-19　2017年河南省产业集聚区发展状况

地市	规模以上工业从业人员数（人）	规模以上工业主营业务收入（亿元）	固定资产投资完成额（亿元）
郑州市	635914	7566.08	2565.85
开封市	281138	1996.59	1173.54
洛阳市	341339	5070.10	2006.72
平顶山市	158469	1903.09	725.73
安阳市	121822	2083.58	881.13
鹤壁市	134140	1312.48	496.42
新乡市	210451	2687.99	1100.24
焦作市	366574	4761.23	1773.89
濮阳市	132842	2233.94	1034.47
许昌市	336424	4774.43	1490.83
漯河市	240236	2987.32	954.9
三门峡市	117545	1740.42	850.28
南阳市	295129	2415.28	1735.61
商丘市	391494	3261.19	1538.75
信阳市	274886	2051.57	1023.05
周口市	348972	3924.8	1006.86
驻马店市	258345	2762.04	1048.42
济源市	69558	1212.82	283.04
总计	4715278	54744.95	21689.73

资料来源：《河南统计年鉴》（2018）。

　　从河南省各产业集聚区的经济指标来看，其规模差异显著。2017年，郑州航空港产业集聚区规模以上工业从业人员数达到 315414 人，远高于省内其他集聚区的从业人员数，是第二名长葛市产业集聚区规模以上工业从业人员数 95385 人的 3.31 倍。开封黄龙产业集聚区、禹州市产业集聚区、孟州市产业集聚区、武陟县产业集聚区、郑州经济技术产业集聚区、永城市产业集聚区、睢县产业集聚区、夏邑县产业集聚区、太康县产业集聚区、济源市虎岭产业集聚区和尉氏县产业集聚区的规模以上工业从业人员数均超过 5 万人，而一些集聚区的规模则相对较小，如三门峡经济技术产业集聚区、豫东综合物流集聚区、安阳市纺织产业集聚区、驻马店经济技术产业集聚区、洛阳经济技术产业集聚区的规模以上工业从业人员数尚不足 2000 人。在规模以上工业主营业务收入方面，郑州航空港产业集聚区、长葛市产业集聚区、郑州经济技术产业集聚区和禹州市产业集聚区均超过 1000 亿元，其中，郑州航空港产业集聚区达到 2991.67 亿元。漯河经济技术产业集聚区、孟州市产业集聚区、武陟县产业集聚区、济源市虎岭产业集聚区、长葛市大周再生金属循环产业集聚区、沁阳市沁北产业集聚区、新安县产业集聚区、林州市产业集聚区、巩义市产业集聚区、温县产业集聚区、永城市产业集聚区、临颍县产业集聚区、博爱县产业集聚区、长垣县产业集聚区和沈丘县产业集聚区 15 个产业集聚区的规模以上工业主营业务收入均超过 500 亿元。与之相比，一些产业集聚区的主营业务收入规模明显较小，如驻马店经济技术产业集聚区、安阳市纺织产业集聚区、平顶山平新产业集聚区、豫东综合物流集聚区和洛阳经济技术产业集聚区的规模以上工业主营业务收入均不足 20 亿元。在固定资产投资完成额方面，郑州航空港产业集聚区达到 682.03 亿元，郑州经济技术产业集聚区、林州市产业集聚区、孟州市产业集聚区、沁阳市沁北产业集聚区和武陟县产业集聚区均超过 300 亿元，而卢氏县产业集聚区、开封汴东产业集聚区、驻马店经济技术产业集聚区、三门峡经济技术产业集聚区、潢川经济技术产业集聚区、洛阳经济技术产业集聚区、南阳化工产业集聚区、桐柏县安棚化工产业集聚区、平顶山市石龙产业集聚区、信阳市上天梯产业集聚区和临颍县杜曲现代家居产业集聚区的固定资产投资完成额则低于 30 亿元。可以看出，产业集聚区之间的发展差距非常明显。

4. 发展方向

河南省产业集聚区在一系列政策扶持引导下实现了快速发展，但在面对诸多有利条件和积极因素的同时，也应当正视当前产业集聚区的发展存在产业层次低、发展方式粗放、资源环境约束加剧等问题。在未来的发展进程中，应当贯彻新的发展理念，把创新摆在核心位置，优化创新创业生态环境，集聚特色创新资源，加快发展新技术、新产业、新业态、新模式，积极培育引领型产业，率先形成高端化、绿色化、智能化、融合化的新型产业体系；要综合考虑资源环境承载能力、产业基础和发展潜力，统筹优化产业集聚区空间布局、功能定位和数量规模，着力构建差异化协同发展的新格局；推动产业集聚区立足区域资源禀赋和自身优势，科学定位发展方向，实现专业化、特色化发展；汇聚以引领型资源为重点的各类创新要素，建立以企业为主体、市场为导向、产学研深度融合的技术创新体系，推动产业集聚区由要素驱动向创新驱动转变；健全市场化资源要素配置机制，加强资源集约节约和综合利用，加大环境污染防治力度，推进产业集聚区绿色集约发展；坚持开放合作发展，加大精准招商力度，加快构建开放型经济体系；加强与城镇在基础设施建设、公共服务及生态建设等方面的衔接协调和共建共享，提升产城互动融合水平；健全管理体制机制，推进产业集聚区体制机制创新，加强和改进管理、服务，为企业发展营造良好环境①。

三、特色产业集群的认定

由于产业集群是以主体（企业或机构）之间的网络联系为基础的，是产业集聚与产业网络的综合，即集群＝集聚＋网络，因此，特色产业集群是产业集聚区升级的方向，即只有用产业集群的理念发展产业集聚区，产业集聚区才能健康可持续地发展下去。

为此，在产业集聚区发展的基础上，2014 年河南省工业和信息化厅下发《关于开展中小企业特色产业集群认定工作的通知》②，在全省启动中小企业特色产业集群创建认定工作，旨在检验以集群理念发展产业集聚区的效果。这里所指的中小企业特色产业集群（以下简称特色产业集群）是指：依托相关产业集聚区、工业园区、小企业创业基地和各类特色园区，以中小企业为主体，以特色产业为支柱，形成一定产业规模和企业集聚、产业链条完整、自主创新能力强、发展前景好、辐射带动作用大、具有较高知名度和特色、完善的公共服务平台的产业集群。按照产业集群的内涵和特点，该认定设定了 8项申报条件：①建设管理规范。特色产业集群主导产业符合国家产业政策，产业特色突出，产业聚集度高。特色产业集群所在地政府高度重视，有健全的组织协调机构、产业发展规划和政策扶持措施。②产业集聚效应明显。特色产业集群内主营业务收入 20000 万元的龙头企业不少于 2 家；产业协作配套能力强，拥有相关联的中小企业不低于 20 家。特色产业集群工业用地建筑密度不低于 50%，单位土地平均投资强度为 1000 万元/公顷以上。③产业链条

---

① 河南省人民政府办公厅. 关于促进产业集聚区和开发区改革创新发展的实施意见 ［EB/OL］. https://www.henan.gov.cn/2018/01-08/249401.html.

② 河南省工业和信息化厅关于开展中小企业特色产业集群认定工作的通知（豫工信企业〔2014〕438 号）［EB/OL］. http://gxj.xinxiang.gov.cn/gongshigonggao/7660.html.

体系完整。形成了企业与企业之间、企业与科研单位之间、企业与物流之间、企业与支撑体系之间，专业分工明确，上下游紧密连接的协作关系，本地化配套较高。④产业竞争力强。特色产业集群年营业收入 20 亿元以上；主导产业营业收入占全部营业收入的比重不低于 65%。⑤产业创新能力强。特色产业集群内研发投入占营业收入的比重不低于 1%。⑥节能减排和安全生产达标。特色产业集群内规模以上企业强制清洁生产审核实施率达到 100%。⑦发展潜力大。有 1 个以上投资亿元以上、2 个以上投资 5000 万元以上在建或储备项目。⑧公共服务体系完善。按照产业发展内在需要建立并逐步完善各类公共服务平台，初步具备研发设计、检验检测、业务培训、信息咨询、知识产权保护、融资担保、产品展销、物流服务等功能，拥有 1 个省级及省级以上中小企业公共服务平台或小企业创业基地。

2015~2023 年共认定了 66 个产业集聚区（见表 5-20）作为河南省中小企业特色产业集群进行创建工作，以引导河南省中小企业走专业化、精细化、特色化、新颖化发展之路，实现资源配置优化和生产要素有效集中，推动优势产业集聚发展，提升产业竞争力。

表 5-20 被认定为河南省中小企业特色产业集群的产业集聚区名单

时间（数量）	产业集聚区及其主导产业
2015 年 （13 个）	新野县产业集聚区（纺织服装）、驻马店装备产业集聚区（汽车及零部件）、通许县产业集聚区（电动车）、舞钢市产业集聚区（特钢深加工和机械制造）、偃师市产业集聚区（三轮摩托及装备制造）、商丘经济开发区环保装备产业园（环保装备）、淅川县产业集聚区（汽车零部件）、夏邑县产业集聚区（纺织服装）、巩义市民营科技创业园（钢绞线制品）、南召县产业集聚区（天然碳酸钙粉）、荥阳市五龙产业集聚区（建筑机械）、临颍县产业集聚区（食品）和西峡县产业集聚区（中药制药及绿色食品）
2016 年 （10 个）	河南省万邦国际农产品物流园区（农产品物流）、郑州华南城（商贸物流）、桐柏县安棚化工专业园区（碱硝化工）、南阳方城超硬材料产业园（超硬材料）、虞城县产业集聚区（工量具）、扶沟县产业集聚区（纺织）、项城市产业集聚区（医药）、汝南县产业集聚区（新能源电动车）、济源市虎岭产业集聚区（装备制造）、巩义市耐火材料产业集聚区（耐火材料）
2017 年 （3 个）	西平县产业集聚区（畜牧机械）、鹿邑县产业集聚区纺织尾毛专业园区（化妆刷）和台前县产业集聚区（羽绒及服饰加工）
2018 年 （10 个）	商丘市梁园产业集聚区（运动健康）、濮阳市经济技术产业集聚区（化工）、濮阳县庆祖食品园区（食品加工）、郸城高新技术产业开发区（食品）、项城市产业集聚区（服装）、临颍县现代家居产业集聚区（现代家居）、洛阳市洛新产业集聚区（矿山装备）、安阳县产业集聚区（钢铁精深加工）、遂平县产业集聚区（食品加工）和罗山县产业集聚区（电子信息）

时间（数量）	产业集聚区及其主导产业
2019 年 （3 个）	商丘市宁陵县产业集聚区（复混肥）、周口市项城市产业集聚区（医药）和周口市淮阳县产业集聚区（塑料制品）
2020 年 （7 个）	平顶山市尼龙新材料产业集聚区（尼龙新型功能材料）、鹤壁市经济技术开发区（汽车电子电器与新能源汽车零部件）、新乡市经济技术产业集聚区（化工）、濮阳市濮东产业集群区（能源装备制造）、许昌市长葛大周再生金属循环产业集聚区（再生金属及制品）、周口市商水县产业集聚区（纺织服饰）、周口市太康县产业集聚区（锅炉压力容器制造）
2023 年 （20 个）	淇滨区人工智能产业集群、中牟县新能源专用车整车及零部件产业集群、淇县航空航天食品产业集群、新野县现代纺织服装复合材料特色产业集群、太康县锅炉制造特色产业集群、项城市医药产业集群、伊川县高温无机非金属材料产业集群、济源示范区钢产品深加工产业集群、滑县能源新材料中小企业特色产业集群、巩义市铝精深加工产业集群、长葛再生金属及制品产业集群、兰考县品牌家居特色产业集群、方城县超硬及硬质合金新材料产业集群、灵宝市铜精深加工产业集群、柘城县超硬材料产业集群、临颍县食品产业集群、周口市淮阳区塑料制品产业集群、偃师区三轮摩托车及装备制造产业集群、平桥区绿色家居产业集群、禹州市绿色铸造产业集群

资料来源：根据各年公布的河南省中小企业特色产业集群认定名单整理。

参考文献

［1］郭丽英，王道龙，邱建军．河南省粮食生产态势及其能力提升对策［J］．中国人口·资源与环境，2009，19（2）：153-156.

［2］孟琳琳，李江苏，李明月，宋莹莹．河南省现代服务业集聚特征及影响因素分析［J］．世界地理研究，2020，29（6）：1202-1212.

［3］张华，梁进社．产业空间集聚及其效应的研究进展［J］．地理科学进展，2007，26（2）：14-24.

［4］李小建，李二玲．产业集聚发生机制的比较研究［J］．中州学刊，2002（4）：5-8.

［5］李二玲．中部农区产业集群与中小企业网络［M］．北京：科学出版社，2011.

第六章　县域经济与乡村发展

第一节　县域经济发展现状与格局演化

河南省作为县域经济大省，2004 年发布的《关于发展壮大县域经济的若干意见》中明确指出：河南省作为发展中的人口大省、农业大省，加快发展县域经济是促进城乡协调发展、全面建设小康社会的必然选择，是提高河南省综合经济实力、缩小与先进省的发展差距、实现中原崛起的战略举措。县域经济的发展是实现宏观经济调整、城乡经济结合和省域经济发展的保证，从经济地理格局的变化来研究县域经济发展的过程，对于缩小县域经济内部差异、提升县域经济的内生动力和综合竞争力具有重要的意义。

一、县域经济发展特征

截至 2022 年底，河南省共下辖 21 个县级市和 82 个县，共计 103 个县域单元（不含市辖区）。2022 年全省县域常住总人口为 6813.04 万人，占全省常住总人口的 69.01%。截至 2021 年底，河南省县域土地面积为 14.25 万平方千米，占全省土地面积的 85.13%。

1. 县域经济规模在波动中不断提升，同时经济发展存在地域差异

河南省县域经济发展迅速，不断实现发展规模的突破。2022 年河南省 103 个县共完成生产总值 37534.84 亿元，占全省 GDP 的 61.19%，按可比价格计算，比上年增长了 4.3%，是 1991 年县域生产总值的 50.80 倍。县域平均生产总值达 364.42 亿元，其中地区生产总值超过 500 亿元的有 14 个，分别是中牟县、巩义市、荥阳市、新密市、新郑市、汝州市、林州市、长垣市、禹州市、长葛市、邓州市、永城市、济源市。突破 200 亿元的县市有 91 个，比 2016 年多出 29 个，比 2010 年多出 71 个。最高的为新郑市（1485.45 亿元），最低的为安阳县（111.10 亿元），相差 13.37 倍，各县域之间经济差异显著。由 2023 年《中国中

小城市绿皮书》发布的中国中小城市综合实力百强县（区、镇）名单可知，2022 年度河南省有 7 个县市上榜，分别为新郑市、巩义市、荥阳市、禹州市、永城市、长葛市、长垣市，其中新郑市位居全省榜首。

"八五"以来河南省县域 GDP 总量增长快速，但是速度很不稳定（见图 6-1）。1992~1993 年河南省经济受全国大环境的影响，经济运行过程中出现了投资过热和通货膨胀。河南省县域 GDP 从 1991 年至 1995 年翻了将近 3 倍；在 1993 年以后国家加强宏观调控措施，至 1996 年通货膨胀得到遏制，宏观经济实现"软着陆"，县域经济增长速度在 1994~1995 年处于波动状态，1996 年后经济增长速度才开始逐渐放缓。1997 年下半年亚洲金融危机开始时，河南省经济和县域经济增速仍处于高于全国 8.80% 的水平，但到 1999~2000 年河南省整体经济增长速度和县域经济增长速度都达到转折点。2000 年后，经过国家经济的宏观调整，以及我国加入世贸组织和国内市场经济体制的逐步成形，经济开始逐步回升，但经济发展仍受国际经济大环境的影响。受 2008 年美国次贷金融危机的影响，河南省整体及县域经济增速均出现下滑。2009 年之后，经过国家及省政府的调整和一系列经济刺激，经济增速开始回升。到 2012 年国家经济增速稳定在 7%~8%，同时河南省经济增长速度同样开始回落，保持在 10% 以下。2016~2018 年河南省省域与县域经济增速保持在较稳定的区间，增长速度均在 6% 以上。2020 年受新冠疫情影响，河南省域及县域经济增速达到历史最低值，此后经济增速虽开始回升，但皆低于全国经济增速水平。整体来看，从 1991 年至

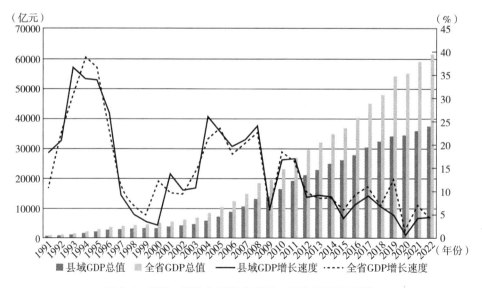

图 6-1　1991~2022 年河南省省域、县域 GDP 及增速

资料来源：《河南统计年鉴》（1992~2023）。

2022 年，河南省县域经济总量保持持续上升的态势，经济发展状况良好，始终占据河南省经济总量的 60% 以上；县域 GDP 增速与河南省 GDP 增速保持十分相近的走势，波动均较大。

2. 县域产业结构以二产为主导、三产不断追赶

2022 年全省县域产业结构为 13.21：43.44：43.34，省域为 9.48：41.51：49.01，与全省产业的"三二一"结构不同，县域产业仍然保持"二三一"的结构，但第二产业与第三产业之间差距甚小。如表 6-1 所示，对于省域产业结构来说，一产比重逐年降低，二产比重先上升后降低，三产比重在波动中上升。比如，1991 年的产业结构为"二一三"结构，到 1995 年转变为"二三一"倒梯形产业结构。对于县域产业结构来说（1991 年与 1995 年部分县域数据缺失），第一产业所占比重逐渐减少，1995 年县域第一产业占比达到 34.24%，到 2022 年降低了 21 个百分点；第二产业在 2010 年前发展迅速，占比达到 57.73%。2005 年县域产业结构已形成了"二三一"的结构，与省域产业结构保持一致。由于在此期间河南省出现了一批工业强县，如长垣县、巩义市、永城市、灵宝市等县市，2010 年第二产业中工业增加值占比达到 95% 左右，由此看出工业是县域经济产业结构升级的主要推动力；由于第三产业的追赶效应，2010 年以后，县域第二产业的占比变小，第三产业占比稳定增加，县域二、三产业占比之间的差距逐渐减小，至 2022 年，二者接近持平。

表 6-1　1991～2022 年河南省省域、县域三次产业结构占比　　　　单位：%

年份	县域一产占比	省域一产占比	县域二产占比	省域二产占比	县域三产占比	省域三产占比
1991	—	32.00	—	37.11	—	30.89
1995	34.24	25.53	—	46.68	—	27.79
2000	29.80	22.99	43.83	45.40	26.37	31.61
2005	24.31	17.36	51.01	51.88	24.68	30.76
2010	19.11	13.75	57.73	55.68	23.16	30.57
2016	13.59	10.59	51.33	47.63	35.08	41.78
2022	13.21	9.48	43.44	41.51	43.34	49.01

资料来源：《河南统计年鉴》（1992～2023）。

3. 县域财政收入稳中有进，但人均可支配收入有待提高

2022 年全省县域公共财政预算收入为 1998.77 亿元，占全省的 47.03%。截止到 2022 年底，有 7 个县（市）公共财政预算收入突破 50 亿元，分别为新郑市、济源市、中牟县、永城市、巩义市、长垣市、荥阳市，其中新郑市公共财政预算收入达到 70.96 亿元，位列榜首。2022 年，县域人均 GDP 达到 55092.64

元，与全省人均 GDP 相比少 7013.36 元，与全国人均 GDP 相比少 30605.36 元。县域城镇居民人均可支配收入为 34856.00 元，与全省平均水平相比少 3628.00 元，与全国平均水平相比少 14426.90；农村居民人均可支配收入为 18833.42 元，比全省平均水平多 136.42 元，但与全国平均水平相比少 1299.38 元。

4. 县域农业是全省农业发展的基石，以种植业为主

2016 年全省县域农林牧渔业增加值为 3903.66 亿元，其中种植业增加值为 2412.77 亿元，占农林牧渔业增加值的 61.81%，种植业是农林牧渔业主要的生产行业。2016 年全省种植业增加值为 2693.52 亿元，县域种植业增加值占全省的 89.57%。2022 年全省县域主要农作物播种面积为 10797.55 千公顷，占全省主要农作物播种面积的 87.21%。其中粮食种植面积达到 9380.41 千公顷，占全省粮食播种面积的 87.03%。全省县域粮食总产量达到 5929.85 万吨，占全省粮食总产量的 87.34%，占全国粮食总产量的 8.64%。人均粮食占有量达到 870.37 千克，是 2010 年的 1.19 倍。全省县域棉花产量为 1.20 万吨，油料产量为 604.17 万吨，分别占全省产量的 88.27% 和 88.33%，占全国产量的 0.20% 和 16.53%。全省县域猪肉产量为 381.48 万吨，占全省猪肉产量的 87.72%，占全国肉类产量的 6.88%。

5. 县域工业增加值稳步增长，固定资产投资更加活跃

2022 年全省县域规模以上工业增加值为 19810.35 亿元，是 1991 年 788.63 亿元的约 25 倍，是 2010 年 7128.17 亿元的 2.8 倍。工业经济在县域经济中的占比逐年提高，2010 年县域规模以上工业经济占比为 43.32%，到 2022 年县域规模以上工业对县域经济的贡献率达到 52.78%。2022 年全省县域平均规模以上工业增加值增速为 6.09%，与全省规模以上工业增加值增速相比高 0.99%，与全国规模以上工业增加值增速相比高 2.49%，保持在较高增长水平。全省县域固定资产投资额大幅度提升，由 2011 年的 11900.21 亿元增长至 2021 年的 38006.94 亿元，占全省固定资产投资额的 68.05%，是 2011 年投资额的 3.2 倍，反映出河南省改革开放的力度以及积极招商引资的强度，已经把县域经济作为河南省经济增长的一个重要板块。产业集聚区是河南省县域经济发展的特色，2022 年全省共发展 180 个产业集聚区，县域共有 106 个，占全省的 58.89%，县域产业集聚区已经逐渐成为各个县域经济的增长极，成为转变经济增长方式、招商引资和农民转移就业的主要平台。

6. 县域服务业有所发展，但对经济增长的贡献有待提升

县域服务业的发展有利于县域吸收劳动力和转变县域经济的发展方式。2022 年河南省县域服务业总产值为 16268.40 亿元，占河南省服务业生产总值的 54.12%，占全国服务业的 2.55%，是河南省市域服务业生产总值的 1.18 倍。与上年相比县域服务业总产值增加了 4.32%，对县域 GDP 的贡献率为 43.34%，与全省（49.01%）、全国（53.35%）比较，占比偏小，服务业对县域经济和就业的贡献不大。

二、县域经济发展格局及其演变

对河南省县域经济的空间格局及其区域差异进行探讨，有助于为河南省县域经济的协调发展提供决策依据。在此，首先基于人均 GDP 数据，对河南省县域经济发展的时空分异特征进行刻画；其次运用探索性空间数据分析方法，对河南省县域经济发展的空间关联格局进行分析，以期整体把握河南省县域经济发展的时空格局，为河南省县域经济的发展提供可能的理论依据。

1. 经济发展水平及类型

为识别和比较河南省各县域经济发展水平的空间分布状况，以 1991 年、1995 年、2000 年、2005 年、2010 年、2016 年和 2022 年作为研究节点，根据河南省各年份各县（市）人均 GDP 平均值的 150%、100% 和 50%，将河南省各县域划分为经济发达型、次发达型、欠发达型和落后型四种（见表 6-2）。

表 6-2　1991～2022 年河南省县域经济发展水平分类及其标准（人均 GDP）

单位：元

年份 \ 县域经济类型	落后型	欠发达型	次发达型	经济发达型
1991	[276.81, 483.14)	[483.14, 966.28)	[966.28, 1449.42)	[1449.42, 3181.26)
1995	[1337.00, 1460.36)	[1460.36, 2920.72)	[2920.72, 4381.08)	[4381.08, 8551.00)
2000	[2244.46, 2291.55)	[2291.55, 4583.11)	[4583.11, 6874.66)	[6874.66, 12531.15)
2005	[3919.00, 5020.63)	[5020.63, 10041.25)	[10041.25, 15061.88)	[15061.88, 29314.00)
2010	[9282.01, 11983.67)	[11983.67, 23967.35)	[23967.35, 35951.02)	[35951.02, 88195.64)
2016	[18160.00, 20506.93)	[20506.93, 41013.85)	[41013.85, 61520.78)	[61520.78, 108122.00)
2022	[17701.77, 27964.95)	[27964.95, 55929.89)	[55929.89, 83894.84)	[83894.84, 119910.03)

资料来源：根据相关年份的《河南统计年鉴》计算而得。

结合 GIS 技术，将 1991 年、2005 年、2016 年和 2022 年河南省四种经济发展类型进行空间可视化（见图 6-2）。从中可以看出河南省县域经济发展水平空间格局具有如下特征：

1991 年，河南省县域经济发展水平总体偏低。从四种类型县域单元数量占比看，落后型和欠发达型县域单元数量为 70 个，占总量的 67.92%，次发达型县域单元数量为 17 个，占总量的 16.50%，发达型县域单元数量为 16 个，占总量

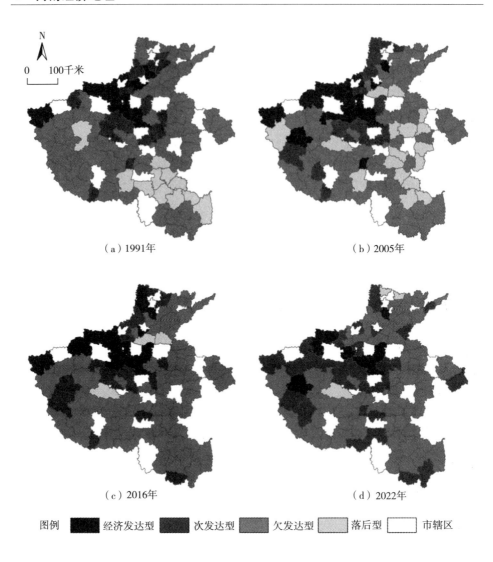

（a）1991年　　　　　　　　　　　（b）2005年

（c）2016年　　　　　　　　　　　（d）2022年

图例 ■经济发达型 ■次发达型 ■欠发达型 □落后型 □市辖区

图6-2　1991年、2005年、2016年、2022年河南省县域经济发展水平类型划分

资料来源：根据相关年份的《河南统计年鉴》计算绘制。

的15.53%，绝大多数县域单元的经济发展水平相对较低。从各类型区的空间分布看，经济发达型和次发达型的县域单元主要分布在新乡市、焦作市、郑州市、安阳市等豫北和豫中地区，形成全省县域经济发达集聚区，落后型的县域单元主要分布在周口市、驻马店市、信阳市等豫东和豫南地区，形成全省县域经济塌陷带，侧面反映出河南省县域经济发展的不平衡性。

截至2005年，河南省县域经济发展水平的核心-边缘结构突出。豫北地区县域经济发生较明显的变化，如林州市、登封市、淇县、栾川县等县域成为经济发达、次发达县域。豫西和豫中地区县域经济发展势力增强，发达型县域单元数量增加，形成以巩义市、新密市、新郑市、荥阳市、济源市、孟州市、温县、新安县等县域为中心的经济发达集聚区。豫西南地区的新野县、镇平县、西峡县以及洛阳市的栾川县发展迅速，成为河南省县域经济新的增长点。整体上河南省县域经济发展表现出西进的态势，形成了以郑州市、洛阳市、焦作市等经济发达区域为核心的经济增长极，周围分布着经济次发达型县域，随着距离增加经济辐射效果减弱，在豫东等地区形成河南省县域经济的边缘区，经济差异两极分化的格局增强。

截至 2016 年，河南省县域经济发展水平提高显著，整体不均衡状况有所改善。全省县域经济发展较快，落后型县域单元数量明显减少，欠发达型和次发达型县域单元数量增多，发达型县域单元数量有所下降，反映了河南省县域经济发展的不均衡性特征。豫西、豫中地区发展较快，中牟县、通许县等迅速崛起成为经济发达县和次发达县；豫东地区经济逐步提升，绝大多数县域发展为经济欠发达型和次发达型县域。总体上，河南省县域经济发展水平仍呈现西高东低的态势，豫西、豫北和豫中地区的经济强县在空间上连接成片，构筑成河南省经济发展的中心，但同时低水平的落后型县域单元数量在不断减少，经济发展的极化效应明显减弱。

截至 2022 年，河南省县域经济发展水平呈持续增长趋势，整体不均衡状况进一步改善。经济发达型、欠发达型、落后型县域数量都有所减少，次发达型县域数量增多，表明河南省县域经济发展的不均衡状况得到改善。豫西、豫中地区仍然保持其经济核心地位，并辐射带动周边县域发展，其多为经济发达型和次发达型县域，新郑市、新密市、长葛市等经济发达型县域始终保持较高经济发展水平。豫东地区经济持续性增长，多为次发达型和欠发达型县域，永城市、商城县等县域由落后型发展为次发达型县域。但豫西、豫中和豫北区域发展速度有所放缓，灵宝市、登封市、博爱县和林州市等县域由经济发达型退回为次发达型或欠发达型。总体上，河南省县域经济呈现持续增长的良好态势，豫西、豫中和豫北区域仍然是河南省经济发展中心，豫东地区正逐渐崛起，整体的不均衡状况得到进一步改善。

整体上，河南省县域经济在 1991~2022 年的空间格局变化不大，基本上为北部发达、南部落后，西部发达、东部落后，平原县域发达、山区县域落后。但这种不均衡的趋势正在减弱，东部的商丘市、周口市、信阳市等地区的县域经济正逐步提升，河南省县域间的经济差距正在缩小。

2. 空间集聚格局及演变

（1）县域经济全局空间自相关分析。基于 ArcGIS 软件分别计算了河南省

103 个县 1991 年、1995 年、2000 年、2005 年、2010 年、2016 年和 2022 年 7 个年份县域单元人均 GDP 的全局 Moran's I 指数和 Genera G 指数及其相关指标（见表 6-3）。7 个年份的 Moran's I 指数全部为正且 Z（I）值均通过显著性检验，表明河南省县域经济发展呈正的空间自相关分布，经济发展水平相似的区域在空间上呈现集聚分布。另外，由 Moran's I 指数在 1991~2022 年的年际变化可以看出（由 1991 年的 0.516 增至 2016 年的 0.564），此阶段河南省县域经济发展水平的空间聚集性在不断增强，2022 年 Moran's I 指数（0.438）有所降低，说明空间集聚性有所减弱。在研究年份中，G（d）值均大于 E（d）值且 Z（d）值均通过显著性检验，说明河南省县域经济发展水平存在高值集聚现象。G（d）值在研究期间略有波动，1991~2010 年整体呈现上升趋势，说明河南省县域经济高值聚类状况在逐渐增强，2010~2022 年呈现下降趋势，说明集聚状况有所减弱。

表 6-3　1991~2022 年河南省县域单元人均 GDP 的 Moran's I 和 Genera G 指数

指数	1991 年	1995 年	2000 年	2005 年	2010 年	2016 年	2022 年
Moran's I	0.5163	0.5066	0.5137	0.5511	0.5221	0.5637	0.4380
E（I）	−0.0098	−0.0098	−0.0098	−0.0098	−0.0098	−0.0098	−0.0098
Z（I）	7.6402	7.4276	7.5424	8.0357	7.6907	8.2095	6.4188
G（d）	0.0108	0.0109	0.0106	0.0112	0.0112	0.0108	0.0101
E（d）	0.0098	0.0098	0.0098	0.0098	0.0098	0.0098	0.0098
Z（d）	4.2927	4.1107	3.8204	4.8008	4.5577	4.4288	2.1434

资料来源：根据相关年份的《河南统计年鉴》计算而得。

（2）县域经济局部空间自相关分析。利用 ArcGIS 软件绘制出 1991 年、2005 年、2016 年和 2022 年 4 个年份河南省县域单元人均 GDP 的局部 Moran's I 指数空间分布图（见图 6-3）。

从数量上看，"高-高"集聚的县域单元数量有所增加，"低-低"集聚的县域单元不断减少。1991 年存在空间显著集聚的县域单元有 34 个，其中显著"高-高"集聚的县有 13 个，显著"低-低"集聚的县有 18 个，还有 3 个显著"低-高"集聚的县；2005 年存在空间显著集聚的县域单元有 33 个，其中显著"高-高"集聚的县有 14 个，显著"低-低"集聚的县下降到 17 个，1 个显著"高-低"以及 1 个显著"低-高"集聚的县；2016 年存在空间显著集聚的县域单元有 33 个，其中显著"高-高"集聚的县有 15 个，显著"低-低"集聚的县有 16 个，2 个显著"低-高"集聚的县；2022 年存在空间显著集聚的县域单元有 29 个，其中显著"高-高"集聚的县有 14 个，显著"低-低"集聚的县有 13

个，2个显著"低–高"集聚的县。与1991年相比，经济发展水平呈显著"低–低"集聚的县域单元明显减少，而呈显著"高–高"集聚的县域单元数量有所增加，说明河南省县域经济发展核心区的涓滴和带动作用正逐渐显现。

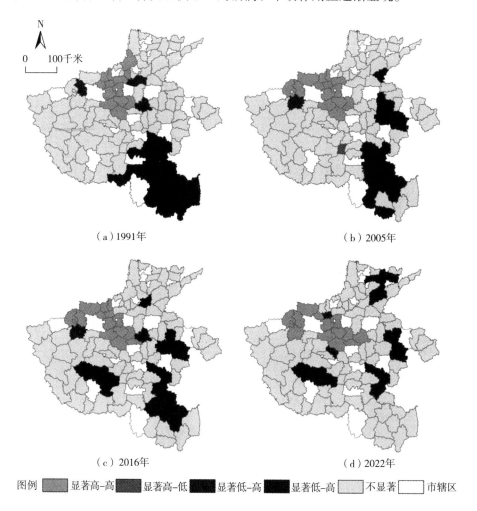

图6-3　1991年、2005年、2016年、2022年河南省县域人均GDP局部空间自相关图

资料来源：根据相关年份的《河南统计年鉴》计算绘制。

从空间分布上看，"高–高"集聚的县域单元主要分布在豫西，"低–低"集聚的县域单元主要分布在豫南和豫东地区。1991年经济发展水平呈显著"高–高"集聚格局的县域主要分布在郑州–新乡–焦作–许昌经济带上，包括新郑市、巩义市、新密市、荥阳市、登封市、禹州市、孟州市、博爱县、温县、武陟县、获嘉县、沁阳市、辉县市等，这些县域具有良好的经济基础条件，在设施建设、资本投入、产业发展等方面与豫东、豫南等地区相比具有明显优势，故其经济发展迅速且水平较高，长此以往形成了河南省县域经济发展的高地；而呈显著"低-低"集聚格局的县域主要分布在驻马店市和信阳市，在南阳市和周口市少量分布，包括商水县、上蔡县、项城市、遂平县、汝南县、平舆县、新蔡县、确山县、正阳县、息县、淮滨县、罗山县、光山县、潢川县、固始县、商城县、新县和桐柏县等，与河南省县域经济发展的高值区相比，这些县域的区位条件相对较差，既无四通八达的交通网络，又因远离省会而无法受到省会经济辐射的惠及，导致其产业结构层次和经济发展水平相对较低，形成了河南省经济发展的塌陷区。到2022年，"高-高"集聚和"低-低"集聚的空间格局均发生变化，其中"高-高"集聚的县域范围向西拓展变大，豫西地区的洛阳市和三门峡市的部分县域崛起，如新安县、渑池县、宜阳县和义马市等县域进入高值集聚区，这主要得益于这些县域多为工矿业城市，工业经济发达，同时又临近陇海铁路，交通比较便利。而"低-低"集聚的县域范围不断缩小且范围逐渐分散，豫北地区有安阳市的汤阴县、滑县、内黄县以及濮阳市的清丰县，豫南地区有南阳市的南召县、方城县以及驻马店市的平舆县，豫东地区有周口市的商水县和项城市，这从侧面也可以看出河南省县域经济之间的差距在逐渐缩小。

总体而言，随着时间推移河南省县域经济发展水平较好的地区逐渐向西部和中部推进，而经济发展相对薄弱的地区仍然聚集于豫东和豫南等地区，豫北地区的经济出现一些波动，同时县域之间的经济极化现象已经减弱。

（3）县域经济冷热点探测分析。为进一步识别河南省县域经济发展水平的空间集聚格局，通过计算1991年、2005年、2016年和2022年河南省4个年份县域单元人均GDP的Getis-Ord Gi＊指数，将其划分为热点区、次热区、次冷区和冷点区四种类型并进行空间可视化（见图6-4）。

从数量上看，热点区数量明显下降，冷点区数量明显增加。1991年河南省经济发展的热点县域单元共21个，约占县域单元总数的20.39%，次热点县域单元共24个，约占县域单元总数的23.30%，次冷点县域单元共42个，约占县域单元总数的40.78%，冷点县域单元共16个，约占县域单元总数的15.53%；2005年河南省经济发展的热点县域单元共17个，约占县域单元总数的16.50%，次热点县域单元共31个，约占县域单元总数的30.10%，次冷点县域单元共25个，约占县域单元总数的24.27%，冷点县域单元共30个，约占县域单元总数的29.13%；2016年河南省经济发展的热点县域单元共16个，约占县域单元总数的15.53%，次热点县域单元共17个，约占县域单元总数的16.50%，次冷点县域单元共37个，约占县域单元总数的35.92%，冷点县域单元共30个，约占县域单元总数的32.04%；2022年河南省经济发展的热点县域单元共16个，约

占县域单元总数的 15.53%，次热点县域单元共 26 个，约占县域单元总数的
25.24%，次冷点县域单元共 39 个，约占县域单元总数的 37.86%，冷点县域单
元共 22 个，约占县域单元总数的 21.36%。1991~2022 年，热点区的县域单元
总量有所减小，冷点区的县域单元数量则增加明显，反映河南省县域经济发展
的核心-边缘模式依旧显著。

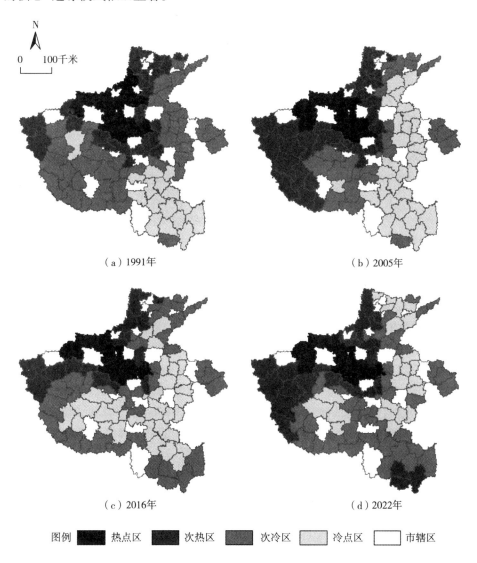

（a）1991年 （b）2005年

（c）2016年 （d）2022年

图例 ■■ 热点区 ■■ 次热区 ■■ 次冷区 □ 冷点区 □ 市辖区

图 6-4 1991 年、2005 年、2016 年、2022 年河南省县域经济冷热点图

资料来源：根据相关年份的《河南统计年鉴》计算绘制。

从空间分布上看，热点区主要集中在豫西和豫中，冷点区主要集中在豫东和豫南。1991 年河南省县域经济发展的热点区主要集中于豫西和豫中的孟州市、巩义市、登封市、博爱县、温县、禹州市、辉县市、长葛市和新郑市等县域，集中性较强，成片成带分布，这些县域矿产资源丰富，较好的自然资源禀赋为其经济发展奠定基础。次热点区主要分布在热点区的周边，次冷区主要分布在次热区的周边，冷点区分布在最外围，县域经济发展的圈层结构明显。冷点区主要集中于豫东和豫南的上蔡县、遂平县、项城市、平舆县、汝南县、确山县、正阳县、新蔡县、息县、淮滨县等县域，这些县域大多为农业大县或交通闭塞的山区县，经济发展资源相对匮乏，且周围缺乏有力县域的带动。到 2022 年，热点区虽仍集中于豫西和豫中地区，但出现西移的趋势，冷点区范围扩大，豫南和豫中的鲁山县、南召县、方城县等县域由次冷区转变为冷点区，究其原因可能是这些县域多数为矿产县，经济危机后，矿业产品价格下跌，致使这些县域的经济发展受到影响。

总体而言，从豫西、豫中到豫南和豫东形成了热点到冷点明显的梯度分布，虽然热点区经济发展的涓滴效应和带动效应已经显现，但极化效应仍占据主导地位。

3. 经济格局的特点总结与建议

通过上述分析，可以发现：①河南省县域经济发展具有不平衡性，县域经济发展水平的空间格局表现为西北高、东南低，经济发展核心区位于河南省中部偏北和西部偏东的县域。不过随着时间的推移，河南省县域经济发展不平衡的态势有所弱化，县域经济发展的相对差异在缩小。②河南省县域经济发展具有较为明显的空间自相关性，即经济发达县域之间相互集聚，经济落后县域之间相互集聚。高值集聚区主要位于豫西和豫中的一些县域，低值集聚区主要位于豫南和豫东的一些县域，高值集聚区出现了明显的西移，体现河南省县域经济发展核心区对周边县域经济发展的带动作用。③同时必须看到，河南省县域经济冷热点分布的圈层结构十分明显，其中冷点区的范围有所扩大，采取措施协调河南省县域经济发展、缩小经济差距的任务仍较为艰巨。

基于此，提出协调优化河南省县域经济的建议：一方面，要坚持提升和壮大以新郑市、巩义市、荥阳市等为中心的核心县域的城市规模和经济实力，强化这些中心城市对区域发展的辐射和带动能力；另一方面，要密切河南省中部、北部、西部与其南部、东部的联系与合作，基于地区优势资源和产业基础打造更多经济实力强劲的县域，促进周边地区联动发展，缩小河南省县域经济发展差异。

第二节　县域产业转型升级与农民增收

河南省作为农业大省，如何实现县域产业转型与农民增收，是关系到整个河南省经济增长与社会发展的重要问题，是全面建设小康社会的发展要求，也是实施乡村振兴战略的重要着力点。

一、县域产业结构特征与转型升级模式

1. 县域产业结构特征

（1）产业结构差异较大。2022 年河南省县域经济第一产业生产总值为 4959.72 亿元，第二产业生产总值为 16306.74 亿元，第三产业生产总值为 16268.40 亿元，占比分别是 13.21%、43.44% 和 43.34%。从各个县（市）看，各县间的产业结构差异较大。如表 6-4 所示，第一产业比重低于 10% 的共有 27 个，其中义马市的最低，仅为 1%；第一产业比重高于 30% 的有 1 个，分别是封丘县、正阳县，其中封丘县比重最高为 32.30%。

表 6-4　2022 年河南省县域第一产业结构差异

第一产业比重范围	县（市）
低于 10% （27 个）	中牟县、巩义市、荥阳市、新密市、新郑市、登封市、新安县、栾川县、汝阳县、伊川县、宝丰县、舞钢市、汝州市、林州市、淇县、新乡县、长垣市、修武县、博爱县、沁阳市、孟州市、襄城县、禹州市、长葛市、渑池县、义马市、济源市
10%~20% （46 个）	尉氏县、兰考县、嵩县、宜阳县、洛宁县、鲁山县、郏县、安阳县、汤阴县、滑县、浚县、元阳县、延津县、卫辉市、辉县市、武陟县、温县、范县、台前县、濮阳县、鄢陵县、舞阳县、临颍县、灵宝县、南召县、方城县、西峡县、镇平县、内乡县、淅川县、桐柏县、虞城县、永城市、新县、固始县、潢川县、淮滨县、商水县、沈丘县、郸城县、鹿邑县、项城市、上蔡县、平舆县、遂平县、新蔡县
20%~30% （29 个）	杞县、通许县、叶县、获嘉县、封丘县、清丰县、南乐县、卢氏县、社旗县、唐河县、新野县、邓州市、民权县、睢县、宁陵县、柘城县、夏邑县、罗山县、光山县、商城县、息县、扶沟县、西华县、太康县、西平县、正阳县、确山县、泌阳县、汝南县
高于 30% （1 个）	内黄县

资料来源：《河南统计年鉴》（2023）。

（2）第一产业比重高，偏重于传统种植业。河南省 2022 年粮食产量为

6789.37 万吨，占 2022 年全国粮食的 9.9%，其中小麦的产量为 3812.71 万吨，占全国小麦产量的 27.68%。河南省的粮食产量基本上来自于县域，2022 年河南省 103 个县的粮食产量为 5929.85 万吨，其中小麦 3328.92 万吨。分别占河南省粮食和小麦总产量的 87.34% 和 87.31%。虽然第一产业的比重高，但偏重于传统种植业，新型高效种植业的比重小、农产品品种不优、优质率低的问题仍然很突出，如山东省的蔬菜、水果和园艺作物产量是河南省的 1.5 倍，占种植业的比重高出河南省 14 个百分点。农业规模化、标准化和产业化程度低，直接影响到农业的结构调整。

（3）工业化步伐加快，产业集群式发展态势凸显。工业化进程的不断推进与经济增长模式的转换表现出高度的相关性。在新型工业化战略的指引下，河南省部分县域的工业化步伐明显加快，工业在县域经济中的主导地位开始凸显出来，工业对国民经济的拉动作用也越来越明显。2022 年，经济发展水平较高的县域，如巩义市、淇县、长葛市、义马市、济源市的工业占 GDP 的比重达 60% 以上，比全省平均水平高 20 个百分点。近年来，河南省出台《"百千万"亿级优势产业集群培育工程行动计划》，围绕装备制造业和食品工业等优势产业培育产业集群，在经济结构方面逐步摆脱"小散弱"的发展模式，形成了巩义市铝加工产业集群、扶沟县纺织服装产业集群、长垣县起重装备产业集群等一批优势的产业集群。

（4）第三产业发展缓慢，现代服务业发展较为滞后。2022 年，河南省第三产业比重为 49%，103 个县的第三产业比重为 43%，低于全省平均水平。由此可见，河南省县域的第三产业的比重较低。除比重较低外，其内部结构也十分不合理，传统服务所占比重较高，而现代服务业发展不足。2022 年，交通运输业、批发零售业等传统服务业占第三产业增加值的比重较高，但金融、信息服务、科技服务等现代服务业的比重较低。

2. 县域产业结构转型升级模式

改革开放以来，河南省县域经济发展取得了举世瞩目的成就，从根本上改变了河南省的经济社会面貌，涌现出一批实力强、发展势头好的经济强县和有一定示范带动作用的经济板块，为全省经济社会发展做出了重大贡献。在县域经济的推动下，河南省在解决"三农"问题方面取得了重大突破。河南省粮食产量连续多年稳定在 500 亿千克以上，2015 年突破 600 亿千克大关，为国家粮食安全做出了巨大贡献。农业产业化经营迅猛发展，成为全国最大的肉类加工基地、最大的速冻食品生产基地、最大的面粉及面制品加工基地，食用菌、味精、方便面和调味品的产量均居全国首位。河南省县域经济综合实力逐步增强，工业化水平明显提高，服务业快速发展，极大地丰富了河南省产业门类和促进了产业结构的升级，形成了以县域为基础、城市为龙头的产业分工格局，有力地推动了河南省由传统农业大省向新兴工业强省、现代服务业大省的转变。

河南省85%以上的国土面积在县域，推动中原崛起河南省振兴，河南省全面建成小康社会，重点在县，难点也在县。推进县域产业转型升级，是当前发展县域经济的当务之急，也是关系河南省乡村振兴实施的重要举措。县域经济在发展中不断调整，走出了具有"河南特色"的转型升级之路。

（1）农业为基，把破解三农问题作为县域产业转型升级的着力点[1]。"乡村振兴"战略要求优先发展农业农村，以产业兴旺、生态宜居、乡风文明、治理有效、生活富裕的标准全面发展农村，实现农村现代化。县域经济是以县城为中心，以城镇为纽带，以乡村为腹地的区域经济，可以说，"乡村振兴"战略是为县域经济发展崛起而量身定做的一项政策。以乡村振兴战略中的重要思想为依据，河南省走出了四种县域经济发展模式[2]。

1）特色农业为引领的现代农业模式。特色农业为引领的产业融合模式是依托当地的特色种植业与养殖业，打破单一的传统农业的局限，通过当地特色工艺对特色农产品进行加工实现与二产的融合发展，打造具有当地特色的农产品品牌，通过打开周围地区市场提高销量与知名度，进而带动观光度假、快递电商、仓储物流等相关农业企业的发展，实现与三产的融合发展。

属于特色农业主导的产业集群模式的县域有长葛市、固始县、滑县、孟州市、温县等。以特色资源禀赋作为基础，相应的农业配套措施作为支撑，推动培育农业龙头企业，将农业龙头企业作为结构链条中的核心，以"公司+基地+农户"垂直一体化经营方式，通过土地流转政策和农业机械化使地区的特色种植业形成规模，打造特色农业种植基地。如固始县的固始皇姑山茶、固始萝卜、唐河县的桐河桐蛋，滑县的道口烧鸡、八里营甜瓜等国家地理标志产品，具有较强的地域性，现已形成较大的生产规模，畅销于国内外市场。

2）农产品深加工为引领的产业集群模式。河南省不仅是一个农业大省，同时也是一个农产品加工大省，而以农产品深加工为引领的产业集群模式中，与以往对农产品简单加工方式以及工业制造型加工方式不再相同。对农产品已经完成了从数量的需求到质量需求的转变，如今，相较于经济实惠，优质、安全、营养、健康的农产品更能满足大众消费的需求，这也是农产品加工业发展的必由之路。农产品深加工对技术、设备和工业基础有一定的要求，以当地农产品和特殊的加工技艺为依托，打造农产品加工基地，吸引当地配套农业企业与相关服务业企业形成产业集群，充分发挥农产品加工业的延长产业链的功能。

属于农产品深加工为引领的模式的有博爱县、新乡县、淅川县、舞阳县等。这些县大多有工业基础，与附近地级市的距离较近，能够接受来自城市中经济与科技方面的辐射作用，同时农产品的深加工通常需要多个地区跨产业的合作，依托城市周边便利的交通，可以为企业降低经营成本。但目前农产品深加工业普遍存在着产品科技水平含量低、初级加工导致产品附加值低、研发资金投入不足、产品综合竞争力差等问题，农产品加工企业在发展的过程中必须要走出一条产业融合与科技创新的道路。通过开展电子商务等新的销售渠道，积极利用大数据、云计算等新型互联网技术应用到生产、加工、流通、销售的各个环节，提升生产加工效率；重视科技创新对农产品加工业发展的推动作用，不断提高产品的科技水平，深化与科研机构和大学的合作，不断将科研成果转化为实实在在的生产率。

3）乡村旅游为引领的消费带动模式。河南省是中国古代文明的发祥地，拥有丰富的人文历史资源和旅游资源，河南省近年来在乡村旅游方面已经取得了快速的发展，出现了"栾川模式"与"焦作现象"这样的乡村旅游发展的新模式，充分利用了县域境内优美的自然风光与景区资源，同时也带动了经济的发展，改善了当地人民的生活。

属于乡村旅游为引领的消费带动模式的有荥阳市、新郑市、栾川县、灵宝市、新密市、沁阳市等。以嵩县为例，其境内有多个 AAAA 级风景区，以白云山、天池山等为代表的生态旅游资源和以两程故里、万氏故居为代表的人文资源，使其在乡村旅游中具有得天独厚的优势，嵩县距离洛阳市较近且有洛栾高速公路与市区连接，交通便利。

4）农村电商为引领的服务带动模式。农村电商是在实施"乡村振兴"战略中促进农村产业融合，推动农村经济发展的一项重要措施。以农村电商为引领的服务带动模式，主要以农副产品和深加工农副产品的物流配送为核心，从而带动农产品进行规模化生产、销售、服务以及农产品加工企业的集聚与联动，构建出相对完整的产业链体系，实现在县域通过农村电商带动三产融合发展。

属于农村电商为引领的服务带动模式的县域有汝州市、伊川县、襄城县、安阳县等。"十三五"期间河南省已有 95 个县域被评为农村电商综合示范县，可以为许多欠发达地区的中小生产企业与民营企业提供发展机遇。农产品的上行，提高了产品的附加价值，推动农村一产和二产企业转变发展方式，提高农业发展质量，还能带动当地农产品物流、农产品批发、农业休闲观光等第三产业的发展，在农村地区吸收闲置的就业，增加农村居民的收入。

（2）工业强县，把加快工业化进程作为县域经济发展的抓手[1]。工业化是县域经济发展的必由之路。近年来，河南省坚定不移地实施兴工强县战略，大力扶持和推动县域工业发展。

1）加强制度创新，使混合型经济成为产业转型升级的主力军。通过制度创新、转变观念，面向市场需求、面向国际主流。政府加快管理制度创新，减少对市场主体经营活动的直接干预，鼓励混合型经济发展，鼓励企业采用现代的公司制度。混合经济发展模式是指新型合作经济和新型集体经济共同作用的混合经济，是县域经济的发展方向。特别是广大农村地区，要把农民组织起来，将资源配置到农村去，是解决现阶段"三农"的有效方法。混合型县域经济发展模式能充分利用财政补贴等优惠政策，并将政策落实到农民身上。通过"政府+公司+农民合作社+农户"的模式，促进农村经济，提升县域经济。

2）以县域特色产业为依托，加强产业集群建设[3]。积极引导在原有的工业基础上，加快对特色产业集聚的投入建设。以市场需求为导向，把具有比较优势的特色产业做大做强，形成产业群体，带动其他相关产业发展。在原有产业集聚上，衍生新的产业集群，实现滚动发展，不断增强县域经济实力、竞争力和创新能力。

目前已形成了长垣起重、民权制冷、新密纺织、内黄陶瓷、临颍休闲食品、博爱汽车零部件、郏县医疗器械等一批规模优势突出、功能定位明晰、集聚效应明显、辐射带动有力的产业集聚区和产业集群。

（3）服务业提质增效，打造县域经济发展强劲引擎。河南省目前独立的服务业主导型县域经济发展模式还没形成。大多数是一三产业共同主导、二三产业共同主导的县域经济发展模式。县域产业转型升级路径之一，就是要加快服务业的发展，促进以服务业为主导县域经济发展模式的形成。

1）加快向制造业服务化转型。制造业的服务化是当前服务业的发展趋势之一，即制造业不单纯提供产品，而是要提供产品、服务、售后和自我服务的"综合体"，并且，服务在这个综合体中占据着越来越重要的位置，成为产品增加值的主要来源。在制造业的服务化过程中，首先要有科研人才和科学技术，科技是创新的关键。其次要做好售后服务，企业中要成立专门的售后服务部门。沁阳市、卫辉市等以制造业为主的县市，可以尝试向服务化方向发展。

2）大力发展旅游业，提高旅游产品质量。旅游业能带动很多相关的第三产业发展，如餐饮业、住宿业、运输业等。充分利用人文、历史资源，开发旅游业，让旅游业成为第三产业的增长点。此外，要提高旅游产品质量，开发新产品。如宝丰依托民间艺术文化，发展第三产业；修武的云台山风景区旅游业成为当地财政收入的主要来源，同时也带动了当地的餐饮业和住宿业等第三产业的发展。

3）利用中原交通优势，发展现代物流。河南省是我国的交通运输中心，是东西陇海线和南北京港线的交通枢纽，是铁路运输的中转站。优越的交通优势，是发展物流业的基础。电子商务的迅速发展，使得农民利用网络平台在家里就可以出售农产品，让农民得到了收益。促进电子商务繁荣的关键，就是物流业的发展。夏邑县、虞城县、宁陵县、民权县、兰考县、中牟县、巩义市、偃师市、新安县、义马市、渑池县、灵宝市、泌阳县和西平县等这些县市处于陇海线和京广线上，地理位置优越，交通便利。要加快物流业的发展进程，推进电子商务经济。

二、农民收入现状分析

随着河南省县域经济的快速发展，农村居民的收入逐渐增加。本部分主要通过三个方面进行分析：第一，对河南省农民收入水平进行整体分析，包括与全国平均水平的对比；第二，对河南省农村居民的收入结构进行分析，了解收入结构的变化，并与全国的进行对比；第三，对河南省各地市的农村居民收入及收入结构进行分析，了解各地市之间农民的收入差异。

1. 农民收入水平整体状况

2005 年以来，全国农村居民人均纯收入和河南省农村居民人均纯收入都呈现连年上升的趋势[4]。由图 6-5 可知，2005 年全国农村居民人均纯收入达到3254.9 元，2022 年达到了 20132.8 元，增加了 6.2 倍；与此同时，2005 年河南省农村居民人均纯收入为 2870.58 元，2022 年达到了 17533.29 元，增加了 6.5 倍。在 2005~2022 年 17 年间，河南省农村居民人均纯收入增长幅度高于全国水平。另外，统计年鉴显示，历年河南省农民人均纯收入水平在全国属于中等收入水平，这说明河南省的经济发展水平有待提高。

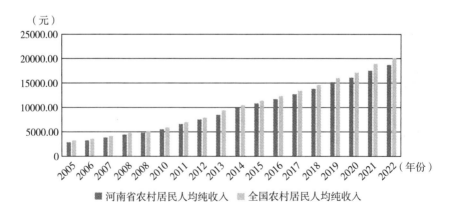

图 6-5 农村居民人均纯收入

资料来源：《中国统计年鉴》（2023）。

2. 农民收入结构整体状况

2005 年以来，随着河南省经济的快速发展，农村居民的收入结构也发生了一些变化，如图 6-6 所示，从图中可以看出：第一，2005~2022 年间工资性收入呈现出先上升后下降的趋势。工资性收入占比从 2005 年的 29.7% 增长至 2020 年的 38.2%，在 2022 年下降至 31.6%，它是农民增收的主要支撑和重要来源。造成增长趋势的主要原因有：一方面，河南省非常重视农村劳动力转移就业的问题，提高就业质量；另一方面，随着河南省经济的快速发展，企业对劳动力的需求变大，农村劳动力非农就业的概率增大。第二，经营性收入占比从 2005 年至 2020 年连年下降，在 2022 年稍有回升。从 2005 年的 66.7% 降至 2020 年的 32.1%，2022 年升至 41.4%。第三，财产性收入占比变化不明显。第四，转移性收入占比呈现先增加后小幅度减少的态势。从 2005 年的 2.8% 增长至 2020 年的 28.2%，在 2022 年下降至 25.6%，这主要归因于河南省政府对社会保障力度不断加大。

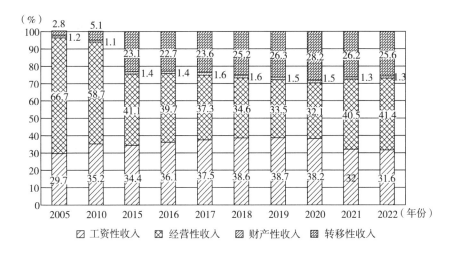

图 6-6　2005~2022 年河南省农民收入结构变化

资料来源：根据《河南统计年鉴》（2023）计算所得。

除此之外，统计年鉴显示，2005 年的全国农村居民收入结构为工资性收入占比 36.08%，经营性收入占比 56.6%，财产性收入占比 2.7%，转移性收入占比 4.5%。2022 年全国农村居民收入结构为工资性收入 42%，经营性收入 34.6%，财产性收入 2.5%，转移性收入 20.8%。通过数据对比发现河南省与全国农村居民收入结构变化趋势较一致，但相比于全国水平而言，河南省非农收入占比较低，农民收入结构有待进一步优化。

3. 农民收入地区分析

河南省整体的农村居民收入水平和收入结构在不断地发生变化，而河南省各省辖市的农村居民收入水平和收入结构也有差异。

如图 6-7 所示，从各地市农村居民的收入水平上来看，2005～2022 年河南省各地市的农村居民收入呈现稳步增长的趋势。其中，郑州市作为河南省省会城市，其农村居民的收入水平最高并且增长率最快，其他城市的增长率大致相似。河南省各地市间的农村居民收入有一定的差异，2005 年郑州市的农村居民收入最高，达到 4774 元，最低的城市是周口市，为 2276 元，相差 2498 元；而 2022 年，河南省农村居民收入最高的城市是郑州市，为 28237 元，最低的城市是周口市为 15202，相差 13035 元。由此可见，河南省各地市间农村居民的收入存在一定的差异。

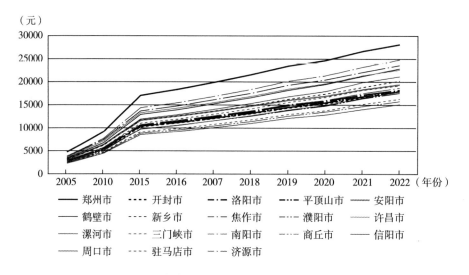

图 6-7　河南省各地市农村居民人均纯收入变化图

资料来源：根据《河南统计年鉴》（2023）计算所得。

从各市的农村居民收入结构上来看，河南省各市间的农民收入结构也存在一定的差异。如表 6-5 所示，2022 年郑州市、焦作市、济源市等工资性收入占比较高；而三门峡市、南阳市、开封市等经营性收入占比较高，周口市、安阳市等转移性收入占比较高。

表 6-5　2022 年河南省各地市农民收入结构　　　　　单位：%

地市	工资性收入	经营性收入	财产性收入	转移性收入
郑州市	63.55	21.21	5.18	10.05

续表

地市	工资性收入	经营性收入	财产性收入	转移性收入
开封市	44.69	34.96	0.24	20.12
洛阳市	52.29	21.68	2.41	23.63
平顶山市	39.66	29.99	1.97	28.39
安阳市	45.77	16.44	0.66	37.14
鹤壁市	62.17	26.60	0.45	10.78
新乡市	54.97	22.97	0.92	21.14
焦作市	65.59	18.67	2.00	13.74
濮阳市	54.60	13.27	0.85	31.29
许昌市	48.33	26.84	1.50	23.34
漯河市	56.71	21.19	1.15	20.94
三门峡市	35.19	43.45	1.39	19.96
南阳市	32.89	37.45	1.17	28.49
商丘市	41.22	28.29	0.88	29.60
信阳市	36.63	31.13	1.10	31.14
周口市	34.48	23.09	1.97	40.45
驻马店市	35.05	30.28	0.87	33.79
济源市	71.52	15.08	1.59	11.81

资料来源：根据《河南统计年鉴》（2023）计算所得。

三、产业转型升级促进农民增收的实例

县域产业转型升级，主要依托地区资源禀赋，打造特色产业，将具有地区特色的优质产品的生产、加工、营销实行专业化生产、产业化经营，依靠"龙头"企业带动，把具有鲜明地方特色的优势产业做大做强，形成具有较强生命力和市场竞争力的新的经济增长点，促进农民增收。特色产业发展主要是通过以下方式来促进农民增收的：

一是通过生产附加值提高农民收入。特色农业产业化发展可以改变农业传统模式下农产品生产、加工、销售互相分割，农业、工业、商业相互分离，农民只从事原料生产的格局，农民可以从中分享农产品加工和流通环节的增值收益，从而促进农民收入的增加。

二是通过市场化运作实现农民增收。一方面，发展特色产业可以降低农户的风险。农户按照经营合同出售农产品，减少了农产品的流通环节和流通时间，降低了农民售卖农产品的交易费用，提高了农民的市场谈判能力，减少了农民

出售农产品的价格损失。另一方面，可以缓解特色农产品难卖的问题。"龙头企业+基地+农户"的形式能够推动特色农业产业化的发展，发挥龙头企业的连接作用，为特色农产品提供一条稳定的销售渠道，扩大农产品的销量，并有效调整农业产业结构和布局，为农民增收提供支撑。

三是通过增加农民就业机会，拓宽农民增收渠道。县域特色产业多围绕地区特色资源进行深加工，多属于劳动密集型产业。特色产业深加工对象的生产原料一般分散，生产加工资金、技术含量要求不高，但是所需的劳动量较大，可以为农村剩余劳动力提供大量的就业机会。同时，特色产业发展还会带动下游的商业、物流、生活服务业等第三产业的发展，这些产业同样可以吸引大量农村剩余劳动力。因此，农民可以从特色产业的发展中通过增加就业机会，获取实实在在的收益。

经过多年发展，河南省通过县域产业转型升级，已经实现了地区经济社会发展与农民的脱贫致富增收，形成了多种典型的、具有推广效应的发展模式。其中有代表性的发展案例有以下几种：

（1）鄢陵县花木产业集群式发展，增加农民收入。鄢陵花卉栽培历史悠久，鄢陵花卉始于唐，兴于宋，盛于明清。鄢陵地处亚热带和北温带的过渡区，阳光充足，泉甘土肥，是"南花北移、北花南移"的天然驯化之地，优越的自然环境，为鄢陵花木产业的发展提供了有利的条件。花木产业迅速成为本地区一项特色产业，鄢陵县成为全国最大的花木生产、销售集散地，很好地带动了农民的发家致富。总结鄢陵花木产业发展的特点，主要有：

1）科技化生产。鄢陵花木生产的科技水平不断提升，先后制定了《腊梅产品标准》《盆景产品标准》等28项花木产品标准，成立了河南省园林植物工程研究中心、鄢陵县花木技术服务中心、林科所、森防治、植保所、农技服务中心、苗木检疫服务中心等科研机构7家，承担的"优质种苗工厂化生产技术研究与示范"国家科技攻关项目获得重大突破。

2）企业化运作，开创区域品牌优势。目前，鄢陵县共有各类花木生产企业、园、场、圃790家，花木专业村22个，专业户、重点户1.1万多户，从业人员达20多万人；花木销售覆盖全国27个省（市、自治区），特别是在"三北"地区占有较大市场份额，比重达35%以上；花木年销售额60亿元，花木生产区人均纯收入1.38万元。"鄢陵花木"集体商标注册工作积极推进，鄢陵腊梅在全国历届腊梅展中获得多个金奖，品牌建设成为鄢陵花木发展中的重要战略。

3）多产业联动集群式发展。2007年以来，鄢陵县实施花木产业的二次创业，规划建设了6个乡镇，120平方千米，15万亩耕地的"现代名优花木科技园区"，有效推进了花木产业集群、集聚、集约发展。园区共流转土地 10.5 万亩，已有 182 家企业落户。积极打造鄢陵花木产业集群，将一产生产、二产深加工、三产旅游信息业发展有机融合在一起，秉承"花木改善生态，生态承载旅游，旅游激活三产"的思路，不断促进三产联合，走出了一条平原农业县依靠特色产业，发展县域经济的特色经济之路，被河南省政府誉为"发展县域经济的鄢陵模式"。

2011 年以来，鄢陵县农村居民纯收入水平增长较快，由 2011 年的 8724 元增加至 2014 年的 12235 元，年平均增长率达 11.93%，特色花木产业的集约化发展，有力地促进了当地农民收入的增长。

（2）嵩县依托旅游产业，助力脱贫攻坚战。嵩县地处豫西伏牛山区，是秦巴片区连片开发特困县。该县把旅游作为脱贫主导产业之一，充分利用扶贫开发、美丽乡村等政策机遇，推动全域旅游发展，助力脱贫攻坚战。2015 年 4 月 2 日至 4 日清明小长假期间，嵩县共接待游客 10 余万人次，实现综合收入 1300 万元，旅游扶贫成为山区群众增收新途径。

嵩县根据贫困村的自然资源、农业发展等优势，促进农业与旅游联姻，依托旅游大力发展休闲农业，建设"一村一品"特色农业基地，大力培育"土、特、野"等农产品，使农产品变成旅游产品。全县建立旅游特色农业基地 16 个，发展无公害小杂粮 1.2 万亩，种植香菇 800 万袋，发展土鸡、生态猪养殖合作社 28 家，带动贫困群众 3000 余户。紧紧抓住农村电子商务发展机遇，突出解决旅游产品销售问题，引进阿里巴巴、卖货郎、淘实惠等多家国内知名电商，建成 16 个乡镇电子商务服务中心，95 个贫困村电商服务点，拓宽贫困群众农产品销售渠道。如车村镇龙王村地处木札岭景区山脚下，曾是远近知名的贫困村和扶贫开发重点村，依托丰富的旅游资源，大部分农民靠发展旅游业，从"老农"变成"老板"，走向了致富之路。

（3）新野"科尔沁"模式，促进农民增收[5]。新野县位于河南省西南部，是我国重要的肉牛生产示范基地。2007 年，内蒙古科尔沁牛业股份有限公司在南阳市新野县歪子镇独资兴建了南阳科尔沁牛业有限公司（以下简称新野科尔沁），工厂总投资 3 亿元，主要开发皮南肉牛。2009 年以后，通过土地转租及"公司+农户"合作模式，公司扩大了经营规模，进一步拓展了饲料种植、甜玉米加工、蚯蚓养殖、生物制药、有机肥生产、观光旅游等产业。2015 年以后，成立河南省新野科尔沁黄牛交易市场，通过电子交易平台实现肉牛的互联互通。依托肉牛养殖、加工，新野科尔沁肉牛产业化集聚示范区已落户企业 12 家，包括 10 万头肉牛加工厂、万头畜位肉牛畜肥厂、TMR 饲料加工厂、甜玉米加工厂等，初步形成了一个集饲粮种植、养殖培育、屠宰加工、肉牛育肥、物流运输、产品销售于一体的全产业链格局，同时，也构建了一条青储玉米养牛—牛粪养蚯蚓、食用菌—蚯蚓入药、菌渣入肥的有机循环模式。公司产品主要供应国内各大超市，并组织出口至欧盟、中东、俄罗斯和中国香港、中国澳门等国家和地区。公司拥有资金 2.5 亿元，员工 220 名，产品种类 120 多个，复合生产年产值可达 13 亿元。

（4）南阳西峡县化山村"休闲乡村"模式，拓宽农民收入渠道[5]。西峡县化山村位于西峡县双龙镇东部，距县城 38 千米，深处伏牛山西段，自然环境优美。全村有 5 个村民小组，250 户，1000 人，以山地为主，耕地面积 470 亩。20世纪 90 年代，西峡县确立了"农游一体"的发展理念，重点发展乡村旅游，化山村依托境内的田园风光和乡土文化，积极打造集农业观光、农事体验、休闲度假于一体的魅力休闲乡村。目前全村建设了 2500 亩的林果园，共栽植杏、柿子、板栗、桃子、樱桃、猕猴桃等优良果树品种 10 多万株，供游客采摘和观赏；根据四季节令特点，建设了 10 亩油菜园、20 亩西瓜园、30 亩玉米园、3 亩甘蔗园，以满足游客农业生产体验的需要。同时，全村建成了"龙潭山庄""农家乐"等五大旅游接待宾馆群，各类宾馆共计 184 家，可容纳 9000 多人就餐、6000 余人住宿，并开通了宽带和有线电视，开设了文化广场、棋牌室、乒乓球室、健身房、图书馆、茶室等休闲娱乐场所。当前全村 90% 的农户都在经营餐饮、住宿等旅游服务业，乡村旅游已经成为化山村的主要产业和主要收入渠道。2013～2014 年，化山村年平均接待游客 50 万人次，实现旅游收入 2000 万元。2013 年化山村成为南阳市唯一入选"2013 中国最有魅力休闲山村"的乡村。

（5）鹤壁农业硅谷模式，推动农民走向现代化[5]。鹤壁市农业硅谷产业园（以下简称鹤壁农业硅谷）位于鹤壁市淇滨区钜桥镇，由北京农信通集团旗下鹤壁农信物联科技有限公司承建。鹤壁农业硅谷主要依托物联网、云计算、大数据等现代信息技术，在农业电子商务、涉农信息服务、信息化建设、物联网装备、休闲农业旅游、农业技术培训等方面为农业经营主体（农户、农业企业、合作社、协会、家庭农场）提供专业化、标准化的方案指导。目前产业园已经开发了智慧农业数据处理实验室、新农邦电子商务平台、12316 信息服务中心、农云服务等多个公共平台及"农机通""翼农"等系列移动终端应用 App，累计为农民和新型农业经营主体提供了 10 亿次以上的信息服务，为涉农政府部门、电信运营商、农业龙头企业实施运维了 3000 多个信息化系统。同时，鹤壁农业硅谷推进了"互联网+农业"的整体解决方案，在河南、安徽、江西等农村地区建设了 3000 多家"益农"信息服务站，为数百万涉农群体提供安全、可追溯、高性价比的农业产品和及时便捷的技术服务和信息服务。2014 年，产业园入驻企业和科研机构 30 多家，实现信息化销售服务 8700 多万元，形成产业规模超过

30 亿元。电子商务平台已入驻商家 2467 家，并实现交易额 1.87 亿元，共带动农业消费 3 亿元以上。

第三节　农村剩余劳动力的转移状况

一、河南省农村剩余劳动力转移现状

1. 农村劳动力转移的总量水平

河南省农村农业从业人员比重大。如表 6-6 所示，2016 年，河南省 18 个省辖市仅有郑州市、鹤壁市、新乡市、焦作市 4 地市的农村农业从业人员比重低于 50%，农村劳动力主要集中在南阳市、周口市、驻马店市、商丘市和信阳市 5 地市。由各市农村劳动力资源数与农村从业人员数对比发现，河南省各市均存在一定量的农村剩余劳动力。

表 6-6　2016 年河南省各地市农村劳动力农业从业情况　单位：万人，%

地市	农村劳动力资源数	农村从业人员数	农业从业人员比重
郑州市	270.51	236.93	38.72
开封市	272.17	243.96	54.59
洛阳市	327.49	288.69	51.44
平顶山市	271.34	244.26	63.47
安阳市	308.26	277.75	46.08
鹤壁市	74.82	60.4	50.79
新乡市	279.52	247.73	48.71
焦作市	166.94	148.23	48.13
濮阳市	200.32	174.55	58.71
许昌市	224.01	202.91	57.89
漯河市	143.38	129.43	58.94
三门峡市	105.73	93.85	66.38
南阳市	630.17	559.24	58.55
商丘市	477.26	441.39	49.38
信阳市	453.14	405.66	54.35
周口市	597.54	553.12	54.05
驻马店市	522.35	468.04	48.64
济源市	31.23	26.37	55.75

资料来源：《河南统计年鉴》（2017）。

而河南省城镇化水平相对落后，2018~2022年城镇化率依次为52.24%、54.01%、55.43%、56.45%和57.07%，分别落后于同年全国平均水平，即河南省农村人口占全省总人口比重大于同期全国平均水平。河南省农村产业结构不合理，第二、第三产业比重低，大量农村剩余劳动力不能被本地产业吸收，农村剩余劳动力转移任务艰巨。

近几年来，外出务工成为很多地区农民维持生计的被迫选择。河南省新增农村劳动力转移就业一直保持在50万人左右，农村剩余劳动力转移总量持续增加（见表6-7）。然而，在劳动力转移过程中，多数转移人口只是实现了职业和地域的转变，并未能融入城市生活，农村剩余劳动力实现市民化还要走很长一段路。

表6-7　河南省历年农村剩余劳动力流动情况　　　　单位：万人

年份	2018	2019	2020	2021	2022
农村劳动力转移就业累计量	2995.14	3040.89	3086	3134.33	3182.02
新增农村劳动力转移人数	53	45.76	45.81	47.63	47.69

资料来源：《河南统计年鉴》（2019~2023）。

2. 农村劳动力转移的地域分布

作为劳务输出大省，河南省每年向东部沿海输出大量的农村剩余劳动力。截至2022年，河南省转移到东部地区的剩余劳动力比重高于转移到中部和西部地区的比重。然而，伴随着中原经济区上升为国家战略，西部大开发步伐加快，国内产业转移的"雁阵模型"，国内形成东、中、西部产业转移趋势，伴随着产业转移的加快，劳动力转移也呈现了相同的趋势。2020年以来，河南省转移到东部地区的剩余劳动力出现了负增长，相较2019年河南省转移到东部地区务工的剩余劳动力比重下降1.02%。2022年比2021年比重下降0.53%，而2022年转移到中、西部地区的剩余劳动力比重比2021年分别高出0.44%和0.3%，如表6-8所示。

表6-8　河南省剩余劳动力转移区域分布　　　　单位：%

年份	转移到东部比重	转移到中部比重	转移到西部比重
2019	54.00	21.40	21.23
2020	52.98	21.80	21.99
2021	52.78	22.46	21.47
2022	52.25	22.90	21.77

资料来源：《全国农民工检测调查报告》（2019~2023）。

随着中原经济区建设全面实施、新型城镇化加速推进、产业集聚区加快发展、沿海产业转移不断向中部地区转移建设投产,河南省经济走上了快速发展的道路。经济的发展为农村劳动力提供了大量就近就业的机会,农村劳动力转移地域由以省外为主开始转向以省内转移为主。从表6-9可以看出,2016年以来,河南省农村剩余劳动力省内转移就业人数逐年上升,相较于省内转移就业增长,省外转移就业增长缓慢,省内与省外转移就业人数差额逐年上升。"十三五"期间,河南省农村劳动力转移就业累计新增210万人,其中67%以上在省内就业。

表6-9 河南省农村剩余劳动力省内外转移就业情况   单位:万人

年份	2016	2017	2018	2019	2020	2021	2022
省内转移就业人数	1709	1762	1799.01	1826.01	1850	1878.36	1905.97
省外转移就业人数	1167	1177	1196.13	1214.88	1236	1255.97	1276.05
省内与省外差额	542	585	602.88	611.13	614	622.39	629.92

资料来源:历年河南省和国家统计年鉴及省人力资源和社会保障厅调研报告。

3. 农村劳动力转移的组织方式

河南省农村劳动力转移方式具有盲目性、自发性、季节性、转移程度不平衡、务工行业多为体力型等特点。根据调查数据[6],河南省农村转移劳动力有56.8%是靠亲友介绍外出务工,有34.8%是自发外出,通过政府单位组织转移的占3.5%,通过劳务中介转移的占4.9%。相当多的外出务工人员主要利用农闲季节外出,是"两栖型或候鸟型"转移,这与河南省未建立完善的土地流转制度及农民对于土地的依赖有关。劳动力转移过程中的盲目无序和劳动力市场的信息不对称容易引发转移成本增加及就业中不公平不合理现象增多,对于劳动力转移有负面的影响。

4. 农村转移劳动力的工资水平

随着中原经济区建设的全面推进,河南省外出务工人员收入稳步增长,由2008年的每人月平均收入1270元增加到2012年的2315元,每人月平均增加了1045元,年平均增长率为16.2%。与2010年相比增加675元,增长41.2%。2012年,河南省农村转移就业劳动力工资构成为:月工资小于1600元的占全部务工人员的比重为15.90%,1600~3000元的占60.10%,3000元以上的占24%,比2011年同比增长48.6%。

5. 农村转移劳动力的人力资本状况

(1)年龄特点。河南省外出务工农村剩余劳动力年龄特点趋于年轻化。以2011年为例,20岁以下的农村转移劳动力占15.5%,21~30岁的农村转移劳动力占37.3%,30~40岁的占19.5%,40岁以上的占27.7%。"80后""90后"年轻人成为农村外出就业的主力军,他们文化程度相对较高,注重自身就业技能的提高，外出就业更多的是为了改变生活方式以及寻求更好的发展机会，积极进取，有强烈融入城市的愿望，他们不仅关心工资待遇，更关心的是工作环境和生活保障，同时更加注重自身权益的维护。年龄较大的农民更多选择在户籍地务工，进城的生活环境改变、寻找工作的压力削减了他们外出务工的积极性。

（2）性别特点。河南省外出务工农村剩余劳动力的性别比例明显，以男性为主。以 2012 年为例，转移的男性农村劳动力达到 1816 万人，占总转移量的 70.7%，女性转移劳动力比重为 29.3%，低于男性比重 41.4%。造成这种现状的原因主要有：一是好多招工企业有"重男轻女"的思想，女性劳动力在转移过程中处于弱势地位；二是"男主外，女主内"的传统文化影响，使很多女性将做家务、照顾家里的老小、做一个"贤内助"视为最大的职责，这些观念影响了女性就业的积极性；三是农村劳动力转移行业主要集中在工业、建筑业等第二产业，而女性身体和生理条件都不适合从事重体力的装卸、搬运等工作。

（3）受教育程度特点。河南省外出务工的劳动力受教育程度多为初中水平。2009~2011 年，河南省农村转移劳动力文化水平为初中的人数比重在 60% 以上，初中及以下文化程度者占比更达到了 70% 以上。以 2011 年为例，该年转移的劳动力中，初中及以下文化程度者占 71.8%，高中文化程度的人数占 15.2%，中专及以上文化程度人数占 13%，河南省农村转移劳动力整体素质偏低，劳动力转移处于粗放阶段。

二、农村剩余劳动力转移存在的问题与建议

1. 农村剩余劳动力转移存在的问题

中原经济区建设为河南省农村剩余劳动力转移带来了巨大的发展机遇，但当前农村劳动力转移过程中还存在一些问题，这些问题限制了农村剩余劳动力转移的数量增长，也降低了劳动力转移的质量。河南省农村剩余劳动力转移中存在的问题主要表现在：

（1）产业结构不合理，吸纳就业的能力不足。近年来，河南省产业结构一直是"二三一"的局面，2018 年开始，第三产业比重超越第二产业，开始向"三二一"结构转变，但第三产业发展水平仍然偏低，不超过 50% 比重（见表 6-10）。第一产业比重偏大，在 10% 左右，阻碍了劳动力转移。工业内容层次不高，多为资源型产业和传统优势产业，技术含量低、附加值不高，而带动性强、关联度高的新型制造业和信息产业发展相对薄弱，对农村劳动力转移的支撑能力不强。第三产业整体发展滞后，城镇吸纳就业能力不足。新兴产业发

展不足，产业发展结构性矛盾突出，产业多属低端的、初级的产业，科技含量和劳动力成本低，创新能力弱，专精特新企业少，中小微企业结构性矛盾比较突出，主要表现在行业比较集中、产品结构层次较低、产业关联度较小等方面，吸纳就业的能力有限。

表6-10 历年河南省三大产业结构比例 单位：%

年份	2016	2017	2018	2019	2020	2021	2022
第一产业	10.6	9.6	8.6	8.6	9.7	9.5	9.5
第二产业	47.6	47.7	44.1	42.9	41.6	41.3	41.5
第三产业	41.8	42.7	47.2	48.5	48.7	49.1	49.0

资料来源：《河南统计年鉴》（2017~2023）。

（2）农村转移劳动力文化素质低，劳动力供求矛盾显现，加大劳务输出难度。河南省农村富余劳动力虽然很多，但文化程度低，整体技能水平不高，初中及以下文化程度者占据转移劳动力人口总数的比重达70%以上。大多数外出务工人员从事的是脏乱差的工种，以及化工、采矿、建筑业、砖瓦等危险系数较高的工种。近几年来，随着经济增长与结构的调整，劳动力市场整体上供给持续增长，竞争越来越激烈，但劳动力供求的结构性矛盾越来越突出，许多就业岗位因劳动者素质不能满足需求而空缺。企业招工难和劳动力市场上就业难的局面并存，农村劳动力转移就业难度增加。

（3）劳动力市场不健全制约了农村剩余劳动力转移的速度。一是劳动力市场分割为农村剩余劳动力转移到城市就业设置了障碍，不利于劳动力的迁移。在城乡二元分割的劳动力市场下，由于从农村前往城市工作面临的昂贵转移成本与不公平待遇加上就业信息的匮乏，减弱了农村劳动力转移的积极性。而行业分割和单位分割带来的工资差别又进一步强化了行业和单位分割的程度。二是就业服务体系不完善，劳务输出的组织化程度低。当前，河南省农村转移劳动力主要靠亲友介绍和自发外出，组织化程度比较低，农村转移劳动力缺乏规范的就业指导和稳定可靠的信息渠道，外出就业存在很大的盲目性和随意性。县乡级劳动市场基础设施落后、就业服务信息网络化建设滞后。目前，全省尚有1/3的乡镇（街道）就业服务机构无固定场所，大部分乡镇平台与市、县两级不能实现互联互通，导致不能用先进的技术为劳动力提供及时准确的就业信息。

（4）制度不合理阻碍了农村剩余劳动力的有序转移。一方面，土地制度的制约，农业经营的低收益，使得农民进城寻找就业，但当前土地流转制度的不完善又不能让农民完全地放弃土地，造成一定程度的耕地撂荒和兼业化种植现象，现存的农村土地制度阻碍了农村劳动力彻底从土地上释放出来；另一方面，城乡二元户籍制度的制约，户籍制度产生了城乡分割的劳动力市场，限制了农村劳动力的流动。户籍制度造成了城乡二元分割的社保制度，这意味着农民不能像城市居民一样公平地享有社会福利，进城务工人员的农村社保难以与城市社保相融合，城乡流动会使他们的社会保障待遇受到损失。

2. 农村剩余劳动力转移的政策建议

（1）发展县域经济，扶持中小微企业，实现农村劳动力就地就近就业。一是大力发展县域经济。抓住东部沿海产业转移的有利时机，加大招商引资和项目建设力度，发展配套相关产业，吸纳更多农村剩余劳动力。二是发挥好中小微企业在解决就业方面的作用。落实好国家和河南省在支持中小微企业发展中的政策，发挥金融机构在财政资金方面的引导作用，为中小微企业做好公共服务、经济运行监测等服务保障，引导中小微企业加快技术创新与产业集群集聚，培育具有地方特色的名优品牌，解决当地农民就业问题。三是推进城镇服务业与"互联网+"的有效融合，加快第三产业发展，积极吸纳农村劳动力转移就业。

（2）实施农村劳动力素质提升工程，实现农民工稳定高质量就业。积极落实《河南省农村劳动力职业技能培训规划（2015—2020）》培训政策，开展农民工技能提升计划。依托"阳光工程""雨露计划"等农村劳动力培训基地，以市场需求为导向，分层次分类别地开展河南省农村劳动力的技能培训工作，提高农村劳动力素质，实现稳定高质量就业。对于返乡和初次就业的农村劳动力实施以培养实际操作技能和职业素养为主要内容的、满足基本上岗要求的初级职业技能培训；对于已经转移就业但仍想提升技能的农村劳动力，继续开展有针对性的教育，以期达到中级以上职业技能；对于想要自主创业的农村劳动力，针对创业类型和不同阶段的需求开展多种形式的创业培训。

（3）构建城乡一体化劳动力市场，建立健全劳动力就业服务体系。尽快建立城乡一体化的劳动力市场，具体来说，应从劳动力市场的主体和客体两个方面构建。市场主体的培养主要包括政府作为投资主体要对劳动力市场的建设资金的来源和支出进行管理，废除阻碍劳动力市场运行的制度；企业作为劳动力市场的需求主体，要自觉遵守劳动力市场的法律法规，不歧视农村劳动力；劳动力作为供应主体要接受相应的技能培训，提高自身素质。劳动力市场客体建设主要指政府作为投资主体要对劳动力市场的建设进行管理，改革阻碍劳动力市场运行的制度。针对河南省农村劳动力素质不高的现状，重点做好几个方面的工作：首先，确保农村劳动力的基础教育，加强职业技能培训力度；其次，建立农村劳动力信息资源库，搭建劳动力供求信息网络平台，建立起农村劳动力与企业之间的信息沟通桥梁；最后，政府要制定明确的劳动力市场法制法规，创建一个公平、透明的劳动力市场。

（4）稳妥推进制度性改革，促进劳动力转移。一是加快户籍制度改革。户籍制度的改革核心是减小户籍之间的公共服务差别，应采取按小、中、大城市规模循序渐进的改革措施。例如，可以先开放中小城市的户籍管理，对已在中小城市生活多年、工作能力强、有稳定生活来源的农村劳动力家庭登记城市户口。对于像郑州市这样的大城市，完全开放户口以后，会出现政府财政能力和基础公共设施无法满足涌入人群需求的状况。因此，要根据中原经济区建设发展需求，允许企业投资超过一定金额的农民创业者，或针对一些稀缺技术岗位的优秀打工者落户。农村社区和县城要全面取消户口限制，允许劳动力自由流动和转移，使劳动者在城镇劳动力市场有平等就业的机会。二是完善社会保障制度。第一，增大农民工保障建房投资，确保随迁子女平等的受教育权利。如明确划出保障性住房用地，适当开放城镇住房保障体系，将随迁子女教育纳入教育发展规划中等。第二，尽可能将农村务工人员纳入政府或商业保险体系。如政府监管企业为农民工缴纳工伤保险，政府将农民工纳入失业保险体系，将工作稳定的农民工纳入本地医疗保险体系等。

第四节　脱贫攻坚与乡村振兴

一、河南省脱贫攻坚发展历程

人类发展的历史在很大程度上是与饥饿、贫困作斗争的历史。改革开放后，河南省经济得到了快速的发展，在发展过程中，部分地区的贫困问题便凸显了出来。1984年以来，河南省开展了有组织、有计划、大规模的扶贫开发工作，30多年的脱贫攻坚历程，大致可以分为以下四个发展阶段。

1. 1984~1993年的扶贫阶段

扶贫开发伊始，全省农村年人均纯收入低于150元的贫困人口有1375万人，占当时全省农村人口总数的20%。这些贫困人口主要分布在"三山两水"地区，即豫南大别山、豫西伏牛山、豫北太行山、沿淮低洼易涝区和黄河低滩区及其故道风沙盐碱区。这些地方多数自然条件恶劣，经济社会发展缓慢。为了卓有成效地推进扶贫开发工作，全省确定了34个贫困县给予了重点扶持，其中国定28个、省定6个，涉及全省8个地市。34个贫困县中的贫困人口占当时全省农村贫困人口总数的70%以上。这一阶段国家共投入资金26.67亿元，其中财政资金9.67亿元，银行贷款17亿元。这一时期扶贫工作带有明显的计划经济时代的特征。由于政府明确扶持对象，对贫困人口采取救济式扶持和发展生产相结合的方式。经过 10 年的扶持，至 1993 年底，全省农村的贫困问题大为缓解。贫困人口减少到 760 万，占全省农村人口总数的比例由 20% 下降到 10%①。

2. 1994~2000 年的"八七"扶贫阶段

"八七"扶贫是中国政府在当时条件下采取的一项大规模的扶贫开发行动。这期间国家的投入不断增加，仅河南省就投入资金 59.73 亿元，是前 10 年的 2 倍多。34 个贫困县 2000 年国内生产总值比 1993 年增长 135%，财政收入比 1994 年增长 208.7%，粮食总产量比 1993 年增长 19.1%，贫困地区经济发展步伐加快。2000 年，贫困县农民人均纯收入比 1993 年增加 1230.8 元。全省农村尚未解决温饱的贫困人口减少到 129 万人，比 1993 年底减少了 631 万人，平均每年净解决 90.15 万人的温饱问题。贫困发生率由 1993 年的 10% 下降到了 1.7%，农民收入水平显著提高，贫困人口大幅度下降。2000 年底，"八七扶贫攻坚计划"的主要目标基本实现。这一阶段，河南省扶贫开发的主要做法有：

（1）管好用好扶贫资金，努力提高资金使用效益。这一阶段国家共扶持河南省扶贫资金 597265.8 万元，其中财政扶贫资金 76530 万元、以工代赈资金 150885.8 万元，扶贫贷款 369850 万元。省里按规定配套资金约 15 亿元左右。扶贫资金中的财政部分，主要用于贫困地区农田基本建设、修建乡村公路、解决人畜饮水、推广科学技术和农民技术培训、发展教育卫生等社会公益事业。在信贷资金使用上，提出了"两个 70% 的"要求，即 70% 用于能使贫困群众尽快解决温饱问题的种养业项目，70% 落实到贫困户。

（2）加快基础设施建设，改善生产生活条件。"八七"扶贫攻坚以来，全省累计解决了 122.7 万贫困人口的饮水困难，在贫困地区新修公路 1.9 万千米，新增水浇地面积 580 多万亩，新修水利工程 13.6 万处，新增电话 81 万余部，新建和改扩建乡村中小学 3219 所②，新建和改扩建乡村卫生院 381 所。当地群众行路难、吃水难、用电难、子女上学难、看病难等问题得到了逐步的缓解，生产生活条件得到较大改善。

（3）积极走产业化扶贫之路。把扶贫开发与农业结构调整结合起来，以市场为导向，发挥当地资源优势，选准拳头产品，扶持龙头企业，发展主导产业，建立商品基地，辐射带动农户。如信阳市一些贫困县、乡已初步形成了茶叶、林果、畜牧、桑蚕、水产、食用菌等具有地方特色的支柱产业，建起 1196 个龙头型经营组织，覆盖百余万个农户，解决了 161.7 万人的温饱问题。

（4）加强社会对口帮扶。实施"八七"扶贫攻坚以来，中纪委（监察

---

①② 河南省人民政府网．河南省扶贫开发相关情况介绍［EB/OL］．http：//www.henan.gov.cn，2005-04-04.

部）、中央文献研究室、人民日报社、最高人民法院、交通部、科技部、国务院研究室、海关总署、国家进出口检验检疫局、中国农业银行、原机械工业部 11 个中直单位和河南省各级党政机关、群众团体以及部分科研单位、骨干企业、大专院校和驻地部队，积极参与对河南省贫困地区的帮扶工作。据统计，1994~2000 年，为贫困地区直接投资和帮引资金 32.7 亿元，修建学校695 所，帮助贫困学生 3.2 万名，捐资和捐物折款 54062.3 万元，累计培训农民 303353 人次。

（5）大力实施科教扶贫战略。治穷先治愚，河南省把提高贫困地区群众的素质作为扶贫的重要措施。采用长期与短期相结合、骨干培训与群众普及相结合、"走出去"与"请进来"相结合的方法，举办各种形式的培训班，向基层干部和农民传授致富本领、农业技术和市场信息。

3. 2001~2012 年扶贫攻坚阶段

进入 21 世纪以来，国家又在原来的基础上进一步调整了扶贫政策，提高了对贫困人口扶持的标准，扩大了扶持的范围，重新确定了 31 个国家扶贫开发工作重点县。由于提高了贫困人口的温饱标准（现有标准为 2300 元），截至 2014 年末全省贫困人口有 576 万人，占全省农村人口的 9.86%。本阶段坚持开发式扶贫，坚持以贫困村为主战场。这期间明显的特征就是加大了对贫困地区基础设施的建设，加快农村经济结构调整，提高产业化水平，加快劳务输出，使农村贫困人口收入不断增加、生活质量得到改善。这一阶段，河南省扶贫开发的主要做法有：

（1）实施整村推进，努力改善贫困地区生产生活条件。2003 年在充分调研的基础上，河南省政府决定"集中扶贫资金、整村推进、分批扶持重点贫困村"，在 10430 个贫困村中选择 3915 个村为首批整村推进村，将中央、省财政扶贫资金和以工代赈资金的 80% 集中投放，用三年时间实施"五通、两建、两改、一增"（通路、通水、通电、通电视广播、通电话，建学校、建卫生室，改厕、改圈舍，增加农民收入）工程。实施整村推进扶贫开发，使农村基础设施建设、文化教育、医疗卫生、农民增收、产业发展、村容村貌、民主法治和基层组织建设等方面都取得显著进步。

洛宁县长水乡西长水村位于乡政府西 1 千米处，总人口 398 户，1316 人，共有 7 个村民小组，因该村人多地少，产业结构单一，土地产出效益低下，群众增收困难，经济发展滞后。2011 年通过实施整村推进，各方面有了较快发展，村容村貌变化较大。2012 年，全村人均纯收入达 5100 元，比项目实施前翻了一番。栾川县合峪镇柳坪村，以加快农民增收为目标，以基础设施建设为抓手，以发展乡村旅游为重点，依托丰富的农林资源优势，大力发展特色农业，推进经济发展，着力改善村容村貌。自2008年开始，动员全村100余户种植户成立农民林果专业合作社，采取协调农户土地经营权流转，集中发展桃、梨等林果业。2012年底农民人均纯收入达到5600元，群众生产生活条件得到了极大改善。

（2）调整优化贫困地区产业结构，增加贫困农民收入。引导广大贫困群众以市场为导向，依托当地资源优势，发展有市场的种植业、养殖业、农副产品加工业。通过扶持龙头企业和建立商品基地，辐射带动农户，增加农民收入。

卢氏县是2010年三门峡市唯一划归为秦巴山片区的县。近年来，该县坚持围绕资源优势，实施产业扶贫。一方面，建成了豫西大峡谷、双龙湾等一批重点景区，引导和帮助景区附近的贫困群众发展农家乐、商贸流通、交通运输等第三产业，带动3万余人从中受益，其中带动贫困户810户3200人实现脱贫；另一方面，发展烟、菌、药、牧、果五大特色农业产业，带动全县人均收入1000元以上，其中带动贫困户4400户1.8万人实现稳定脱贫。封丘县立足当地资源，通过发展树莓产业，帮助贫困户增收致富。2014年滩区农民种植树莓已达10余万亩，拥有全国树莓产品加工能力最强的扶贫龙头企业2家，发展树莓专业合作社16家，辐射带动贫困户9000多户，户均增收1.3万元，树莓成了滩区的特色产业。

（3）狠抓劳务培训，促进贫困地区劳动力转移。制订贫困农民劳工培训计划，建立国家级和省级扶贫开发劳务技能培训基地和扶贫开发涉外劳务输出培训基地，形成贫困地区劳动力培训网络。贯彻落实《关于创新机制扎实推进农村扶贫开发工作的意见》精神，实现精准扶贫目标要求，河南省加快推进"雨露计划"试点工作，资助、引导农村贫困家庭劳动力接受职业教育和各类技能培训、培养贫困村产业发展带动人，帮助贫困人口增加就业发展机会、提高家庭生计水平。

（4）积极稳妥实施搬迁式扶贫。从2001年开始河南省重点抓了嵩县、南召、新密等8个县的搬迁扶贫试点，稳妥地实施移民搬迁。移民扶贫主要坚持以下原则：一是政府引导，群众自愿；二是以地方自筹为主、扶贫资金补助为辅；三是科学规划，分步实施；四是实事求是，因地制宜；五是立足当前，放眼长远；六是综合移民扶贫。努力实现"迁得出，稳得住，能致富"的目标。

南阳是一个总人口逾1100万，其中乡村人口930多万，总面积2.66万平方千米，山区、丘陵、平原大体各占1/3，耕地面积近1500万亩的农业大市。全市深山区和石山区中，还有超过16万独居、散居的贫困人口，交通不便，信息不灵，资源匮乏，生存、生产条件恶劣，经济、社会发展的环境差，只有实施搬迁扶贫，才是解决这些贫困人口生存和发展问题的根本途径。从2003年开始，南阳市陆续在南召、桐柏、淅川、西峡4个深山区县开展搬迁扶贫试点项目。坚持群众自愿、科学规划、产业开发、完善配套的原则，稳步推进搬迁扶贫工作。如西峡县松树门、唐寺沟、鱼库，桐柏县刘湾，南召县建坪等安置点，主要围绕当地丰富的生态旅游资源，建设安置点；南召县马市坪、石门、板山坪、南河店，西峡县桑坪、米坪，桐柏县月河、回龙、朱庄、新集，淅川县荆关、仓房、毛堂等安置点都建在乡镇政府所在地，城镇规模迅速扩大，形成了中药材、食用菌等一批专业市场。各搬迁点均按照新农村的标准和要求，对主次道路、供排水、排污、供电、文化休闲娱乐场所、学校、幼儿园、卫生室、公厕等进行统筹安排。

（5）科技扶贫，提高贫困农民的科技素质。将科技扶贫工作摆在重要位置，在整村推进重点贫困村范围内安排科技扶贫项目。通过科技示范、技术培训、能人带动等多种形式，推广大棚蔬菜、食用菌栽培、科学养殖优良品种、间作套种、节水灌溉等农业适用技术，把先进实用技术普及到千家万户。鼓励和支持省级农业院校、科研院所及其科技人员深入扶贫开发第一线，进行科技承包和科技开发项目，不断提高贫困地区科技贡献率。

（6）扩大小额信贷试点，支持贫困户发展生产，增加收入。积极探索通过农村信用社向贫困户发放贴息信贷资金的办法，解决扶贫贷款到户难的问题，直接扶持贫困户发展生产、增加收入。

滑县是河南省最早开展扶贫到户贷款发放工作的县之一，曾探索形成了自己的一套运行机制和"一、二、三"的管理模式，即"一个中心、二级审定、三个到位"，并制定了《滑县扶贫贴息贷款违规制裁暂行办法》。2011年，滑县结合小额信贷扶贫工作新的形势，以增加贫困农民收入、促进贫困地区经济发展为出发点，切实解决贫困农户发展种植、养殖、加工业等所面临的资金短缺问题。截止到2011年8月底到户贷款发放金额达2960.25万元，扶持贫困农户609户，涉及54个重点村，已超额完成全年任务，资金在帮助贫困农户发展生产提高收入中发挥了重要的作用。

4. 2013~2020 年的精准扶贫阶段

2013 年国家制定出台了《建立精准扶贫工作机制实施方案》，这表明我国正式进入精准扶贫时期，将扶贫目标细化到村到户到人。通过精准识别，确定扶贫对象，了解贫困人口的贫困程度、致贫原因等情况，并且根据这些情况制定适合农村贫困人口自身发展的精准帮扶措施。这一阶段，河南省的主要做法有：

（1）建档立卡、反复瞄准，精准识别贫困人口。建档立卡就是建立记录贫困人口信息的档案，并对贫困人口发放贫困卡。通过建档立卡来完善农村贫困村以及贫困人口的数据库。2016 年，河南省对已经确立的贫困人口反复进行了 3 次核实审查工作，大大提高了精准识别工作的精准度。截至 2016 年 2 月 26 日，全省建档立卡"回头看"退出贫困户和新识别贫困户认定工作基本完成。

（2）"第一书记"，驻村帮扶，确保帮扶精准。选派一些素质过硬的干部到村担任第一书记以及组建驻村工作队对河南省重点帮扶的贫困村进行全覆盖。2015 年，在全省范围内组织 12332 名优秀机关干部，对河南省 4736 个基层组织软散村、8090 个贫困村以及 105 个艾滋病防治帮扶重点村开展"第一书记"帮扶工作。同时，抽调 26737 人组成 9998 个驻村工作队，实现了全省 8090 个贫困村全覆盖。通过加强农村贫困村基层党组织建设工作，在带领贫困人口脱贫致富道路上打下了坚实的基础。

（3）找到精准扶贫的"五字真诀"。"转、扶、搬、保、救"，这是河南省精准扶贫的"五字真诀"。"转"是转移就业。大力开展贫困人口职业技能培训、农业科技技能培训以及专业就业培训的多种方式，对农村贫困家庭劳动力进行免费培训，增强农村贫困人口自身发展能力。"扶"是产业扶持。发展特色农业、种养业、旅游业，通过新型经营主体带动扶贫项目开展，实现增收脱贫。"搬"是易地搬迁。开展深山区、石山区贫困人口易地搬迁，推进贫困地区基础设施建设，加强农村文化教育卫生医疗和社会保障投入，提高贫困农村公共服务水平。"保"是社会保障。开展最低生活保障兜底工作，针对农村地区实施基本养老、住房、特困人员救助等保障措施。"救"是特殊救助。从教育、医疗、住房等方面对特困人口实施救助工作，保障他们的基本生活需求。

"十二五"期间，河南省累计投入省级以上扶贫资金 116.72 亿元，年均增长近 25%，向贫困农村地区的社会事业、道路建设、农田水利等方面投入资金分别达到 483 亿元、505 亿元、150 亿元，以工代赈资金超过 20 亿元。此外，广泛动员民营企业、社会组织及个人参与扶贫开发，累计有 7000 多家民营企业与

6800 多个贫困村结对帮扶，投资近 300 亿元。

2020 年，河南省以剩余贫困人口 5000 人以上的 20 个县和 52 个未脱贫村为重点，实施集中攻坚，出台支持大别山革命老区振兴发展 27 条政策，实施重大项目 156 个。同时，河南省还出台了精准支持政策，促进贫困劳动力就业、带贫企业复产、扶贫项目开工，开展消费扶贫，全省贫困劳动力外出务工比上年增加 16.8 万人，实施产业扶贫项目 9929 个，金融扶贫贷款余额达 1900 多亿元，贫困地区农村居民人均可支配收入增速高于全省平均水平 1 个百分点左右。

此外，河南省聚焦"两不愁三保障"全面查漏补缺，强化老弱病残等特殊贫困群体兜底保障，深入推进易地扶贫搬迁后续帮扶，加强脱贫不稳定户、边缘易致贫户监测和帮扶，提高脱贫质量。全省剩余 35.7 万建档立卡贫困人口全部脱贫、贫困村全部出列。

二、脱贫攻坚与乡村振兴有效衔接

脱贫攻坚战的全面胜利，标志着我们党在团结带领人民创造美好生活、实现共同富裕的道路上迈出了坚实的一大步。脱贫攻坚取得胜利后的重点任务是，实现巩固拓展脱贫攻坚成果同乡村振兴有效衔接。脱贫攻坚是以消除绝对贫困为目标，对特定群体采取的精准扶贫和精准脱贫的微观施策。而乡村振兴则是在脱贫攻坚的基础上，以消除相对贫困为目标而采取的整体谋划，着力促进城乡融合，实现政治、经济、文化、生态的全面发展。

脱贫后的农村生活"两不愁、三保障"已全面实现，基本生活得到保障的人们将会更加关注家庭收入和生活水平的提高，这时，乡村振兴将担负起不断提升农村生活水平的重任，真正让人民群众在农村生活中体验到幸福感、获得感。实现脱贫攻坚与乡村振兴有效衔接，需要从农村发展环境、产业提档、自我发展等方面着手[7]。

1. 优化农村发展环境

（1）创新乡村人才发展机制。大力引进懂农业、懂技术、懂市场的专业人才，青年人才要重点引导高校人才，特别是实用型、管理型人才，以干部身份下乡、投资产业、提供服务等方式参与振兴农村的伟大事业。构建科学的农村人才培养体系，重点培养新型专业农民和新型农业经营实体，全面建立专业农民体系，培养一批农业经纪人、职业经理人和农村工匠。大力实施新型职业农民培育工程，加快培育一支具备农业发展所需的生产经营、专业技能和社会服务的高素质专业农民队伍。

（2）完善人居环境提升机制。构筑全域秀美乡村蓝图，全面实施美丽乡村建设工程。积极打造美丽乡村精品线、特色精品村以及一批"农业生态园",全面提升农村人居环境和群众生活品质。聚焦重点行业和关键环节,持续从源头上促进垃圾减量,提高垃圾资源化利用水平。结合乡村旅游要素,打造特色鲜明、生态宜居的新时代美丽乡村。

(3)建立乡村文明引领机制。充分发掘村镇传统文化资源,深挖人文情怀、道德典范、革命精髓,加强社区教育,做好家庭教育,引导发挥乡规民约,传承良好家风家训,培养自尊自信和积极向上的农村社会心态。

(4)健全现代乡村治理体系。建立和完善党委领导、政府负责、社会协调、公众参与、法律保障的现代农村社会治理体系。着力推动优质资源向基层倾斜,创新社区治理模式,全面落实"网格化管理",充分发挥基层综合治理中心在基层社会治理中的枢纽平台作用。

2. 促进产业提档升级

(1)做强富民特色产业。因地制宜加强旅游休闲、绿色能源等扶贫产业,拓宽消费扶贫、扶贫车间、农村电商、家庭手工等发展模式,高质量巩固提升脱贫成果。继续引导龙头企业与贫困地区合作,打造绿色优质农产品原料基地,布局加工能力,深度开发特色资源,带动农民打造连锁、共享品牌,让农民在发展特色产业中稳定就业、持续增收。

(2)培育农业新型业态。①培植体验型业态。促进农业生产与休闲观光、农耕体验、文化传承、节庆采摘、科普教育深度融合,构建集生产、生活、生态功能于一体的产业体系。②培植智慧型业态。重点加强农业物联网建设,采用大数据、云计算等技术,完善监测统计、分析预警、信息发布等手段,完善农业信息监测预警体系,全面提升现代农业智能化水平。③培植终端型业态。建立从农场到餐桌、从初级农产品到终端消费的农产品无缝对接的产业体系。

(3)完善乡村产业体系。①以加工流通延伸产业链条。加快推动农业与现代产业要素深度融合,形成"农业+"发展态势。②以乡村旅游拓展农业功能。围绕旅游,配置整合农产品加工业和旅游服务业,挖掘农产品品牌的历史文化内涵,支持地方特色和传统美食的产业化发展,助推乡村产业蓬勃发展。③建立多元化农业服务体系。积极采取"基地+农户+专业合作社+企业""基地+专业合作社+企业+农技推广部门""院校+农技推广部门+基地+农户"等多种模式,建立多元化推广服务机制。

3. 提高自我发展能力

(1)继续加强扶志扶智。坚持外部帮扶与群众主体相结合,培育发展的内生动力机制,提升群众自我发展能力。组织有劳动能力和就业意愿的农户前往先进地区，开展电商、科技农业、品牌农业和农业产业化等方面的交流，着力打造一批爱农业、懂技术、善经营的高素质农民。

（2）完善利益联结机制。继续加强产业帮扶，继续促进就业帮扶，继续把农民更多地分享增值收入作为基本出发点，着力完善和调整农村产业支农机制，提高农民参与农业一体化的能力，创新收入分享模式。

（3）激活创新创业动力。培育创新创业主体，培育一批"植根农村、服务农业、带动农民"的创新创业群体。拓宽创新创业领域，培育"互联网+创新创业"等新业态。搭建创新创业平台，鼓励园区、企业、服务机构、科研单位和院校等平台主体，协作发展众创、众筹、众包、众扶模式，做好做强共建共享农村创新创业园区和孵化实训基地。

第五节 美丽乡村建设

一、美丽乡村建设发展现状

1. 河南省美丽乡村建设成效

河南省境内山地丘陵、平原盆地土地资源类型丰富，为农、林、牧、渔等各项产业的发展和经营提供了便利。从表6-11中可以看出，河南省城乡居民的人均收入逐年增加，但是城乡之间的差距却也逐年加大，推进美丽乡村建设以提高农民收入、缩小城乡差距成为当务之急。

表6-11　河南省近年来经济发展情况

年份	生产总值（千亿元）				城镇居民人均可支配收入（元）	农民人均纯收入（元）
	合计	第一产业	第二产业	第三产业		
2017	44.82	4.14	20.94	19.75	29558	12719
2018	49.94	4.31	22.04	23.59	31874	13831
2019	53.72	4.64	23.04	26.05	34201	15164
2020	54.26	5.35	22.22	26.69	34750	16108
2021	58.89	5.62	24.33	28.93	37095	17533

资料来源：《河南统计年鉴》（2018~2022）。

2005年10月，党的十六届五中全会提出要按照"生产发展、生活宽裕、乡风文明、村容整洁、管理民主"的要求，扎实推进社会主义新农村建设。同时，为解决农业废弃物资源浪费严重和农村环境脏乱差的问题，农业部启动了"乡村清洁工程示范"工作，目标是将新农村建设的任务具体化，提出实现农村"田园清洁、家园清洁、水源清洁"。2013年中央一号文件中第一次提出了要建设美丽乡村的奋斗目标，进一步加强农村生态建设、环境保护和综合整治工作。为实现这一目标，各地纷纷开始建设美丽乡村。从2013年起，河南省开始启动美丽乡村建设试点工作，着力培育建设美丽宜居小镇、中心村及特色村。河南省美丽乡村建设取得了一定成效，主要表现为：

（1）坚持科学规划为指导。河南省美丽乡村建设坚持规划先行，构建美丽乡村之前会提前进行科学合理的规划，在制定规划时注意因地制宜，没有一味地大拆大建，而是注重特色，对美丽乡村建设进行整体推进，按照地方特色，合理规划，共建美丽乡村。为了合理利用财政资金，发挥出资金的最大效益，有关部门出台了严格的考评机制对项目进行选择。各竞争项目都必须经过资格审查、专家评审、现场答辩、网上公示、投资评审等环节才能被筛选确定。

（2）改善农村人居环境。首先，整理村居。把村内有危险的、陈旧的民居进行拆除，统一规划空城村和居住分布零散的人群，建设农村社区，安排他们统一入住。其次，改造陈旧设备。合理规划农村布局设施，改善农民生活条件。最后，改变村庄面貌。加强对道路、污水、厕所、垃圾、广告等项目的清理整治工作，改变农村旧有的垃圾靠风刮、污水靠蒸发、雨天水泥路、环境脏乱差的现象。截至2022年底，河南省城镇化率为57.07%，比2021年提高0.62个百分点。2022年全年，全省农村集中供水率达93%，农村自来水普及率达92%，比上年提高1个百分点，农村户用沼气池57.33万户，农村太阳能热水器面积371.65万平方米，较好地提高了农村居民的生活条件。

（3）大力发展县域经济。在美丽乡村建设过程中，因地制宜，根据本身特色资源优势，大力发展与生态资源相协调的乡村旅游业、有机农业、休闲农业、生物医药等产业，培育知名品牌，拉长产业链条，加快产业集聚，增加农民收入，提高农民的生产生活水平。深入发展现代农业，突出培养具有地方特色的产品。如焦作的四大怀药、新郑的红枣、芒山的沙红桃等，通过发展特色产业有效促进农民增收、发展县域经济，推进美丽乡村建设的发展。

（4）加强精神文明建设。美丽乡村建设不仅体现在房屋、村庄环境的干净、舒适上，也体现在农民积极向上的生活心态上，更体现在人与自然和谐共处、共同发展的生活状态上。因此，建设美丽乡村也要传承历史、尊重民俗文化，彰显地方特色，丰富人民的精神生活。如信阳大别山文化村，十分注重传统文化的传承，积极发展文化产业，并将其打造成为品牌，精心打造出两条产业链条：一是开展文艺活动和艺术表演，对当地的制茶工艺、书法、古玩等技法进行弘扬传播，打造出一系列的文化产业链；二是积极开发特色旅游业，打造出将观光、休闲、娱乐、度假融为一体的旅游产业链，让游客在休闲娱乐的同时能领略到当地的特色文化。两条产业链条都积极开发能够弘扬本地文化的旅游产品和工艺品，全面推动了本地经济的发展。

截至 2015 年底，全省已确定 430 个美丽乡村建设试点项目，累计投入财政专项资金 59 亿元，撬动引领社会资金约 260 亿元，有效改善了村镇人居环境。

2. 现有美丽乡村建设典型案例[8]

（1）开封朱仙镇美丽乡村——文化传承型。朱仙镇位于河南省开封市开封县县城西南部，交通便利，是水陆交通要道，同广东的佛山镇、江西的景德镇、湖北的汉口镇并称为全国四大名镇，是国家文化生态旅游示范区。全镇总面积为 74 平方千米，镇区面积 3.8 平方千米，人口 3.1519 万人，拥有木版年画、清真寺、古运粮河等文化元素和资源。随着城镇化的发展，当地经济发展不断加快，城镇化水平达 55%，越来越多的农民走向城镇，镇内经济逐步由第一产业向第二、第三产业转移。

朱仙镇美丽乡村建设立足自身丰富的历史文化资源的建设理念，投资 120 亿元分 10 年修建"朱仙镇国家文化生态旅游园区"，依靠生态、文化建设的理念积极发展旅游产业，是带动朱仙镇旅游的重要支点，对朱仙镇经济的发展起着龙头带动和示范作用。为吸引游客，推动旅游业的发展，岳庙大街、复兴街被重新再造，打通了戏园路，旧有的开尉路和京货街、铜坊街被拓宽，开发打造了小店王街区，修建了 11.6 千米的移民公路，修建了岳飞塑像花园和岳飞广场花园。为了改善人民的居住条件，在道路两旁安装了 180 盏现代化路灯；为改造镇区面貌，政府科学规划、合理拆迁改造旧房、危房，改变了城镇面貌。城镇崭新的面貌、舒适的环境，再加上自身浓厚的文化氛围，无一不吸引着游客前来参观旅游。旅游业的繁荣发展，又带动了服务业、物流业的发展，增加了农民收入，得到广大民众的大力支持。此外，朱仙镇美丽乡村的建设也受到了政府的大力引导和支持，河南省人民政府下发的《关于加快旅游产业转型升级的意见》中明确指出，要积极推进朱仙镇旅游项目的建设。政策的支持为朱仙镇的旅游业带来了强大助力，而位于河南省"郑汴洛"黄金旅游线上、离古都开封市仅有 22 千米的区位优势，也为朱仙镇带来了更多游客，增加了本地居民的收入，促进了县域经济的发展。朱仙镇依托丰富的文化资源优势，大力发展文化旅游业，树立文化传承型美丽乡村模式典型，打造全国美丽乡村建设鲜活样本，其建设经验值得其他县区村镇学习。

（2）信阳郝堂美丽宜居镇——生态保护型。郝堂村位于信阳市近郊，距离市中心仅有 20 千米，整个村庄拥有人口 2295 人，总面积 20 平方千米，耕地

1900 亩，是一个非常普通的小山村。近年来，郝堂村十分注重对生态环境的保护，在村内大力开展生态环保工作，植树造林减少水土流失，清洁河流改善居住条件，美化房屋改变村庄面貌，这些措施都取得了一定成效，水土流失综合治理程度达到 92%，林草覆盖率提高到 85%，生活污水处理率达到 88%，村庄面貌焕然一新，村民的生活条件也得到很大改善。经过几年努力，郝堂村于2013 年被授予全国第一批"美丽宜居村庄示范"称号。

郝堂村美丽乡村建设十分注重生态保护和可持续发展，坚持用最原始、最环保的方式来改造乡村，并注意了对美的发现与保留，没有一味用新代替旧，最大程度地保持了乡村的传统之美，如选取废弃不用的材料修建道路，绿化村内道路；尊重农民意愿，合理对村内有碍发展的房屋进行迁建或改造；村内不允许建设对环境造成污染的企业，保障村内居民的健康条件。在改造民居时，按照政府规划和农民意愿对村居进行改造，图纸由专家团队和户主自行协商，一户一图，为居民量身打造自己的房屋。此外，还对旧房改造的部分进行补贴，新建的部分给予贷款贴息，赢得民众支持。郝堂村乡村建设的另一特色是他们的传统污水处理循环方式。郝堂村十分注重对污水的处理，家家户户都用最环保的方式处理生活污水。他们的生活污水大致都是经过铺有沉砂池的过滤池后，再流入下一个过滤池，在过滤池上栽种有净化水质功能的植物，再加上水体自身的净化功能，排出去的水已没有异味，和正常的河水相差无几。厕所的水经过分离和后续处理后，也没有异味，几乎不会对环境造成污染。改造后的郝堂村风景如画，民居保持了信阳市民居白墙黑瓦的传统风格，重塑村落文明，引来游客如潮。郝堂村美丽乡村建设以"河南省可持续发展实验区"为契机，合理规划，积极引导，保持了古朴天然的乡村味道，又有现代的时尚气息，属于生态保护型模式，其建设经验值得借鉴。

（3）南街村红色亿元美丽乡村——特色资源型。南街村地处漯河市临颍县107 国道旁边，西靠京广铁路和石武客运专线，东邻京珠高速公路。村内人口3180 人，耕地 1000 亩，总面积 1.78 平方千米，是国家旅游局首批命名的全国农业旅游示范点，是河南省著名红色旅游景点之一，以其独特的发展模式、教育理念、分配方法为特色，是驰名中外的红色亿元村。

南街村在建设美丽乡村方面从以下几点做起：在乡村经济方面，依靠当地丰富的粮食资源，兴办食品加工业，对粮食进行深加工，构建产业链条，壮大了集体经济的实力。同时，南街村着力开发乡村旅游业，精心打造出红色旅游这一特色品牌，在南街村景区内建成了文化园区、工业园区、高新农业园区、村民住宅游览区、文化教育游览区、广场文化展示区、珍奇植物园区以及革命传统教育区八大观光内容游览区，吸引广大游客前来参观学习，促进当地经济的发展，提升南街村的美誉度。在人居生活方面，南街村推行"工资+分配"制度，村民的衣食住行都由集体解决，没有后顾之忧。村内街道平坦，道路两旁绿树成荫，路灯交相辉映，楼房巍巍壮观，各种公益设施琳琅满目，提升了村民的幸福值。在精神生活方面，南街村成立艺术团、军乐队等各项乡村娱乐设施，为村民提供茶余饭后休闲娱乐的好去处；建立文化园、图书馆、档案馆、康寿乐园等，丰富村民的精神文化生活。南街村美丽乡村建设立足自身资源情况，注重特色，大搞集体经济，走出了一条不寻常的特色发展道路。

3. 美丽乡村建设中存在的问题

（1）缺乏系统性科学规划。近年来，河南省着力建设美丽乡村，但并没有明确出台相应规划，仅仅出台美丽乡村试点项目相应的配套办法是远远不够的，缺少了整体规划的指引，很容易出现盲目建设的现象。再加上建设时间短，经验不足，各市、县政府根据自身情况制定的规划还不成熟，实用性欠佳。有的地方即使做了规划，在土地利用、村庄布局以及产业发展方面的资源也没有合理利用，且在建设中存在着很多问题。有些规划由政府统一批量委托编制，规划深度不够，精品意识不强，村庄布局和建筑风格千村一面，村庄特色挖掘不够，导致一些村庄存在无序建设、重复建设。例如，有些建设规划仅着眼于村庄道路硬化、居民居住条件的改善，没有通盘考虑村庄的全局化建设，相应产业的缺失、农民素质的低下、建后管理的搁置，都会出现有新房无新村、有新村无新貌的建设乡村但不美丽的状况。

（2）农民主体缺失，建设人才短缺。群众的积极参与是美丽乡村建设取得成功的重要因素，作为最基层行动单位的农民，生长于乡村、生活于乡村，对乡村的建设最具发言权。然而现实中的政府主导有余农民参与不足，使得农民的主体作用与地位没有充分体现出来，认为美丽乡村建设只是政府的职责，自身的参与没有实际意义。这些论断无疑使美丽乡村建设出现上热下冷、外热内冷的现象。此外，一些地方的领导过于注重成效，在构建美丽乡村时没有注重实际，没有从农民的角度考虑问题，只做表面文章，劳民伤财，让群众反感。美丽乡村建设要从村民的需求出发，调动村民参与建设的积极性与创造性，若没有村民的参与，美丽乡村建设无异于纸上谈兵。

此外，随着城镇化的发展与城乡收入差距的扩大，有些有知识、有技术的青壮年农民倾向于外出务工，留在农村的都是些文化素质不高、对自身缺乏自信、不愿或不敢尝试新思维、新方法的妇女、孩子和老人，真正能投入到乡村建设中的人少之又少。农村经济的缓慢发展也使更多的人不愿意到农村去，专业型人才的缺失给美丽乡村的建设带来了一定的困难。

（3）基层组织管理不到位。首先，村民委员会经验不足。对于建设理念仅停留在建楼房、修马路等低层次的简单行为上，没有深刻理解美丽乡村建设的真正内涵。部分基层管理人员认为村庄建设是展示给外人看的，没有上升到提高村民居住舒适感的高度，忽视村庄建设的整体规划，不注重乡村的持续性发展。其次，社团组织经验不足。农民专业合作社作为农村最广泛的社团服务型组织，注重农业产业化、规模化发展，是农村社团组织的主要形式。目前，农村的各种社团组织发展困难重重，由于政府扶持政策的不到位以及社团本身经验缺失，导致没有体现其真正的价值，对社团成员的带动作用非常有限，其存在形同虚设，面临衰退的危险。

同时，基础设施的后续监管也是一个大问题。随着美丽乡村建设的全面推行，当地政府部门都加大了对农村基础设施的建设力度，但却缺少一套健全的监管机制。基础设施损坏严重，陈旧设备无人更换，使得基础设施无法发挥出应有的功效。此外，各地建设美丽乡村时也存在资金监管不到位的问题。上级拨出资金让各地建设美丽乡村，修建公共基础设施，审批步骤麻烦、环节众多，审批后有没有对资金进行有效监管，各地建设参差不齐，影响美丽乡村建设的总体推进。

（4）参与主体间互动性不强。美丽乡村建设是一个关涉多方面的重大工程，应该构建多中心的参与主体，形成政府引导、企业扶持、基层自治组织管理、以农民为主体的参与结构，但在参与建设过程中仍然存在主体间互动不强的局面。首先，政府与社团组织的互动性不足。社团组织的自治能力与协调能力都不高，在需要时，由政府相关部门倡导组建，建成后又仅仅成为政府可有可无的"弃婴"，造成上级政府的政策及资金支持没有真正落实到农户。其次，政府与农民互动不足。政府与农民的互动是成功建设美丽乡村的关键。大多数村民对于建设美丽乡村持观望的态度，认为建设只是村干部的事，自身没有必要提出观念与想法，而村干部也没有调动村民参与建设的积极性，只是依靠自己的想法、自己的能力去实践。同时，政府也忽略农民的意愿与感受，没有争取村民的相关建议，致使村民主体参与意识淡薄，没有责任观念。美丽乡村建设必须明确为了谁、依靠谁的问题，政府在其中的角色定位只能是引导，要把决策权交给农民，让农民发挥主体作用。

二、美丽乡村建设的启示与建议

1. 经验借鉴与启示

（1）政府主导，规划先行。综观国内外乡村建设的典型，政府的参与、经营管理是美丽乡村建设取得成功的基础条件，只有政府主导才能开展大范围的乡村建设运动。此外，它们的成功都需要科学的规划进行引导，确保美丽乡村建设的有序进行。发达国家对乡村建设规划的制定非常重视，特别是欧洲国家。规划的编制可以更好地减少未来建设中的不确定因素，提高公众参与率，同时能尊重当地居民的意愿，让村民主动参与到乡村建设中来，对乡村建设的顺利实施打下基础。

（2）强有力的制度保障。美丽乡村建设想要取得成功就必须有制度保障，如日本先后出台了《町村合并法》《过疏法》等系列法规政策来保证乡村建设的合法性和有序性。目前，关于美丽乡村建设的制度还不够完善，法律法规也不健全，因此，必须制定相关的法律法规，开展各种宣传教育活动，通过法律来保障乡村建设的有序进行。

（3）基础设施建设与产业发展并重。农村与城市的主要差距之一是农村地区公共基础设施的不完善。建设基础设施是改善农村生活条件的基本措施，发达国家不惜投入大量资金建设农村公共基础设施以缩小城乡之间的差距。产业是农村经济兴旺与持续的根本，在建设农村基础设施的同时，要重视农村产业的发展，通过增加农业的科技投入、开辟休闲旅游业、发展绿色农业等措施振兴乡村经济。

（4）重视专业的教育培训。综合国内外建设经验，政府在乡村建设过程中都没有忽视对农民综合素质的培养。只有对农民进行专业的教育培训，才能够提升农民整体素质、提高乡村经济竞争力，有效解决农村专业人才短缺的问题。所以，需要建立各种机构，加强他们的文化和技能培训。如韩国新村运动、日本造村运动就是因为政府对农民的教育培训，才使他们在乡村建设过程中起到事半功倍的效果。

2. 发展对策与建议

（1）提升内涵，拓宽美丽乡村建设新思路。美丽乡村建设在抓好村庄整治乡村外形美的同时，应该更加注重提升内涵美。美丽乡村建设要充分发挥农村山水风光秀丽、农耕文化多样、人文底蕴深厚的优势，树立建设美丽乡村和经营美丽乡村并重的理念。一是优化农村人居环境，夯实美丽乡村建设基础；二是结合财政实际和村民意愿，有序安排重点项目；三是发展农村特色产业，强化美丽乡村建设实效；四是弘扬农村优秀文化，提升美丽乡村建设内涵。

（2）因地制宜，科学规划乡村建设。科学的管理规划是美丽乡村建设的基础，政府部门要根据自身实际情况，合理制定具体的实施方案，对区域内的区块功能详细定位，合理安排城市建设项目，着力进行基础设施建设，有效处理广大群众的生产、生活问题。一要转变村庄规划设计理念，以塑造丰富的新农村特色为目标。尊重自然环境，尊重当地历史文化，尊重自然村落的空间生长肌理，努力营造出自然和谐的新农村风貌。二要尊重群众意愿与尊重发展规律相结合，编制过程既要坚持科学性，遵从村庄发展规律，又要广泛听取村民的意见，兼顾村民的近远期利益的需求。三要推广优秀规划设计方案，形成示范效应。因地制宜，实事求是，优选和推广特色可行的规划设计方案，突出地方传统特色。

（3）发挥农民主体作用，着力培养新型农民。要将以人为本的观念落实到美丽乡村建设中，充分认识到农民的力量是基本的乡村建设力量，充分尊重广大农民的意见，激发农民的主体意识，把美丽乡村建设转变为自觉的行动，最大限度地调动农民建设家园的积极性、主动性和创造性，推动美丽乡村的建设发展。与此同时，传统的农业劳动者已不能满足美丽乡村建设的高要求，需要的是有文化、懂技术、会经营的新型农民来建设美丽乡村。想要培养这样的专业型人才，一方面，要加强农村教育，提高农民素质；另一方面，要着力培养农民的竞争和经营意识，提高他们应对市场的能力。

（4）以产业为支撑，构建多元化村企合作模式。实施农业产业化是发展农村经济的关键，"美丽乡村"建设要以发展产业为经济动力，立足村庄现有资源条件，开发特色产业经营，注重农村土地承包经营权转让，实施规模化种养殖，按照现代化农业发展要求，做精做强产业。村集体可与相关企业联合，实现乡村产业与企业产品的对接，增加企业经济收益的同时为当地村民提供就近就业的机会，也可采取"基地+农户+公司""农户+合作社+企业""企业+农户"等形式，扩大乡村农业的规模化，实现乡村建设与产业发展完美推进，带动乡村经济发展，构建一村一品、以企带村、以村促企的村企合作模式。

参考文献

［1］安晓明. 改革开放以来河南县域经济的发展历程与主要经验［J］. 河南工业大学学报（社会科学版），2019（3）：1-6.

［2］郭文斌. 乡村振兴视角下河南省县域经济发展模式研究［D］. 洛阳：河南科技大学，2019.

［3］邱玲. 河南省县域经济发展模式的探讨［D］. 兰州：兰州财经大学，2015.

［4］张艺冉. 河南省农村劳动力转移对农民增收的影响研究［D］. 郑州：郑州大学，2019.

［5］郭军. 农村一二三产业融合与农民增收——基于河南省农村一二三产业融合案例［J］. 农业经济问题，2019（3）：135-144.

［6］邢玉华. 中原经济区建设中河南农村剩余劳动力转移问题研究［D］. 郑州：郑州

大学，2013：29.

　　［7］陈璐．阜平县脱贫攻坚成果同乡村振兴有效衔接的研究［D］．保定：河北大学，2021.

　　［8］王方西．河南省美丽乡村建设研究［D］．郑州：河南工业大学，2015.

第三篇

城市与区域发展

第七章　城镇化与城镇体系

第一节　城镇化的时空特征

城镇化是一个农业人口转化为非农业人口、农业地域转化为非农业地域、农业活动转化为非农业活动的过程，与此伴随的是经济、人口、政治、文化、科技、环境和社会等方面的城镇化。同时，在城镇体系、土地利用、建筑环境与城市景观等方面产生了不同的结果，当然，城镇化过程也伴随着一些负面效应。

一、城镇化的历史演进

1. 新中国成立以前城镇化的演进

建于公元前 1600 年前的偃师商城，是迄今发掘最早的中国城市遗址之一。据考古发现，河南省境内的偃师二里头文化遗址、登封王城岗遗址和淮阳平粮台城遗址是我国最早的城镇，出现在 4000～4500 年前的夏初，开封（老丘）是夏的都城（共 216 年）。有考古资料佐证的商代，70 多个城邑中近 30 个分布于河南省境内，其中，郑州的隞、内黄的相、温县的邢、安阳的殷（273 年）做过商的国都。周代，河南省境内有 50 多个城邑（全国有 140 多个），其中，许昌的许、濮阳的东、汤阴的邶、淮阳的陈、上蔡的蔡、息县的息、潢川的黄、南阳的申和吕等是诸侯国国都；公元前 1056 年周公旦营造洛邑（建王城和成周两座城市），公元前 770 年东周迁都洛邑（今洛阳）。春秋时仅河南省就有 200 多个城邑，战国时兼并为 150 多个。军事要塞如函谷关、鲁关、孟门、黾塞等；工商集市如宛、棠溪、朝歌、管、轵、温、原等；尤其是诸侯国都驻地如大梁、阳翟、陈、睢阳、郑等，是当时政治经济中心。公元前 743～前 701 年，郑庄公"开拓封疆"，在今朱仙镇附近建"仓城"启封[1]。

从秦汉到北宋是城市高速发展的时期之一。秦始皇开创郡县制，设郡、县治所，河南省城市得以巩固发展。西汉时，河南省的洛（洛阳）、宛（南阳）、颍川（禹县）、河内（安阳）、浚仪（开封）、睢阳（商丘）、陈（淮阳）位列全国18大城市之中，温、轵、荥阳、陈等也是"富冠海内"的名城。至东汉末年，河南省境内已有大小城市150多个，基本形成由都城、郡治、县城和小城邑组成的四级城镇网络，洛阳、郑州、开封是这个网络的核心城市。隋、唐时期，城市再次繁荣，城市的经济职能得以比较充分地发展，陈州、汝州、怀州、郑州、陕州、蔡州、邓州、唐州、光州、孟州、卫州、滑州、相州、阳翟、南阳、信阳、宋城、长社、河阴等工商业的实力逐步增强。606年，隋朝迁都洛阳，洛阳成为人口百余万的大都市。北宋，河南省城市得到快速发展，中小城市进一步巩固，尤其是水陆运输方便的城市发展更快，以洛阳、开封为中心的城市体系渐趋成熟，京都开封的居住人口达160余万。但是，五代至元朝，由于政治、经济中心的转移以及战乱的影响，北宋时期城市发展的成果几乎被消耗殆尽，中原地区城市发展几乎处于停滞状态。

明清时期，随着政治、经济形势渐趋稳定，商业、手工业日益繁荣，在金元时期曾遭破坏的一些城市，如洛阳、开封、彰德（安阳）、禹州、怀庆（沁阳）、卫辉等开始复兴。一些占据水陆要冲的名镇如朱仙、周口、道口等，随着交通条件的变化，发展程度不一。而鸦片战争给河南省城市的近代发展抹上了浓重的殖民地色彩。

近代以来，大运河水道淤堵、水量减少、黄河泛滥等导致水运地位的下降，铁路、公路运输的地位逐渐超过水运。随着铁路（陇海、道清、平汉铁路）和矿山（煤炭）的建设，古代封闭的城市结构、发展模式被打破，形成了一些新兴的运输枢纽城市（如郑州市等）、工矿城市（如焦作市、平顶山市等）和商业城镇（如郑州市等）。远离铁路、公路靠水路运输兴盛起来的城镇，由于交通运输条件的变化逐渐走向衰落，某些城镇如朱仙镇则沦落为一般集镇。在国内革命战争、抗日战争及解放战争时期，受战争等因素的影响，中原地区人口大量流失，区域城镇化发展缓慢。

2. 新中国成立以后城镇化的演进

河南省位于中部地区，是我国的人口大省、农业大省，在中部崛起战略中发挥着重要作用，城镇化呈现健康稳定发展。根据河南省各个时期城镇化发展的特点，城镇化可以分为以下几个阶段：

（1）城镇化缓慢发展阶段（1949~1957年）。1949~1957年，是河南省城镇化的起步阶段。新中国成立初期，河南省商业落后，近代工业几乎一片空白。这个阶段，河南省仅有城市12个，其中，10万人以上的城市只有开封市，5 万～10 万人的城市有 6 个，城镇人口仅占全省总人口的 6.35%。经过 3 年国民经济恢复期和"一五"计划时期，全国进入到了工业建设和城市建设阶段。河南省作为人口大省，地处中原地区，国家从全国经济发展战略的需要出发，将河南省作为重点建设地区之一。中央政府将苏联援建的 156 项重点项目中的 9 项布局在河南省。与此同时，河南省也开始了以重工业为主的经济建设。这些政策使河南省的工业得到一定程度的发展，工业化水平显著提升。工业化作为城镇化的主要动力，带动了城镇化以及城市的发展，城市吸收劳动力的能力得到加强。这个阶段，新建了三门峡市、平顶山市、鹤壁市以及焦作市四座城市。1957 年底，城镇化率相比 1949 年增加了 2.95 个百分点，达到 9.3%。

（2）由过度城镇化到城镇化趋缓阶段（1958～1965 年）。1958～1960 年，河南省在贯彻中央工业与地方工业并举、土洋结合以及"以钢为纲"的方针中，开始了不合实际的工业化和城镇化发展道路。在此背景下，乡村人口大量向城镇转移，1960 年底，城镇人口为 593 万，比 1957 年增长了 95 万人，增加了 19.5 个百分点；城镇化率为 12.1%，比 1957 年增加了 2.8 个百分点，河南省城镇化进入到了"过度城镇化"的阶段。城镇化的不合理高速发展给河南省的经济带来严重后果，经济迅速下滑，农村生产力受到严重破坏。最终造成 1959～1961 年严重困难时期。这个阶段，河南省生产总值从 1957 年的 52.55 亿元减少到 1962 年的 43.02 亿元，下降了 9.53 亿元；粮食产量大幅度下降，人民生活困难，1962 年城镇化率下降到 10.57%。

中央认识到粮食短缺对城镇发展的影响，开始调整经济政策，1963～1965 年间，党中央提出"调整、巩固、充实、提高"的方针，提高了建制镇标准，将大部分城市人口下放到农村，以保障农业劳动力的供给，满足城镇人口粮食消费需求。受此影响，城镇人口由 1960 年的 583 万人减少到 1965 年的 576 万人，城镇化率也由 12.1% 下降到 11.2%，城镇化发展速度逐渐放缓。

（3）城镇化停滞阶段（1966～1977 年）。1965 年，由于当时的国内外环境，国家开始了"三线建设"，河南省作为 13 个省份之一也参与了规模巨大的"三线建设"。但这一活动是一种发展封闭的内向型经济，资源配置低效，导致项目效益较差，并没有达到预期，未能有效促进城镇的建设发展。1966～1976 年受国内大环境的影响，第二、第三产业的发展受到严重打击，农业发展缓慢，全省国民经济遭到巨大破坏。再加上国家鼓励大批知识青年、干部、工人和知识分子上山下乡，使正常城镇化进程被打乱。这一时期城镇化率一直在 11% 左右徘徊，城镇化进程基本处于停滞状态，如图 7-1 所示。

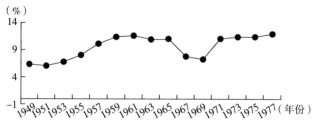

图 7-1　1949~1977 年河南省城镇化率

资料来源:《河南统计年鉴》(2000)。

（4）城镇化平稳发展阶段（1978~1991 年）。1978 年，党的十一届三中全会的召开确立了"以经济建设为中心，坚持四项基本原则，坚持改革开放"的指导方针，我国经济和城镇化建设开始真正平稳持续发展。1980 年，河南省根据国务院制定的"严格控制大城市规模，合理发展中等城市，积极发展小城镇"的城镇化发展方针，确定了优先发展小城镇的改革政策，并于 1983 年以后积极实行地、市合并或撤地建市，实行市领导县的新体制。城市作为区域政治、经济、交通、信息及科技中心的功能开始显现。这一时期，由于改革开放，河南省经济得到迅速发展，特别是第二、第三产业的快速发展吸引了大量农村劳动力进城工作。城镇化战略的实施以及经济的发展促进了城镇化率的提高，全省城市数量由 1978 年的 14 个增加到 1991 年的 27 个，增加了 9.3 个百分点；城镇人口由 963 万人增加到 1389 万人；城镇化率也从 13.63% 增加到 15.85%，增加了 2.32 个百分点。但是，河南省和全国城镇化率的差异由 4.29 个增至 11.09 个百分点，如表 7-1 所示。

表 7-1　1978~2022 年河南省和我国城镇化率及其差异　　　　单位: %

年份	1978	1979	1980	1981	1982	1983	1984	1985	1986	1987	1988	1989
河南	13.63	13.82	14.01	14.2	14.42	14.56	14.7	14.84	14.98	15.12	15.26	15.40
中国	17.92	18.96	19.39	20.16	21.13	21.62	23.01	23.71	24.52	25.32	25.81	26.21
差异	4.29	5.14	5.38	5.96	6.71	7.06	8.31	8.87	9.54	10.2	10.55	10.81
年份	1990	1991	1992	1993	1994	1995	1996	1997	1998	1999	2000	2001
河南	15.52	15.85	16.18	16.51	16.84	17.19	18.39	19.59	20.79	21.99	23.20	24.43
中国	26.41	26.94	27.46	27.99	28.51	29.04	30.48	31.91	33.35	34.78	36.22	37.66
差异	10.89	11.09	11.28	11.48	11.67	11.85	12.09	12.32	12.56	12.79	13.02	13.23
年份	2002	2003	2004	2005	2006	2007	2008	2009	2010	2011	2012	2013
河南	25.80	27.20	28.90	30.65	32.50	34.34	36.03	37.70	38.82	40.47	41.99	43.6
中国	39.09	40.53	41.76	42.99	44.34	45.89	46.99	48.34	49.95	51.83	53.10	54.49
差异	13.29	13.33	12.86	12.34	11.84	11.55	10.96	10.64	11.13	11.36	11.11	10.89

续表

年份	2014	2015	2016	2017	2018	2019	2020	2021	2022			
河南	45.05	47.02	48.78	50.56	52.24	54.01	55.43	56.45	57.07			
中国	55.75	57.33	58.84	60.24	61.50	62.71	63.89	64.72	65.22			
差异	10.70	10.31	10.06	9.68	9.26	8.70	8.46	8.27	8.15			

资料来源：《中国统计年鉴》（2023）、《河南统计年鉴》（2023）。

（5）城镇化加速发展阶段（1992～2004年）。1992年，党的十四大第一次明确提出了建立社会主义市场经济体制的目标。河南省相继对金融、外贸、财税、投资等体制进行改革，为经济的发展打下基础。国有企业从计划经济体制中解脱出来，以独立市场主体的身份在市场中开始运作，所有制形式逐渐多样化，非公有制经济开始成为我国社会主义市场经济的重要组成部分。这一时期，全省经济发展明显加快，国内生产总值增长速度连续5年都在12%以上。随着市带县体制的逐渐完善，城镇的综合能力得到提高，全省城镇化加快发展。2004年底，河南省城市数量由1991年的27个增加到2004年的38个；城镇人口由1389万人增加到2809万人；城镇化率也由1991年的15.89%快速上升到2004年的28.9%。同时，河南省和全国城镇化率的差异也由11.28个增加到13.33个百分点。

（6）城镇化高速发展阶段（2005年至今）。党的十六大确立了全面建设小康社会的奋斗目标，明确提出要加快城镇化进程，逐步提高城镇率，明确指出要"走中国特色的城镇化道路"。2004年3月，我国首次明确提出中部地区崛起。2006年，中央启动了"中部地区崛起"战略。河南省提出了"中心城市带动战略"，以大城市和区域中心城市为核心，发展大城市圈和城市群；建设郑东新区。党的十七大报告进一步将"中国特色城镇化道路"作为"中国特色社会主义道路"的五个基本内容之一。2007年5月，我国进一步强调"要走新型城镇化道路"。随后，各领域学者和政府开始对新型城镇化进行深入探索，并适时提出了具有建设性的策略。2014年，《中共河南省委关于科学推进新型城镇化的指导意见》提出促进郑汴一体化建设，开封市向新兴副中心城市迈进；随后，《河南省建设中原城市群实施方案》中明确提出洛阳为河南省副中心城市，形成以郑州市为中心，开封市、洛阳市为副中心的格局，着重发挥开封旅游城市职能和洛阳的工业职能对郑州的互补作用，增强了城市群内部各主体功能的相互依赖和相互作用，从而加快城镇一体化进程。2016年，《河南省现代综合运输体系规划》提出，加快建设河南省"米"字形高铁、地铁、城铁，促进河南省中部交通一体化发展，从而增强了以郑州市为中心城市的带动作用，通过通信、交通等基础设施的连接，促进郑州市和周边城市的相互融合与对接，这些指导思想是适应新型城镇化和高质量发展的新要求，是消除瓶颈制约和结构性矛盾的必由之路。新型城镇化与"中国特色城镇化"是一个有机整体,河南省城镇化在政策的支持下呈加速发展状态。河南省城市人口的增加和规模的扩大加速了现代城镇体系形成,2022年,全省设市城市达到38个,其中特大城市1个,大城市12个、中等城市5个。2022年的城镇人口也由2002年的2480万人增加至5633.95万人,同比增长了3225.95万人;城镇化率由25.8%提高到57.07%,新型城镇化进入高速发展期(见图7-2)。同时,河南省和我国城镇化率的差异由最高的13.33个百分点减小到2022年的8.15个百分点。

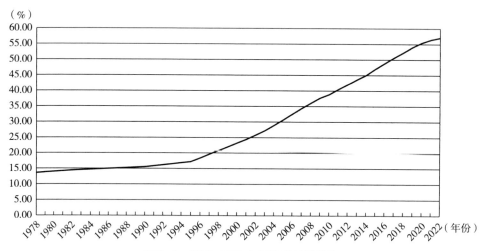

图7-2 1978~2022年河南省城镇化率

资料来源:《河南统计年鉴》(2023)。

二、城镇化水平的空间差异

1. 城镇化水平评价指标体系

依据对城镇化内涵的理解,本书构建由1个系统层,人口、社会、经济、生态环境、城乡统筹5个子系统层和21个具体指标构成的评价指标体系,其中,城镇登记失业率、单位GDP能耗、城乡居民收入比、城乡居民消费支出比、城乡从业人员等为逆向指标;其他指标为正向指标(见表7-2)。

表7-2 城镇化水平评价指标体系

系统层	子系统层	指标层	备注
城镇化水平	人口城镇化	城镇人口占总人口的比重	正向指标
		第二、第三产业从业人员比重	正向指标
		城镇登记失业率	逆向指标

续表

系统层	子系统层	指标层	备注
城镇化水平	社会城镇化	万人拥有在校大学生数	正向指标
		万人拥有国际互联网用户数	正向指标
		人均住房建筑面积	正向指标
		社区服务设施数	正向指标
		人均教育经费投入	正向指标
	经济城镇化	人均GDP	正向指标
		城镇居民人均消费支出	正向指标
		人均社会固定资产投资	正向指标
		城镇单位从业人员平均工资	正向指标
		R&D经费投入占GDP的比重	正向指标
	生态环境	单位GDP能耗	逆向指标
		城市生活垃圾无害化处理率	正向指标
		城市生活污水处理率	正向指标
		人均公共绿地面积	正向指标
		建成区绿化覆盖率	正向指标
	城乡统筹发展	城乡居民收入比	逆向指标
		城乡居民消费支出比	逆向指标
		城乡从业人员比	逆向指标

2. 城镇化水平的时间演变

选取2002~2022年河南省各省辖市相关数据，利用熵权灰色关联模型研究河南省城镇化水平的时间演变特征（见表7-3）。得分越高，表明该子系统对河南省城镇化贡献越大，从整体上看，河南省城镇化水平得分由2002年的0.3931上升到2022年的0.7186，20年间增加了0.3255，表明2002年以来河南省城镇化呈现快速增长的特征。从各个年份分析，各子系统得分存在差异，2002~2022年，生态环境城镇化得分较高，其间的2002~2011年，人口城镇化得分则一直处于第二位，之后的2012~2021年间，经济城镇化得分则升至第二位；2022年经济城镇化得分跃居第一，生态城镇化得分降至第二位；2012~2017年间人口城镇化得分维持在第三位，2018~2022年人口城镇化得分被社会城镇化得分超越；2011~2022年城乡统筹发展得分一直保持在垫底的位置。表明在城镇化进程中，生态环境发展一直是关键因素，此外，人口城镇化、经济城镇化、社会城镇化则存在变化，在研究期末经济城镇化重要性上升，生态环境发展和社会城镇化则保持较大的影响。

表7-3 2002-2022年河南省城镇化水平评价结果

年份	人口城镇化	社会城镇化	经济城镇化	生态环境	城乡统筹发展	综合得分
2002	0.0711	0.0603	0.0675	0.1208	0.0733	0.3931
2003	0.0748	0.0615	0.0681	0.1227	0.0817	0.4088
2004	0.0814	0.0625	0.0687	0.1231	0.0784	0.4142
2005	0.0851	0.0636	0.0702	0.1216	0.0789	0.4194
2006	0.0866	0.0646	0.0725	0.1206	0.0757	0.4200
2007	0.0863	0.0661	0.0749	0.1323	0.0742	0.4339
2008	0.0884	0.0677	0.0772	0.1369	0.0742	0.4444
2009	0.0919	0.0694	0.0810	0.1416	0.0742	0.4580
2010	0.0911	0.0732	0.0838	0.1415	0.0747	0.4643
2011	0.0930	0.0764	0.0882	0.1439	0.0722	0.4737
2012	0.0895	0.0812	0.0925	0.1437	0.0713	0.4782
2013	0.0914	0.0834	0.0956	0.1427	0.0707	0.4838
2014	0.0803	0.0790	0.0997	0.1467	0.0693	0.4750
2015	0.0929	0.0896	0.1044	0.1495	0.0666	0.5029
2016	0.0947	0.0955	0.1099	0.1554	0.0658	0.5214
2017	0.1021	0.1004	0.1191	0.1608	0.0674	0.5498
2018	0.1084	0.1111	0.1310	0.1638	0.0683	0.5826
2019	0.1136	0.1275	0.1427	0.1686	0.0693	0.6217
2020	0.1169	0.1523	0.1469	0.1741	0.0707	0.6608
2021	0.1156	0.1510	0.1663	0.1774	0.0737	0.6840
2022	0.1130	0.1661	0.1805	0.1777	0.0813	0.7186

资料来源：2003~2023年《河南统计年鉴》、《中国城市统计年鉴》及郑州等各个省辖市的统计年鉴和统计公报。

近20年来，人口发展和城乡统筹发展对城镇化的贡献相对较低。2002~2022年，各子系统中人口城镇化、社会城镇化、经济城镇化、生态环境和城乡统筹发展等子系统呈现波动中上升的特征。各子系统得分增长也存在差异：人口城镇化为0.0419，社会城镇化为0.1058，经济城镇化为0.113，生态环境为0.0569，城乡统筹发展为0.008，经济城镇化增长最快，其次是社会城镇化，表明经济和社会发展对河南省城镇化的作用日益剧增。

利用熵权法计算2002~2022年城镇化状态层面各个指标的权重，来反映各个指标对状态层面的贡献。准则层中，生态环境的权重最大，其次为经济城镇化，说明生态环境和经济发展对城镇化状态层面的贡献最大；权重最小的为城乡统筹城镇化，说明城乡统筹发展对城镇化状态层面的贡献最小。在具体指标中，各个指标权重相差不大，排在前五位的指标为城镇单位从业人员平均工资、人均教育经费投入、城乡人均储蓄存款年底余额、人均 GDP、城镇居民人均消费支出，权重最大的为 0.04595，其中三个均属于经济城镇化，可见，对城镇化贡献最大的指标集中在经济城镇化方面。

3. 河南省城镇化水平的空间特征

运用熵权灰色关联模型评价 2002 年和 2022 年河南省 18 个省辖市城镇化水平的特征，为了空间表达和对比的方便，将综合得分值分配到［0，1］范围，如表 7-4 和表 7-5 所示。

表 7-4　2002 年河南省城镇化水平评价结果

城市	人口城镇化	社会城镇化	经济城镇化	生态环境	城乡统筹发展	综合得分标准值
郑州	0.0916	0.2636	0.1680	0.1200	0.0826	1.0000
洛阳	0.0665	0.2666	0.1281	0.1240	0.0499	0.6973
济源	0.1208	0.1711	0.1354	0.1046	0.0592	0.5504
许昌	0.0610	0.1561	0.1529	0.1098	0.0625	0.3875
焦作	0.0707	0.1769	0.1054	0.1115	0.0708	0.3645
三门峡	0.0676	0.1669	0.1081	0.1209	0.0522	0.2991
漯河	0.0660	0.1440	0.1162	0.1323	0.0549	0.2907
南阳	0.0569	0.1507	0.1012	0.1480	0.0507	0.2717
新乡	0.0633	0.1652	0.1077	0.1037	0.0583	0.2400
安阳	0.0612	0.1520	0.1125	0.1131	0.0552	0.2260
开封	0.0586	0.1574	0.0918	0.1220	0.0548	0.1953
平顶山	0.0638	0.1483	0.1071	0.1123	0.0489	0.1812
鹤壁	0.0720	0.1528	0.1025	0.0924	0.0594	0.1766
濮阳	0.0584	0.1374	0.1066	0.1170	0.0496	0.1429
信阳	0.0608	0.1535	0.0913	0.1002	0.0560	0.1185
驻马店	0.0563	0.1389	0.0896	0.1073	0.0529	0.0628
周口	0.0529	0.1362	0.0874	0.1019	0.0617	0.0464
商丘	0.0585	0.1412	0.0902	0.0887	0.0476	0.0000

资料来源：2003 年《河南统计年鉴》、《中国城市统计年鉴》及郑州等各个省辖市的统计年鉴和统计公报。

表 7-5　2022 年河南省城镇化水平评价结果

城市	人口城镇化	社会城镇化	经济城镇化	生态环境	城乡统筹发展	综合得分	
						结果	标准值
郑州	0.1143	0.2908	0.1523	0.1397	0.0537	0.7509	1.0000
洛阳	0.1075	0.1673	0.1512	0.1483	0.0657	0.6400	0.5211
南阳	0.1120	0.2005	0.0976	0.1510	0.0523	0.6134	0.4063
济源	0.0935	0.1462	0.1277	0.1601	0.0755	0.6029	0.3609
焦作	0.1097	0.1514	0.1116	0.1549	0.0501	0.5777	0.2520
安阳	0.1059	0.1655	0.1001	0.1467	0.0519	0.5701	0.2193
商丘	0.1098	0.1876	0.0869	0.1326	0.0531	0.5701	0.2193
周口	0.0974	0.2000	0.0790	0.1399	0.0527	0.5691	0.2150
三门峡	0.1009	0.1475	0.1129	0.1453	0.0546	0.5612	0.1810
新乡	0.0906	0.1561	0.1202	0.1402	0.0528	0.5600	0.1758
濮阳	0.1101	0.1556	0.0943	0.1474	0.0525	0.5598	0.1749
鹤壁	0.0955	0.1371	0.0950	0.1716	0.0513	0.5504	0.1345
漯河	0.0939	0.1437	0.1057	0.1537	0.0530	0.5500	0.1326
许昌	0.0967	0.1507	0.1022	0.1454	0.0500	0.5451	0.1113
平顶山	0.0793	0.1548	0.1069	0.1427	0.0549	0.5385	0.0829
驻马店	0.0855	0.1553	0.0859	0.1539	0.0536	0.5342	0.0643
开封	0.0873	0.1504	0.0897	0.1466	0.0557	0.5297	0.0447
信阳	0.0793	0.1582	0.0837	0.1466	0.0515	0.5193	0.0000

资料来源：2023 年《河南统计年鉴》、《中国城市统计年鉴》及郑州等各个省辖市的统计年鉴和统计公报。

　　根据 2002 年和 2022 年各个省辖市城镇化综合得分的标准化值，在 ArcGIS 中按照 Jenks 最佳分类法，将 18 个省辖市分为四类：相对高水平区、相对中等水平区、相对较低水平区、相对低水平区，如图 7-3 和图 7-4 所示。

　　由图 7-3 可以看到，2002 年，河南省城镇化的空间格局为西北区域整体高于东南部区域，中部高于周边，郑州市始终处于较高的水平，相对高水平地区被相对低水平区呈环形包围。相对高水平区为郑州和洛阳 2 个省辖市，相对中等水平区为焦作市、济源市和许昌市 3 个省辖市，相对较低水平区为安阳市、鹤壁市、濮阳市、新乡市、开封市、三门峡市、平顶山市、漯河市和南阳市 9 个省辖市，相对低水平区为商丘市、周口市、驻马店市和信阳市 4 个省辖市。由图 7-4 可以看到，截至 2022 年，城镇化发展水平高的区域位于河南省中部，发展水平低的区域集中连片分布在河南省东部地区，形成以濮阳—南阳为分界线

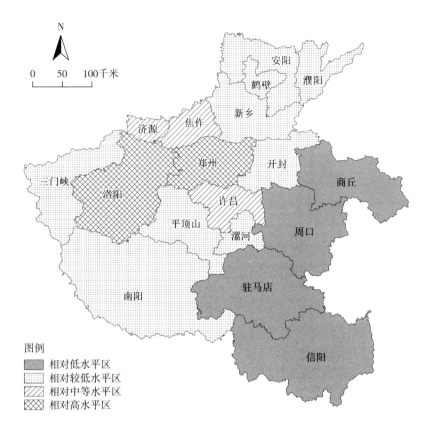

图 7-3 2002 年河南省各市城镇化水平的区域差异

资料来源：2003 年《河南统计年鉴》、《中国城市统计年鉴》及郑州等各个省辖市的统计年鉴和统计公报。

的城镇化水平分异，且高水平区域被较低水平区和中等水平区所包围。对比 2002 年，河南省经过 20 年的发展，2022 年相对高水平区依旧为郑州和洛阳两市，相对中等水平区有 2 个市域，原为相对较低水平区的南阳市加入，而原来焦作市和许昌市分别降低为相对较低水平区和相对低水平区；原来的 9 个相对较低水平区域中，南阳市升级为相对中等水平区，开封市和平顶山市降低为相对低水平区，加之相对中等水平区许昌市的加入，共有 7 个市域；而原来的 4 个相对低水平区（商丘市、周口市、驻马店市和信阳市），加之开封、许昌和平顶山的加入，数量增加至 7 个。综上，表明在各个省辖市城镇化水平整体提升的同时，区域城镇化发展存在差异。

由表 7-4 和表 7-5 也可以看到，各个子系统对城镇化的贡献是不一样的。2002 年，18 个省辖市的社会城镇化得分最高，说明社会发展对城镇化的贡献是

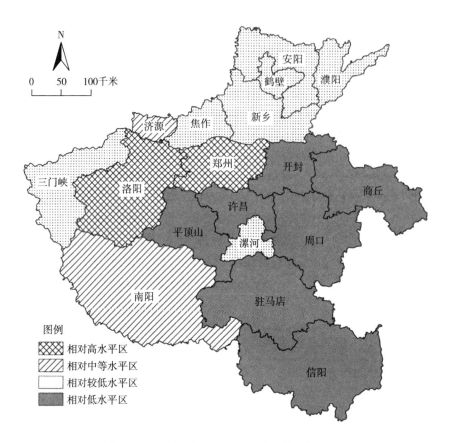

图7-4 2022年河南省各市城镇化水平的区域差异

资料来源：2023年《河南统计年鉴》、《中国城市统计年鉴》及郑州等各省辖市的统计年鉴和统计公报。

最大的；经济城镇化和生态环境的得分也比较高，表明经济发展和生态环境优化对各个省辖市的城镇化发展贡献还是比较大的。当然，各个省辖市贡献排在第二位的存在一定的差异，比如，各个省辖市除社会城镇化的得分较高外，郑州市、洛阳市、济源市、许昌市、新乡市、鹤壁市和商丘市的经济城镇化得分也较高，表明经济发展对这些省辖市的城镇化发展贡献较大；焦作市、三门峡市、漯河市、南阳市、安阳市、开封市、平顶山市、濮阳市、信阳市、驻马店市和周口市的生态环境得分比较高，表明生态环境优化对这些省辖市的城镇化发展贡献较大。2022年18个省辖市社会城镇化得分最高，表明社会发展对城镇化的贡献是最大的；生态环境和经济城镇化及人口城镇化对各市城镇化的贡献也比较大。当然，对各省辖市城镇化排在第二位的子系统则存在一定的差异，除经济城镇化对郑州市和洛阳市城镇化的贡献排在第二位外，生态环境则对其他 16 个市城镇化的贡献排在第二位。各指标权重中，排在前五位的依次是：万人拥有在校大学生数、社区服务设施数、万人拥有国际互联网用户数、R&D 经费占 GDP 的比重、城镇登记失业率，表明这几个指标对区域城镇化状态层面的影响是最大的，也说明社会发展、经济发展对城镇化的贡献最大。

综合来看，社会城镇化对 2002 年和 2022 年河南省城镇化发展的贡献排在第一位，2002 年的生态环境或经济城镇化对市域城镇化的贡献交替居于第二位，而 2022 年的生态环境和经济城镇化对市域城镇化的贡献交替处于第二位。可以看出，近 20 年来，社会发展、生态环境发展和经济城镇化始终是各个市域城镇化发展的重要影响因素，只是它们的作用在不同时间节点的重要程度不同而已。

2002~2022 年，各省辖市城镇化水平的绝对值均有所增加，依据 2002 年的分类标准，城镇化空间类型变化存在差异：相对高水平区变化不大，相对中等水平区增加较多，相对低水平区变为相对较低水平区，相对低水平区空缺。从空间变化看，城镇化由中心的高水平区域向外围的中低水平区域推进。2002 年，城镇化水平综合得分的泰尔指数为 0.1777，2022 年的泰尔指数为 0.0423，表明 20 年来，区域城镇水平差异缩小。其时空特征可归纳为：在整体水平增长基础之上的区域差异缩小。各子系统对区域城镇化的贡献呈现相似性特征：社会发展占主导地位，生态环境发展和经济发展处于重要地位，人口城镇化和城乡统筹的作用开始放大。

第二节 城镇等级规模结构

一、城镇体系的规模结构

1. 城镇规模序列结构及分布

（1）规模序列结构的演变。1949 年新中国成立以后，河南省城镇数量和规模一直保持着增多、增大的趋势。表 7-6 显示了河南省年末总人口、城镇人口、城市个数和城镇化率的历年变化，其中，城镇化率是城镇人口与总人口的比值。城镇化率这个指标虽不能准确表征城镇规模的全面变化，但可以反映城镇发展的一些问题，如城镇数量的增多、地域范围的扩大以及辐射能力增强等城镇规模的变化特征。由表 7-6 可知，河南省城市数量变化有两个较大的转折点，即 1988 年的 24 个和 1994 年的 36 个。根据图 7-5 中城镇化率的变化，可以发现河南省城镇化率变化有两个较大的拐点：1978 年（13.6%）和 1995 年（17.19%）。综合城市数量和城镇化率的变化特点，将河南省城镇体系规模序

列的发展大致分为四个阶段：1949～1977 年、1978～1987 年、1988～1994 年
和 1995 年至今。

表 7-6　河南省城市个数、城镇化率的变化

年份	年末总人口（万人）	城镇人口（万人）	城市数（座）	城镇化率（%）
1957	4840	449	16	9.3
1962	4940	518	14	10.5
1965	5240	585	14	11.2
1970	6026	730	14	12.1
1975	6758	883	14	13.1
1978	7067	963	14	13.63
1979	7189	994	14	13.82
1980	7285	1021	16	14.01
1981	7397	1050	17	14.2
1982	7519	1084	17	14.42
1983	7632	1111	18	14.56
1984	7737	1137	18	14.7
1985	7847	1164	18	14.84
1986	7985	1196	18	14.98
1987	8148	1232	18	15.12
1988	8317	1269	24	15.26
1989	8491	1308	25	15.4
1990	8649	1342	26	15.52
1991	8763	1389	27	15.85
1992	8861	1434	28	16.18
1993	8946	1477	31	16.51
1994	9027	1520	36	16.84
1995	9100	1564	38	17.19
1996	9172	1687	38	18.39
1997	9243	1811	38	19.59
1998	9315	1937	38	20.79
1999	9387	2064	38	21.99
2000	9488	2201	38	23.2
2001	9555	2334	38	24.43

续表

年份	年末总人口（万人）	城镇人口（万人）	城市数（座）	城镇化率（%）
2002	9613	2480	38	25.8
2003	9667	2630	38	27.2
2004	9717	2809	38	28.9
2005	9768	2994	38	30.65
2006	9820	3189	38	32.47
2007	9869	3389	38	34.34
2008	9918	3573	38	36.03
2009	9967	3758	38	37.7
2010	10800	4193	38	38.82
2011	10922	4420	38	40.47
2012	10932	4590	38	41.99
2013	11039	4813	38	43.6
2014	11102	5001	38	45.05
2015	11217	5274	38	47.02
2016	11370	5546	38	48.78
2017	11377	5752	38	50.56
2018	11444	5978	38	52.24
2019	11486	6204	38	54.01
2020	11526	6389	38	55.43
2021	11533	6510	38	56.45
2022	9872	5232	38	57.07

注：依据七普结果，官方修正 2011 年以来常住人口与城镇化率数据；2010 年及以后总人口为公安户籍年报数据；2022 年及以后为常住人口。

资料来源：《河南统计年鉴》（2023）。

1）1949～1977 年：行政区划变动频繁，城市个数波动上升。这一阶段，受到国家重点建设、工业建设等行政因素的影响，河南省行政区划调整频繁，设市情况反复变化，城市个数在起起伏伏中增加。该时期的城镇化道路虽曲折，但与昔日相比却发生了巨大的变化。1949 年底，河南省辖 10 个专区、2 个省辖市、8 个非省辖市、86 个县、12 个市辖区、660 个县辖区以及 13148 个乡。截至 1977 年底，河南省辖 10 个地区、8 个省辖市、6 个非省辖市、110 个县、34 个市辖区、1 个矿区、1 个办事处、2 个镇以及 2091 个"人民公社"。

2）1978～1987 年：以中、小城市发育为主，大城市很少。这一时期城市数量规模基本保持不变，没有超大城市，百万人口的特大城市只有郑州市，人口在

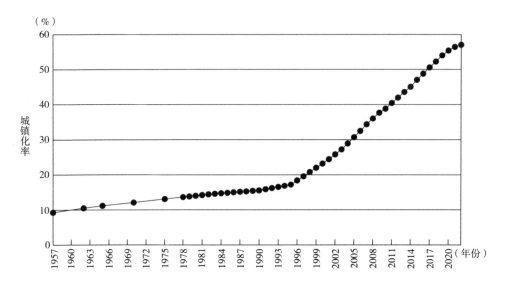

图7-5 1952~2022年河南省城镇化率变化

资料来源：历年《河南统计年鉴》。

50万以上的大城市也只有洛阳市，中等城市和小城市数量较多，比例达到90%，城镇体系规模序列结构金字塔的塔尖细小。1985年，中等城市增加1个，小城市相应减少1个。截至1987年底，河南省辖5个地区、12个地级市、6个县级市、111个县城和40个市辖区。1987年，河南省城镇体系的首位度指数为S1=1.53、S4=0.66、S11=0.61。城镇体系的首位度指数均小于理想标准，城镇体系发展尚处于初级阶段，特别是郑州市的首位度较低，其辐射带动能力不强。

3）1988~1994年：城市数量猛增，以大城市发展为主。这一阶段河南省的城市数量从1988年的24个增长到1994年的36个，6年间增加了12座城市，是新中国成立后河南省新设置城市最多的时期。截至1994年底，河南省辖13个地级市、23个县级市、93个县城、41个市辖区。城镇体系规模序列中人口在200万以上的超大城市依然没有出现；百万人口以上的特大城市只有郑州。大城市数量由1988年的1个增至1994年的4个，中等城市数量变化较小，由6个增加至9个。小城市数量多，但增长速度有所下降，直到1992年后才开始增加。计算河南省1994年城镇体系规模序列的首位度指数，两城市指数为1.53，四城市指数为0.69，十一城市指数为0.59，城市首位度依然不高，城镇体系规模序列仍处于不稳定的初级阶段。

4）1995年至今：城镇体系规模序列稳定发展。这一阶段河南省的城市数目从1994年的36个增长到1995年以后的38个，至今城市数量没有发生变化。截至2022年，河南省有17个省辖市、21个县级市，82个县，54个市辖区。2022

年，郑州市常住人口达到 419.3 万，位居特大城市行列。在此阶段，河南省两城市指数逐渐向理想值 2 靠近，四城市指数也有向理想值 1 靠近的趋势，十一城市指数呈现出波动上升的趋势，总体向理想值靠近。这表明大城市的规模增长速度较快，中等城市和小城市的增长速度较慢且呈现出低水平发育，首位城市带动性不强。总体看，河南省城镇体系的规模序列正向理想型结构状态转变，但首位城市影响力仍需提高，尚没有形成稳定的过渡趋势。

（2）规模序列结构的现状。从河南省城镇体系的人口分布与级别构成、河南省城市的人口规模首位度、人口规模金字塔等方面分析河南省城市规模序列结构的现状。

1）城镇体系的人口分布与级别构成。2022 年底，河南省 17 个省辖市、21 个县级市、82 个县的市区与县城的城镇人口如表 7-7 所示。该表显示 120 个城镇的平均规模为 52.5 万人。

表 7-7 2022 年河南省 120 个城镇的常住人口及规模位序 单位：万人

位序	城市	城镇人口	位序	城市	城镇人口	位序	城市	城镇人口
1	郑州市	671.06	20	三门峡市	61.67	39	夏邑县	39.88
2	洛阳市	360.18	21	禹州市	58.36	40	伊川县	39.20
3	南阳市	208.87	22	邓州市	54.85	41	方城县	39.06
4	商丘市	192.45	23	林州市	54.45	42	镇平县	38.97
5	周口市	180.05	24	新密市	54.20	43	沈丘县	38.97
6	开封市	173.28	25	长垣市	53.58	44	虞城县	38.31
7	安阳市	158.23	26	巩义市	53.51	45	商水县	38.31
8	信阳市	149.28	27	济源市	50.00	46	杞县	37.45
9	新乡市	140.93	28	项城市	49.30	47	兰考县	37.20
10	许昌市	134.20	29	汝州市	48.77	48	潢川县	36.82
11	漯河市	132.74	30	固始县	48.04	49	鹿邑县	36.51
12	平顶山市	116.64	31	唐河县	46.98	50	郸城县	35.83
13	焦作市	108.62	32	太康县	46.57	51	上蔡县	35.72
14	驻马店市	105.22	33	登封市	45.03	52	武陟县	33.08
15	新郑市	105.06	34	滑县	44.26	53	尉氏县	32.69
16	濮阳市	97.48	35	荥阳市	43.45	54	民权县	32.68
17	中牟县	90.20	36	濮阳县	42.15	55	柘城县	32.13
18	鹤壁市	68.32	37	辉县市	41.66	56	泌阳县	31.88
19	永城市	66.99	38	长葛市	40.90	57	平舆县	31.67

续表

位序	城市	城镇人口	位序	城市	城镇人口	位序	城市	城镇人口
58	临颍县	30.74	79	西峡县	24.74	100	舞阳县	20.03
59	襄城县	29.94	80	社旗县	24.38	101	遂平县	19.84
60	原阳县	29.93	81	淮滨县	24.24	102	栾川县	19.73
61	灵宝市	29.04	82	浚县	23.94	103	孟州市	19.55
62	睢县	28.87	83	汤阴县	23.86	104	内黄县	19.50
63	沁阳市	28.59	84	正阳县	23.58	105	新乡县	19.36
64	淅川县	28.50	85	嵩县	23.43	106	商城县	19.22
65	西华县	28.40	86	扶沟县	23.19	107	安阳县	18.97
66	新蔡县	28.20	87	通许县	23.03	108	舞钢市	17.95
67	新野县	27.92	88	汝南县	22.82	109	延津县	17.78
68	西平县	27.77	89	南召县	22.80	110	南乐县	17.21
69	封丘县	27.75	90	罗山县	22.60	111	渑池县	17.12
70	宜阳县	27.65	91	卫辉市	22.52	112	范县	16.70
71	鲁山县	27.44	92	宁陵县	22.30	113	确山县	16.48
72	叶县	27.37	93	温县	22.01	114	淇县	15.72
73	内乡县	26.97	94	博爱县	21.04	115	洛宁县	15.66
74	新安县	26.89	95	汝阳县	20.69	116	新县	14.74
75	息县	26.19	96	清丰县	20.63	117	卢氏县	14.34
76	光山县	25.73	97	郏县	20.58	118	修武县	13.65
77	鄢陵县	25.57	98	获嘉县	20.32	119	义马市	13.19
78	宝丰县	24.94	99	桐柏县	20.29	120	台前县	11.97

资料来源:《河南统计年鉴》(2023)。

2)人口规模首位度。人口首位度是衡量城镇规模分布状况的指标,计算 2022 年河南省城镇的人口首位度指数,其中两城市指数为 1.86,四城市指数为 0.88,十一城市指数为 0.72。按照城市首位度原理,成熟城市的两城市指数值 为 2,四城市指数和十一城市指数值都为 1。而 2022 年河南省的两城市、四城市 和十一城市指数的实际值均低于理想值,且随着参与城市数目的增多,指数偏 离理想值越多,说明河南省首位城市郑州市的实际规模比其理论规模要小,就 规模结构的合理性而言,尚未形成完整的规模序列结构,首位城市郑州市还有 较大的发展空间。当然,这也符合一般规律。

3)人口规模金字塔。根据 2014 年《国务院关于调整城市规模划分标准的通知》（国发〔2014〕51号），以城镇人口为基本依据，对河南省城镇规模级别进行划分，共分为五类七档：第一类为超大城市，城镇人口规模大于1000万人；第二类为特大城市，城镇人口规模为500万~1000万人；第三类为大城市，城镇人口规模为100万~500万人，其中又细分为Ⅰ型大城市（300万~500万人）和Ⅱ型大城市（100万~300万人）；第四类为中等城市，城镇人口规模为50万~100万人；第五类为小城市，城镇人口规模小于50万人，具体细分为Ⅰ型小城市（20万~50万人）和Ⅱ型小城市（<20万人）。截至2022年底，河南省城镇体系120个城镇中，仍未形成超大城市。此外，特大城市仅包含郑州市，Ⅰ型大城市仅包含洛阳市，Ⅱ型大城市13个，占比10.83%；中等城市数量为12个，占比10%；Ⅰ型小城市的数量为73个，占比60.83%，Ⅱ型小城市20个，占总数的16.67%（见表7-8）。在城镇人口总量分布方面，超大城市郑州的城镇人口为671.06万，占总数的10.65%；Ⅰ型大城市洛阳的城镇人口为360.18万，占总数的5.72%，Ⅱ型大城市的城镇人口总数为1905.57万，占比30.25%；中等城市的城镇人口之和为763.61万，占总城镇人口的12.12%；Ⅰ型小城市城镇人口之和为2260.89万，占总数的35.89%，Ⅱ型小城市城镇人口有338.68万，占比5.38%。从数量角度看，河南省城市规模序列结构呈现出不太规则的金字塔形，如图7-6所示。

表7-8　2022年河南省城镇体系的规模级别构成

城镇级别	划分标准	城市		人口	
		数量（个）	比重（%）	数量（万人）	比重（%）
超大城市	>1000万人	0	0	0	0
特大城市	500万~1000万人	1	0.83	671.06	10.65
Ⅰ型大城市	300万~500万人	1	0.83	360.18	5.72
Ⅱ型大城市	100万~300万人	13	10.83	1905.57	30.25
中等城市	50万~100万人	12	10.00	763.61	12.12
Ⅰ型小城市	20万~50万人	73	60.83	2260.89	35.89
Ⅱ型小城市	<20万人	20	16.67	338.68	5.38
总计		120	100	6299.99	100

资料来源：《河南统计年鉴》（2023）。

（3）河南省城镇人口规模的空间分布。从城市规模等级结构来看，2022年全省共有特大城市1个，Ⅰ型大城市1个，Ⅱ型大城市13个，中等城市12个，Ⅰ型小城市73个和Ⅱ型小城市20个，形成了明显的城市空间等级结构系统，河南省城镇空间分布特征为：①河南省城镇空间分布北密南疏。豫中、豫北和豫东

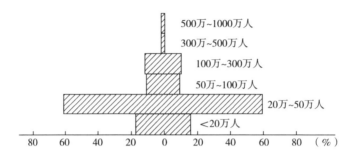

图7-6　河南省2022年城市金字塔图

资料来源:《河南统计年鉴》(2023)。

地区城镇数目较多,城镇分布密度较大,而豫西中部山区和豫东南部分地区城镇数目较少,分布密度小,城镇空间分布呈现出北密南疏的特点。究其原因:一是北部地区自然条件好,多为冲积平原,土地肥沃,水资源和矿产资源丰富,为城市的发展提供了丰厚的物质基础;二是历史原因,北部长期作为全省的政治、经济和文化中心,为城市的发展提供了良好的历史基础;三是北部发达的铁路交通为城市的发展提供了条件。②城镇空间分布呈集聚-分散形式。河南省城镇空间分布呈现出明显的集聚-分散形式,大部分城镇集聚分布在中原城市群核心区,其他地区的城镇分布较为分散。中原城市群核心区是河南省经济发展水平最高和城镇最为集中的地区。这种空间布局反映了河南省经济社会发展的空间特征及资源开发、经济发展、政策导向的"热点"。③城镇空间分布具有明显的铁路指向性。现代化的城市一般都已纳入铁路网中,但高度集中于全国性的铁路干线上则是河南省城镇分布的显著特点。河南省城镇主要集中分布于陇海铁路和京广铁路构成的大十字架上,其中沿京广线分布的城市有安阳市、鹤壁市、卫辉市、新乡市、郑州市、新郑市、长葛市、许昌市、漯河市、驻马店市、信阳市11个;沿陇海线分布的城市有灵宝市、三门峡市、义马市、洛阳市、巩义市、荥阳市、郑州市、开封市、商丘市9个,郑州市则位于这两条铁路的交会点,偏离这两条铁路线的主要城市也都有铁路与这两条干线相通,因此,河南省的城镇分布具有明显的铁路指向性。

2. 城镇规模序列结构的优化

基于上述分析可以看出,河南省城镇体系规模结构存在如下问题:首先,整个城镇体系中首位城市郑州的首位度偏低,对整个区域的带动能力不够强,城镇体系处于弱核牵引状态,城市的集聚和辐射功能较弱;其次,城镇人口规模普遍偏低,等级结构不合理。虽然河南省城镇数目较多,但从城市规模来看,小城市数目偏多,缺乏在全国具有较强竞争力和影响力的特大与超大城市,城市规模普遍偏小,导致城市功能难以完善,不足以带动周边县城、镇的发展,对周围卫星城镇吸引集聚的力量不强。基于此，提出河南省城镇规模序列结构的优化建议：

（1）加快郑州市国家中心城市的建设，提高首位城市的影响力。根据城镇体系首位度、级别分类以及规模结构的分维计算，可以看出，郑州市作为首位城市，首位度不够突出，带动辐射作用不是很充分，尚未形成成熟的城镇体系规模结构。因此，需要进一步发挥其带动作用，增强核心竞争力，构建以郑州市为核心城市，以与其联系紧密的地方性中心城市为节点，以交通线和通信线为网络构建郑州都市圈，形成网络化和极化共同发展的空间结构，使其真正成为龙头城市。

（2）加快县级市发展步伐，完善规模序列结构。作为局域中心城市，县级市是连接大中城市与广大农村的桥梁，目前，河南省县级市人口密度普遍较低，规模偏小，经济实力不足，难以带动地区经济的发展。因此，加快县级市的发展步伐，可以有效提高河南省城镇化水平，缩小同发达地区的差距。以城带乡，积极发展县级市，可以推动经济能量的集聚，使众多小城市尽快向大中城市迈进，从而促进河南省城镇体系规模结构更加合理。

（3）加快融入国家"中部崛起"的整体布局建设。河南省地处我国中间地带，占据承东启西、连南通北的优越空间位置，资源、技术交流的平台地域等优势地理区位。河南省应抓住区位优势，提高城镇体系的集中力量，促使其规模序列结构向理想的位序—规模结构转变。另外，应充分发挥中部交流的平台，加强河南省城镇之间的协同发展，为中部崛起发挥推动作用。

二、城镇体系的等级结构

1. 城镇体系等级结构划分的依据

城镇体系等级结构是指一定区域内的所有城镇按其综合实力的大小及其在城镇体系建设中的作用强度大小而划分的不同等级，处于不同等级的城镇构成一个城镇等级序列。

结合城镇体系等级的内涵，选用"城镇中心性强度"[2]对河南省城镇体系的等级结构进行划分。从河南省城镇体系的实际情况出发，选取了14项能够直接反映城镇中心性强度的指标（见表7-9）。

表7-9　城镇中心性强度评价指标体系

目标层	准则层	基础指标层
城镇中心性强度	城镇规模	常住人口
		生产总值
		城镇化率

续表

目标层	准则层	基础指标层
城镇中心性强度	经济影响	人均生产总值
		非农生产总值
		金融机构存款余额
		金融机构贷款余额
		居民人均可支配收入
	社会影响	社会消费品零售总额
		一般公共预算支出
		卫生机构床位数
		基本医疗保险参保人数
		城镇单位年末就业人数
		中小学在校学生数

采用主成分分析法对河南省 17 个省辖市区、2022 年济源市属于省管县级市，非省辖市，且济源市全域城市没有区，故这里的省辖市是 17 个。103 个县级市与县城的城镇中心性强度分别进行计算，其结果见表 7-10 和表 7-11。

表 7-10　河南省 17 个省辖市中心性强度值

城市（县）	总得分（中心性强度值）	城市（县）	总得分（中心性强度值）
郑州市	4.0470	许昌市	−0.3337
洛阳市	1.2556	开封市	−0.3841
平顶山市	0.0849	鹤壁市	−0.4082
新乡市	−0.0436	三门峡市	−0.4970
南阳市	−0.1214	信阳市	−0.5023
安阳市	−0.1441	驻马店市	−0.6024
濮阳市	−0.2360	商丘市	−0.7403
焦作市	−0.2657	周口市	−0.8275
漯河市	−0.2814		

资料来源：《河南统计年鉴》（2023）。

表 7-11　河南省县级市、县城中心性强度值

城市（县）	总得分（中心性强度值）	城市（县）	总得分（中心性强度值）	城市（县）	总得分（中心性强度值）	城市（县）	总得分（中心性强度值）
新郑市	2.1976	潢川县	0.2043	孟州市	-0.2078	桐柏县	-0.5986
中牟县	2.1854	项城市	0.1948	商水县	-0.2126	修武县	-0.5994
巩义市	2.0988	尉氏县	0.1938	新蔡县	-0.2127	汤阴县	-0.5999
济源市	1.9692	沁阳市	0.1873	新野县	-0.2209	卫辉市	-0.6024
永城市	1.8157	沈丘县	0.1353	息县	-0.2550	新县	-0.6110
禹州市	1.7282	临颍县	0.0514	柘城县	-0.3168	郏县	-0.6355
林州市	1.5226	宝丰县	0.0123	光山县	-0.3236	确山县	-0.6547
新密市	1.5074	西峡县	0.0107	渑池县	-0.3486	舞阳县	-0.6638
长垣市	1.4577	濮阳县	0.0097	舞钢市	-0.3520	嵩县	-0.6656
长葛市	1.4474	郸城县	0.0036	浚县	-0.3578	封丘县	-0.6746
荥阳市	1.0221	鄢陵县	0.0007	民权县	-0.4156	南召县	-0.6879
汝州市	0.9233	镇平县	-0.0015	遂平县	-0.4169	鲁山县	-0.7025
邓州市	0.9035	栾川县	-0.0029	西华县	-0.4202	获嘉县	-0.7104
固始县	0.8276	夏邑县	-0.0289	西平县	-0.4356	清丰县	-0.7193
登封市	0.7835	武陟县	-0.0304	温县	-0.4510	社旗县	-0.7404
伊川县	0.6980	虞城县	-0.0413	淮滨县	-0.4623	洛宁县	-0.7457
兰考县	0.5070	内乡县	-0.0688	通许县	-0.4649	汝阳县	-0.7619
新安县	0.4881	方城县	-0.0714	罗山县	-0.4757	宁陵县	-0.7828
鹿邑县	0.4198	淅川县	-0.0888	商城县	-0.4867	安阳县	-0.7856
唐河县	0.4053	杞县	-0.0986	睢县	-0.5044	范县	-0.8325
辉县市	0.3968	淇县	-0.1550	正阳县	-0.5178	南乐县	-0.9435
灵宝市	0.3864	上蔡县	-0.1749	叶县	-0.5375	延津县	-0.9438
滑县	0.3355	泌阳县	-0.1884	扶沟县	-0.5470	内黄县	-1.0217
襄城县	0.3241	新乡县	-0.1890	博爱县	-0.5504	卢氏县	-1.0277
太康县	0.3059	宜阳县	-0.1892	汝南县	-0.5700	台前县	-1.2313
义马市	0.2566	平舆县	-0.2010	原阳县	-0.5809		

资料来源：《河南统计年鉴》（2023）及河南省各省辖市的统计年鉴和统计公报。

2. 城镇体系等级层次划分结果

（1）等级层次结构的分级标准。根据表 7-10 和表 7-11 中城镇中心强度值由高到低排列而成的序列，找到数值急剧变化的拐点值，可计算出数列中的

"断裂点"，即差别较大的前、后两个数字的中间值。表7-10中，第一个城镇中心性强度拐点是由郑州市的4.047急剧变化至洛阳市的1.256，据此可知，郑州市区与洛阳市区之间的2.65是第一个断裂点，洛阳市与平顶山市之间的0.67是第二个断裂点，平顶山市与新乡市之间的0.02是第三个断裂点。表7-11中，长葛市与荥阳市之间的1.23是第一个断裂点，伊川县与兰考县之间的0.6是第二个断裂点，沈丘县与临颍县之间的0.09是第三个断裂点（考虑到县级市、县城级别的城镇数量较多，不宜将台前县单独划分为一组，故将卢氏县与台前县的断裂点-1.13忽略）。根据表7-10、表7-11的计算结果和断裂点的间隔情况，可将河南省17个省辖市与103个县级市、县城分别划分为4个等级，共8个等级（见表7-12）。

表7-12 河南省城镇体系的等级层次

中心性强度值	等级	城镇	个数
>2.65	一级	郑州市区	1
0.67~2.65	二级	洛阳市区	1
0.2~0.67	三级	平顶山市区	1
<0.2	四级	新乡市区、南阳市区、安阳市区、濮阳市区、焦作市区、漯河市区、许昌市区、开封市区、鹤壁市区、三门峡市区、信阳市区、驻马店市区、商丘市区、周口市区	14
>1.23	五级	新郑市、中牟县、巩义市、济源市、永城市、禹州市、林州市、新密市、长垣市、长葛市	10
0.6~1.23	六级	荥阳市、汝州市、邓州市、固始县、登封市、伊川县	6
0.09~0.6	七级	兰考县、新安县、鹿邑县、唐河县、辉县市、灵宝市、滑县、襄城县、太康县、义马市、潢川县、项城市、尉氏县、沁阳市、沈丘县	16
<0.09	八级	临颍县、宝丰县、西峡县、濮阳县、郸城县、鄢陵县、镇平县、栾川县、夏邑县、武陟县、虞城县、内乡县、方城县、淅川县、杞县、淇县、上蔡县、泌阳县、新乡县、宜阳县、平舆县、孟州市、商水县、新蔡县、新野县、息县、柘城县、光山县、渑池县、舞钢市、浚县、民权县、遂平县、西华县、温县、淮滨县、通许县、罗山县、商城县、睢县、正阳县、叶县、扶沟县、博爱县、汝南县、原阳县、桐柏县、修武县、汤阴县、卫辉市、新县、郏县、确山县、舞阳县、嵩县、封丘县、南召县、鲁山县、获嘉县、清丰县、社旗县、洛宁县、汝阳县、宁陵县、安阳县、范县、南乐县、延津县、内黄县、卢氏县、台前县	71

资料来源：《河南统计年鉴》（2023）及河南省各省辖市的统计年鉴和统计公报。

（2）等级层次结构的特征分析。由表7-12可知，河南省17个省辖市与103个县级市、县城（共120个城镇）中，郑州市区作为第一等级层次城市，综合发展实力最强，是整个河南省政治、经济、文化、社会等诸方面发展的龙头和领头羊。洛阳市区作为第二等级层次的城市，是仅次于郑州市区的核心城市，综合发展实力远大于其他省辖市区，与河南省省会城市郑州市共同带动整个经济区的发展。第三等级层次城市是平顶山市区，可见平顶山市区的综合发展实力在整个河南省内也发挥着一定的作用。第四等级层次共 14 个城市：新乡市区、南阳市区、安阳市区、濮阳市区、焦作市区、漯河市区、许昌市区、开封市区、鹤壁市区、三门峡市区、信阳市区、驻马店市区、商丘市区、周口市区，占城镇总量的 11.67%。其中，新乡市区的综合发展实力最强，居第四等级层次的首位。第五等级层次共 10 个城镇：新郑市、中牟县、巩义市、济源市、永城市、禹州市、林州市、新密市、长垣市、长葛市，占城镇总量的 8.3%。该等级层次城镇绝大多数为经济实力发展较好的县级市，如县域经济实力排名靠前的新郑市、禹州市、林州市、新密市、长葛市等。此外，还有一些县域经济实力、社会生活等综合实力较好的省直管县级市和市辖县，如巩义市和中牟县等。第六等级层次城镇共 6 个，占城镇总量的 5%，荥阳市、汝州市、邓州市、固始县、登封市、伊川县等县（市）的综合发展实力较大。第七等级层次城镇共 16 个，占城镇总量的 13.3%。第八等级层次城镇共 71 个，占城镇总量的 59.2%，该等级层次城镇绝大多数经济发展实力不强、城镇规模偏小。

空间上，第一等级层次、第二等级层次城市郑州市区、洛阳市区位于河南省的中部，在郑汴洛城市走廊上相互呼应，共同推动着整个功能地区的城镇体系向外扩展。第三、第四、第五等级层次城市较为密集地分布在河南省北部，中部及南北向的京广交通轴带上，而在河南省的西南部、东部、东南部分布比较稀少。从第五等级层次城市和第六等级层次城市来看，县（市）集中在核心区的边缘区域，如禹州市、新郑市、新密市、巩义市、中牟县、登封市、荥阳市、伊川县、汝州市，其余的县（市）零散地分布在河南省的边缘地带，如永城市、邓州市、固始县、济源市、林州市等。从第七等级层次城市和第八等级层次城市分布来看，分布特征基本类似，即较均匀地分布于河南省的各个区域。

第三节 城镇职能结构

一、城镇职能类型现状分析

1. 城市职能类型划分

以城市经济基础理论对城市职能进行分类，关键是要确定城市经济活动的基本部分与非基本部分。根据城市经济基础理论，按其服务的对象来分，一个城市的全部经济活动可以分成两部分：一部分是为本城市的需要服务的，称为城市的非基本活动部分；另一部分是为本城市以外的需要服务的，称为城市的基本活动部分，是城市发展的主要动力[3]。1960 年，Ullman E. I. 和 Dacey M. F. 提出了划分基本/非基本部分的方法——最小需求法。后来，穆尔对该方法进行了改进，将一个部门的实际职工比重减去最小需求量，即为该部门的基本活动部分比重[4]。本书为方便城市职能的比较和分析，基于 2022 年河南省的统计数据，对河南 17 个省辖市的城市职能做进一步的探讨。具体过程如下：

第一步，城市规模分组。按照城市规模分类方法，采用市区人口对城市进行规模分组，将河南省 17 个省辖市按规模分为八组：第一组，郑州市，中位人口规模 671.06 万人；第二组，洛阳市，中位人口规模 360.18 万人；第三组，南阳市、商丘市，中位人口规模 200.66 万人；第四组，周口市、开封市，中位人口规模 176.65 万人；第五组，安阳市、信阳市、新乡市，中位人口规模 149.48 万人；第六组，许昌市、漯河市，中位人口规模 133.47 万人；第七组，平顶山市、焦作市、驻马店市，中位人口规模 110.16 万人；第八组，濮阳市、鹤壁市、三门峡市，中位人口规模 75.82 万人。

第二步，计算各部门的基本部分职工比重。根据职能部门之间的联系，以及能够适应城市职能分类的要求，以剔除和归并的方式，将 19 个产业部门中相近的城市职能部门进行合并。具体环节如下：由于第一产业（农林牧渔业）并不是现代城市的主要职能，因此，把农林牧渔业剔除；然后，把批发和零售业、住宿和餐饮业合并为批发零售餐饮业；金融业、房地产业合并为金融房地产业；把租赁和商务服务业，水利、环境和公共设施管理业，居民服务、修理和其他服务业合并为社会服务业；把科学研究、技术服务和地质勘查业，信息传输、软件和信息技术服务业，教育业，文化、体育和娱乐业，卫生、社会保障和社会福利业合并为科教文卫服务业；制造业，电力、燃气及水的生产和供应业合并为工业。合并调整后，共形成九大反映城市职能活动的产业部门。计算出相应部门的维持该城市非基本活动的最小需要量，以城市各部门职工的实际比重减去最小需要量，得到各部门的基本部分职工比重。

第三步，城镇职能类型的确定。运用纳尔逊城市职能统计分析方法原理，计算 17 个省辖市各个职能部门的职能强度。最后运用纳尔逊统计分析法对计算结果进行分析并加以命名。一个城市所有经济活动部门中基本就业人口比例最高的那项经济职能就是该城市的优势职能，城市的突出职能采用纳尔逊的平均职工比重加标准差的方法确定（见表 7-13）。

表7-13 河南省17个省辖市的城市职能参照指标

城市	优势职能	突出职能	职能强度
郑州市	科教文卫服务业	—	—
洛阳市	科教文卫服务业	—	—
南阳市	科教文卫服务业	科教文卫服务业	2.2673
商丘市	科教文卫服务业	交通运输仓储及邮政业	1.6218
周口市	科教文卫服务业	科教文卫服务业	1.0533
开封市	科教文卫服务业	公共管理和社会组织	1.1831
安阳市	建筑业	建筑业	2.5627
信阳市	科教文卫服务业	公共管理和社会组织	1.4197
新乡市	科教文卫服务业	科教文卫服务业	1.0077
许昌市	工业	工业	1.6236
漯河市	工业	批发零售餐饮业	2.4173
		工业	1.9298
		社会服务业	1.9066
平顶山市	科教文卫服务业	采矿业	2.7470
		金融房地产业	1.5453
焦作市	工业	交通运输仓储及邮政业	1.4344
		工业	1.4011
驻马店市	科教文卫服务业	交通运输仓储及邮政业	1.6403
		金融房地产业	1.0347
濮阳市	科教文卫服务业	社会服务业	1.8392
		建筑业	1.1196
鹤壁市	工业	社会服务业	1.8356
		采矿业	1.8240
		批发零售餐饮业	1.2437
		工业	1.1989
三门峡市	科教文卫服务业	金融房地产业	2.4645
		批发零售餐饮业	1.3915
		公共管理和社会组织	1.1423
		交通运输仓储及邮政业	1.1374

资料来源:《河南统计年鉴》(2023)。

2. 城市职能类型特点

由表7-13可知，河南省城市职能结构呈现如下特点：第一，河南省城市科教文卫服务业部门比重较高，城市的优势职能不突出。郑州市的省会职能、金融业和交通运输职能，郑州、安阳、洛阳和开封的旅游职能，信阳的门户职能等，都没有得到体现。第二，许多中心城市缺乏发展特色，城市职能结构趋同。在城市部门经济结构上偏重于"大而全、小而全"，城市的专业化程度不够突出。城市主导职能的趋异和互补是提高宏观经济效益的重要条件，相邻城市经济结构的总体差异越大，往往越有利于城市职能互补和集聚效益的发挥。第三，城市职能虽趋于多元化，但主导职能的专业化程度不够突出。此外，由于经济发展水平相对较低，工业部门结构有待进一步优化，技术水平有待进一步提高。

二、职能类型结构的优化

（1）调整职能类型结构。随着中原城市群城镇化建设力度的不断加大，河南省作为中原城市群的主体其经济发展地位将越来越突出，现有的城镇体系职能类型已不能满足区域经济发展的要求，优化河南省现代城镇体系的职能类型结构势在必行。基本原则是：①从城镇体系等级层次结构优化的框架出发，协调好城镇之间的产业联系和空间布局类型的互补，突出城镇发展的优势经济职能，强调城镇的趋异和互补。②明晰核心城市、区域性中心城市、区域性次中心城市向综合类型的城市定位发展，突出地方中心城镇、地方次中心城镇的主导经济职能，发挥一般性城镇的突出职能，促使现代城镇体系的城市职能类型向既有综合又含突出职能的高级城镇体系职能类型升级。

河南省城镇职能优化的思路是：首先，正确分析城镇自然资源、区位条件、主导产业和现有的社会经济基础，发挥各个城市的优势。其次，确定城镇优势行业，根据城镇的优势行业，确定其城镇发展的优势职能，以避免重复建设和结构趋同，注重集聚效益和职能互补。最后，从与周围省份的区际经济协作关系和市场竞争的角度出发，协调各个城镇的优势职能和突出职能，使之各具特色，搭配合理，既突出城镇自身和所在区域的优势，从而形成主次分明、结构合理的中原区域经济一体化的城市职能体系。

（2）强化城镇的职能。①加强技术创新，大力发展战略性新兴产业。河南省经济发展应选择产业比较优势系数高、产业的感应度系数和影响力系数高、需求收入弹性高、生产率上升快，能有效地带动河南省其他关联配套产业的发展，同时也是其他基础性产业发展的重要支撑。增强产业的自主创新能力是培育和发展战略性新兴产业的重要环节，河南省必须完善以企业为主体、市场为导向、产学研相结合的高新技术创新体系，发挥科技重大专项的核心引领作用，实施产业发展规划，突破核心技术，加强产业创新成果产业化，提升产业核心竞争力。三个梯度的产业都应加强产业技术创新联盟的参与和组建，依产业集聚区、高校和科研院所，提高战略性新兴产业研发投入比重，搭建一批技术创新和技术服务平台，建设完善创新体系，特别要在生物产业、新能源汽车产业等重点领域突破一批产业发展的核心关键技术，提高自身的技术创新能力，积极培育具有国际市场竞争力的品牌产品。②集聚资源优势，促进高新技术产业发展。结合河南省现有的职能类型结构，可以核心关键技术研发、自主技术产业化为着力点，适时、有序地发展高新技术产业，推动城镇体系职能类型的更新与升级。③推动产业集群化，壮大主导优势职能。按照河南省产业集群规划和现代产业体系建设的要求，促进企业向园区集中、产业向集群化的发展转变，凸显现代城镇体系中各等级层次城市的主导职能、优势职能、突出职能。④运用先进技术，改造、提升传统产业。河南省传统产业以资源型、劳动密集型产业为主，推动传统产业的改造和升级对河南省的城市职能类型结构的优化尤为关键。⑤大力发展第三产业，提升现代服务业的功能。根据当前河南省的城镇职能结构调整和城市产业转型的需要，提升河南省城镇的职能效率，加快第三产业的发展，提高第三产业在国民经济中的比重。根据河南省的基础和优势，通过深化改革、落实政策，进一步调动社会各方面发展第三产业的积极性，引导社会资源合理流向第三产业，大力推动现代物流业、旅游业、金融业等方面的发展。⑥加强区域中心职能，发挥"五化"协调发展枢纽作用。为适应区域城市化、城市区域化、区域经济一体化发展的新形势，在保证发挥城镇体系各等级层次城市优势职能、突出职能的同时，建立完整而又富有中原特色的区域中心职能，提高中原城市群在区域分工协作中的地位和市场竞争力，发挥新型城镇化引领下的"五化"协调发展作用，提升中原地区城市的客货周转、市场流通、科技推广和信息传输能力，在全国区域发展格局中发挥独特的作用，调整河南省城镇体系的职能组合类型，以适应中原城市群的全方位开放和非均衡发展的战略。

第四节　城镇空间结构

一、空间布局结构的演变

本书考虑到城镇体系空间结构研究的需要，以 1949 年后河南省城镇在空间上的发展过程为研究时序，将城镇体系的空间演化过程分为四个阶段：1949～

1954 年、1955~1978 年、1979~1995 年和 1996 年至今[5]。不同层次的城镇在空间上存在相互联系并组合成的城镇体系高级空间形式称为城镇密集区，它是城镇化高度发达、区域中城镇高度密集的地区[6]。Kernel 密度分析可以将城市化高度发达区的范围和城镇密集区以等值线的方式直观地显示出来，是一种新型的测度城镇密集区范围的方法[7-8]。因此，本书将市区非农业人口密度作为界定城镇集聚区范围的简化指标，并对河南省 1949~2022 年城镇集聚区时间演化历程进行阶段划分与空间分析。

（1）1949 年以来空间结构演变的基本状况。1949~1954 年。1949 年 5 月 5 日，撤销中原省临时政府，设立河南省人民政府，省会是开封。1949 年底，河南省设开封（辖 7 个区）、郑州（辖 5 区）两个辖市，郑州专区、商丘专区、陈留专区、洛阳专区、许昌专区、淮阳专区、信阳专区、陕州专区、南阳专区、潢川专区 10 个专区，具体包括 8 个普通市、86 个县、12 个市辖区、66 个县辖区、13148 个乡。1951 年中央人民政府批准河南省省会由开封迁至郑州，1954 年实施。1954 年底，河南省共有 8 个省辖专区、5 个省辖市（新乡市、安阳市、洛阳市升为省辖市）、7 个市、110 个县、20 个市辖区、1 个工矿区，1083 个县辖区、58 个县辖镇、15239 个乡、109 个镇，奠定了以后河南省初期的空间格局。这一时期，城镇布局以点状分布为主，地域空间上的变动较大，城镇经济规模总量小，城镇彼此之间缺乏联系，城镇体系的空间组织只是以点的形式散布，中心城市之外的地域没有得到有效的辐射与影响。

1955~1978 年。1955 年后，京广、陇海铁路开始了复线建设，河南省省会郑州作为我国两大铁路动脉的枢纽城市，区位优势得到了很大的提升。1969 年取消专区变为地区，至 1978 年共拥有省辖 10 个地区、6 个省辖市、8 个市、111 个县、35 个市辖区、1 个矿区、2 个镇（相当于县），另外还有 43 个建制镇、2050 个"人民公社"。至此，河南省的城镇空间分布格局已基本上确定。这一时期河南省的主要城镇位于我国中部的枢纽地带，京广、陇海等国家级动脉贯穿而过，促进了河南省交通网络的完善。在这样的空间背景下，河南省的城镇"发展轴"开始形成并发育，逐步形成了以京广线、陇海线为铁路框架，各种公路为动脉的空间格局。这一时期城镇之间交通廊道联系日益密切，中心城市的辐射作用开始增强。

1979~1995 年。1978 年改革开放之后，我国逐步进入了社会主义市场经济建设时期，全国的经济发展迈进了一个崭新的发展阶段。河南省以经济建设为中心，坚持改革开放，经济得到了明显的恢复和发展。截至 1995 年，河南省国内生产总值达到 3002.74 亿元，比 1978 年增长了 18.4 倍。另外，乡镇企业异军突起，成为国民经济的重要支柱。在经济稳定、快速发展的背景下，工业企业开始沿着主要的交通动脉布局与汇聚，逐步形成了具有一定规模、产业关联性较强、企业合理分工组织的工业连绵带，如"郑汴洛工业走廊""陇兰经济增长带"等，对沿线城镇的发展起到了重大促进作用。截至1995年底，河南省辖4地区、13个省辖市、23个市、93个县、41个市辖区。这个时期，城镇自身与城镇之间的发展开始依托省内重要的铁路、公路走廊，河南省城镇体系逐渐形成了以汴-郑-洛、新-郑-许-漯交通走廊内产业轴的"带"状发展。

1996年至今。这一时期尽管城镇布局几经调整，但大格局是稳定的。截至2022年底，河南省设有17个省辖市、21个县级市、82个县以及54个市辖区。河南省城镇体系空间布局结构逐渐形成了"一极、双核、两圈、四带、一个三角"的空间布局与功能组织的整体格局。

（2）1949年以来的城镇密集区演变。

运用ArcGIS软件进行计算Kernel值和分析，在河南省行政区划范围内生成城镇密集区的范围边界，并区分出集聚核心区范围，进而可分析出河南省城镇密集区的演变规律。根据计算结果分析，1949年以来，河南省的城镇密集区的演变经历了四个阶段：①萌动时期。1949～1975年前后，我国在京津唐、辽中南和长三角地区开始出现城市集聚并逐渐发育，而河南省城镇密集区尚未形成，处于低水平、分散式发展。②发端时期。1976～1985年，伴随着经济的稳步发展和乡镇企业的快速成长，河南省出现了以郑州为核心的集聚。③延伸时期。1986～1996年前后，以郑州市为核心的大、中城市集聚区快速发展，向北绵延至安阳，向南延伸至漯河市、平顶山市，向西至洛阳市，向东到开封市。④发展时期。1997年前后至今，以郑州为核心的河南省城镇密集区稳定成形，密集程度不断加强。2000年后，由于快速城镇化进程以及城市之间联系程度的日益密切，在城镇密集区的中间又形成了高度密集的集聚核心区。

二、空间布局结构的特征

（1）城镇分布有明显的空间指向性。河南省120个城镇的空间分布的区域差异很显著，有明显的空间指向性。首先，有明显的中心指向性。河南省的城镇分布密度为2.28座/万平方千米，而在中心区域，即河南省重要的经济发展核心增长板块内，城镇分布密度为3.92座/万平方千米。依据城镇体系空间布局分形特征理论，计算可知河南省城镇体系具有较为明显的分形几何特征，区域城市空间分布的集聚维数为1.8348（测定系数$R^2 = 0.943$）。这表明河南省城镇体系的空间格局是以郑州市为中心进行自组织演化的，城市密度呈现从四周向中心城市渐增的特征。

其次，城镇分布的交通干线指向性很明显。城镇作为地区经济发展的增长极，依托交通干线路网布局，通过集聚和打散机制不断主导着自身及其腹地的经济社会发展，是河南省城镇体系空间布局的重要取向。选用河南省交通图，借助相关的地理信息系统软件，对国道、铁路和高速公路进行矢量化处理。利用缓冲区分析和空间叠加分析可以发现，河南省 18 个省辖市中，位于国道、铁路和高速公路三类交通干线 10 千米缓冲区内的数量分别为 14 个、18 个和 17 个，占全省的比重分别为 77.78%、100% 和 94.44%；108 个县（市）中，位于其相同交通干线 10 千米缓冲区内的数量分别为 53 个、60 个和 76 个，占全省的比重分别为 49.07%、55.56% 和 70.37%（见表 7-14）。由此可知，河南省城镇的空间分布具有明显的交通干线指向性。

表 7-14　河南省交通干线 10 千米缓冲区范围内市县数量统计

区域	国道		铁路		高速公路	
	个数	占全省比例（%）	个数	占全省比例（%）	个数	占全省比例（%）
省辖市	14	77.78	18	100	17	94.44
县级市、县	53	49.07	60	55.56	76	70.37

资料来源：全国地理信息资源目录服务系统获取的交通干线矢量数据。

（2）城镇之间的空间关联度不强。由于城镇体系的空间分布具有明显的无标度特征，也就是具有分形特征，因此可用分形理论中的关联维数模型解释城镇之间的空间分布状态[9-11]。

根据城镇体系空间分形理论的计算可知，河南省 38 个城市在空间上具有明显的分形特征，空间关联维系数 D 为 1.2677。

空间关联系数为 1.2667，说明河南省 38 个城市之间的空间相互作用关联性处于一般水平，既不是离散至均匀分布，也不是很集中。河南省整体城镇的布局呈现以交通廊道为基础、以郑州市为核心的中心外围圈层式分布。这种空间布局结构有利于城市之间沿交通轴，以圈层状推进城市职能的分工与协调，也有利于城市在廊道发挥其扩散效应并带动周围小城镇。但也造成了中心城市之间疏离，空间关联程度的松散，使得城市的整体功能不能较好地发挥，给河南省城镇体系的空间拓展带来一定难度。

自然环境条件对河南省城镇体系空间布局结构起着制约作用，其中，地貌结构和水流等决定着自然系统中各种"流"的方向，对城镇发育影响很大。从地形上看，郑州市、许昌市、漯河市、平顶山市、驻马店市等城市位于西部山地向黄淮平原过渡地带，漯河、开封、新乡、周口等城市位于黄河、淮河两岸，这就是地形、水系形成"流"的综合效应。地形和河流均具有分形特征，它们的结构肯定要影响城镇体系内部空间结构的分形维数。河南省的核心城市郑州市、洛阳，位于黄河流域、淮河流域，水系复杂，且大部分城镇位于山地向平原的过渡地带，因此，河南省的城市密度较大。河南省核心城市区域的外围（南阳市、信阳市、商丘市等）由于水系结构较简单，加之山地地形的阻挡，这部分城市的城镇密度较小。这在一定程度上使河南省空间上呈现中部紧凑、外围松散的区域空间结构。

（3）城市空间影响范围与行政区界线不符。扩展断裂点理论是将常规Voronoi 图和传统的断裂点理论相结合并利用计算机程序开发确定城市空间影响范围的一种方法。构建能够反映城市的综合实力的评价指标体系，运用加权扩展断裂点理论的计算方法，对河南省 18 个省辖市的城市空间影响范围进行划分，结果如图 7-7 所示。该图代表了不同城市以综合实力值在空间的势力划分与影响范围。一般来说，城市的综合实力与城市的影响范围一致，但不完全呈正

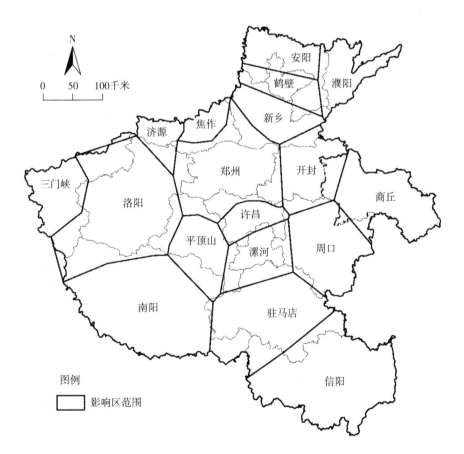

图 7-7　河南省 18 个省辖市的加权 Voronoi 图

资料来源：2023 年《河南统计年鉴》及河南省生态环境厅、河南省统计局官方公布的统计数据。

相关。例如，河南省新乡的综合实力（248.1708）和濮阳（154.3668）、信阳（239.4574）相比均较大，但新乡市的空间影响范围却比南阳市、信阳市小得多。究其原因，一方面，新乡市周围的城市距离较近，而且受到首位核心城市郑州市的扩展影响，其影响空间范围受到了挤压；另一方面，南阳市和信阳市离郑州市较远，周围的城市稀疏，未计算与其相邻省份城市的空间范围影响，故其影响的空间范围较大。

图7-7反映了18个省辖市的综合实力在河南省地域空间上的布局特征，空间影响范围与行政区界线明显不符。河南省核心城市郑州市的影响范围最大，北侧影响范围到达新乡市的南部、焦作市的东南大部，东侧影响范围经过开封市延伸至周口市的过渡地带。南侧影响范围扩展到许昌和平顶山部分地域洛阳市、开封市、南阳市、商丘市、信阳市等城市的综合实力相对来说较大，其空间影响范围除基本涵盖其自身行政区域外，还向其邻近城市扩展。焦作市、三门峡市等地综合实力相对较小，不能发挥其应有的区域性中心城市的作用，空间影响范围受到压缩与排挤。安阳市、许昌市、新乡市其自身综合实力较强，但受周边城市的挤压，其自身空间影响范围延展受到限制。平顶山市、许昌市受自身影响范围和其他城市（如郑州市）的挤压呈现不规则的多边形形态。驻马店市、三门峡市的综合实力较小，其空间影响范围未能扩展至整个行政区划范围。由于濮阳市周边城市较少，综合实力相对较大，其空间影响范围也扩展至安阳市、鹤壁市和新乡市的部分区域。

（4）城市空间相互作用强度差异大。根据物理学中的物体间相互作用的引力公式，将城市看作能够相互作用的物体，以人口规模、国内生产总值指标为城市的质量表征，以城市间的欧氏距离为半径，通过引力强度解释城市间的相互作用强度[12]。参考以往学者关于城市之间相互作用的有关计算方法。计算河南省18个省辖市的相互作用强度矩阵，结果见表7-15。

由表7-15可知，郑州市与其他17个省辖市的相互作用强度最大，联系最紧密，相互作用强度之和最大，为437.28，明显地高于其他17个城市，基本上确立了郑州市在河南省地域空间上、组织上与功能上的中心地位。郑州市之外的城市，与其余城市相互作用总强度排名由高到低依次是新乡（176.37）、许昌（169.43）、开封（161.09）、周口（135.38）、洛阳（133.23）、平顶山（116.37）、驻马店（114.31）、焦作（110.87）、漯河（106.11）、安阳（81.65）、南阳（79.03）、商丘（67.52）、鹤壁（62.76）、信阳（53.65）、濮阳（49.36）、济源（26.55）、三门峡（18.69）。与郑州相互作用强度值由高到低的城市排名依次是开封（92.58）、新乡（73.66）、焦作（49.44）、许昌（48.44）、洛阳（43.44）、平顶山（23.94）、周口（15.95）、商丘（13.57）、安阳（13.09）、南

表7-15 河南省18个省辖市相互作用强度矩阵

	郑州	开封	洛阳	平顶山	安阳	鹤壁	新乡	焦作	濮阳	许昌	漯河	三门峡	南阳	商丘	信阳	周口	驻马店	济源	总计
郑州	0.00	92.58	43.44	23.94	13.09	7.78	73.66	49.44	7.42	48.44	10.19	3.85	12.11	13.57	5.07	15.95	11.69	5.05	437.28
开封	92.58	0.00	2.44	3.22	2.96	1.67	13.69	5.61	4.23	8.79	2.13	0.71	2.41	7.60	1.21	8.45	2.63	0.77	161.09
洛阳	43.44	2.44	0.00	13.37	2.66	1.30	7.75	11.70	1.64	9.19	2.72	6.04	8.67	2.85	2.14	4.59	3.37	9.37	133.23
平顶山	23.94	3.22	13.37	0.00	1.27	0.60	3.30	2.13	0.94	23.41	8.82	0.97	11.32	2.29	2.98	9.02	8.02	0.76	116.37
安阳	13.09	2.96	2.66	1.27	0.00	25.02	13.81	2.97	9.39	2.29	0.78	0.41	1.27	1.64	0.69	1.68	1.21	0.48	81.65
鹤壁	7.78	1.67	1.30	0.60	25.02	0.00	12.62	1.76	7.10	1.17	0.37	0.18	0.55	0.76	0.29	0.77	0.55	0.25	62.76
新乡	73.66	13.69	7.75	3.30	13.81	12.62	0.00	17.78	6.66	7.93	2.14	0.86	2.69	3.73	1.38	3.76	2.83	1.79	176.37
焦作	49.44	5.61	11.70	2.13	2.97	1.76	17.78	0.00	1.66	3.56	1.04	0.94	1.69	1.87	0.74	1.91	1.45	4.61	110.87
濮阳	7.42	4.23	1.64	0.94	9.39	7.10	6.66	1.66	0.00	1.73	0.61	0.26	0.96	2.93	0.52	2.08	0.93	0.29	49.36
许昌	48.44	8.79	9.19	23.41	2.29	1.17	7.93	3.56	1.73	0.00	19.10	0.84	7.29	4.65	3.11	16.43	10.84	0.67	169.43
漯河	10.19	2.13	2.72	8.82	0.78	0.37	2.14	1.04	0.61	19.10	0.00	0.31	4.21	2.60	2.58	26.37	21.95	0.20	106.11
三门峡	3.85	0.71	6.04	0.97	0.41	0.18	0.86	0.94	0.26	0.84	0.31	0.00	0.98	0.46	0.33	0.61	0.53	0.41	18.69
南阳	12.11	2.41	8.67	11.32	1.27	0.55	2.69	1.69	0.96	7.29	4.21	0.98	0.00	2.38	7.32	6.49	8.01	0.65	79.03
商丘	13.57	7.60	2.85	2.29	1.64	0.76	3.73	1.87	2.93	4.65	2.60	0.46	2.38	0.00	1.69	14.49	3.63	0.36	67.52
信阳	5.07	1.21	2.14	2.98	0.69	0.29	1.38	0.74	0.52	3.11	2.58	0.33	7.32	1.69	0.00	4.70	18.69	0.19	53.65
周口	15.95	8.45	4.59	9.02	1.68	0.77	3.76	1.91	2.08	16.43	26.37	0.61	6.49	14.49	4.70	0.00	17.69	0.39	135.38
驻马店	11.69	2.63	3.37	8.02	1.21	0.55	2.83	1.45	0.93	10.84	21.95	0.53	8.01	3.63	18.69	17.69	0.00	0.30	114.31
济源	5.05	0.77	9.37	0.76	0.48	0.25	1.79	4.61	0.29	0.67	0.20	0.41	0.65	0.36	0.19	0.39	0.30	0.00	26.55

资料来源：《河南统计年鉴》（2023）及百度地图获取的各省辖市政府间距离。

阳（12.11）、驻马店（11.69）、漯河（10.19）、鹤壁（7.78）、濮阳（7.42）、信阳（5.07）、济源（5.05）、三门峡（3.85）。

河南省城市间作用强度大于 70 的有郑州-新乡（92.58）、郑州-新乡（73.66）；介于 20~70 之间的有郑州-焦作（49.44）、郑州-许昌（48.44）、郑州-洛阳（43.44）、周口-漯河（26.37）、安阳-鹤壁（25.02）、郑州-平顶山（23.94）、许昌-平顶山（23.41）、驻马店-漯河（21.95）；介于 10~20 之间的有漯河-许昌（19.10）、驻马店-信阳（18.69）、焦作-新乡（17.78）、驻马店-周口（17.69）、商丘-周口（14.49）、周口-许昌（16.43）、周口-郑州（15.95）、新乡-安阳（13.81）、新乡-开封（13.69）、商丘-郑州（13.57）、平顶山-洛阳（13.37）、安阳-郑州（13.09）、鹤壁-新乡（12.62）、南阳-郑州（12.11）、焦作-洛阳（11.70）、驻马店-郑州（11.69）、南阳-平顶山（11.32）、驻马店-许昌（10.84）、漯河-郑州（10.19）；其他城市之间的相互作用强度低于 10。由此可见，河南省 18 个省辖市彼此间的空间作用强度梯度差异较大，小于 10 的占了绝大多数；大于 70 的最少。

以河南省矢量化地图为底图，将>70、20~70、10~20 相互作用强度值分别连接起来，可分析河南省城市空间联系的轴带（见图 7-8）。由图 7-8 可知：河南省在整个地域空间上形成东西方向的汴-郑-洛、商-郑-洛与南北方向上的安-新-郑-许-平-南、安-新-郑-许-漯-驻-信和安-新-郑-许-周 5 个主要相互作用紧密联系带。除在河南省中部形成以郑州市为中心的紧密联系区域外，河南省在地域空间上还形成了北部以安阳市为中心、西部以洛阳市为中心、南部以驻马店市为中心、西南部以平顶山市为中心、东南部以周口市为中心的紧密联系区域。

可以看出，经过近些年的发展，河南省的首位城市、核心城市郑州市，其经济首位度、城市首位度和中心性强度值均有所增强，但与我国其他省份的城镇体系空间布局相比还较低，其规模和综合实力还不足以担负起中原城市群、河南省的"龙头"重任，形成了我国城市群（城镇密集区）中少见的"弱核牵引"的局面。河南省周边省份的大城市较多，如陕西省的西安市，江苏省的南京市、徐州市，湖北省的武汉市，山东省的济南市等，实力均比郑州市要强。郑州市位居我国中部的中间地带，形成了中部地区城市中心性强度的"凹陷"。

三、空间布局的结构模式

基于城市之间空间布局结构的理论模式[12-13]，考察河南省城市-区域系统中城市的空间发展态势，对河南省现代城镇体系空间布局的整合模式做出战略选择，从而为空间布局结构的优化打下坚实基础。

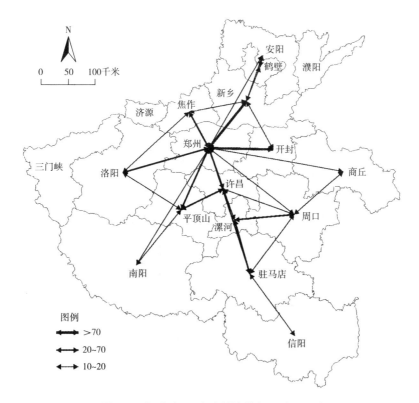

图 7-8 河南省 18 个省辖市的相互作用强度

资料来源：2023 年《河南统计年鉴》及各省辖市的统计公报。

1. 城市成长能力评价指标体系

在研究城镇发展基础、发展条件和成长能力的基础上，可探索城镇、城镇体系、城市群和城市——区域系统未来的发展态势[14-17]。本节根据科学性、系统性和主导性的原则，在参考和总结相关研究成果基础上，结合河南省的具体情况，从城镇的成长实力、成长潜力和成长基础三个方面，构建城镇成长能力的指标体系，进而研究城镇体系的空间发展态势。指标体系包括 3 个二级指标、10 个三级指标和 28 个四级指标，如表 7-16 所示。

表 7-16 城镇成长能力的指标体系

准则层	领域层	指标层
A1 成长实力	B1 经济水平	C1 人均 GDP
		C2 城市化水平
		C3 人均消费总额
		C4 规模企业增加值（指数）

准则层	领域层	指标层
A1 成长实力	B2 经济基础	C5 年货运总量
		C6 年客运总量
		C7 年邮电总量
		C8 货物周转量
		C9 旅客周转量
	B3 经济活力	C10 年实际利用外资
		C12 居民存款年末余额
	B4 科研基础	C13 财政收入占 GDP 比重
		C14 社会固定资产总额
A2 成长潜力	B5 科研水平	C16 科研活动支出占财政支出比重
		C17 人均科研经费
		C18 万人拥有图书馆书数
	B6 科技活力	C19 每十万人拥有高校在校生数
		C20 发明专利申请数
		C21 拥有发明专利数
	B7 交通通勤	C22 公路通车里程
		C23 市民拥有民用汽车数
		C24 万人拥有互联网数
A3 成长基础	B8 信息水平	C25 万人移动电话数
		C26 人均邮电业务总额
	B9 能源利用	C27 单位 GDP 能耗
		C28 建成区绿化面积
	B10 环境状况	C29 城镇生活污水处理率
		C30 生活垃圾无害化处理率

  根据上述指标，首先对数据进行标准化处理，运用熵权法确定各项指标的权重，在确定权重的基础上构建城市成长能力评价模型计算综合成长能力指数，最后将结果进行聚类分析。以 18 个省辖市成长能力的聚类结果为基础，结合各个城市发展的实际情况划分等级，从而分析河南省城镇体系的空间发展态势。首先采用《河南统计年鉴》（2023）收集 2022 年河南省 18 个省辖市的数据，对河南省 18 个省辖市的综合成长能力指数进行计算，结果如表 7-17 所示。

表 7-17 河南省 18 个省辖市的综合城市成长能力得分

城市	成长实力	成长潜力	成长基础	综合成长能力
郑州市	0.3305	0.2405	0.1864	0.7573
开封市	0.1482	0.0566	0.0256	0.2304
洛阳市	0.2137	0.1837	0.0678	0.4652
平顶山市	0.1674	0.0847	0.0299	0.2820
安阳市	0.1739	0.0972	0.0480	0.3192
鹤壁市	0.1465	0.0664	0.0351	0.2479
新乡市	0.1999	0.1249	0.0416	0.3663
焦作市	0.1755	0.1094	0.0566	0.3415
濮阳市	0.1241	0.0407	0.0344	0.1992
许昌市	0.1070	0.0729	0.0235	0.2033
漯河市	0.1781	0.0619	0.0471	0.2872
三门峡市	0.1739	0.1271	0.0359	0.3370
南阳市	0.2683	0.1029	0.0347	0.4059
商丘市	0.1773	0.0677	0.0370	0.2820
信阳市	0.1284	0.0549	0.0197	0.2030
周口市	0.1587	0.0299	0.0069	0.1955
驻马店市	0.1779	0.0478	0.0216	0.2472
济源市	0.1600	0.1240	0.0655	0.3495

资料来源：《河南统计年鉴》（2023）。

由表 7-17 可知，郑州市、洛阳市的城市综合成长能力较强居于前两位，濮阳市、周口市等成长能力较弱。为了更好地分类比较，用 SPSS20.0 软件对河南省 18 个省辖市的综合成长能力指数进行聚类分析，在聚类方法中选择中位数法（Median Clustering），针对间隔适度数据在相似性测度中选择欧氏距离（Euclidean Distance），聚类树图谱如图 7-9 所示。

2. 城镇体系空间发展态势

由前文可知，聚类结果与城镇体系发展实际情况较吻合。结合城市成长能力指数排名，可将 18 个省辖市分为五类：第一类是郑州市，其成长能力综合得分最高，为 0.7573，远高于其他地区。第二类是洛阳市，其成长能力综合得分仅次于郑州，居于第二位。第三类是新乡市、南阳市，两市城市发展实力、城市成长潜力和城市发展基础都较接近，与两市实际情况较为吻合。第四类是南阳市、新乡市、济源市、焦作市、三门峡市和安阳市，六市城市实力、城市潜力、成长基础和综合成长能力的情况都较为接近，划归为一类，符合事实。第五类是许昌市、信阳市、濮阳市和周口市，该类城市综合成长能力较为接近，城市发展速度相对缓慢，辐射范围有限，城市发展潜力不强。

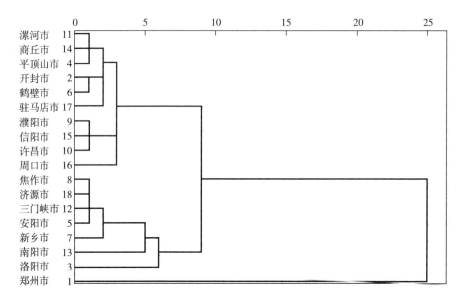

图 7-9　河南省 18 个省辖市成长能力得分聚类

资料来源：《河南统计年鉴》（2023）。

第五节　城镇网络结构

一、城镇网络的整体演进

1. 城镇网络的总体特征

采用改进城市引力模型计算 2000 年、2005 年、2010 年、2016 年和 2022 年河南省各市间的相互作用强度，采用社会网络模型测算城市网络的各项评价指标。为更好反映城市网络演变趋势，将城市间相互作用强度阈值设定为 0.5，采用 Jenks 分级法将联系线由大到小分为五级：一级联系线（＞6.29），二级联系线（3.39~6.29），三级联系线（1.65~3.39），四级联系线（0.77~1.65），五级联系线（0.5~0.77），利用 ArcGIS 软件绘制河南省城市网络空间联系，如图 7-10~图 7-14 所示。

2000 年，河南省城市网络联系线共有 40 条，密度值为 0.131，聚类系数为 0.624。此时，河南省只有三级、四级和五级联系线，且三级联系线只有 4 条。城

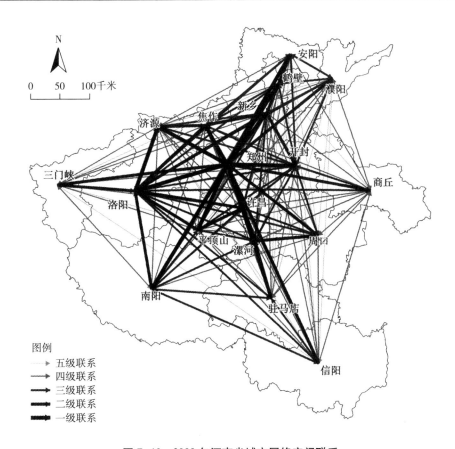

图7-10　2000年河南省城市网络空间联系

资料来源：2001年、2006年《河南统计年鉴》、各省辖市的统计公报。

市网络处于初级阶段，城市间联系较弱。具体联系特征如图7-10所示：第一，河南省城市网络联系最大值为郑州－开封（2.6）的三级联系线，其余依次是郑州－新乡（2.11）、郑州－焦作（2.05）、郑州－洛阳（1.88），向外作用量最大的城市是郑州（17.85）。第二，四级联系线有13条，占比32.5%，主要表现为郑州市、洛阳市向外辐射作用与邻近城市对郑州的反馈作用。由大到小分别为：洛阳－郑州（1.44）、洛阳－济源（1.37）、郑州－平顶山（1.32）、郑州－许昌（1.28）、开封－郑州（1.17）、洛阳－焦作（1.00）、新乡－郑州（0.99）、洛阳－平顶山（0.99）、郑州－安阳（0.98）、郑州－济源（0.98）、焦作－郑州（0.86）、郑州－漯河（0.82）、郑州－濮阳（0.78）。第三，由于城市间相互作用强度低于阈值，信阳市既无集聚作用，又无辐射作用；而鹤壁市、濮阳市、许昌市、漯河市、三门峡市、南阳市、周口市、驻马店市、济源市以集聚作用为主，没有向外辐射作用。第四，河南省城市网络形成以郑州市为中心，由洛阳市、开封市、新乡市、焦作市组成的中心局部网络。

2005 年，河南省城市网络联系线有 117 条，密度值为 0.382，聚类系数为 0.695。河南省有二级、三级、四级、五级联系线，仍没有一级联系线，表明河南省城市网络仍处于初级阶段，城市联系偏弱但有所增强。具体联系特征如图 7-11 所示：第一，河南省城市网络联系最大值为郑州-开封（5.61），向外作用量最大的城市是郑州（46.34），且郑州与其他 17 个城市全联结，郑州的辐射中心地位明显。第二，二级联系线有 4 条，分别是郑州-开封（5.61）、郑州-新乡（5.02）、郑州-焦作（4.96）、郑州-洛阳（4.57），主要为郑州向紧邻城市的辐射作用。第三，三级联系线有 17 条，分别为：郑州-许昌（3.21）、郑州-平顶山（3.12）、洛阳-郑州（3.03）、洛阳-济源（2.72）、郑州-漯河（2.57）、郑州-安阳（2.42）、安阳-鹤壁（2.39）、郑州-济源（2.32）、郑州-鹤壁（2.22）、新乡-郑州（2.03）、洛阳-焦作（2.01）、洛阳-平顶山（1.93）、开

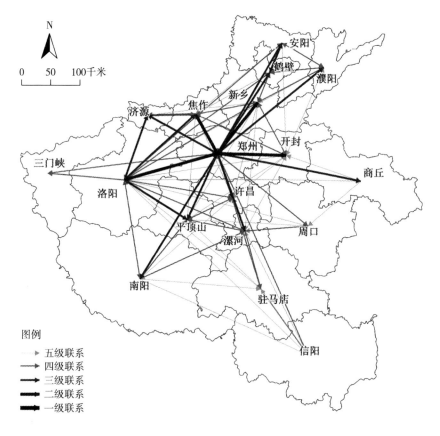

图 7-11 2005 年河南省城市网络空间联系

资料来源：历年《河南统计年鉴》、各省辖市的统计公报。

封-郑州（1.88）、郑州-南阳（1.85）、焦作-郑州（1.84）、郑州-商丘（1.82）、郑州-濮阳（1.75）。表现为郑州向远距离城市的辐射作用和郑州紧邻城市对郑州的反馈作用。第四，四级联系线有50条，五级联系线有46条，主要为新乡市、洛阳市向外的作用和邻近城市间的相互作用。没有向外辐射量的城市仅剩三门峡市。第五，城市网络形成以郑州市为中心的京广轴带和陇海轴带。

2010年，河南省城市网络联系线有222条，密度值为0.726，聚类系数为0.842，五个等级联系线全部显现且不再出现向外作用量为0的城市，表明河南省城市网络处于快速成长阶段，城市联系趋于紧密。具体联系特征如图7-12所示。第一，河南省全联结城市增长为3个——郑州市、洛阳市、平顶山市，城市网络联系最大值为郑州-开封（10.20），向外作用量最大的城市是郑州（83.85），郑州的辐射极核地位明显。第二，一级联系线有5条，分别为：郑州-开封（10.20）、郑州-新乡（8.98）、郑州-焦作（8.62）、郑州-洛阳（7.89）、

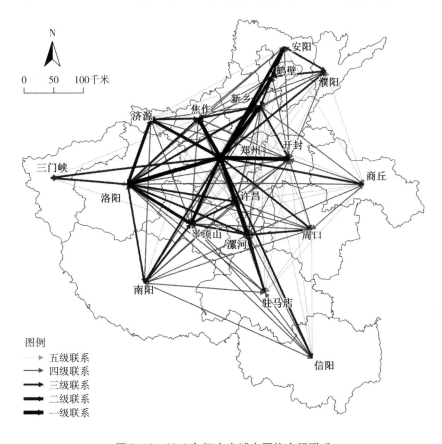

图7-12 2010年河南省城市网络空间联系

资料来源：历年《河南统计年鉴》、各省辖市的统计公报。

郑州-许昌（6.29）。主要表现为郑州向周边紧邻城市的辐射作用。第三，二级联系线有 11 条，分别为：郑州-平顶山（5.86）、洛阳-郑州（5.02）、洛阳-济源（4.86）、郑州-漯河（4.76）、郑州-济源（4.44）、郑州-鹤壁（4.26）、郑州-安阳（4.02）、安阳-鹤壁（3.96）、新乡-郑州（3.66）、开封-郑州（3.52）、洛阳-平顶山（3.39）。主要表现为郑州向远距离城市的辐射作用和邻近城市间的相互作用。第四，三级联系线有 43 条，占比 19.37%，四级联系线有 91 条，占比 40.99%，五级联系线有 71 条，占比 31.98%。表明河南省联系量在明显增强的同时以偏弱联系为主。第五，城市网络形成以郑州为中心，沿京广-陇海轴带，由郑州市、开封市、洛阳市、新乡市、焦作市、许昌市组成的骨干网络。

2016 年，河南省城市网络联系线有 286 条，密度值为 0.935，聚类系数为 0.943，高等级联系线明显增多，表明河南省城市网络发育良好，城市间联系持续增强。具体联系特征如图 7-13 所示：第一，河南省城市网络联系最大值为郑

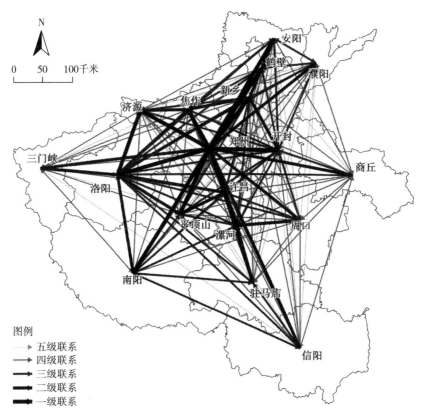

图 7-13 2016 年河南省城市网络空间联系

资料来源：历年《河南统计年鉴》、各省辖市的统计公报。

州-开封（25.25），向外作用量最大的城市是郑州市（183.32），郑州市的辐射极核地位稳固。第二，一级联系线有15条，分别为：郑州-开封（25.25）、郑州-新乡（19.85）、郑州-焦作（18.61）、郑州-洛阳（17.64）、郑州-许昌（16.47）、郑州-平顶山（10.20）、洛阳-郑州（10.10）、郑州-济源（9.51）、郑州-漯河（9.32）、洛阳-济源（9.21）、开封-郑州（9.18）、郑州-鹤壁（8.69）、郑州-安阳（8.01）、新乡-郑州（7.30）、郑州-南阳（7.12）。表现为以郑州市为主的向外辐射作用和洛阳市、开封市、新乡市对郑州的反馈作用。第三，二级联系线有31条，表现为郑州市向远距离城市的辐射作用和洛阳市、新乡市向邻近城市的辐射作用。三级联系线有71条，占比24.83%，四级联系线有120条，占比41.96%，五级联系线有49条，占比17.13%。说明河南省中间级别联系线增长迅速。第四，城市网络全联结城市增加为郑州市、洛阳市、开封市、新乡市、焦作市、三门峡市、洛阳市、许昌市、南阳市、平顶山市、济源市11个。第五，河南省城市网络基本形成辐射与反馈互动的交往环境，郑州市极核作用凸显，郑州市、开封市、洛阳市、新乡市、焦作市、许昌市的骨干网络逐步稳固，京广-陇海十字交叉轴带作用不断增强。

2022年，河南省城市网络联系线有244条，密度值为2.710，聚类系数为2.944，高等级联系线持续增多，表明河南省城市间联系持续增强。具体联系特征如图7-14所示：第一，河南省城市网络联系最大值为安阳-鹤壁（65.14），向外作用量最大的城市是郑州109.16，郑州市的辐射极核地位稳固。第二，一级联系线有30条，如安阳-鹤壁（65.14）、洛阳-济源（21.10）、郑州-开封（20.66）、郑州-焦作（18.93）、郑州-新乡（14.70）、漯河-周口（12.67）、许昌-漯河（12.06）、许昌-平顶山（11.76）、许昌-郑州（11.15）、新乡-开封（10.98）、驻马店-漯河（10.16）、新乡-鹤壁（8.76）、漯河-平顶山（7.79）、郑州-洛阳（6.78）、焦作-济源（6.35）。主要表现为郑州、洛阳、开封、安阳、鹤壁、许昌、新乡、漯河、济源、焦作、平顶山的邻近城市相互作用。第三，二级联系线有30条，表现为郑州市向邻近城市的辐射作用和远距离城市间的相互作用。三级联系线有50条，占比20.49%，四级联系线有90条，占比36.89%，五级联系线有44条，占比18.03%。说明河南省中间级别联系线增长迅速。第四，城市网络全联结城市增加为郑州市、洛阳市、开封市、新乡市、焦作市、三门峡市、许昌市、南阳市、平顶山市、安阳市、鹤壁市、濮阳市、漯河市、周口市、驻马店市、济源市16个。第五，河南省城市网络基本形成辐射与反馈互动的交往环境，郑州市极核作用凸显，郑州市、开封市、洛阳市、新乡市、焦作市、许昌市的骨干网络逐步稳固，京广-陇海十字交叉轴带作用不断增强。

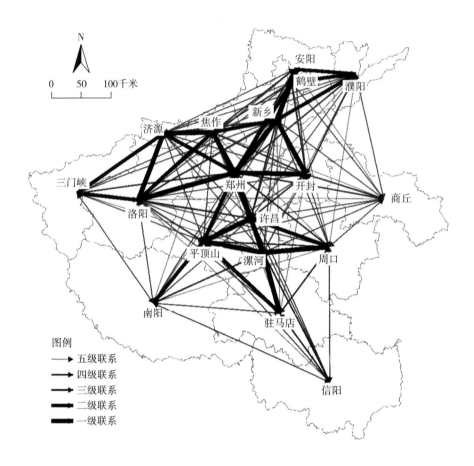

图 7-14 2022 年河南省城市网络空间联系

资料来源:《河南统计年鉴》(2023) 和各省辖市的统计公报。

综上所述,2000~2022 年河南省城市网络整体演进特征如下:第一,网络联系不断紧密,城市网络基本形成辐射与反馈交互的发展环境。第二,骨干网络演变为以郑州为中心,沿京广-陇海十字交叉轴带,由郑州市、开封市、洛阳市、新乡市、焦作市、许昌市共同构成。第三,城市网络的京广-陇海十字交叉轴带中,京广沿线城市联系紧密程度高于陇海沿线。第四,城市网络联系紧密程度出现以郑州市为中心,开封市、洛阳市、新乡市、焦作市、许昌市为第一圈层,其余 12 市为第二圈层的向外圈层式递减趋势。第五,郑汴都市区建设初显成效,郑州→开封的联系值始终最大。一方面由于两城市距离较近,另一方面由于区域发展战略的有效实施。

2. 城市网络的中心化程度

用网络中心势表达网络的中心化程度，中心势值越小，网络越均衡，计算 2000～2022 年河南省城市网络中心势（见表 7-18）发现：第一，程度中心势的内向程度呈先上升后下降趋势，外向程度呈先上升后下降而后上升趋势。内向程度由 2000 年的 7.25 下降为 2022 年的 5.00%。外向程度由 2000 年的 37.67% 上升为 2005 年的 42.74%，2016 年下降为 35.99%，而 2022 年上升为 46.06%。第二，中间中心势在 2000～2022 年呈先上升后大幅下降而又大幅上升的趋势，由 2000 年的 19.57% 上升为 2005 年的 22.94%，后下降为 2016 年的 0.27%，而后又上升为 2022 年的 17.34%。第三，程度中心势的外向与内向程度的差距整体呈波动趋势，由 2000 年相差 30.42% 逐步拉大至 2005 年的 33.67%，2016 年缩小为 30.17%，2022 年拉大至 41.06%。总体来看，河南省城市网络的辐射与集聚能力均在增强，但以辐射扩散为主；城市间多为直接交往，各城市获取中介利益量大幅降低。总体来看，河南省城市网络的辐射与集聚能力均在增强，但以辐射扩散为主；城市间多为直接交往，各城市获取中介利益量大幅降低。

表 7-18　河南省城市网络中心势　　　　　　　　单位：%

年份	程度中心势		中间中心势
	外向	内向	
2000	37.67	7.25	19.57
2005	42.74	9.07	22.94
2010	40.04	7.68	7.54
2016	35.99	5.82	0.27
2022	46.06	5.00	17.34

资料来源：历年《河南统计年鉴》、各省辖市的统计公报、百度地图获取的各省辖市市政府间距离。

二、城镇网络的节点结构

1. 城市辐射与集聚能力演变

采用相关数据计算反映城市辐射与集聚能力的程度中心度（见表 7-19）。由表 7-19 可知，2000～2022 年，河南省城市网络程度中心度演化特征如下：第一，随着社会经济发展，各城市程度中心度的外向程度与内向程度均有大幅提升，但两极化发展特征明显，强辐射带动城市数量偏少。外向程度极差由 2000 年的 17.85 持续扩大至 2016 年的 183.32，而后 2022 年下降至 109.16；内向程度极差由 2000 年的 5.08 不断扩大为 2016 年的 60.97。而后 2022 年下降至 50.29。辐射带动能力强的城市始终只有郑州和洛阳。第二，22 年间，由于外向作用小于切分值而外向程度为 0，内向程度大于 0 的，以集聚作用为主的城市数量逐步减少。2000 年，此类城市有 10 个：鹤壁市、濮阳市、许昌市、漯河市、三门峡市、南阳市、商丘市、周口市、驻马店市、济源市；2005 年，仅剩三门峡市 1 个。2010 年、2016 年和 2022 年全部城市均获得辐射和集聚能力。第三，城市网络中郑州辐射极核地位稳固，洛阳市、新乡市等次一级辐射能力较强中心正在形成。2000~2022 年，郑州市始终为外向程度最大的城市且外向程度远大于内向程度，辐射极核地位不断强化。洛阳市、新乡市在 22 年间辐射能力均保持在前列，正在形成次一级辐射中心。

表 7-19　河南省城市网络程度中心度

省辖市	2000 年		2005 年		2010 年		2016 年		2022 年	
	外向	内向	外向	内向	外向	内向	外向	内向	外向	内向
郑州市	17.85	5.08	46.34	16.00	83.85	30.87	183.32	60.97	109.16	50.29
开封市	1.73	3.20	5.23	11.50	16.96	24.17	43.13	53.62	38.56	64.46
洛阳市	7.27	3.02	21.48	10.72	36.70	23.68	70.22	48.12	52.76	49.99
平顶山市	2.32	2.30	9.05	9.10	22.95	22.15	27.44	39.02	46.54	41.47
安阳市	1.83	1.57	7.56	7.49	15.70	16.33	26.69	31.03	87.05	94.14
鹤壁市	0	1.20	3.92	8.48	11.99	19.33	23.29	35.66	97.17	100.24
新乡市	2.88	4.57	11.32	12.42	24.05	25.99	46.84	52.93	64.29	58.77
焦作市	2.70	3.78	8.60	11.21	19.14	24.01	36.09	49.91	42.86	56.49
濮阳市	0	1.35	3.62	5.84	9.39	14.16	16.66	26.07	33.77	27.91
许昌市	0	2.46	3.19	9.37	16.15	23.12	43.90	50.63	52.12	57.24
漯河市	0	1.33	8.62	8.77	21.43	22.00	33.12	40.26	58.88	47.95
三门峡市	0	0.61	0	2.13	0.55	4.73	8.35	18.95	18.80	17.85
南阳市	0	1.32	5.44	4.65	16.32	13.22	30.47	28.84	11.83	17.42
商丘市	0	0.76	1.72	3.10	8.02	11.65	15.38	23.31	7.59	16.15
信阳市	0	0	0.67	2.92	8.16	8.73	18.87	20.41	9.82	14.34
周口市	0	0.51	0.75	4.28	5.34	13.06	13.67	26.54	13.96	35.57
驻马店市	0	0.54	0.75	5.20	5.35	13.76	12.73	28.95	29.24	30.54
济源市	0	2.99	2.49	7.56	7.12	18.17	22.82	37.76	54.73	48.29

资料来源：历年《河南统计年鉴》、各省辖市的统计公报、百度地图获取的各省辖市市政府间距离。

2. 城市获取中介利益能力演变

采用相关数据计算反映城市获取中介利益能力的指标中间中心度（见表 7-20）。2000~2022 年，河南省城市网络的中间中心度演化特征为：第一，河南省内部各城市越来越多为直接交往后又呈网络式联系，中间中心度极差呈先上升后下降而后又上升趋势，2010 年后中介城市获益量分散降低。中间中心度极差从 2000 年的 55.00 持续下降为 2016 年的 1.81，后又增长至 2022 年的 81.94，获得中介利益的城市数量从 2000 年的 6 个稳步增长到 2016 年的 17 个，省辖市又减少至 2022 年的 12 个。第二，郑州市在 2000 年、2005 年、2016 年和 2022 年均为获取中介利益最大的城市，而洛阳在 2010 年占据最大，三门峡在此期间始终无中介利益。第三，获取中介利益能力与外向辐射能力不呈正相关。在程度中心度中辐射能力表现优秀的城市，在中间中心度中不一定表现优秀，反之亦然。第四，中介利益的大小与地缘位置密切相关。中介利益较大的城市大部分处于河南省中部位置，而外围城市获取的中介利益普遍偏少。

表 7-20　河南省城市网络中间中心度

2000 年		2005 年		2010 年		2016 年		2022 年	
地市	中间中心度	地市	中间中心度	地市	中间中心度	地市	中间中心度	地市	中间中心度
郑州	55.00	郑州	70.48	洛阳	24.05	郑州	1.81	郑州	81.94
新乡	16.00	漯河	51.12	郑州	12.33	开封	1.81	平顶山	57.50
洛阳	9.50	洛阳	28.98	平顶山	10.03	洛阳	1.81	许昌	31.25
焦作	3.00	驻马店	16.00	漯河	6.84	平顶山	1.81	驻马店	29.68
安阳	1.00	新乡	14.70	许昌	6.84	南阳	1.81	洛阳	26.35
平顶山	0.50	开封	9.75	焦作	5.79	许昌	1.81	漯河	22.10
开封	0	平顶山	7.53	开封	5.30	新乡	1.81	开封	18.97
鹤壁	0	焦作	4.62	新乡	5.05	焦作	1.81	新乡	16.42
濮阳	0	安阳	1.67	南阳	2.97	漯河	1.81	焦作	13.88
许昌	0	许昌	0.98	商丘	1.23	济源	1.00	济源	8.29
漯河	0	濮阳	0.75	驻马店	0.87	信阳	0.88	鹤壁	4.53
三门峡	0	商丘	0.50	安阳	0.69	商丘	0.75	濮阳	1.12
南阳	0	周口	0.50	鹤壁	0.68	安阳	0.30	安阳	0
商丘	0	南阳	0.25	信阳	0.48	濮阳	0.25	三门峡	0
信阳	0	鹤壁	0.17	周口	0.42	周口	0.23	信阳	0
周口	0	三门峡	0	濮阳	0.33	鹤壁	0.16	周口	0
驻马店	0	信阳	0	济源	0.11	驻马店	0.14	南阳	0
济源	0	济源	0	三门峡	0	三门峡	0	商丘	0

资料来源：历年《河南统计年鉴》、各省辖市的统计公报、百度地图获取的各省辖市市政府间距离。

第六节 促进城镇化发展的举措

近几年，河南省城镇化进程加快，城镇人口数量迅速增加。截至 2022 年底，河南省常住人口城镇化率突破 57%，城镇人口超过农村人口，这在河南省的发展历史上具有里程碑意义，这也意味着河南省这个传统的农业大省实现了由乡村型社会向城市型社会转型的历史性转变。然而城镇人口虽已过半，但河南省城镇化的总体水平比较落后、区域发展不平衡、老城区发展缓慢甚至停滞、原有的工业结构已不适应现代城镇化发展的需要等问题依然突出，成为制约河南省城镇化发展的重要因素。因此，城市新区与产业集聚区、城乡一体化示范区、郑汴都市区与中原城市群的建设成为促进河南省城镇化发展的重要举措。

一、城市新区与产业集聚区

1. 城市新区的建设

随着社会经济的发展，世界各地因工业化推进城镇化，城镇化伴随着工业化的发展而不断壮大，城市中的环境质量变差、交通拥挤、就业困难、老城衰落等一系列问题逐渐显现。新时代城镇化和工业化的发展要求完善城市功能、加快城市开发建设，建设城市新区成为现代城市发展的必然选择和要求。目前，关于城市新区的概念还没有统一的界定，多数学者认为城市新区是伴随着郊区化的发展而出现的。国际城市发展研究院院长王超指出，城市新区有两个不同的出发点：一是指城市扩张与旧城衰落，在旧有城区之外规划新建的具有一个或几个以城市功能为主导的、具有相对独立性和完整性、具有新型城市景观的新城区；二是指立足于郊区化，分担老城区的部分功能，相较于传统的中心城区和乡村地区，城市新区是在地域空间上具有相对明确的发展界限的集中区域，具有完整性、独立性和系统性特征的城市功能形态。城市新区是城市开放复杂系统下的一个重要组成部分，是和城市旧城区密切联系、发展时间相对较短、城市定位较为清晰的城市化区域。

城镇化发展的过程中必然伴随着城市空间的扩张，城市空间的扩张转型是一个城市发展的必然选择。近年来，由于规划起点高、建设标准高、人居环境好、政策优惠力度大，很多城市新区在相对较短的时间内迅速发展起来，并成为区域经济的重要增长极。目前，河南省建设较好的城市新区主要有郑东新区、开封新区、洛阳新区、焦作新区、平原新区、许昌新区、濮阳新区和鹤壁新区等，也有一些市辖区及县的城市新区在加快建设。

集中连片建设城市新区是河南省快速城镇化的一种重要方式，然而，河南省城市新区的建设也存在很多问题。目前，从河南省城市新区的发展情况看，大多数城市新区体现了"以人为本"的原则，强调功能平衡发展，注重居住、就业、办公、娱乐休闲、公共基础设施等方面的平衡协调发展，实现了新区总体规划、土地利用规划和产业发展规划的统一，从而最大限度地保障了规划的可实施性。但是，新城区的规划较多地停留在新城区范围内，主要以新城区的快速发展为目标，而没有更多地考虑与老城区的衔接。旧城区的人口、产业、功能、交通等没有向新城区进行有机疏散，从而影响了新城与旧城之间的平衡发展。因此，河南省城市新区在建设的过程中要树立严谨、科学的城市规划理念，把城市新区与旧城改造有机结合起来，促进河南省城镇化又好又快地发展。

　　2. 产业集聚区的建设

　　城镇化是农村人口持续向城镇汇聚的过程，是工业化进程中必然要经历的历史过程。产业集聚是同一类型的产业在某个地理范围内的高度集中、产业资本要素在空间范围内不断积聚的一个过程，企业集中布局、产业集群发展、资源集约利用、功能集合构建、促进农村人口向城镇转移。目前，河南省城镇化的建设面临农民就业困难、生活服务体系构建滞后、持续的资金投入压力过大等基本问题。进城农民离开土地，较难找到与自身条件相匹配的工作，从而增加其在城镇安居乐业的难度。同时，工业的发展离不开农业，第三产业的发展离不开工业的发展，若工业发展较慢则第三产业的发展相对滞后，进而影响城镇化的建设。另外，城镇化的建设需要长期的资金投入，若资金投入困乏则相应的基础设施等的建设将难以为继。发展产业集聚区，可使产业集聚城镇，使当地农民有更多进城务工的机会，促进当地农民就近城镇化，企业就地招工可降低企业的人力资源成本，进而提升产品的竞争力。产业集聚城镇，可丰富当地的税源，地方财政得到加强，使城镇化建设的资金更加雄厚，城镇基础设施更加完善。

　　产业集聚为城镇化的形成和发展提供基础，以人口为核心的集聚是城镇化发展的内在动力，从基础劳动演化为人力资本反映出产业集聚促进城镇化发展的实质。城镇化的过程在某种程度上说是产业集聚的过程，城镇化的生存和发展也需要足够的产业来支撑，即产业集聚为城镇化的发展奠定了基础。城镇化发展要求生产要素在地理区位上高度集中，推进工业、交通运输业、商业、服务业、文卫事业和教育事业的高度发展，进而增强城镇化的内生动力。产业集聚可提高经济运行的质量，促进城镇经济的发展，壮大城镇的经济实力，为城镇化的发展提供财力的支撑；产业向新兴城镇中聚集，项目集中在招商园区，城镇地理空间得以扩展，城市规模得以发展，从而促进城镇化的地域空间范围。相关产业的集聚，可以吸引更多的企业在此聚集，促进集群内更多的新兴企业迅速成长，进而提高地区生产效率。产业集聚带动了劳动力、资本、技术等生产要素向城镇聚集，促进城镇的资本市场、生产资料市场、商品市场以及服务业市场的发展，使城镇的规模不断扩展，城镇的经济辐射功能增强，吸引更多的优质企业。

产业集聚区作为当今产业区域化发展的潮流，日益成为一个国家或地区经济转型和地区发展的重要途径。近些年，河南省产业集群化趋势明显，通过优化完善产业布局，加强政策引导，推进体制机制创新，大力实施投资倍增计划和扩大商业行动计划，产业集聚区一直保持着良好的发展态势，产业集聚区整体水平也不断地提升。加快产业集聚区的发展，不仅能够快速地提升河南省的工业化、城镇化的水平，更能够促进就业、带动人口的集中，创造更大规模的和更高层次的生产和消费需求。然而，在产业集聚区发展的过程中也有许多的不利条件和消极因素，如产业层次低下、发展方式粗放、资源环境约束加剧等问题较为突出，要想促进河南省城镇化的快速发展，就必须要解决产业集聚过程中的难题。

二、城乡一体化示范区

河南省自古以来是农业大省，农业人口的基数大于城镇人口，在河南省城镇化发展的过程中如何处理好农村与城镇的关系，如何把农村人口有效地转化为城镇人口，成为河南省城镇化进程中的关键问题之一。在目前的情况下，城乡一体化是消除城乡二元经济结构、构建新型城乡关系、实现城乡之间可持续发展最理想的方式，加强城市和乡村之间的联系及其相互作用是社会经济高度发展的必然趋势。为解决河南省城镇化发展过程中的问题，2013 年 12 月，河南省委、省政府出台了《关于建设城乡一体化示范区的实施意见》，将经过批准设立的 16 个复合型城市新区统一调整更名为城乡一体化示范区。2015 年 1 月 28 日，《中共河南省委河南省人民政府关于加快城乡一体化示范区建设的指导意见》指出，支持信阳市规划一个示范区，济源市在全域范围内开展城乡一体化试验，按照局部先行、循序渐进的原则，在每个省辖市形成一个现代化建设样板区，发挥示范引领作用。

实现城乡发展一体化符合社会经济发展的规律，符合现代城镇化建设的要求。河南省城乡一体化示范区的建设是由河南省委、省政府批准设立的复合型功能性区域，由河南省 16 个省辖市复合型城市新区的基础上延伸而来，目的是按照城乡一体、产业融合、统筹发展等理念在局部区域探索实施科学发展，率先实现工业化、信息化、城镇化、农业现代化，从而为河南省整体实现城乡一体化积累经验。河南省城乡一体化示范区的建设坚持将第一、第二、第三产业复合，经济、生态、人居等复合的发展理念，把工业和农业、城市和乡村作为一个有机整体，充分发挥工业和城市对农业和乡村的辐射带动作用，以工业化、城镇化和信息化带动现代农业化的发展，引领城乡一体化，形成以工促农、以城带乡、工农互惠、城乡一体的新型工农城乡关系。城乡一体化示范区把科学规划作为推进城乡一体化发展的龙头，坚持复合型发展理念，完善示范区总体规划，加快集中集聚步伐，统筹推进城市功能区开发和新农村建设，充分发挥城市对农村的辐射带动作用，构建城乡共同繁荣的城乡一体化发展格局。

在城乡一体化示范区内，要优化提升城乡空间布局。深化发展产业规划、城镇规划、土地利用规划和生态建设规划的有机融合，强化区域城镇发展和产业布局紧密衔接，优化城市功能区、农村居民点、产业集聚区、农业发展区、生态功能区布局。加强城市功能区、建制镇和新农村社区规划衔接，构建以城市功能区、中心镇、新农村社区为节点的新型城乡体系。注重城市功能区服务功能升级和内涵品质建设，打造与中心城区相互支撑、功能互补的发展核心。按照产业、村庄、土地、公共服务和生态规划五规合一的要求，支持城乡一体化示范区的合理发展。城乡一体化示范区范围内的城乡空间布局，符合现代城镇化发展的要求，也符合河南省城镇化发展的要求。

三、郑州都市圈与中原城市群

1. 郑州都市圈

都市圈的本质特征是同城化，表现为高度的城市系统化、市场一体化、城际流动性和资源配置地区化。郑州都市圈将是引领中原城市群一体化高质量发展的核心动力源，是中原城市群建设的关键环节。郑州都市圈源于 2018 年的《郑州大都市区空间规划（2018—2035）》，包括郑州市、开封市、许昌市和新乡市；2021 年又将洛阳市、平顶山市、漯河市和济源市扩展进来，形成 "1+8"的模式。郑州都市圈将按照极核带动、轴带提升、对接周边的思路，构建 "一核一副一带多点"的空间格局。"一核"，以郑州国家中心城市为引领，以郑开同城化、郑许一体化为支撑，发挥郑州航空港的枢纽作用，形成郑汴许核心引擎。"一副"，推动副中心城市洛阳和济源深度融合发展，形成都市圈西部板块支撑。"一带"，以郑开科创走廊为主轴、郑新和郑焦方向为重要分支，意在落实郑洛西高质量发展合作带国家战略，发挥沿黄河干流区域创新和产业等要素富集优势，打造以创新为引领的城镇和产业密集发展带。"多点"，主要指新乡、焦作、平顶山、漯河等新兴增长中心，形成组团式、网络化空间格局。郑州都市圈要通过发展机制体制创新和基础设施建设，重点打造 8 条产业带，形成以郑州为中心的主导产业集群和关键产业链，构建梯次配套产业圈，构建便利共享生活圈，促进都市圈一体化高质量发展。

郑汴许核心引擎是郑州都市圈的核心，也是中原城市群的发展核心。郑汴许核心引擎源于"郑汴一体化"；后来，郑州航空港国家级综合示范区加入，形成"郑汴港";2019 年出台的《郑许一体化发展规划》中提出,在"郑汴港"的基础上构建"郑汴许黄金三角区"。郑汴许核心引擎建设主要体现在以下几个方面:第一,推动郑开同城化发展,促进郑州、开封资源要素同筹同用、城市功能聚合互补、产业体系错位布局、公共服务共建共享,建设串联白沙科学谷、中原数据湖等节点的科技创新走廊。第二,规划建设东部兰考、北部中牟–开封城乡一体化示范区、南部郑州航空港经济综合实验区—尉氏等郑开同城化示范区。第三,推进郑州、许昌深度融合发展,以郑许市域铁路为先导加快构建一体化交通体系,充分发挥许昌先进制造业优势和郑州航空港经济综合实验区综合枢纽作用,高质量建设许港产业带,完善从源头创新、技术转移转化到高技术产业的创新链。第四,依托郑许市域主要交通轴带,形成以郑州、开封、许昌三市主城区和郑州航空港经济综合实验区为支撑,以郑开科创走廊、许港产业带、开港产业带为骨架的郑汴许"黄金三角",发挥郑州航空港区位优势,打造都市圈的先进制造业集聚核心区。

    2. 中原城市群的建设

城市群是工业化发展到一定阶段出现的一种城镇发展模式,当前以中原城市群为主体形态推进中原区域经济发展,加快城镇化进程,已成为河南省经济社会发展的重大战略任务。中原城市群是指以郑州市为中心,洛阳市为副中心,长治市、邯郸市、聊城市、安阳市、蚌埠市、阜阳市、商丘市、南阳市为区域性中心城市,周口市、信阳市、驻马店市、菏泽市、运城市、平顶山市、鹤壁市、濮阳市、三门峡市、宿州市、淮北市、亳州市、邢台市、晋城市为城市群重要节点城市的共 30 个城市构成的城市群体。《中原城市群发展规划》中提出,坚持核心带动、轴带发展、节点提升、对接周边,推动大中小城市和小城镇合理分工、功能互补、协同发展,促进城乡统筹发展,构建布局合理、集约高效的城市群一体化格局。首先,中原城市群坚持以郑州都市圈为核心,推动郑州市与开封市、新乡市、焦作市、许昌市四市的深度融合,进一步深化与洛阳市、平顶山市、漯河市、济源市等城市间的联动,加强郑州与其他城市之间的联系;其次,依托"米"字形综合交通网络,增强沿线城市的辐射带动能力,促进大中小城市合理分工、联动发展,打造特色鲜明、布局合理的现代产业和城镇密集带;最后,突破行政壁垒,创新体制机制,促进省际相邻城市合作联动,加快构建跨区域快速交通通道建设,优化产业分工与协作,推动区域范围内的教育、科技、文化、生态等资源共享,培育北部跨区域协同发展示范区、东部承接产业转移示范区、西部转型创新发展示范区、南部高效生态示范区的建设,完善城市群各个城市的分工与协作,促进大、中、小城市之间的协调发展。

中原城市群与东部地区的长三角城市群、珠三角城市群及京津冀城市群及其他城市群的发展相互呼应，起着重要的支撑作用，是河南省乃至中部地区承接发达国家及我国东部地区产业转移、西部地区资源输出的核心和枢纽区域，在促进我国经济社会整体协调发展的过程中起着重要的作用。然而，中原城市群的发展现状也较不乐观。首先，中心城市的发展水平在很大程度上决定了城市群的发展水平，郑州的中心城市地位不突出，与北京市、上海市、广州市、武汉市等城市相比，郑州市的整体竞争力偏弱。其次，河南省经济发展相对落后，产业结构以传统的工业部门为主，产品以初级加工为主；河南省的第一产业仍以传统的粮食种植业为主，市场需求的变化使粮食的生产趋于饱和，而畜牧业、林业与渔业等产值空间较大的产业所占的比例较小，由此更降低了第一产业的产值空间。再次，由于社会经济发展情况及自然资源等条件的相似性，中原城市群内部各城市的产业结构趋同现象较为突出，各个城市的功能定位较为相近，城市之间的竞争大于合作，因此导致各城市不能发挥自己的特色和优势，同时使河南省整体的投资和生产趋于分散化的布局状态，降低了中原城市群乃至河南省的整体效益。最后，与长三角、珠三角和京津冀三大城市群相比，中原城市群的产业集群数量相对较少、规模相对较小、利用外资相对较少。河南省是中原城市群的主体和重要组成部分，中原城市群内各个城市之间的协调发展及城镇化的发展将会对河南省的城镇化发展产生重要的影响。

参考文献

［1］王发曾．河南城市发展与布局的历史启示［J］．城市问题，1994（1）：34-37.

［2］王发曾，袁中金，陈太政．河南城市体系功能组织研究［J］．地理学报，1992，47（3）：274-283.

［3］张复明，郭文炯．城市职能体系的若干理论思考［J］．经济地理，1999，19（3）：19-30.

［4］许学强，周一星，宁越敏．城市地理学［M］．北京：高等教育出版社，1997.

［5］丁志伟．河南省城市—区域系统空间结构分析与优化研究［D］．河南大学硕士学位论文，2011.

［6］刘荣增．城镇密集区及其相关概念研究的回顾与再思考［J］．人文地理，2003，18（3）：16-17.

［7］Diggle P. A Kernel Method for Smoothing Point Process Data［J］. Applied Statistics, 1985, 34（2）：138-147.

［8］West M. Kernel Density Estimation and Marginalization Consistency［J］. Biometrika, 1991, 78（2）：421-425.

［9］刘继生，陈涛．东北地区城市体系空间结构的分形研究［J］．地理科学，1995，15（2）：23-24.

［10］陈彦光，罗静．城镇体系空间结构的信息维分析［J］．信阳师范学院学报（自然

科学版），1997，10（1）：64-68.

　　[11] 谢和平，薛秀谦. 分形应用的数学基础与方法 ［M］. 北京：科学出版社，1997.

　　[12] 王发曾，刘静玉，等. 中原城市群整合研究 ［M］. 北京：科学出版社，2007.

　　[13] 刘晓丽，方创琳，王发曾. 中原城市群空间组合特征与整合模式 ［J］. 地理研究，2008，27（2）：410-415.

　　[14] 高汝熹，罗守贵. 论都市圈的整体性、成长动力及我国都市圈的发展态势 ［J］. 现代城市研究，2006（8）：5-11.

　　[15] 季斌，张贤，孔善右. 都市圈成长能力评价指标体系研究 ［J］. 现代城市研究，2007（6）：68-74.

　　[16] 罗世俊，焦华富，王秉建. 基于城市成长能力的长三角城市群空间发展态势分析 ［J］. 经济地理，2009，29（3）：410-413.

　　[17] 丁志伟，王发曾，殷胜磊. 基于成长能力评价模型的中原城市群空间发展态势 ［J］. 河南科学，2010，28（10）：1348-1352.

第八章 区域经济差异与协调发展

第一节 经济区划与分区概况

一、经济区域的空间划分依据

1. 划分方法

经济区划就是根据地域经济发展水平的类似性或互补性、地形地貌的相对一致性，结合未来区域经济的发展方向和城市的职能分工，将类似区域划分为共同发展的地域单元，以更好地实现区域经济的共同发展。现代经济区划的方法有很多，主要有综合评价分析法、空间联系方法、城市断裂点模型等。在已有的断裂点模型基础上，有学者基于加权 Voronio 模型进行了拓展，形成了城市相互作用模型的扩展版，为分析城市的空间影响范围和区划划分提供了新支撑[1]。基于此，本节采用扩展断裂点模型，结合经济区域空间划分的基本原则进行划分。

2. 具体原则

（1）经济发展水平的类似性与互补性。根据经济发展方面的量化评价结果、产业结构对比、地域方面的邻近关系，考虑区域经济的类似性或邻近区域产业结构的互补性，如将郑州、开封划分为郑汴区域，安阳、鹤壁、濮阳划分为安鹤濮区域，形成共同发展的城市-区域综合体。

（2）自然相对环境的一致性。在实现区域经济共同发展的过程中，如果一定地域范围内地形地貌相对一致，在地域"本底"上具有共同的自然要素支撑，那么在区域共同发展体发展方面就具有自然地理区划基础，进而形成自然-经济密切互动的区域共同体，因而本节按照地形地貌的相对一致性将驻马店、信阳、南阳划分为一个地域单元。

（3）专门化与综合化原则。根据专业化的区域发展原则，一定范围的区域可以形成围绕主导产业的产业链与细化分工，建立具有紧密联系、环环相扣的产业组织体系。根据综合化的区域发展原则，一定范围的地域单元可以形成分工有序、错位发展、彼此配合的产业组织模式。在区域发展的现代化进程中，按照专业化原则形成"纵向"关系，能有效提升产业发展的"专精尖"实力；按照综合化原则，能形成一定区域"横向"关系的全面发展格局和抗风险的韧性。因此，按照专业化与综合化原则，将新乡、焦作、济源建立起"纵""横"交错的区域联系网络，形成新焦济区域的现代产业体系，助推豫北地区经济社会的全面发展。

（4）中心带动与片区综合相结合的原则。在进行区域规划时，发挥中心城市对周边区域的带动作用，能形成与邻近区域一体化发展的趋势，因而在进行经济区域划分时，从中心-外围的关系出发，能有效地提升核心区域的综合发展实力。同时，在具体片区发展时，依托区域次中心进行增长极打造，形成次一级的城市联动关系，也能形成区域协同发展的综合片区。因此，将郑州、开封划分为一个综合片区，发挥郑汴核心增长极的辐射效应，提升片区综合发展的趋同性。

（5）经济区划与行政区划融合的原则。在考虑经济发展水平类似、中心带动影响、区域空间协同等因素时，必须考虑行政区划管理的完整性，才能充分发挥区域经济的协同关系。在具体划分时，将商丘、周口划分为一个片区，将洛阳、三门峡划分为一个片区，以体现两者的契合性。

二、经济区域的空间划分

根据河南省县域、市域经济的空间分异特点和"十三五"河南省国民经济和社会发展规划、中原经济区规划、河南省国土规划等方面的发展趋势，考虑自然地理综合区划、闫卫阳等计算的河南省城市的空间影响范围、行政区划与经济区划的相对一致性等影响因素，结合河南省的城镇体系特征，河南省经济区域划分如图8-1所示。

1. 郑汴区域（郑州市、开封市）

郑州市（含省直管县巩义）、开封市（含省直管县兰考）划分为一个经济分区，具备国内少有的天时、地利、人和的组合优势。从自然地理看，郑汴区域位居河南省的中部，基本是以平原为主，有利于省域要素的汇聚与扩散。从历史发展看，两者同属古都城市，新中国成立后经历过省会迁移的历史渊源，社会交往密切。从产业构成看，开封市和郑州市产业相似度较低，产业发展的方向不冲突，对二者的错位发展非常有利。从现实发展看，随着郑汴一体化的提出、郑汴新区的设立、郑汴之间快速交通廊道的贯通，郑州市区、开封市区以及中牟全境将形成郑汴都市区。该区域是中原城市群、河南省、中原经济区经济发展的发动机和增长极，更是带动中原经济区主体区、外围区和协作区的辐射源头。该区域的中心城市距离邻近，经济联系密切，因此可充分借助这一优势，利用郑汴核心增长极的辐射效应与科技、人才、信息、金融等优势条件，迅速提升城市发展的优势产业、主导产业。同时，加强新密市、新郑市、巩义市、登封市、荥阳市等县级市、县城与郑汴都市区核心区的经济联系，走网络型发展模式，最终形成以郑州市为核心，以郑汴一体化区域为核心的综合性网络区域，从而促进郑汴都市区在经济增长和推动新型城镇化方面的辐射带动作用。

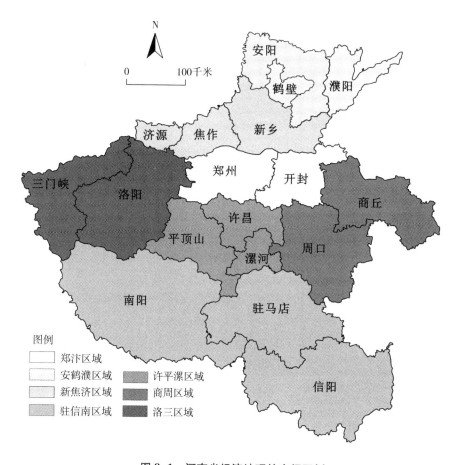

图8-1　河南省经济地理的空间区划

资料来源：根据划分结果自绘。

2. 安鹤濮区域（安阳市、鹤壁市和濮阳市）

豫北地区的安阳市（含省直管县滑县）、鹤壁市和濮阳市，属于河南省北部的门户区域，在自然条件上具有很多类似的地方，在区域振兴方面具有一致的追求目标，在经济社会发展方面来往密切，在经济格局中具有重要的区域优势。从自然条件看，该区域西依太行山，与山西省的长治市交界，背靠冀南地区与河北省邯郸市相邻，南面与黄河北部的新乡市相连，东接中原经济区东北部的聊城市和菏泽市。同时，豫北是河南省重要的煤炭、水泥、花岗岩、钢铁生产基地，也是我国重要的粮棉生产区、小麦基地以及省畜牧生产加工基地。在交通方面，京广铁路、京港高铁、南水北调中线纵贯南北，除濮阳地区交通区位优势有待进一步提升外，其余两市的地理交通位置相对优越。从区域经济格局看，豫北地区是中原经济区、京津冀协同发展区、山东蓝色经济区辐射影响的叠加区，豫北地区的整体经济优势有待进一步呈现。因此，考虑上述的自然、经济、社会发展等方面的联系和未来经济格局，将安阳市、鹤壁市和濮阳市组成的区域划分为一个经济分区。

3. 新焦济区域（新乡市、焦作市和济源市）

黄河北侧的新乡市（含省直管县长垣）、焦作市和济源市属于中原城市群北部区域，工业化、城镇化水平较高，农业现代化水平不断加快，具备经济地理空间分区的很多优势。从自然条件看，该区域西依太行山，与山西省的晋城市和运城市相邻，北侧与河南省对外联系密切的豫北地区相连，南侧紧邻河南省中原城市群的核心城市郑州市和洛阳市，东侧与山东省的菏泽市相连。从空间位置上看，具有联通南北向经济发展的承转优势，也具有东西向与邻近省份相互交流的区位优势。在交通轴方面，既有长济高速横贯而过，又有联通三市的货运铁路，加之联通三市的城际铁路获批并将逐步实施，交通联系日益紧密。从产业发展带看，新焦济产业带是中原城市群北部产业发展的重要支撑，对促进豫北地区的经济一体化进程发挥着重要作用。从经济社会联系看，焦作市和新乡市之间的经济、社会、文化和科技交流密切，加之济源市本属于焦作管辖的一个县级市，因此三市无论在地域上、交通上，还是经济联系、社会交流方面都存在着千丝万缕的联系。

4. 洛三区域（洛阳市、三门峡市）

豫西地区的洛阳、三门峡市同属西部山区，自然条件具有较强的类似性，在经济发展方面具有较多一致性，将其划分为一个经济分区在很多方面具有"天然"的优势。从自然条件看，该区域位居第二阶梯与第三阶梯的过渡地带，同属黄河支流的影响区，地形以山地和丘陵为主，自然区位条件具有很多的类似性。由于山区历史时期的各种构造运动，有很多经济社会发展所需的矿产资源，因此该区域成为河南省乃至全国的贵金属和能源开发基地。在交通方面,两市处于陇海铁路、连霍高速、郑徐高铁等我国东西向交通动脉向西延伸的必经之地,与山西省、陕西省等西部其他省份的交通联系畅通。在经济发展方面,两市的市辖区及其周边地区的经济综合水平高,但南部山区的经济发展落后,因此两市均面临着整合山区资源优势、促进产业结构优化、加快区域经济协调等发展目标。考虑到上述几方面的特点,将洛阳市、济源市划分为一个经济分区。

5. 许平漯区域(许昌市、平顶山市、漯河市)

许昌市、平顶山市(含省直管县汝州)、漯河市地处河南省中部地区,在自然条件上虽有所差异,但在经济联系和产业互补方面有很强的优势。许昌市、漯河市、平顶山市在河南省中部地域组成的三角形区域内,许昌市是中原城市群、河南省南北发展轴带的重要节点城市、轻工制造业重要基地和历史文化旅游中心;漯河市是河南省南部商贸物流中心,在全国轻工业生产、食品产业、高效农业方面具有很强的优势;平顶山市矿产资源丰富,转型发展步伐加快,是全国重要的能源原材料基地、历史文化和自然旅游基地。由于三市的产业互补性强、经济发展的相互支撑性强,被称为中原城市群南部的"金三角"。考虑到三市的经济发展现状联系特点和未来发展的组团优势,同时结合中原城市群的产业整合方向,将三市划分为一个经济分区。

6. 商周区域(商丘市、周口市)

商丘市(含省直管县永城)、周口市(含省直管县鹿邑)在综合地理区划上属于豫东地区,地处华北平原南部,农业生产效率较高,是河南省重要的粮食生产区。该区域是河南省的能源原材料基地和新兴工业基地,汽车制造、生物医药、能源加工、制冷装备、体育器材、新型材料、金刚石、现代物流、纺织服装等产业集群逐步形成并做大做强,成为区域发展的重要支柱产业。在保障粮食生产任务的基础上,该区域的工业化、城镇化进程不断加快,社会各项事业发展的步伐不断加快。但总体看来,该区域产业结构层次较低、经济综合实力较弱,是河南省区域经济东部地区的一个"凹陷区"。因此,考虑到自然条件的一致性,经济发展水平的相似性以及未来区域经济整合的发展目标,将商丘、周口划分为一个经济分区。

7. 驻信南区域(驻马店市、信阳市、南阳市)

驻马店市(含省直管县新蔡)、信阳市(含省直管县固始)和南阳市(含省直管县邓州)三市地处河南省南部,在自然条件上具有很多方面的类似之处,在综合地理区划上属于豫南地区。豫南地区是河南省重要的农业生产基地,位于亚热带湿润性季风气候向暖温带、半湿润季风气候的过渡地带。除气候上的从南向北过渡、省际之间的过渡,豫南地区还是我国南北文化的过渡带,因此,该区域的风俗文化兼具南北特色。在经济发展水平上，该区域虽然农业发展优势明显，但产业结构层次不高，经济综合发展水平不高，在河南省南部形成了一个低值集聚区。虽然该区域不断加快地区经济发展的步伐，但依然面临着与核心区域互动联系不强、省际边缘区经济发展的多面影响性等问题，因此，三市面临相同的区情，处于经济发展的相同阶段。基于上述的考虑，将驻马店市、信阳市、南阳市划分为一个分区。

三、经济分区概况

1. 郑汴区域概况

截至 2022 年底，郑汴区域面积约 1.3754 万平方千米，包括 2 个地级市、2 个省直管县、11 个市辖区、8 个县（县级市），如表 8-1 所示。截至 2022 年底，该区域年末常住人口达到 1752 万人，常住人口城镇化率为 72.47%，国民生产总值达到 15591.80 亿元，人均国民生产总值达到 88984.12 元，三次产业结构贡献度比重为 3.64∶39.78∶56.58，公共财政预算收入达到 1329.37 亿元，公共财政预算支出达到 1912.82 亿元，全社会固定资产投资完成 10310.95 亿元，社会消费品零售总额达到 6343.58 亿元。

表 8-1　郑汴区域的行政区划

地级市、省直管县	市辖区	县（县级市）
郑州市	二七区、管城回族区、中原区、惠济区、金水区、上街区	中牟县、新郑市、新密市、荥阳市、登封市
开封市	龙亭区、顺河回族区、鼓楼区、禹王台区、祥符区	杞县、通许县、尉氏县
巩义市	2014 年确定为省直管县，基本享受省辖市待遇	
兰考县	2014 年确定为省直管县，基本享受省辖市待遇	

资料来源：《河南统计年鉴》（2023）和《中国县域统计年鉴》（2023）。

郑汴区域北邻黄河，西依嵩山，东南为广阔的平原地带。东部的平原地带与雨热同期的气候为该区域的农业发展提供了优越的自然条件。因此，该区域东部的平原地区农业现代化水平较高，农业人均、地均收益较高，农业的产业化水平不断加快。加之本区域位于郑州市大都市区核心区，附近区域的采摘、观光、生态农业等现代农业的类型多样，大幅度地提高了本地区农业劳动生产率、土地生产率和农产品商品率。郑州市是中国铁路、公路、航空、信息兼具的综合性交通、通信枢纽，综合交通优势明显。开封市陇海铁路、郑徐高铁横贯而过，京广、京九左右为邻，106 国道与 310 国道、连霍与大广高速在此交会，交通区位优势不断增强。

郑汴地区拥有丰富的旅游资源，发展旅游业的条件很好，因此，该区域的旅游业发达。郑州市为国家历史文化名城，号称"八朝古都"，拥有"嵩山少林寺""黄河游览区""商城遗址"等精品旅游资源。开封市近些年重修了许多历史人文景观，如"清明上河园""包公祠""宋都御街""天波杨府""翰园碑林"等，以其独特的历史文化魅力吸引着世界各地的游客来此体验宋文化、菊文化、民俗文化。

郑汴区域是河南省经济核心地区，目前已形成煤、电、铝、汽车、食品工业、电力装备、烟草为支柱，电子信息、新材料、生物化工、医药、纺织、机械、能源、建材等各具特色的工业体系。其中，郑州市拥有煤炭、铝矾土、铁、水泥灰石、耐火黏土、熔剂灰石、陶瓷黏土、英砂、石油等矿产资源，是全国重要的机械、轻纺和有色冶金工业基地，汽车、铝、食品、纺织具有明显优势，形成了多部门、综合性的工业体系。目前，郑州市拥有汽车、装备制造、煤电铝、食品、纺织服装、电子信息六大优势产业，高新技术产业增加迅速，科技进步对工业增加值的比重超过一半。一批产业集聚区、产业园区不断兴建，开封市工业门类逐渐完善，高中压阀门、空分设备、仪表、精细化工、制药、毛纺等一批骨干企业在全省占据了重要位置。

2. 安鹤濮区域概况

截至2022年底，安鹤濮区域面积约1.392万平方千米，包括3个地级市、1个省直管县、8个市辖区、11个县（县级市），如表8-2所示。截至2022年底，该区域年末常住人口达到1073万人，常住人口城镇化率为54.74%，国民生产总值达到5508.72亿元，人均国民生产总值达到51339.42元，三次产业结构比重为10.24：44.28：45.48，公共财政预算收入达到416.14亿元，公共财政预算支出达到951.38亿元，全社会固定资产投资完成5985.60亿元，社会消费品零售总额达到1949.31亿元。

表8-2 安鹤濮区域的行政区划

地级市、省直管县	市辖区	县（县级市）
安阳市	殷都区、北关区、龙安区、文峰区	安阳县、汤阴县、内黄县、林州市
鹤壁市	鹤山区、山城区、淇滨区	淇县、浚县
濮阳市	华龙区	南乐县、清丰县、濮阳县、范县、台前县
滑县	2014年确定省直管县，基本享受省辖市待遇	

资料来源：《河南统计年鉴》（2016~2023）和《中国县域统计年鉴》（2023）。

安鹤濮区域位于河南省最北部，地处山西省、河北省、河南省、山东省四省交会处。该区域地表形态复杂多样，山地、丘陵、平原等地貌类型兼具，能源、矿产资源丰富。该区域的气候类型属于暖温带大陆性季风气候,春季风多干燥,夏季炎热多雨,秋季天高气爽,冬季寒冷干燥,春、秋相对较短,降水季节分配很不均匀。该区域水系属于黄河和海河两大水系,河网密集。

安鹤濮区域是河南省的重工业基地,工业基础较好,工业部门齐全,工业结构较为合理,产业科技含量较高,具有较强的产品配套能力,已经初步形成冶金、电子、煤炭、石油、化工、电力、轻工、食品、建材、机械、纺织、医药等工业体系。其中,安阳钢铁有限公司是河南省最大的钢铁生产基地、国有特大型钢铁联合企业;安彩集团是国家重点高新技术产业。鹤壁市4个产业集聚区、3个特色产业集聚区及3个特色产业园区的现代化学工业、食品、汽车零部件、金属镁、数码电子等产业被列入河南省十大产业振兴规划,是中国中部地区重要的现代化工基地、镁加工基地和食品产业集群。濮阳市重点打造石油产业链,以石油化工为龙头,以煤化工、盐化工为两翼,以精细化工、化工新材料、高端化工制品为发展方向,着力培育新能源、新材料、节能环保等战略性新兴产业,工业体系逐步完善。

3. 新焦济区域概况

截止到2022年底,新焦济区域国土面积约1.4666万平方千米,包括2个地级市、1个省辖市、1个省直管县、8个市辖区、13个县(县级市),如表8-3所示。截至2022年底,该区域年末常住人口达到1042万人,常住人口城镇化率为61.47%,国民生产总值达到6504.98亿元,人均国民生产总值达到62427.83元,三次产业结构比重为7.85∶45.28∶46.86,公共财政预算收入达到463.47亿元,公共财政预算支出达到600.09亿元,全社会固定资产投资完成6735.23亿元,社会消费品零售总额达到2147.26亿元。

表8-3 新焦济区域的行政区划

地级市、省直管县	市辖区	县(县级市)
新乡市	凤泉区、牧野区、卫滨区、红旗渠	辉县市、卫辉市、延津县、封丘县、原阳县、新乡县、获嘉县
焦作市	中站区、解放区、山阳区、马村区	修武县、武陟县、博爱县、温县、孟州市、沁阳市
济源市	1999年确定为省直管县,2005年升格为省辖市,完全享受省辖市待遇	
长垣市	2014年确定为省直管县,基本享受省辖市待遇	

资料来源:《河南统计年鉴》(1999~2023)和《中国县域统计年鉴》(2023)。

新焦济区域位于黄河以北,安鹤濮区域以南,西依太行山,东与山东省菏泽市相接。该区域西部、西北部以山地为主,东部以平原为主,能源、矿产资源比较丰富。该区域与安鹤濮区域同属暖温带大陆性季风气候,春季风多干燥,夏季炎热多雨,秋季天高气爽,冬季寒冷干燥,四季分明。该区域自然旅游资源丰富,有"云台山""八里沟"等驰名中外的旅游景点。

新焦济区域的新-焦-济南太行产业轴,位于河南省豫北地区重工业密集区,产业基础比较好,背靠山西能源基地,紧邻晋煤外运通道,水资源和煤炭资源等矿产资源丰富,具有集中连片发展能源、原材料供应充足和重化工工业得天独厚的优势条件。新-焦-济南太行产业轴在新乡至济源东西长约 120 千米的范围内,以新乡-焦作-济源高速公路(晋新高速、长济高速)、309 省道、新月铁路、北焦枝铁路为依托,沿南太行山麓从东往西依次为新乡市、焦作市、济源市 3 个省辖市和辉县、获嘉市、修武市、博爱市、沁阳市、孟州市等县(市),连接辐射晋城等晋东南地区。其中新乡市重点发展制冷、生物与新医药、电池及新型电池材料、特色装备制造、煤化工、汽车及零部件六大战略性支撑产业,七大产业集群发展迅猛。焦作市在成功塑造"焦作现象"后,工业的整体性和层次性不断提升,现已形成了以能源、机械、化工、冶金、建材工业为主,食品、轻纺、医药等工业部门综合发展的工业行业结构。济源市是全国重要的铅锌深加工基地和电力能源基地、中西部地区重要的矿用电器生产基地和煤化工基地、河南省重要的盐化工和特种装备制造基地,产业结构层次高,人均经济效益水平在全省名列前茅。

4. 洛三区域概况

截至 2022 年底,洛三区域面积约 2.5967 万平方千米,包括 2 个地级市、9 个市辖区、11 个县(县级市),如表 8-4 所示。截至 2022 年底,该区域年末常住人口达到 912 万人,常住人口城镇化率为 64.67%,国民生产总值达到 7351.56 亿元,人均国民生产总值达到 80609.21 元,三次产业结构比重为 5.67∶44.61∶49.72,公共财政预算收入达到 537.27 亿元,公共财政预算支出达到 904.54 亿元,全社会固定资产投资完成 8281.99 亿元,社会消费品零售总额达到 2836.03 亿元。

表 8-4 洛三区域的行政区划

地级市、省直管县	市辖区	县(县级市)
洛阳市	瀍河区、老城区、西工区、涧西区、洛龙区、偃师区、孟津区	新安县、宜阳县、伊川县、洛宁县、嵩县、汝阳县、栾川县
三门峡市	湖滨区、陕州区	灵宝市、义马市、渑池县、卢氏县

资料来源:《河南统计年鉴》(2015~2023)和《中国县域统计年鉴》(2023)。

洛三区域包括三门峡市、洛阳市两市所辖的范围,北隔黄河与新焦济区相望,西与陕西省相连,南与驻信南区域的南阳市相依,东连郑汴核心区域。该区域地表起伏较大，山地丘陵面积大、矿产资源丰富，能源充足，具备发展工业生产的内在优势。该区域地处暖温带向北亚热带过渡地带，气候温和，热量丰富，降水适中，发展农业的水热条件较好。仔细区分的话，该区域卢氏县熊耳山以南的老灌河谷底、伏牛山的嵩县白河乡属于北亚热带，其他区域为暖温带。由于西部山区地形复杂，海拔高度相差较大，形成了西部地区明显的垂直地带性气候变化。虽然全区的水热条件较好，但由于山地、丘陵占据的面积较大，因而农业的耕作条件较差，与东部平原地区相比，农业的现代化水平不高。需要指出的是，以洛阳市为中心的河洛地区是华夏文明重要的发祥地，自然和人文旅游资源都比较丰富，为旅游业的繁荣发展提供了条件。以洛阳市为中心的历史文化游、以豫西山地为支撑的自然风光游成为区域旅游发展的"两张王牌"。

洛三区域的矿产资源丰富、能源充足，用水方便，交通便利，发展工业的基础优势好，因而工业经济相对发达，在河南省占据重要的地位。1949 年后，伴随着国家的重点投资和资源开发，该区域成为河南省工业比较发达的地区。1978 年改革开放后，该区域的经济活力得到进一步激发，经济发展的水平上升到一个新的层次。近期，伴随着资源优势的进一步开发与整合，该区域在河南省工业格局的地位更加突出。而今，该区域已经形成了以电力能源、机械电子、石油化工、冶金建材和轻纺食品等工业为主，门类齐全、实力雄厚、布局合理的工业体系。

5. 许平漯区域概况

截至 2022 年底，许平漯区域面积约 1.5468 万平方千米，包括 3 个地级市、1 个省直管县、9 个市辖区、11 个县（县级市），如表 8-5 所示。截至 2022 年底，该区域年末常住人口达到 1171 万人，常住人口城镇化率为 55.4%，国民生产总值达到 8399.05 亿元，人均国民生产总值达到 71725.45 元，三次产业结构比重为 6.83：48.13：45.03，公共财政预算收入达到 561.66 亿元，公共财政预算支出达到 1009.19 亿元，全社会固定资产投资完成 6268.03 亿元，社会消费品零售总额达到 2836.03 亿元。

表 8-5　许平漯区域的行政区划

地级市、省直管县	市辖区	县（县级市）
许昌市	魏都区、建安区	长葛市、禹州市、襄城县、鄢陵县
平顶山市	石龙区、新华区、湛河区、卫东区	宝丰县、鲁山县、叶县、舞钢市、郏县
漯河市	郾城区、源汇区、召陵区	临颍县、舞阳县
汝州市	2014 年确定为省直管县，基本享受省辖市待遇	

资料来源：《河南统计年鉴》（2015~2023）和《中国县域统计年鉴》（2023）。

许平漯区域包括许昌市、平顶山市、漯河市三个城市，地处河南省的中部地区，北连郑汴核心区域，西邻洛三区域，南靠豫南区域，东接商周区域。该区域西部为山区，东部为平原，中间为过渡地区，矿产资源比较丰富，能源也比较充足，具备发展工业的基础优势。该地区同洛三地区一样，属于暖温带向亚热带过渡地带，气候温和，热量丰富，雨热同期，四季分明。该区域除舞钢市属于北亚热带地区外，其余区域为暖温带气候。由于平顶山西部山区丛林叠嶂，山峦起伏，形成了国家 AAAAA 级尧山风景旅游区、石漫滩国家森林公园、白龟山风景旅游区、昭平湖风景旅游区等知名景点。

　　许平漯区域是中原城市南部的"金三角"地带，与洛阳市相连形成了西南侧的洛-平-漯产业轴。该区域依托原材料工业和重化工工业，以姚孟、平煤、舞钢、神马、平盐等骨干企业为支撑，形成了具有区域特色的能源、煤化工、钢铁、盐化工、建材等产业。与中原城市群其他三个产业轴带相比，该区域的产业带比较薄弱，但该区域资源丰富，优势产业突出，具备产业集聚发展的优势条件。近期，河南省重点推进产业集聚区建设，加快了该区域能源重化工基地和农产品加工集聚区的建设，逐步形成了煤化工、盐化工、建材等产业集群。伴随着区域内部的分工定位明确，城市间的产业联系增强，该区域已成为河南省经济发展的一个集聚增长区域。

　　6. 商周区域概况

　　截至 2022 年底，商周区域国土面积约 2.2626 万平方千米，包括 2 个地级市、2 个省直管县、4 个市辖区、13 个县（县级市），如表 8-6 所示。截至 2022年底，该区域年末常住人口达到 1654 万人，常住人口城镇化率为 45.95%，国民生产总值达到 6879.67 亿元，人均国民生产总值达到 41594.14 元，三次产业结构比重为 17.92∶39.13∶42.94，公共财政预算收入达到 380.24 亿元，公共财政预算支出达到 1243.58 亿元，全社会固定资产投资完成 6268.03 亿元，社会消费品零售总额达到 3355.60 亿元。

表 8-6　商周区域的行政区划

地级市、省直管县	市辖区	县（县级市）
商丘市	梁园区、睢阳区	民权县、睢县、宁陵县、柘城县、虞城县、夏邑县
周口市	川汇区、淮阳区	扶沟县、太康县、西华县、商水县、项城市、沈丘县、郸城县
永城市	2014 年确定为省直管县，基本享受省辖市待遇	
鹿邑县	2014 年确定为省直管县，基本享受省辖市待遇	

　　资料来源：《河南统计年鉴》（2015~2023）和《中国县域统计年鉴》（2023）。

商周区域位居河南省东部，西接郑汴核心区域，北邻新焦济区域东部，南连豫南区域，东与安徽省西北部接壤。全区属于黄淮平原，地势平坦，气候温暖，农业发达，是中原地区的农业商品粮基地。该区域人口数量多，增长快，劳动力资源丰富，但城镇化进程缓慢，城镇化综合水平不高。陇海铁路、京九铁路、济广高速、商周高速等从境内穿过，郑徐高铁于 2016 年 9 月通车后，区域的交通优势不断增强。由于商周地区是我国古文化的发源地之一，因而该区域的文化旅游资源比较丰富。商丘市被誉为"最具文化底蕴的历史文化名城"，拥有通济渠商丘古城南关段、通济渠商丘夏邑段两处世界文化遗产，享有"三商之源·华商之都""两宋龙潜之地"之称。周口市是伏羲故都、老子故里，境内有著名的太昊陵、平粮台古城址等古迹，有"华夏先驱、九州圣迹"的美誉。

虽然商周区域文化悠久、历史灿烂，但境内矿产资源除永城煤炭资源外，其他地区矿产资源不丰富，发展重化工业的条件天然不足。全区的农业资源丰富，发展轻工业的条件相对较好，因此豫东地区的农业生产和轻工业生产比较发达。由于该区域的工业支撑不够，农业和第三产业的发展水平都不是很高，因而整个区域的经济综合发展水平、产业结构层次都比较低，面临的新型工业化、城镇化的压力比较大。

7. 驻信南区域概况

截至 2022 年底，驻信南区域国土面积约 6.0384 万平方千米，包括 3 个地级市、3 个省直管县、5 个市辖区、25 个县（县级市），如表 8-7 所示。截至 2022年底，年末常住人口达到 2188 万人，常住人口城镇化率为 50.13%，国民生产总值达到 11008.99 亿元，人均国民生产总值达到 48519.13 元，三次产业结构比重为 17.27∶35.04∶47.69，公共财政预算收入达到 598.31 亿元，公共财政预算支出达到 1964.12 亿元，全社会固定资产投资完成 11716.10 亿元，社会消费品零售总额达到 4641.92 亿元。

表 8-7 驻信南区域的行政区划

地级市、省直管县	市辖区	县（县级市）
驻马店市	驿城区	西平县、遂平县、上蔡县、平舆县、汝南县、正阳县、确山县、泌阳县
信阳市	浉河区、平桥区	罗山县、息县、淮滨县、潢川县、光山县、商城县、新县
南阳市	卧龙区、宛城区	西峡县、淅川县、内乡县、南召县、镇平县、方城县、社旗县、唐河县、新野县、桐柏县

续表

地级市、省直管县	市辖区	县（县级市）
新蔡县	2014年确定省直管县，基本享受省辖市待遇	
固始县	2014年确定省直管县，基本享受省辖市待遇	
邓州市	2014年确定省直管县，基本享受省辖市待遇	

资料来源：《河南统计年鉴》（2015～2023）和《中国县域统计年鉴》（2015～2023）。

　　驻信南区域包括驻马店市、信阳市、南阳市三市，北部与洛三、许平漯两个区域相依，西部与陕西省相邻，东北部与商周地区相连，南部与湖北省相邻。该区域地处我国第二、第三阶梯的交接地带，地貌类型自西向东由山地逐步过渡到平原，具有山地、丘陵、盆地、平原等地貌类型。全区的气候、地貌、水文等自然条件复杂，加之农业开发历史悠久，在该区域不仅能种植许多泛区域性的作物，也有种类繁多的地带性作物，农业生产的拓展空间很大。该区域是河南省水资源丰富的地区，加之降水丰沛、河流众多，因而不仅能满足区内的各种作物用水，还可以满足其他地区的一些生产生活用水。南水北调工程中，中线工程的水源就来自于该部分的丹江口水库。该区域开发历史悠久，农业技术水平比较高，生产方式比较先进，种植业的集约化程度较高。该区域自然和人文旅游资源非常丰富，在自然方面拥有世界生物圈保护区宝天曼自然保护区、国家级避暑胜地鸡公山、国家级森林公园南湾湖等全国知名景点，在人文方面拥有"科圣""医圣""智圣""商圣"四圣等文化旅游资源。

　　驻信南区域虽然工业的基础优势不如豫西地区，但经过工业结构的调整和完善，已经形成了以机械电子、石油、化工、冶金建材、电力能源、卷烟、纺织、医药和食品加工为主的工业体系。从与其他区域的比较看，该区域工业发展的资源优势没有得到很好的发挥，工业集聚的产业链条尚不完善，在空间分布上是河南省工业发展水平的一个弱势区，近几年工业增长速度略低于全省平均水平，进一步拉大了与全省工业生产的差距。从区域内部经济差异看，南阳市经济相对发达，驻马店市和信阳市相对落后，整个区域的经济综合发展水平不高。因此，今后该区域应充分发挥农副产品优势、非金属矿产资源和劳动力资源等方面的优势，加快新型工业化、新型城镇化进程，加强区域之间的经济联系，发挥后发优势，使得区域经济的整体协作水平进一步提升。

第二节 区域经济差异

一、总体经济差异

1. 整体经济差异的时序变化

变异系数（C_V）、泰尔指数（T）是反映区域经济差异的重要指标，能反映离差、离差平方和、标准差等指标，因此选取这两个指标分析河南省整体经济的差异。值得说明的是，为了更精细地反映区域经济的时序变化特点，选择河南省108个县域单元（市辖区具有异质性，将其排除在外）进行分析。由表8-8可知，变异系数和泰尔指数的变化趋势一致，呈现"先增后减再增"的变化特点。根据变异系数的变化可将整个研究期划分为2000～2006年、2007～2016年以及2017～2022年三个阶段。在第一阶段，变异系数由2000年的0.47逐步升高至2006年的0.61；在第二阶段，变异系数由2007年的0.59下降至2016年的0.50；在第三阶段，变异系数由2017年的0.55波动上升至2022年的0.58。不难发现，在第一阶段，各县（市）虽然保持着较高的经济增长速度，但由于产业发展的基础不同、产业结构所处的阶段不一、拥有的资源禀赋差异较大等原因，整个区域经济的差异在发展中有所扩大。在第二阶段，在经济增长速度下降、产业结构调整、新型城镇化战略影响等因素的交织影响下，县（市）增长的质量不断提升，落后县（市）的后发优势也有所体现，因而这个阶段的区域经济差异不断减小。在第三阶段，由于受到疫情滞后影响，再加上不同地区产业发展条件不一等原因，因而此阶段区域经济差异有所增大。

表8-8 河南省县域经济的区域差异变化

年份	2000	2001	2002	2003	2004	2005	2006	2007	2008	2009	2010	2011
C_v	0.47	0.49	0.5	0.55	0.55	0.58	0.61	0.59	0.61	0.59	0.58	0.59
T	0.04	0.05	0.05	0.06	0.06	0.06	0.07	0.07	0.07	0.07	0.06	0.06

年份	2012	2013	2014	2015	2016	2017	2018	2019	2020	2021	2022	
C_v	0.58	0.55	0.52	0.51	0.52	0.55	0.52	0.52	0.52	0.55	0.58	
T	0.06	0.06	0.05	0.04	0.05	0.05	0.05	0.05	0.06	0.06	0.06	

资料来源：《河南统计年鉴》（2001～2023）。

2. 河南省东西部之间的差异

以京广线为大致界线，可将河南省分为东、西两大部分。东部地区面积约

7.4万平方千米，西部地区面积约9.3万平方千米。东部地区包括安阳市、鹤壁市、濮阳市、新乡市、开封市、商丘市、许昌市、漯河市、周口市、驻马店市、信阳市11个省辖市和滑县、长垣县、兰考县、永城市、鹿邑县、新蔡县、固始县7个省直管县。西部地区包括焦作市、济源市、郑州市、洛阳市、三门峡市、平顶山市、南阳市7个省辖市和巩义县、汝州县、邓州县3个省直管县。东部地区地势平坦，水热资源充足，光照条件好，雨热同期，大部分城市是河南省商品粮基地。西部地区多山地丘陵，矿产资源丰富，许多城市是河南省重要的重工业基地。由于自然资源的分布差异和工业基础的差异，西部地区的总体发展水平不仅高于东部地区，也高于全省的平均水平。由表8-9可知，在所选的代表性指标对比中，西部地区的发展水平均高于东部地区，这也印证了东西部之间经济发展的差异性。

表8-9 东西部主要经济指标的对比

指标	东部地区	西部地区
人均国内生产总值（万元）	5.2673	7.5349
三产结构	13.26∶42.08∶44.66	5.60∶41.06∶53.34
城镇化率（%）	51.31	68.25
工业化率（%）	33.06	30.92
人均全社会固定资产投资（万元）	51521.69	67185.02
人均社会销售品零售总额（元）	20564.64	30634.73
人均公共财政收入（元）	3893.25	5895.25
人均公共财政支出（元）	8481.24	9608.46

资料来源：《河南统计年鉴》（2023）。

3. 核心区与周边的差异

核心区以省会郑州市为核心，包括郑州市、开封市、洛阳市、新乡市、焦作市、许昌市、平顶山市、漯河市、济源市9个省辖市，长垣县、巩义县、汝州县、兰考县4个省直管县。中原城市群核心区面积5.88万平方千米，占河南省面积的35.2%。周边地区的面积为10.82万平方千米，占全省面积的64.8%。中原城市群核心区是河南省经济发展水平和城市最为集中的地区，自然条件和自然资源条件较好，工业化、城镇化水平很高，是河南省经济发展的核心区和核心增长板块。2022年，中原城市群核心区的国民生产总值、财政收入分别占河南省的63.09%和64.77%，人均国民生产总值、人均财政收入等指标远高于河南省平均水平，各项代表性指标远高于周边地区。中原城市群核心区有工业发展的基础优势，城镇之间的产业联系紧密，是河南省有色金属、能源电力、机械制造、食品和纺织工业的重要生产基地。中原城市群核心区内部城镇之间的空间距离较低，距郑州的距离均在 100 千米以内，属于河南省 1 小时经济圈，是中部地区重要的经济增长板块。

4. 各地市之间的差异

无论是东西部的分区经济差异分析，还是中原城市群核心区与周边区域的经济差异分析，都是基于宏观层面的差异性比较，不能准确地反映出各个省辖市之间的差异。因此，为了更准确地分析河南省的区域差异，可进一步分析区域内部的市域经济差异。参考相关研究成果，结合前述河南省市域人均国民生产总值和经济综合发展水平的空间分异评价结果，以及区域经济发展的各项具体指标，可将河南省省辖市分为经济发达地区、经济较发达地区以及经济欠发达地区。具体划分结果如下：郑州市、洛阳市、焦作市、济源市、三门峡市属于经济发达地区；许昌市、新乡市、平顶山市、鹤壁市、安阳市、漯河市属于经济较发达地区；濮阳市、开封市、南阳市、信阳市、驻马店市、商丘市、周口市属于经济欠发达地区。通过分析各项人均指标可发现，郑州市、洛阳市等发达地区的各项人均指标基本在河南省平均水平的 1.5 倍以上，平顶山市、许昌市等较发达地区的各项人均指标基本上略高于或者在平均值的 75% 以上，开封市等经济欠发达地区的各项人均指标基本上在河南省平均水平以下，而商丘市、周口市、信阳市、驻马店市的各项人均指标基本在全省的 50% 左右。从空间分异上，呈现中部、中北部高，中等发达区分区在中部的两侧并向北部延伸，东南部、南部地区属于欠发达地区的中间格局，呈现出以郑州市为核心向外半环状的分布。

二、分区内部的经济差异

1. 总体差异的时空变化

同样地，以人均国民生产总值的变异系数（C_v）为特征指标分析各个分区的区域经济差异变化规律。根据 C_v 的计算公式，各个分区的计算结果如图 8-2 所示，每个分区的时序变化虽不一致，但总体上与河南省整体的区域差异变化类似，呈现整体缩小的状态。从空间上看，C_v 值集中处于 0.20~0.75，表明各个分区的差异还比较大。比较而言，洛三、郑汴分区的区域差异最大，C_v 基本在 0.45 以上；新焦济、安鹤濮分区的区域差异相对较大，C_v 基本处在 0.40~0.55；驻信南、商周分区的 C_v 最小，基本处在 0.45 之下，区内县域经济差异最小。通过分区总体、省辖市经济发展的主要经济指标对比可知，区域差异较大的分区基本上是经济发展水平较高的区域，位于河南省西北部区域；区域经济差异较小的分区基本上经济发展水平不高，处在河南省的东南部、南部区域。

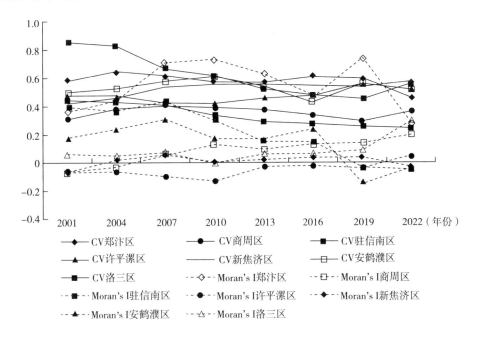

图8-2 河南省分区县域经济的区域差异变化

资料来源：《河南省统计年鉴》（2002~2023）。

为进一步分析分区内部县域经济的空间集聚状态，引入 Moran's I 指数进行分析。由图8-2 可知，Moran's I 指数与变异系数时间变化特征不一致，基本上表现为2007 年前波动上升，2007~2010 年期间大体上波动下降；2010~2016 年期间除郑汴区与驻信南区呈下降趋势外，其他地区整体呈现上升趋势；2016~2022 年期间各区域波动较大，郑汴区、安鹤濮区、驻信南区波动下降，而商周区、许平漯区、新焦济区则波动上升。从空间分布看，郑汴区的 Moran's I 指数处于0.28~0.74 且整体变化幅度很大；驻信南区的 Moran's I 指数在0.45 以下，整体呈现逐渐减小的趋势；新焦济区 Moran's I 指数处于-0.07~0.05，整体波动程度较大，先上升后下降再上升最后小幅度下降；洛三区、商周区、许平漯区的 Moran's I 指数处于-0.13~0.20，整体呈现先上升后小幅度下降再波动上升的趋势，反映了这几个分区内部集聚效应整体增强。

2. 分区内省辖市的差异

郑汴区内郑州市、开封市的经济指标如表8-10 所示。从表8-10 可以看出，作为河南省省会城市郑州市的人均国内生产总值为开封的2 倍左右，人均经济发展水平很高。郑州市三产结构中一产比重很低，三产比重略高于二产比重，产业结构不断优化升级。开封市三产结构中一产比重较高，二三产业比重也明显落后于郑州，产业结构升级的压力依然很大。从城镇化、工业化的水平看，开封市的城镇化率、工业化率远远低于郑州市。从人均全社会固定资产投资、人均社会消费品零售总额、人均公共财政支出看，郑州市的人均值均高于开封市。从实际情况看，郑州市是河南省、中原经济区的核心城市，经济发展水平高、城镇化工业化拉动效应明显、产业结构层次高，而开封市经济发展水平相对较低、城镇化工业化进程缓慢，产业结构亟须进一步调整。

表 8-10　郑汴区省辖市的主要经济指标

指标	郑州市	开封市
人均国内生产总值（万元）	10.1169	5.6075
三产结构	1.44：40.00：58.56	14.36：38.67：46.97
城镇化率（%）	79.40	53.33
工业化率（%）	40.01	38.67
人均全社会固定资产投资（万元）	6.11	5.28
人均社会消费品零售总额（万元）	4.07	2.39
人均公共财政收入（元）	7764.24	4351.13
人均公共财政支出（元）	11351.58	9731.56

资料来源：《河南统计年鉴》（2023）。

商周区内商丘市、周口市的各项经济指标如表 8-11 所示。从表 8-11 可以看出，商丘市、周口市两市的人均国内生产总值、三产结构、城镇化率、人均社会消费品零售总额差距不大，发展水平相近。从工业化率、人均全社会固定资产投资方面看，两市虽有差别，但整体与其他发达城市比相差不大。从地区发展的实际看，该区域属于豫东地区，综合发展水平偏低，农业现代化的进程虽不断加快且第一产业产值逐渐提高，但产业结构的层次依然偏低，城镇化工业化水平亟须进一步提升，赶超西北部发达区域的压力很大。

表 8-11　商周区省辖市的主要经济指标

指标	商丘市	周口市
人均国内生产总值（万元）	4.2227	4.0951
三产结构	18.47：37.88：43.65	17.43：40.26：42.31
城镇化率（%）	47.81	44.3
工业化率（%）	37.88	40.26
人均全社会固定资产投资（万元）	4.32	3.33
人均社会消费品零售总额（万元）	1.96	2.09

指标	商丘市	周口市
人均公共财政收入（元）	3618.08	2608.67
人均公共财政支出（元）	7155.39	7837.32

资料来源：《河南统计年鉴》（2023）。

驻信南区域的各项经济指标如表8-12所示。从表8-12可以看出，该区域内三市人均国民生产总值相差不大，略高于商周区省辖市的指标，在全省范围看人均经济发展水平相对较低。从三次产业结构看，虽然南阳市略好于驻马店市和信阳市，但从整体上看与商周区两市类似，产业结构的层次不高。从城镇化指标看，三市虽有差别但都在50%左右；从工业化的指标来看，三市均在40%以下，三市所处的城镇化工业化阶段较低。从人均全社会固定资产投资、人均社会消费品零售总额、人均公共财政收入、人均公共财政支出指标看，驻马店的人均公共财政收入较高，但人均公共财政支出相对较低，南阳市与信阳市的差距不大，但信阳市的人均公共财政收入相对于南阳市较高。可以说，该区域整体上与商周区类似，经济综合发展水平偏低，产业结构层次不高，综合实力提升的压力很大。

表8-12 驻信南区省辖市的主要经济指标

指标	驻马店	南阳	信阳
人均国内生产总值（万元）	4.7136	4.7344	5.1752
三产结构	17.64：39.31：43.05	16.09：32.04：51.87	18.57：34.95：46.48
城镇化率（%）	45.81	52.22	51.76
工业化率（%）	39.31	32.04	34.95
人均全社会固定资产投资（万元）	4.28	5.33	5.90
人均社会消费品零售总额（万元）	1.63	2.34	2.06
人均公共财政收入（元）	3712.72	3329.66	2133.62
人均公共财政支出（元）	7981.95	8019.34	10403.81

资料来源：《河南统计年鉴》（2022）。

许平漯区域的各项经济指标如表8-13所示。从表8-13可以看出，在人均国内生产总值指标上，许昌市的人均值最高，漯河市略低于许昌市，平顶山最低。从三次产业结构看，三市的二产比重均在50%左右（许昌市超过50%），一产的比重相对较低，非农产业比重较高。从城镇化、工业化的两项指标看，三市在全省范围内属于中等靠上水平，城镇化工业化水平相对较高。综合人均全社会固定资产投资、人均社会消费品零售总额、人均公共财政收入、人均财政支出四项指标看，基本表现为许昌市相对较好，漯河市次之，平顶山市较差。平顶山市在整个分区的各项指标相对较低，与该市处在资源转型期、产业结构战略性调整、工业化阶段等密切相关。

表 8-13　许平漯区省辖市的主要经济指标

指标	许昌	平顶山	漯河
人均国内生产总值（万元）	8.5515	5.7193	7.6493
三产结构	5.16∶51.98∶42.86	7.53∶45.96∶46.52	9.21∶43.58∶47.21
城镇化率（%）	55.18	55.08	56.50
工业化率（%）	51.98	45.96	43.58
人均全社会固定资产投资（万元）	7.59	5.67	7.66
人均社会消费品零售总额（万元）	2.93	2.25	3.10
人均公共财政收入（元）	5878.73	5435.03	5345.03
人均公共财政支出（元）	7917.25	8380.90	10410.22

资料来源：《河南统计年鉴》（2023）。

洛三区域的各项经济指标如表 8-14 所示。从表 8-14 可以看出，在人均国内生产总值指标上，洛阳和三门峡相差不多，在全省处于较高的发展水平。从三次产业结构看，虽然两市的二产比重相近，但第一、第三产业比重相差较大，两市在产业结构上有明显的差异。洛阳市第二、第三产业所占比重相差约 8 个百分点，三门峡则相差约 6 个百分点，表明洛阳市所处产业结构层次高，现代服务业产值比重较大。从城镇化、工业化的两项指标看，洛阳市的城镇化水平高于三门峡市，工业化水平则由于产业结构的不同而差异较大，这反映了两市所处的城镇化、工业化阶段不一。从人均全社会固定资产投资、人均社会消费品零售总额、人均公共财政收入、人均财政支出等指标看，两市有所差异，但从全省范围看均处于较高的水平。

表 8-14　洛三区省辖市的主要经济指标

指标	洛阳	三门峡
人均国内生产总值（万元）	8.0226	8.2276
三产结构	4.54∶43.59∶51.86	9.48∶48.08∶42.44
城镇化率（%）	66.48	58.61
工业化率（%）	43.59	48.08
人均全社会固定资产投资（万元）	7.54	14.46
人均社会消费品零售总额（万元）	3.24	2.60

指标	洛阳	三门峡
人均公共财政收入（元）	6334.84	5039.28
人均公共财政支出（元）	8879.08	13544.59

资料来源：《河南统计年鉴》（2023）。

　　新焦济区域的各项经济指标如表8-15所示。从表8-15可以看出，在人均国内生产总值上三市差异较大，济源市最高，焦作市次之，新乡市较低。从三次产业结构看，焦作市、新乡市类似，三产比重很高，二产比重次之，一产比重很低；新乡市与其他两市相比，一产比重相对较低，二产与三产的比重差异较大。从城镇化工业化两项指标看，虽然新乡市相比其他两市较低，但从河南省整体看，三市的城镇化工业化水平在全省处在较高水平。从人均全社会固定资产投资、人均社会消费品零售总额、人均公共财政收入、人均财政支出指标看，依然表现为济源市最高、焦作市次之、新乡市较低。从整体看，焦作市、济源市的各项人均经济指标较高，工业经济发达，三次产业结构渐趋合理，经济综合发展水平很高。新乡市虽然产业结构不断调整，城镇化、工业化水平不断提升，但各项人均经济指标与其他两市比，依然相差较大。

表8-15　新焦济区省辖市的主要经济指标

指标	新乡	焦作	济源
人均国内生产总值（万元）	5.6156	6.3434	11.0517
三产结构	9.79：44.73：45.48	6.50：40.50：53.00	3.27：60.92：35.81
城镇化率（%）	59.01	64.35	68.47
工业化率（%）	44.73	40.48	60.92
人均全社会固定资产投资（万元）	5.51	7.45	9.80
人均社会消费品零售总额（万元）	1.75	2.48	2.71
人均公共财政收入（元）	4757.04	5930.78	7936.89
人均公共财政支出（元）	7740.05	8117.24	11552.32

资料来源：《河南统计年鉴》（2023）。

　　安鹤濮区域的各项经济指标如表8-16所示。从表8-16可以看出，在人均国内生产总值指标上，鹤壁市的人均指标最高，安阳市和濮阳市的相差不大。从三次产业结构看，三市的一产比重均不高，二产、三产的比重较高，其中二产比重从高到低依次为鹤壁市、安阳市和濮阳市，与工业化率指标类似。从城镇化指标看，鹤壁市的城镇化水平最高，安阳市次之，濮阳市最低，与人均国内生产总值指标略有差异。从人均全社会固定资产投资看，表现为安阳市、濮阳市相差不大，鹤壁市最低；从人均社会消费品零售总额和人均财政支出指标看，表现为鹤壁市最高、安阳市和濮阳市相差不大的局面；从人均公共财政收入看，表现为安阳市最高，濮阳市和鹤壁市相差不大的局面。从整体看，该区域的总体发展水平处于全省中等水平，城镇化、工业化水平不断提高，产业结构逐渐优化，地区经济综合发展水平不断提升。

表8-16 安鹤濮区省辖市的主要经济指标

指标	安阳	鹤壁	濮阳
人均国内生产总值（万元）	4.6350	7.0422	5.0475
三产结构	9.48：43.85：46.67	7.81：56.53：35.67	12.67：37.68：49.65
城镇化率（%）	54.69	62.29	51.63
工业化率（%）	43.85	56.53	37.68
人均全社会固定资产投资（万元）	4.18	8.74	6.28
人均社会消费品零售总额（万元）	1.64	2.07	1.97
人均公共财政收入（元）	5182.67	3819.80	3642.46
人均公共财政支出（元）	7911.38	12874.64	8560.87

资料来源：《河南统计年鉴》（2023）。

第三节　区内经济协作与一体化

一、郑汴一体化

1. 郑汴一体化的提出与推进

2005年4月17日，河南省发展和改革委员会受省委、省政府委托，在郑州市新世纪大厦召开了中原城市群规划专题座谈会。在这次座谈会上，中原城市群规划中先后两次提到"一体化"这个概念，认为开封可以作为郑州都市区的功能城市，具有联体发展的优势。

2006年，河南省人民政府颁布实施的《中原城市群总体发展规划纲要（2006—2020）》中，要求优先发展郑-汴-洛重点发展轴线；同时，郑州市与开封市距离近，功能互补性明显，具有率先推进一体化的基础[2]。

2006年底，河南省乃至全国第一条跨市域建设的城市道路——郑开大道建成通车。该路线宽度达130米，长约40千米，拥有10条车道。至此，郑汴之间由陇海铁路、连霍高速公路、310国道和郑开大道组成的"集束型"城市通道已基本形成。

2007年12月23日，国家发展和改革委员会在《关于河南省人民政府申请设立郑州开封全国统筹区域协调发展综合改革配套试验区的复函》中，建议河南省可考虑将郑州市、开封市作为省一级的综合配套改革试验区进行探索[3]。

2008年1月，河南省省长在政府工作报告中指出，深入推进郑汴一体化，开展统筹区域协调发展综合配套改革试点，促进电信、金融同城和旅游、文化、广电等资源整合共享[4]。加快郑汴产业带基础设施建设，稳步推进村庄整合并迁，有序展开产业布局。

2009年1月，河南省省长在政府工作报告中指出，统筹"郑汴新区"规划布局，推动"大郑东新区"（现名郑州新区）和"汴西新区"（现名开封城乡一体化示范区）快速发展[5]。2009年6月5日，河南省人民政府出台《郑汴新区建设总体方案》。郑汴新区建立了省、市、区三级组织管理机构，其中，省委、省政府成立省郑汴新区规划建设领导小组。2009年7月18日，中共郑州新区工作委员会、郑州新区管理委员会正式挂牌成立，2009年8月29日，中共开封新区工作委员会、开封新区管理委员会正式挂牌成立，郑汴新区开发建设正式拉开了序幕。

2. 郑汴一体化的规划建设

为了推进郑汴一体化建设，河南省委省政府及郑汴两地市委、市政府编制了不同层面的规划。在总体规划方面，既有统领省域、中原城市群的《河南省城镇体系规划（2011—2020）》、《中原城市群规划（2006—2020）》，又有《郑州市城市总体规划（2010—2020）》、《开封市城市总体规划（2010—2020）》，还有《郑汴新区总体规划（2009—2020）》、《郑汴新区空间发展战略规划方案》等，这些规划为郑汴一体化推进打下了战略支撑和空间推进保障。在上述规划的引领下，又有《郑汴产业带总体规划（2006—2020）》、《郑州经济技术开发区概念性总体规划（2006—2020）》、《郑州航空港地区总体规划（2008—2035）》、《郑州中小企业创业园总体规划（2007—2020）》、《郑州市中牟县城总体规划（2008—2020）》、《郑州经济技术开发区总体规划（2006—2020）》（京珠高速公路以东地区）、《郑州沿黄文化旅游生态产业带战略规划》、《开封市开封新区总体规划（2009—2020）》、《郑州航空港经济综合实验区发展规划（2013—2025年）》、《郑州航空港经济综合实验区总体规划（2014—2040）》等局部地域规划的支持，郑汴一体化的产业发展、城镇体系整合、基础设施建设等方面又有了具体的保障。

2009年以来，河南省委、省政府进一步提出构建"一极两圈三层"的现代城镇体系，即以把郑汴新区作为区域经济增长极，构建以郑州为中心，以客运专线为骨架、城际轨道交通为支撑的"半小时通勤圈"和"一小时通勤圈"，打造中原城市群核心层、紧密层、辐射层的"三层"体系[6]。郑州市、开封市区和中牟县组成的核心功能区承担着河南省现代城镇体系核心增长极的重任，随着郑汴一体化的深入，郑州市区和开封市区必将对接为一个东西向的城市连绵带，为中原崛起、河南省振兴、富民强省注入新的活力。

3. 郑汴区域的功能组织

郑汴一体化建设的首要任务是区内的城镇建设和经济发展的功能组织。郑汴新区应全面提升综合服务功能，大力发展现代服务业，加快产业集聚，完善城市功能，在吸纳新增城市人口的同时积极承接郑州市和开封市两市老城区转移人口。重点加强在工业、文化、旅游、农业等方面的产业分工和技术合作，避免恶性竞争。郑汴区域的一级中心城市为郑州，副中心城市为开封，郑州市和开封市分别处于区域西、东部分的中心点上，二者的整合优势对中原城市群乃至全省有强大的中心凝聚力。二级重点城镇为巩义、荥阳、新密、新郑、兰考，一般城镇为登封、尉氏、通许、杞县、中牟、开封县，均为县级市、县的中心城镇，靠它们的辐射和带动，可促进郑汴地区经济的全面发展。三级城镇为其他建制镇，是郑汴地区本土城镇化的重要节点。该区域东西长、南北窄，东西向的空间差异比较明显。西部是地方工业集中发展的地域，已形成一定的规模。中部是该区域的核心发展区，经济实力强大，社会发展先进，基础设施完备。东部是农业经济相对发达的地区，工业基础较薄弱，企业数量少且规模较小。据此，可将郑汴区域划分为五个功能区[7]：①郑州市、开封市区和中牟县组成的核心功能区；②上街、巩义、荥阳、新密部分乡镇组成的工业密集区；③登封市、新郑市、新密市部分乡镇组成的绿色资源品牌区；④开封市、开封县、朱仙镇一带历史文化游览区；⑤兰考、尉氏、杞县、通许县域绿色农业和园艺产品带。

4. 郑汴之间的产业带建设

在这个过程中，郑汴产业带的开发将是一个重点工程。郑开大道两侧地区是郑汴都市区产业集聚的极好区位，开发郑汴产业带，是中原城市群建设郑汴洛陇海产业带的第一步，是郑汴一体化发展的第一个显性成果，是中原崛起的第一个突破口[7]。该产业带依托郑开大道，西起京港澳高速，东至开封市金明大道，北起连霍高速，南至310国道，总面积接近500平方千米，是中原城市群核心区的先导区、郑汴都市区的产业集聚区、全省节约集约用地的示范区。在整体发展方面，郑汴新区应全面提升综合服务功能，大力发展现代服务业，加快产业集聚，完善城市功能，在吸纳新增城市人口的同时积极承接郑州市和开封市两市老城区转移人口。重点加强在工业、文化、旅游、农业等方面的产业分工和技术合作，避免恶性竞争。在具体产业发展方面，郑汴产业带围绕郑汴一体化产业带、航空港经济产业带、沿黄生态文化旅游带、生态农业产业带四大产业带，重点布局组团内产业发展重点：①郑东新区，重点布局商务金融、办公服务、商住、旅游服务、教育科研等产业；②经济技术开发区，重点布局汽车及零部件制造业、高新技术产业、装备制造业、物流等产业；③航空港区，重点布局航空物流业、现代制造业、高端制造等产业；④白沙组团，重点布局教育、房地产、高新技术等产业；⑤九龙组团，重点布局物流业、汽车零部件产业、物流亲和性产业等产业；⑥刘集组团，重点布局商务服务、旅游服务、新能源产业等产业；⑦中牟组团，重点布局汽车及其零部件制造、机械制造等产业；⑧开封新区，重点布局优势先进制造业、战略性新兴产业、特色现代服务业、现代都市业。

二、郑州都市圈的产业轴带支撑

起初，郑州都市圈建设由郑州市人民政府主导，发布了《郑州都市区总体规划（2012—2030）》，范围为郑州市域。后来，伴随着郑州都市圈建设与郑汴一体化同时推进，郑汴都市圈的概念应时而出，形成了以郑汴一体化区域（郑州市区、郑汴产业带、开封市区）为核心，以郑州市域、开封市域为范围的郑汴都市区。接着，依据2016年12月国务院批复《中原城市群发展规划》，新的郑州大都市区范围包括河南省的郑州、开封、新乡、焦作、许昌5座地级市，也就是郑州大都市区的"1+4"空间格局[8]。2019年8月，河南省委办公厅、省政府办公厅联合印发了《郑州大都市区空间规划（2018—2035年）》，将开封市、新乡市、焦作市、许昌市所辖县（市）及汝州市、兰考县等省直管县（市）纳入郑州大都市区范围，郑州都市圈的"非常1+4"模式形成[9]。目前，融入洛阳都市圈的郑州大都市圈范围再扩大，范围涵盖郑州、开封、洛阳、平顶山、新乡、焦作、许昌、漯河、济源9个城市，形成了"1+8"的现代化郑州都市圈格局[10]。

郑州都市圈有四大产业带，即郑-汴-洛工业走廊（陇海产业带）、新-郑-漯产业带（京广产业带）、新-焦-济南太行产业带和洛-平-漯产业带（见图8-3）[7]。这四大产业带均在中原城市群的地理范围之内，它们的发展对郑州都市圈乃至全省的经济、区域产业布局都起到了积极的促进和协调作用。上述产业带城镇分布较为密集，工业化基础相对较好，是郑州都市圈工业发展的重点区域。

1. 郑-汴-洛工业走廊（陇海产业带）

郑、汴、洛城市工业走廊，是郑州都市圈产业密集度最高的区域。该廊道内的核心城市郑州市、洛阳市、开封市的轴带联系作用非常强，加之拥有一定的产业基础，将沿线的一系列城镇串联在一起，形成了名副其实的工业走廊[7]。该工业走廊东起开封，西至渑池，东西长约300千米。从空间布局上看，城市群的"龙头"——郑州市，随着其首位度的日益提高，这个区域中心城市的辐射和带动能力将日趋扩大。洛阳市是城市群中的"副中心",其产业基础、科研实力、文化资源等优势突出。城市群东部的"支点"城市开封市,在郑汴一体化、郑州航空港经济综合实验区等战略的带动下,开封市的经济发展迅速崛起,郑汴都市区的实力不断提升。从产业布局看,郑、洛两市科技、人才、资本优势突出,发展高新技术产业是必然选择。同时,依托重点企业和重大项目,装备制造、汽车、电力、铝工业、煤化工、石油化工等产业将突飞猛进,未来郑-汴-洛产业带必将在河南省率先实现工业化和现代化。

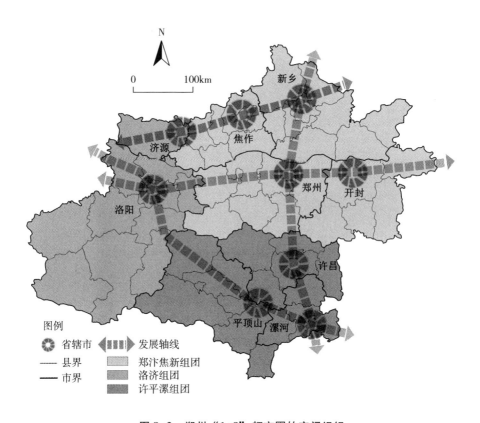

图 8-3 郑州"1+8"都市圈的空间组织

资料来源:《城市—区域系统综合发展的理论与实践》[1]。

2. 新-郑-漯京广产业带

新-郑-漯产业带,即依托以郑州市为中心的京广综合发展轴形成的产业发展带。该产业带北起新乡,南到漯河,南北长约 250 千米,自北向南依次分布新乡市、郑州市、许昌市、漯河市 4 个省辖市。在京广综合发展轴 107 国道两侧宽约 30 千米范围内,区域发展的基础条件、资源条件较好,形成了以电子电器、生物制药、新材料、化纤纺织、电力装备、超硬材料、食品、汽车零部件等为主导的产业，4个城市之间的产业联系紧密，成为河南省南北向产业发展的重要支撑[7]。随着这个产业带的延伸和壮大，还将承载辐射鹤壁市、安阳市、濮阳市、驻马店市、信阳市等市的功能。从长远看，该产业带应重点规划建设高新技术、食品、造纸、化纤纺织产业基地和富有特色的产业集群，形成纵观中原城市群南北、呼应京津冀和珠三角两大城市群、发挥连南通北作用的重要通道和产业密集区。

3. 新-焦-济南太行产业带

新焦济区域依托贯穿三市的高速铁路、重要省道、货运铁路等，将沿太行山南麓由东到西依次穿越的一系列城市串联在一起，形成长约120千米南太行交通轴[7]。在连接新乡市、焦作市、济源市交通轴带辐射范围内，水资源和煤炭资源丰富，具有发展能源、原材料、重化工等得天独厚的优势，因此，形成了以能源、原材料供应和重化工为主的产业带，成为支撑中原城市群北部发展的重要一翼。从长远看，该产业带应重点规划建设煤炭、电力、铝工业、化工、汽车零部件、铅锌工业等产业基地和特色工业园、产业集群，形成横亘中原城市群北部区域，呼应京津冀城市群和山东半岛城市群，辐射西部地区的重要通道。

4. 洛-平-漯产业带

在洛平漯区域，以洛阳—南京高速公路、焦枝铁路、孟宝铁路为依托，依次穿越洛阳市、平顶山市、漯河市三个市所辖的汝州县、宝丰县、叶县、舞钢县等县（市），形成了中原城市群西南部重要的产业带[7]。该产业带是以原材料工业和重化工业为主，是河南省能源、煤化工、钢铁、盐化工、建材产业密集的产业带，向西南连接辐射南阳等豫西南经济区，向东连接辐射周口等豫东地区，未来将成为支撑河南省中部重要的产业发展轴。与其他三个产业带相比，该产业带城市之间产业协作不够紧密，但随着交通体系的完善和能源重化工基础建设步伐的加快，它必将成为支撑郑州都市圈西南部发展的一个重要产业密集区。

第四节　区际合作与中原经济区建设

一、区际合作

1. "黄河金三角区"——晋陕豫的区际合作

（1）区际合作的发展历程。山西省运城市、临汾市，河南省三门峡市和陕西省渭南市，共同构成了晋陕豫三省边缘"黄河金三角区域"。该三角区域面积达 5.78 万平方千米，位于我国中、西部交界地带，通华北、连西北、接中原，在全国流通中，可以承东启西、贯通南北。这一地区处于中西部结合带和欧亚大陆桥重要地段，是实施西部大开发战略和促进中部地区崛起战略的重要区域，在我国区域发展格局中具有重要地位[11]。因此可以说，晋陕豫黄河金三角地区地域相连、经济相融、文化相近、人缘相亲，具有区域合作的基础条件。该区域原来各自省域的核心区基本上都属于欠发达地区，担负着资源枯竭和转型的发展瓶颈，担负着振兴革命老区的重任，因此，这个区域开展区域合作面临着诸多难题，需要国家根据区域特点出台针对性的政策。该区域四市主体功能相近，但由于分属不同省份，在总体功能定位上不统一，同区不同政策，这种体制机制的壁垒必然会出现区域发展的"洼地"，特别是受行政区划限制，缺乏成熟的合作机制，深度合作面临诸多障碍。

为了实现区域经济的协作发展，三省四市地区在区际合作优势条件的基础上，30 多年来，一直致力于突破行政区划界限，致力于区际经济的合作共赢发展。1986 年成立"晋陕豫黄河金三角经济协作区"，2008 年启动申报"区域协调发展综合试验区"，2009 年列入国家《促进中部地区崛起规划》，2012 年 5 月，国家发展改革委批准建立《晋陕豫黄河金三角承接产业转移示范区》，2014 年 4 月，国务院批准实施《晋陕豫黄河金三角区域合作规划》。在上述系列战略和规划的支持下，晋陕豫黄河金三角区域合作进入了国家战略层面。回顾历史可发现，该区域已经进行了很多实质性的产业合作，如联合建设的三门峡、风陵渡黄河公路大桥，联合打造黄河金三角精品旅游，建成无障碍旅游协作区，实现了运城和三门峡旅游年票一卡通等，这些基础设施建设和产业协作组织为对区域之间的合作发展打下了重要的基础。

（2）区际合作的战略重点。晋陕豫黄河金三角区进行区际合作的战略重点主要在两个方面[12]：

1）工业合作发展的重点。以优势产业和骨干企业为龙头，培育壮大若干关联紧密、技术水平高、创新能力强的产业集群，延长产业链，提升产业层次，建设全国重要的有色金属深加工和现代装备制造业基地，共同培育战略性新兴产业。在建设有色金属深加工基地方面，应加强区域内优势资源的整合，推进三门峡与运城铝业、潼关与灵宝黄金等产业联盟、企业合作，支持运城、三门峡和渭南建设铝镁、黄金、钼及其他稀有金属深加工新型工业化示范基地，大力发展稀有金属深加工，提高产品附加值，加快产业升级。在合作发展装备制造业方面，应充分利用现有装备制造业产业基础和配套条件，加强分工协作，引进优质资本和先进技术，加快企业兼并重组和产品更新换代，提高基础零部件和配套产品的技术水平，重点发展精密量仪、重型载重汽车、改装汽车、汽车零部件、电子电气设备、精密铸造件、冶金重型装备和专用机械装备等产业，全面提升产业竞争力，建设中西部地区重要的装备制造业基地。在战略性新兴产业发展方面，应重点推进产学研结合，提升科技创新水平，合作构建产业发展平台，坚持引进和培育相结合，大力发展煤层气开发、物联网基础件、新材料、新能源、通用航空飞机配件、精密制造、生物医药和节能环保等产业。

2）现代服务业合作发展的重点。充分发挥黄河金三角区位、资源和人文优势，推进旅游、文化、现代物流、金融和信息服务业的深度合作，提质增效，全面提升区域服务业发展水平。在旅游发展方面，应共同建设旅游基础设施，合力开拓旅游市场，联手整治旅游市场秩序，建设国内外重要旅游目的地。在文化产业方面，应充分挖掘根祖文化、黄河文化和民间艺术资源，打造山、水、圣文化品牌，促进旅游与文化产业融合发展，合力打造反映黄河金三角形象的文化作品。在区域物流中心构建方面，应依托综合交通运输网络和海关监管查验场，统筹规划物流园区、物流配送中心、特色商业区和专业市场，重点发展集智能交通、港站枢纽、多式联运于一体的运输体系，共同打造黄河金三角陆路口岸。在金融和信息服务业发展方面，应重点加快推进金融改革创新，积极引进国内外商业银行和金融机构，推动证券市场发展，积极利用期货市场，发展区域性产权交易市场，推动金融改革创新。

2. 淮海经济区——豫鲁苏皖的区际合作

（1）区际合作的发展历程。淮海经济区包括豫鲁苏皖 20 个地级市和 2 个省直管县（兰考县和永城市），承南启北，北接齐鲁、南连江淮、东濒黄海、西邻中原，背靠华中经济区。该区域地处大平原，交通优势突出，文化习俗相似性很多，地域经济社会联系密切，具备区域经济一体化发展的各种基础条件[13]。

1986 年，在多方的共同努力下，成立了淮海经济区。自此之后，区域之间的经济联系进一步加强，文化交流进一步增强，为四省的区际合作打下了很好的基础。经过多年的发展，区域经济一体化的进程不断加强，区域内部的核心城市之间的互动不断增加。淮海经济区核心区城市包括宿迁市、连云港市、宿州市、商丘市、济宁市、枣庄市、徐州市和淮北市。2010 年 5 月 7 日，第一届淮海经济区核心区城市市长会议召开，标志着淮海经济区核心区一体化建设正式启动。在该次会议上，核心区城市的八位市长联名签署了《关于加快淮海经济区核心区一体化建设的意见》，商讨并通过了《2010 年淮海经济区核心区一体化建设重点工作方案》《淮海经济区核心区一体化建设合作与发展协调机制（试行）》等相关文件。淮海经济区核心区市长会议旨在加快淮海经济区核心区一体化建设，促进核心区形成资源要素优化配置、地区优势充分发挥的协调发展新格局，提升区域综合竞争力，争取早日将淮海经济区发展规划上升为国家战略。第一届淮海经济区核心区城市市长会议成为联动四省发展的重要平台，之后已经陆续举办了六届，为推动区际的合作发展奠定了很好的基础。

（2）区际合作的战略重点。在今后的区际合作中，各区域应围绕各自的产业定位和区域优势，争取获得省际层面的合作和支持，加快建立跨省际区域合作协调机制。在推动区域一体化发展方面，可委托国家高层次研究机构开展淮海城市群发展专题研究和规划编制前期工作，争取早日将淮海城市群纳入全国城市群发展战略。在产业的区域合作方面，应继续深入推进重点领域产业对接，推动共建产业转移示范园区和产业创新平台。按照核心区一体化的构想，核心区的八个城市将在交通、产业、市场准入和物流、科技创新、金融服务、旅游业、文化产业、人力资源和社会保障、环境保护等方面实现一体化，全面提升区域竞争力。

3. 中原经济协作区——晋冀鲁豫的区际合作

（1）区际合作的发展历程。为区别与近期中原经济战略中的中原经济区范围和名称，本章将该经济区称为"中原经济协作区"。中原经济协作区由晋冀鲁豫的12个城市和一个省直管县组成，包括山西省的长治市、晋城市，河北省的邯郸市、邢台市，山东省的聊城市、菏泽市，河南省的新乡市、焦作市、济源市、濮阳市、安阳市以及省直管县滑县组成。

中原经济协作区成立于1985年9月，是由中原13市联合成立的一庞大经济区域。中原经济协作区的联络处是经济区的常设办事机构，机构办公地点设在邯郸市，负责处理各种日常事务和牵头筹备各种活动和会议[14]。会议指出的章程规定，各成员市市长均为经济区主席，执行主席方的市长为执行主席，执行主席方为轮换制，每年一轮换，一年一市。中原经济协作区已经为晋冀鲁豫地区的区际合作做出了重要贡献。2015年11月27日，纪念中原经济协作区成立三十周年座谈会在邯郸召开，来自国家发展和改革委员会和四省13个成员市的主要负责同志齐聚一堂，总结过去，谋划未来，为进一步推动区际合作指明了方向。

（2）区际合作的战略重点。随着中原经济区战略上升为国家战略，中原经济协作区成为中原经济区的重要组成部分。由于该协作区处在京津冀协同发展和中原经济区两大国家战略的接合点，有着接受双重辐射、多向拓展空间的独特优势，特别是在推动京津冀协同发展、有序疏解北京的非首都功能方面发挥了重要作用，因此，中原经济区协作组织为推动各区域内部各市的合作发展带来了重大机遇。在未来发展中，该区域应抢抓京津冀协同发展、"一带一路"、中原经济区及环渤海地区发展等机遇，立足各市现有基础，加强平台建设，通过合力推进基础设施的互联互通、旅游产业的深度合作、消费市场的共同培育、重大事项的联合跑办，进一步深化合作交流，扩大合作成效，不断开创中原经济协作区合作共赢、协同发展的新局面。在重点领域合作方面，要加快协同发展，强化产业、交通、旅游、创新、生态、市场等方面的融合对接，深挖经济增长新动力。在完善机制保障方面，进一步发挥市长联席会议制度作用，加强政府部门相互联系，推进企业间合作，发挥民间组织作用，共同铸就中原品牌。

二、中原经济区建设

1. 中原经济区战略的发展历程

2011 年初，国务院印发《全国主体功能区规划》，中原经济区被纳入全国重点开发区域，与冀中南地区、太原城市群、呼包鄂榆地区、哈长地区、东陇海地区、江淮地区、海峡西岸经济区、中原经济区、长江中游地区、北部湾地区、成渝地区、黔中地区、滇中地区、藏中南地区、关中—天水地区、兰州—西宁地区、宁夏沿黄经济区、天山北坡地区等共同列入国家重点进行工业化城镇化开发的城市化地区[15]。在《全国主体功能区规划》中，将中原经济区的功能定位如下：全国重要的高新技术产业、先进制造业和现代服务业基地，能源原材料基地、综合交通枢纽和物流中心，区域性的科技创新中心，中部地区人口和经济密集区。这标志着中原经济区开始出现在国家战略层面的文件中，中原经济区建设得到了国家区域发展战略的认同。

2011 年 3 月，中原经济区被纳入《中华人民共和国国民经济和社会发展第十二个五年规划纲要（2011—2015 年）》，在实施区域发展总体战略中的"大力促进中部崛起"章节，明确提出要重点推进太原城市群、皖江城市带、鄱阳湖生态经济区、中原经济区、武汉城市圈、环长株潭城市群等区域发展[16]。这标志着中原经济区已成为我国中部发展的重要增长板块，中原经济区建设成为实现中部崛起的重点支撑区域。

2011 年 9 月 28 日，《国务院关于支持河南省加快中原经济区建设的指导意见》（以下简称《意见》）正式颁发。在该《意见》中，明确提出了中原经济区建设在国家经济社会发展的战略意义，提出了中原经济区战略定位、发展目标和空间布局，从农业现代化、新型工业化、城镇化、基础设施建设、生态文明建设、民生建设、文化建设、体制机制建设等方面提出了具体要求[17]。这标志着中原经济区战略正式上升为国家战略，也寓意着中原经济区建设在祖国大地的诞生。

2. 中原经济区与中原城市群

2012 年 12 月，国家发展改革委正式发布了《中原经济区规划（2012—2020年）》，明确指出中原经济区是以全国主体功能区规划明确的重点开发区域为基础，中原城市群为支撑，涵盖河南省全省、延及周边地区的经济区域，地理位置重要，粮食优势突出，市场潜力巨大，文化底蕴深厚，在全国改革发展大局中具有重要战略地位[18]。伴随着中原经济区规划的推进，中原地区的核心增长极也逐渐变化为以郑州为支撑的郑州"1+8"都市圈。

2016 年 12 月 30 日，《国务院关于中原城市群发展规划的批复》（国函〔2016〕210 号）下发，标志着中原城市群建设上升为国家战略，成为国家第七个国家规划的城市群。中原城市群此时上升为国家战略，相对已经稳定成型，其范围涵盖了 5 省 30 个省辖市，以河南省郑州市、开封市、洛阳市、平顶山市、新乡市、焦作市、许昌市、漯河市、济源市、鹤壁市、商丘市、周口市和山西省晋城市，安徽省亳州市为核心发展区，联动辐射河南省安阳市、濮阳市、三门峡市、南阳市、信阳市、驻马店市，河北省邯郸市、邢台市，山西省长治市、运城市，安徽省宿州市、阜阳市、淮北市、蚌埠市，山东省聊城市、菏泽市等中原经济区其他城市。不难发现，中原城市群的规划范围与中原经济区规划范围相比，少了三个县区，即泰安市的东平县、淮南市的凤台县与潘集区，更强调行政区划的一致性和管理的协同性。

中原经济区与中原城市群战略作为河南省区域发展的引领性战略，对河南省区域整体空间打造与拓展、区域经济协调发展等具有重要的指引作用，因而虽然河南省现有诸多国家级战略支持，仍将该战略与郑州航空港经济综合实验区、中国（河南）自由贸易试验区、郑洛新国家自主创新示范区共称为"三区一群"，足见其在河南省战略中的重要地位。我们有理由相信，在这样一个顶层战略的引领下，河南省经济社会高质量发展的动力将更足，也能成为河南省未来开放创新、高质高效发展的新支柱，也必将成为中西部经济发展的新的增长极和内陆创新高地。

3. 中原经济区发展概况

根据国务院正式批复《中原经济区规划（2012—2020 年）》，中原经济区包括河南省全境，河北省邢台市、邯郸市，山西省长治市、晋城市、运城市，安徽省宿州市、淮北市、阜阳市、亳州市、蚌埠市和淮南市凤台县、潘集区，山东省聊城市、菏泽市和泰安市东平县，区域面积 28.9 万平方千米。

中原经济区作为全国主体功能区规划中的重点开发区域，位于全国"两横三纵"城镇化战略格局中陆桥通道和京哈、京广通道纵轴的交会处，是以河南省为主体，延及周边省份的一个综合经济区域。中原经济区是对沿海经济带发展的重要支撑，也是中部崛起的重要承载平台和建设区域，对我国的经济发展格局有承东启西、联南通北的过渡作用。该区域的战略定位为全国重要的粮食生产和现代农业基地，全国新型城镇化、新型工业化和新型农业现代化"三化"协调发展示范区，全国的重要经济增长板块，全国区域协调发展的战略支点和重要的现代综合交通枢纽，华夏历史文明传承创新区[18]。截至 2022 年底，该区域共有人口 16498.69 万人，国内生产总值达 94311.67 亿元，工业增加值达 39687.26 亿元，工业化率为 43.36%，城镇化率为 54.63%，人均国内生产总值为 57163.13 元。

4. 中原经济区的区域合作

根据中原经济区的空间布局，可将其分为"一极、一板块、主体区、外围区"的基本结构。"一极"，即郑汴都市区。郑州市区、开封市区和中牟全境组成的郑汴都市区承担着河南省现代城镇体系核心增长极的重任，随着郑汴一体化的深入，郑州市区和开封市区将对接为一个东西向的城市连绵带。"一板块"，即中原城市群。中原城市群是区域规模大、人口最密集、经济实力较强、交通发达的城市群，是我国中西部承接国内外产业转移、西部资源枢纽和核心区域之一，更是河南省参与国内外竞争、促进中原崛起、辐射带动中西部地区发展的重要增长板块。"主体区"，即河南省全境。河南省是中原经济区建设的核心区域，是"三化"协调发展的重点实验区，更是实现河南省振兴、中原崛起、富民强省的核心承载平台。"外围区"，即河南省外围的中原经济区地区，具体包括六个地区——晋东南地区、冀南地区、鲁西南地区、皖西北地区、鄂北地区和陕东南地区。只有探索跨省际协调机制，逐步形成中部地区的联动板块，进而才能实现中原经济区建设的整体目标。根据中原经济区城镇体系的圈层定位和组合特征，可将其分为五片区逐一进行整合考虑。

其一，中部的中原城市群片区，可以郑汴都市区为核心增长极，加强九市彼此间的互动强度，形成网络化的增长板块。

其二，北部的邢台市、邯郸市、安阳市、濮阳市、鹤壁市、聊城市和菏泽市可发展为以钢铁制造、石油化工、机械加工、农产品加工、文化旅游为主的北部综合性发展片区。

其三，西部的三门峡市、长治市、晋城市与运城市，可考虑将矿产资源开发、农副产品加工、林业果品业作为战略重点，形成西部城镇协调区。

其四，南部的南阳市、驻马店市、信阳市可重点发展生态农业、矿产资源开发加工、复合式旅游、玉石加工等项目，通过三市的联动发展形成南部城镇协调区。

其五，东部的商丘市、周口市、阜阳市、亳州市、宿州市、蚌埠市可发展高效农业、煤炭深加工、化工建材、纺织医药、生物化工、轻纺服装、新能源技术等产业，通过主体区与外围区城镇间产业的协作发展，形成东部城镇协调区。

参考文献

［1］丁志伟，王发曾．城市—区域系统综合发展的理论与实践［M］．北京：科学出版社，2017.

［2］河南省发展和改革委员会．中原城市群总体发展规划纲要（2006-2020）［M］．郑州：河南人民出版社，2006.

［3］河南省人民政府．河南省人民政府关于印发郑汴新区建设总体方案的通知［EB/OL］．https：//www. henan. gov. cn/2009/06-18/237423. html，2009-06-19.

［4］李成玉．政府工作报告——2008 年 1 月 16 日在河南省第十一届人民代表大会第一次会议上［J］．河南省人民政府公报，2008（5）：3-20.

［5］郭庚茂．政府工作报告——2009 年 1 月 12 日在河南省第十一届人民代表大会第二次会议上［J］．河南省人民政府公报，2009（4）：3-22+43.

［6］打造中原城市群"一极两圈三层"格局　加快构建现代城镇体系［N］．河南日报，2009-01-11.

［7］丁志伟．中原经济区"五化"协调发展状态评价与优化组织［M］．北京：中国经济出版社，2017.

［8］国务院关于中原城市群发展规划的批复［J］．中华人民共和国国务院公报，2017（2）：97.

［9］郑州大都市区空间规划（2018～2035 年）［Z］．郑州：河南省委政府办公厅，2019.

［10］河南省人民政府．郑州都市圈扩容由"1+4"拓展为"1+8"［EB/OL］．https：//www. henan. gov. cn/2021/12-28/2373130. html，2023-02-12.

［11］国务院．国务院关于晋陕豫黄河金三角区域合作规划的批复［EB/OL］．http：//www. gov. cn/zhengce/content/2014-04/14/content_8762. htm，2023-02-12.

［12］河南省人民政府．河南省人民政府关于印发河南省晋陕豫黄河金三角区域合作规划实施方案的通知［EB/OL］．https：//www. henan. gov. cn/2015/05-15/239203. html，2023-02-12.

［13］江苏省统计局．淮海经济区发展状况比较分析［J］．中国经济信息，2003（10）：4.

［14］中原经济协作区网．中原经济协作区概况［EB/OL］．http：//www. zyjjxzq. com/page125？article_id=550，2023-02-12.

［15］全国主体功能区规划［M］．北京：人民出版社，2015.

［16］中华人民共和国国务院．中华人民共和国国民经济和社会发展第十二个五年规划纲要［M］．北京：人民出版社，2011.

［17］国务院关于支持河南省加快建设中原经济区的指导意见［EB/OL］. http：//www. gov. cn/gongbao/content/2011/content_1967415. htm，2011-09-28.

［18］国家发展和改革委员会. 中原经济区规划（2012—2020 年）［EB/OL］. http：//fzgh. zua. edu. cn/__local/1/37/46/E5A09F6474F657E26108D5DBFAC_5C9B0B2D_92A58. pdf？e=. pdf，2011，2012-12-30.

第九章 区域重大基础设施建设

第一节 交通基础设施建设

交通基础设施是支撑区域经济社会发展的各类通道设施和站场设施，对人流、货流的空间移动和价值交换起到了重要的通道作用[1]。一般而言，根据通道的传输方式，可将交通基础设施划分为公路、铁路、水运、航空等类型。河南省《国民经济与社会发展第十三个五年规划纲要》和中国共产党第十次党代会都明确指出，要发挥河南省的综合交通优势，形成以郑州为中心的"米"字形对外联系通道，形成"一极三圈八轴带"空间发展格局[2]，足见交通基础设施建设在河南省经济社会中的意义重大。从河南省的交通区位条件看，该区域地处我国的"心脏"位置，承东启西，连南通北，是陆路交通通道的交会区域，也是空路交通的重要中转区域，对支撑河南省的对外开放格局、建设内陆开放高地具有明显的支撑作用[3]。因此，研究交通设施的历史演变过程，对发挥河南省的区位优势，提升以郑州市的辐射带动能力以及提升中原经济区的综合竞争力意义重大。基于此，通过分析河南省在不同时期的交通设施变化特点，分析交通基础设施建设的现状特点，进一步探讨其对社会经济的发展所具有的支撑作用，从而为河南省交通设施的优化和综合交通优势的进一步发挥提供支撑。

一、交通基础设施的历史演变

1. 公路

在一个地区经济社会的发展过程中，公路是最重要的基础设施之一。公路里程、线路等级、路网密度、人均城市道路面积等指标是衡量一个区域公路网发展水平的重要标志，因此本章选取 1980~2022 年河南省公路总里程、高级和次高级公路里程、路网密度、人均城市道路面积等指标分析河南省公路交通设施的历史演变。由表 9-1 可知，河南省的公路总里程由 1980 年的 36423 千米增

加到 2022 年的 277482 千米，增长了 7.62 倍，成为名副其实的公路大省。其中
高级、次高级的公路里程由 1980 年的 13839 千米增加到 2022 年的 273952 千米，
增长了 19.8 倍。自 1994 年开始建设高速公路，特别是 2000 年以来，高速公路
里程持续增长，由 2000 年的 505 千米增加到 2016 年的 6448 千米，增长了 12.8
倍。其中，2007~2013 年高速公路通车里程连续七年第一。河南省在全国最早
建成了"一网相连"的高速公路收费网络，实现了省内高速公路的"ETC 全国
联网"覆盖全部省界站；包括京港澳、连霍国道主干线河南省段等重点路段在
内的高速公路实现了全程电子视频监控。绿色交通建设深入推进，济源市、郑
州市入选全国"绿色交通"试点城市，三淅高速公路全国绿色循环低碳公路试
点建设任务基本完成。多年来，河南省不断加快农村公路基础设施建设，截至
2022 年底，河南省公路总里程达到 27.75 万千米，居全国第二位，其中农村公
路总里程达 23.8 万千米。在路网密度方面，由 1980 年的 0.22 千米/平方千米提
高到 2022 年的 5.3 千米/平方千米，增长了 7 倍。同时，人均城市道路面积由
1994 年的 1.90 平方米增长到 2022 年的 16.86 平方米（1980~2013 年统计年鉴
未统计，1994~2013 年的统计名称为人均铺装面积）。这些都反映出了河南省公
路基础设施建设水平的不断提高。

表 9-1　1980~2022 年河南省公路历史变化分析

年份	人口（万人）	GDP（亿元）	公路总里程（千米）	公路里程（千米）（高级、次高级路面）	高速公路（千米）	路网密度（千米/平方千米）	人均城市道路面积（平方米）
1980	7285	229	36423	13839	0	0.2181	—
1981	7397	250	36478	—	0	0.2184	—
1982	7519	263	36912	—	0	0.2210	—
1983	7632	328	37196	—	0	0.2227	—
1984	7737	370	37704	—	0	0.2258	—
1985	7847	452	38840	16626	0	0.2326	—
1986	7985	503	39286	—	0	0.2352	—
1987	8184	610	39713	—	0	0.2378	—
1988	8317	749	40622	18884	0	0.2432	—
1989	8491	851	41170	19641	0	0.2465	—
1990	8649	935	43150	20991	0	0.2584	—
1991	8763	1046	44199	22690	0	0.2647	—
1992	8841	1280	45049	24344	0	0.2698	—
1993	8946	1660	46487	26483	0	0.2784	—

续表

年份	人口（万人）	GDP（亿元）	公路总里程（千米）	公路里程（千米）（高级、次高级路面）	高速公路（千米）	路网密度（千米/平方千米）	人均城市道路面积（平方米）
1994	9027	2217	47704	27940	81	0.2857	1.90
1995	9100	2988	49707	30299	230	0.2976	2.00
1996	9172	3635	50907	32355	294	0.3048	2.00
1997	9243	4041	55016	36801	416	0.3294	2.90
1998	9315	4308	57172	39873	465	0.3423	2.80
1999	9387	4518	60330	43205	465	0.3613	3.00
2000	9488	5053	64453	46917	505	0.3859	3.20
2001	9555	5533	69041	49902	1077	0.4134	4.73
2002	9613	6035	71741	53860	1231	0.4296	5.37
2003	9667	6868	73831	56100	1418	0.4421	5.61
2004	9717	8554	75718	59207	1759	0.4534	6.00
2005	9768	10587	79506	63474	2678	0.4761	6.74
2006	9820	12363	236351	123925	3439	1.4153	7.50
2007	9869	15012	238676	142615	4556	1.4292	7.82
2008	9918	18019	240645	149834	4841	1.4410	8.03
2009	9967	19480	242314	159722	4861	1.4510	8.21
2010	10437	23092	245089	165994	5016	1.4676	7.70
2011	10489	26931	247587	177170	5196	1.4826	7.99
2012	10543	29599	249649	—	5830	1.4949	8.27
2013	10601	32191	249831	183579	5859	1.4960	8.97
2014	10662	34938	249857	184801	5859	1.4961	9.37
2015	10722	37278	250584	188020	6305	1.5005	10.96
2016	10788	40472	267441	220248	6448	1.6014	12.97
2017	9829	44552.83	267805	223406	6523	4.92	13.9
2018	9864	48055.86	268589	237604	6600	4.92	14.57
2019	9640	54259.2	269832	243121	6967	5.1	15.19
2020	9941	54997.1	270271	254004	7100	5.11	15.32
2021	9883	58887.4	271570	265025	7190	5.32	16.37
2022	9872	61345.1	277482	273952	8009	5.3	16.86

资料来源：《河南统计年鉴》（1981~2023）和《中国城市统计年鉴》（1991~2023）。

2. 铁路

铁路基础设施完善不仅包括铁路铺设里程的增加，而且包括铁路站场的修建、新建以及停靠站点的增加等，因此本章以 1980 年为时间节点，分析河南省铁路基础设施的历史演变过程。从铁路通车里程（见图 9-1）看，从 1980 年的 3192 千米增加到 2022 年的 6719 千米，年均增加 83.98 千米。不难发现，铁路总通车里程的增加是中央铁路里程不断增加的结果，而地方铁路里程呈波动下降的状态。从铁路交通枢纽建设方面看，郑州市新增了郑州东站，2009 年开始动工，2012 年 9 月正式营运。郑州东站是中国高铁枢纽郑州东站的简称，是亚洲规模最大的高铁站之一，是全国唯一的高铁"米"字形枢纽，与郑州站、郑州南站、郑州西站、郑州北站、圃田西站等共同构成郑州市铁路枢纽，使得郑州市在全国乃至亚洲的铁路交通枢纽位置更加凸显。近年来，河南省建成一批铁路项目，2013 年 12 月郑州地铁 1 号线通车，2014 年 12 月郑开城际铁路通车运营，2015 年 6 月郑焦城际铁路通车运营，在多种类型铁路共同发展的局面下，河南省正式进入高铁、地铁、普通铁路和城际铁路"四铁"联动时代。而横跨晋豫鲁三省的万吨重载铁路通道——晋豫鲁铁路煤运通道开通运营，使河南省又具有了一条贯通东西的出海铁路运输大通道。2016 年 9 月 10 日，郑徐高铁正式运营，标志着河南省的高铁"横"向动脉贯通，河南省对外联系的铁路通道更加畅通。

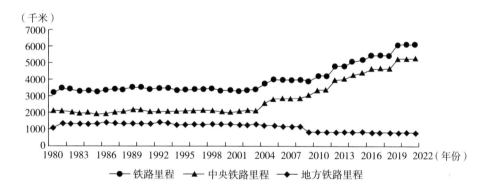

图 9-1 1980~2021 年河南省铁路发展相对于 GDP、人口的增速比较
资料来源：《河南省统计年鉴》（1981~2022）。

3. 民航

改革开放以来，河南省经济社会快速发展，既为民航业发展提供了更广阔的市场空间，也使得加快河南省民航业发展成为一项重要的紧迫任务。在民航业发展的诸多指标中，航线里程数、航线总条数、国际航线条数、客运量以及货运量等指标是代表性指标，因此围绕上述指标从 1995 年（限于指标统计，只能从 1995 年开始）展开分析。1995~2022 年，航线里程数由原来的 40438 千米增加到119946千米，增长了2.97倍。航线的条数波动很大，整体上比原来增加了1倍多。另外，河南省自1999年开辟国际航线后，增强了与国际的交流。在客运量与货运量方面，分别由1995年的72万人、1万吨增长到2009年的456万人、5万吨，分别增长了6.3倍、5倍，可见其发展速度之快（因年鉴上统计指标发生变化，2010~2022年只有旅客吞吐量以及货邮吞吐量，所以2010~2016年的客货运量指标以此代替）。而2010~2016年的旅客吞吐量以及货邮吞吐量则由918万人、9万吨增长到1079.36万人、62.57万吨，增长速度非常快，如表9-2所示。

表9-2　1995~2016年河南省民航业发展

年份	航线里程 （千米）	航线总条数	航线条数 （国际）	客运量/旅客 吞吐量（万人）	货运量/货邮 吞吐量（万吨）
1995	40438	30	0	72	1
1996	48710	34	0	79	—
1997	50282	35	0	82	1
1998	50735	46	0	77	—
1999	56946	57	1	74	—
2000	84018	61	1	77	1
2001	48164	45	1	78	1
2002	77510	76	8	85	1
2003	—	—	—	95	1
2004	—	—	—	218	2
2005	64330	32	5	240	3
2006	105878	42	4	297	4
2007	143899	57	6	352	5
2008	164763	65	5	356	4
2009	185058	73	3	456	5
2010	241151	71	2	918	9
2011	188258	59	1	1074	10
2012	223578	69	2	1269	15
2013	205253	51	3	1413	26
2014	212190	62	6	1694	37
2015	202462	61	11	1853	40
2016	203763	63	8	2224	46

续表

年份	航线里程（千米）	航线总条数	航线条数（国际）	客运量/旅客吞吐量（万人）	货运量/货邮吞吐量（万吨）
2017	82951	66	9	2596.58	50.51
2018	91575	70	9	2955.74	51.73
2019	127636	63	7	3184.7	52.42
2021	116099	63	0	1895.5	70.47
2022	119946	66	1	1079.36	62.57

资料来源：《河南省统计年鉴》（1996~2023）。

河南省政府于 2007 年就提出了民航业优先发展战略，确定了"以支带干、以货促客、空地对接、协调发展"的基本思路，统筹谋划全省民航及相关产业发展，把航空枢纽建设作为对外开放、加快中原崛起的关键环节。"十一五"期间，河南省完成了三个运输机场航站楼改扩建工程，实施了郑州机场货运站改扩建、次降仪表着陆系统、除冰坪等一系列配套工程，完成投资约 20 亿元，机场基础设施条件得到较大程度改善，保障能力显著提高。"十二五"期间，新郑机场二期已建成投用。截至 2016 年，河南省共拥有郑州新郑、洛阳北郊、南阳姜营和信阳明港 4 个运输机场和安阳、郑州上街两个通用航空机场。随着新郑机场客货运业务的高速增长，全省航空经济快速发展。郑州航空港经济综合实验区引领开放的作用日益彰显，国际物流中心和全球智能终端制造基地初步形成，郑欧班列运营综合指标居中欧班列首位，郑州跨境贸易电子商务服务试点综合指标居全国试点城市首位。郑州新郑综合保税区获得国家批准，"区港联动""区区联动"工程实施，航空口岸功能不断扩大和延伸，搭建了全省对外开放的重要平台，电子信息等高端制造企业入驻，带动全省出口高速增长，产业集聚发展态势良好。

4. 内河航运

水运具有投资少、占地少、节能、污染小、运量大、水资源综合利用率高、具有低值大宗货物运输等其他运输方式不可替代的优势，因此，改革开放以来河南省加快了内河航运业的发展，水利建设开始出现繁荣局面。由表 9-3 可知，1979~2022 年通航里程的变化不大，在这一发展阶段中有一个小的波动，但整体上看，通航里程的发展是缓慢的，甚至是停滞的。而内河航运客运量的变化波动则是比较大的。近年来，内河航道先是高速发展，发展到一定水平之后就和通航里程类似，几乎是停滞，或是有微小的变动。货运在 2000 年之前发展缓慢，但进入 21 世纪后快速发展，在河南省的交通运输方面起到了不小的作用。近年来，河南省把加快水运发展摆上重要位置，进一步加大对水运基础设施建设的投入力度，深化水运融资和管理体制改革，加快推进涡河二期、沙颍河周口段和漯河段等航运开发建设。2012年，河南省政府出台了《河南省水上突发事件应急预案》，积极推进河南省水上交通应急搜救中心项目建设，水运能力进一步提高。截至2022年底，水运客运量达到127万人，相比1957年的7万人增长了18倍多；货运量达到17772万吨，相比1949年的21万吨增长了846倍，为上年同期的101%。这些数据反映了河南省内河航运发展速度相当快，也反映了全省内河航运综合发展水平的不断提升。

表9-3 1949~2022年河南省内河航运历史变化

年份	客运量（万人）	货运量（万吨）	通航里程（千米）
1949	—	21	2312
1952	—	87	2916
1957	7	189	3837
1962	9	157	2537
1965	6	189	3389
1970	52	142	2072
1975	52	144	2268
1978	45	133	2202
1979	53	112	1352
1980	81	106	1361
1981	83	84	1419
1982	76	119	1110
1983	82	129	1110
1984	97	155	1110
1985	121	201	1110
1986	105	217	1110
1987	100	237	1110
1988	168	303	1110
1989	211	345	1110
1990	150	255	1110
1991	119	244	1110
1992	106	271	1105
1993	146	354	1105
1994	81	395	1104
1995	82	324	1104

续表

年份	客运量（万人）	货运量（万吨）	通航里程（千米）
1996	129	382	1104
1997	152	433	1104
1998	55	342	1104
1999	76	352	1104
2000	91	372	1104
2001	95	398	1587
2002	86	505	1587
2003	63	663	1208
2004	84	915	1381
2005	97	1334	1439
2006	105	1516	1439
2007	160	1858	1439
2008	190	3964	1439
2009	206	4439	1439
2010	255	4950	1439
2011	268	6527	1439
2012	250	7685	1439
2013	261	8631	1439
2014	254	9350	1439
2015	280	10459	1514
2016	288	11545	1514
2017	347	12879	1589
2018	331	14240	1589
2019	306	17236	1675
2020	172	15150	1725
2021	203	17541	1725
2022	127	17772	1491

资料来源：历年《河南省统计年鉴》。

二、交通基础设施空间分布特点

1. 公路

截至2022年，全省公路通车里程达26.7万千米，其中，高速公路通车里程8009千米，居全国第8位。"十二五"期间，河南省内18个省辖（直管）市全部实现高速公路连接，所有县（市）基本实现 20 分钟上高速公路，已形成了以郑州市为中心、纵贯南北、连接东西、辐射八方的高速公路网络，为河南省经济的发展以及社会的进步起到了强大的推力作用。另外，河南省农村公路发展也较快，2007 年，河南省率先在中西部地区实现所有建制村"村村通"水泥（油）路。农村公路改变了河南省农村交通落后的面貌，促进了农民增收，改变了消费结构，促进了经济增长，也为提高农民生活质量创造了交通保障。

（1）国道公路干线。河南省的国道公路干线可以用"五纵四横"来概括（见图 9-2）。五纵线是：北京-济宁-商丘-阜阳-珠海线，即 105 线；北京-濮阳-兰考-太康-潢川-广州线，即 106 线；北京-石家庄-安阳-郑州-信阳-武汉-深圳线，即 107 线；锡林浩特-晋城-洛阳-邓州-襄樊-海安线，即 207 线；呼和浩特-运城-三门峡-卢氏-西平-十堰-北海线，即 209 线。四横线是：北镇-菏泽-兰考-郑州线，即 202 线；连云港-徐州-商丘-郑州-洛阳-灵宝-潼关-天水

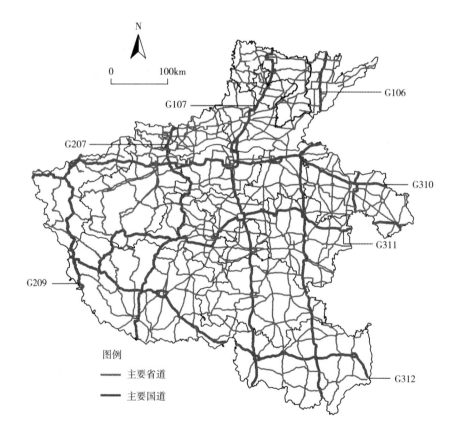

图 9-2 河南省公路干线分布

线，即310线；徐州-萧县-永城-许昌-鲁山-合峪-西峡线，即311线；上海-六安-固始-信阳-南阳-西峡-西安-乌鲁木齐-伊宁线，即312线。这些国道干线既是我国省际、沿海、边疆与内地之间联系的重要线路，也是河南省内各地区间联系的纽带。这些干道的技术标准都属于高级、次高级路面公路，并且其客货运能力和平均日交通量都很大。

（2）省内公路干线。河南省内的公路干线大都以省会郑州市以及新乡市、安阳市、焦作市、洛阳市、开封市、信阳市、南阳市、周口市、商丘市等大中城市和太康县、潢川县等重要县城为中心，呈放射状向四周延伸（见图9-2）。由中心放射出的线路，一般也是客货运量很大的线路。河南省内重要的公路干线有：郑州-南阳公路、郑州-洛阳公路、郑州-新乡-安阳公路、郑州-开封-封丘公路、郑州-许昌-信阳公路、郑州-周口公路。在这些线路上，客货运输量非常大，尤其是客运最为繁忙。

（3）高速公路。自1994年第一条郑州-开封高速公路建成开通以来，河南省高速公路事业飞速发展，在全国高速公路网络体系中占据着重要的位置。截至2022年底，全省高速公路通车里程达到8009千米。2015年，郑州市到巩义市、郑州市到机场、郑州市至西环城、郑州市至少林寺等高速公路相继建成通车，形成了以郑州市为核心，向外辐射的"米"字形高速公路网（见图9-3）。随着2016年济源市到洛阳市高速公路的建成，河南省实现了所有直辖市之间的高速公路连接。由此可见，河南省的高速公路建设，无论是投资规模，还是建设速度，在全国都是位居前列的。

公路按照等级划分可分为高速、一级、二级、三级和四级公路以及等外公路。截至2022年底，公路路网密度达到5.3千米/平方千米，全省等级公路的总里程为230288千米，其中高等级公路（高速公路和一级公路）仅占公路总里程的4.70%，仍以低等级公路为主（见图9-4）。河南省等外公路总里程为3530千米，占公路总里程的1.27%。总体而言，河南省路网密度较大，但道路等级体系较低，二级及以上等级公路所占比重偏低，仍以四级公路和等外公路为主。因此，在今后的公路建设中，除了增加道路的里程，更应注重道路等级质量的提升。

由图9-5可知，商丘市、漯河市、鹤壁市的公路路网密度在全省是最高的，远高于全省平均水平，其次是许昌市、周口市、焦作市、平顶山市、郑州市、安阳市、新乡市、濮阳市等，也在一定程度上高于全省平均水平。然而也有几个地市是低于全省平均水平的，如南阳市、开封市、信阳市、驻马店市、洛阳市、济源市和三门峡市，这些地区都需要进一步完善公路体系。从整体上看，河南省西部、南部受到地形条件的限制，公路路网密度相比中部及东部、北部而言，还有比较大的差距，这同样反映了河南省公路在空间分布上的不均衡。

图 9-3　河南省高速公路分布

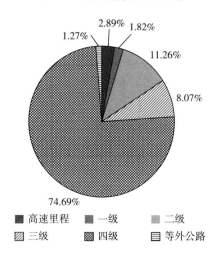

图 9-4　各等级公路分布

资料来源：根据《河南省统计年鉴》（2023）查询自绘。

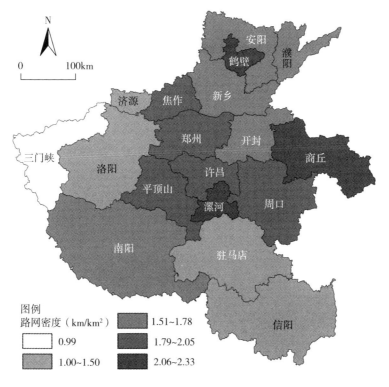

图9-5 河南省公路路网密度分布

资料来源：根据《河南省统计年鉴》（2023）查询自绘。

由图9-6可知，郑州市高等级密度为全省最高，其次是焦作市、濮阳市、许昌市，最后是漯河市、济源市、平顶山市、鹤壁市、新乡市、安阳市。以上地市的高等级公路密度都高于全省平均水平。而商丘市、开封市、周口市、信阳市、驻马店市、洛阳市、三门峡市等地市的高等级公路密度都低于全省平均值，其中信阳市最低。而在高速公路方面，密度最高的仍然是郑州，其次是开封市、濮阳市、济源市、平顶山市、焦作市、新乡市、许昌市、驻马店市，再次是商丘市、漯河市、安阳市、洛阳市、鹤壁市、周口市、三门峡市、南阳市，最后是信阳市。郑州市的高速公路密度比较高且里程最长，一级公路所占比例最高，反映了省会城市交通通达性方面的优势。从拥有的等级公路来看，河南省的核心城市郑州市等级公路密度较大；陇海发展轴、京广发展轴上各城市公路密度不一，环绕郑州市周边的平顶山市、焦作市等经济较为发达地市的公路、高速公路密度和路网密度均较大，而距郑州市距离较远的信阳市、驻马店市、三门峡市、周口市、商丘市等经济相对不发达地区的高速公路密度和路网密度均处于靠后位次。

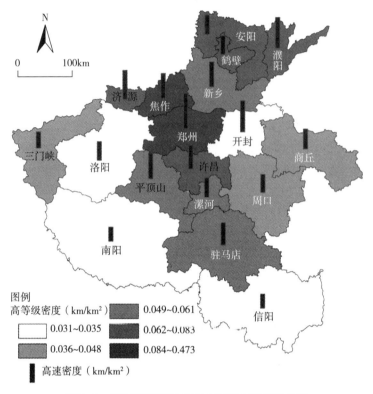

图 9-6　河南省高等级公路及高速公路密度分布

资料来源：根据《河南省统计年鉴》（2023）查询自绘。

等外公路指已确定的未达到或未能全部达到国家公路技术标准的公路，这类公路的质量较差。由图 9-7 可知，等外公路密度最大的地市是商丘市，其次是安阳市、周口市、新乡市、驻马店市、许昌市、开封市。这几个地市的等外公路密度都高于全省平均水平，而三门峡市、南阳市、平顶山市、濮阳市、郑州市、漯河市、济源市、洛阳市、鹤壁市、信阳市的等外公路密度则低于全省平均水平。排名越靠前，说明所拥有的公路中质量较差的部分所占比重越高，同样，靠后的占有的等外公路比例则相对较小。

从整体上看，多数地市虽然公路路网密度大，但质量比较差的道路所占比例较高，如商丘市、许昌市、周口市等；而部分地市公路路网密度虽然并不太高，但公路质量比较好，如河南省会城市郑州市等；也有部分地市，不仅公路路网密度小，而且质量也不高，如南阳市等。无论是密度小还是质量差，都在一定水平上限制了地区的发展。这促使人们在建设公路网络体系时，不仅要关注道路的总规模，同时要致力于提高公路的质量等级，这样才能更好地促进经济的发展。

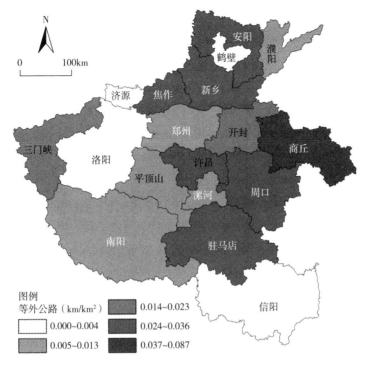

图9-7　河南省等外公路分布

资料来源：根据《河南省统计年鉴》（2023）查询自绘。

2. 铁路

河南省铁路建设事业发展极快，截至2021年底，全省铁路通车里程达到6134千米，其中5318千米属于中央铁路，816千米属于地方铁路。线路器材及机车车辆的技术标准比1949年新中国成立前大大提高，现在全线路大体上实现了自动闭塞装置和复线行驶，采用了大功率机车和大吨位车辆。线路、车辆及其各项技术标准的提高，使其运输能力大大增加，运输量和运输周转量成倍增长。21世纪初，河南省的铁路线网基本形成，主要由以郑州市为中心的京广、焦枝、京九三条纵线和新菏、陇海、漯阜、宁西四条横线组成，以及地方铁路和国家各支线铁路辅助支撑。在河南省境内，铁路线呈网格状分布，出境后向四面八方延伸，把省内所有城市和重要农区联成一体，并与省外重要城市和沿海保持紧密而又方便的联系。河南省的铁路运输业不仅承担着河南省工农业产品和旅客的运输任务，而且是我国南北、东西方各大区之间客货交流的主要通道。

（1）纵贯南北的铁路干线。纵贯河南省南北的铁路干线主要有京广铁路、焦枝铁路和京九铁路。京广线北起北京，南至广州，不仅是纵贯全国的交通大动脉，构成全国铁路网的中轴线路，而且是河南省与华北、东北、华南等地区相联系的最短路径。京广线从河南省的柏庄车站进入省境,沿着豫西山地与豫东平原的交接带径直向南,经安阳市、新乡市、郑州市、许昌市、漯河市、驻马店市、信阳市等市县,自信阳南端的武胜关通往湖北。焦枝铁路北起焦作的月山车站,经济源市、洛阳市、汝州市、平顶山市、南阳市和邓州县7个市县,在邓州县的魏集镇出境向南通往鄂西山区。京九线北起北京市,南达九龙市,从河南省的台前县入境,在南部的新县出境。京九铁路通车后,商丘市成为河南省仅次于郑州市的又一大型铁路枢纽。此外,它的开通,对于豫东、豫南地区经济的发展与旅游开发具有重要的意义。

(2) 横贯东西的铁路干线。横贯河南省东西的铁路干线主要有陇海铁路、新菏铁路、漯阜铁路和宁西铁路。陇海线是横穿我国东西的一条运输大动脉,并与京广铁路在郑州交会,构成我国铁路网的“十”字骨架。它由夏邑县的杨集车站进入河南省,跨越豫东大平原和豫西山地丘陵,从灵宝市豫灵镇出境,途经商丘市、开封市、郑州市、洛阳市、三门峡市等20个市县。陇海线既是河南省工农业产品的重要运输通道,也是国内外著名的旅游热线之一。新菏铁路西起河南省新乡南站,经过新乡县、延津县、滑县、封丘县、长垣县等县后,东跨黄河到达山东菏泽市。新菏铁路不仅强化了晋东南和豫西北地区煤炭资源开发和外运,而且缓解了陇海线的运输压力,促进沿海与内地的联系。宁西铁路东起江苏省省会南京市,西至陕西省省会西安市,是横亘我国东西的又一条大动脉。它由安徽省叶集站跨入河南省信阳市,跨越豫南大地和豫西山地,经南阳市的西平镇进入陕西省新丰镇,在河南省境内全长527千米。漯阜铁路西起河南省的漯河市,东到安徽省阜阳市的宋阁,全长136.6千米。

(3) 地方铁路。截至2021年底,河南省地方铁路为816千米。河南省的地方铁路多以国家铁路为起点,通往矿山、县城、乡镇和农村,为国家铁路起到了离散作用。河南省的地方铁路大体分布于全省7个地区,50多个县市,其中以豫北地区发展最早、线路最长、密度最大。

(4) 高铁。2010年2月6日,郑西高铁(郑州-西安)正式通车运营,在河南省境内设荥阳北站、洛阳龙门站、渑池站、三门峡北站4站,时速高达350千米,将郑州市与西安市的时间距离由原来的6小时缩短为2小时以内;2012年9月22日,郑武高铁(郑州-武汉)开通,河南省境内有许昌市、漯河市、驻马店市和信阳市4站,郑州到武汉的时间距离也缩短为2小时;2012年12月26日,京郑高铁(北京-郑州)投入运营,纵贯北京市、河北省、河南省3省市,全长681千米,设计速度为350千米/小时,河南省境内设安阳市、鹤壁市和新乡市3个站点,全程仅需3小时。

2016年4月1日起,郑徐高铁全线进行联调联试。2016年5~7月,郑徐高铁承担中国标准动车组试验任务，并于 7 月 15 日在商丘市民权县境内跑出了 420 千米的时速交汇试验，创造了动车速度的世界最高纪录。2016 年 9 月 10 日，郑徐高铁全线正式开通运营。郑徐高铁途经河南省、安徽省、江苏省三个省份，西起郑州东站，东至徐州东站，线路全长 361.937 千米，其中河南省境内 252.826 千米、安徽省境内 73.436 千米、江苏省境内 35.675 千米。线路共设郑州东站、开封北站、兰考南站、民权北站、商丘站、砀山南站、永城北站、萧县北站、徐州东站 9 个车站，其中，郑州东站和徐州东站为既有车站，商丘站为原站扩建高速场站，其余 6 站为新建车站。郑州东站、商丘站、徐州东站是郑徐高铁三大站。郑徐高铁连接了中国中东部两大高铁干线京广高铁与京沪高铁，并连接了在建的商杭高铁、郑济高铁与郑合高铁等，构成了我国中东部地区密集的高速铁路网。随着郑徐高铁的通车，郑州市、济南市、南京市、上海市、杭州市等大城市之间实现 4 小时直达，中原与长三角等城市群之间的时空距离大大缩短，并在 5 个小时内实现贯穿洛阳市、开封市、安阳市、郑州市、商丘市、杭州市、南京市等中国历代著名古都。

随着济郑高铁濮阳至郑州段、郑渝高铁以及郑州航空港站相继开通运营，河南省已经建成以郑州为中心的"米"字形高铁网，即以郑州为中心的"四面八方"格局。在东北方向，形成了以郑州为中心，向济南联通的郑-济高铁通道；在北侧，形成了以郑州为中心，向北京对接的郑-北高铁通道。在西北方向，形成了以郑州为中心，向太原联动的郑-太高铁通道；在西侧，形成了以郑州为中心，向西安对接的郑-西铁路。在西南方向，形成了以郑州为中心，向重庆对接的郑-万（重庆万州）高铁通道；在南侧，形成了以郑州为中心，向广州对接的郑-广高铁通道。在东南方向，形成了以郑州为中心，向合肥对接的郑-合高铁通道；在东侧，形成了以郑州为中心，向徐州对接的郑-徐高铁通道（见图 9-8）。

河南省在全国率先实现全省 18 个省辖市"市市通高铁"。河南省"米"字形高铁网的建成，形成了以郑州为中心，1 小时覆盖全省省辖市，2 小时连通周边省会城市及京津冀，4~6 小时通达长三角、粤港澳、成渝等全国主要经济区的高铁出行圈，高速铁路网络的逐渐完善为河南省的经济发展与旅游事业发展提供了契机。

（5）全国最大的铁路枢纽之一——郑州铁路枢纽。郑州枢纽现有京广线、陇海线、京广客运专线、郑西客运专线等干线交汇，不仅承担着我国南北、东西物资交流和繁重的旅客运输任务，而且成为我国通向欧亚各国的重要通道。郑州站处于普速铁路和高速铁路网中"双十字"中心，素有中国铁路心脏之称，在路网中具有举足轻重的战略地位。随着在建郑徐客专及郑州市至开封市、新乡市、新郑机场等城际铁路的引入，圃田集装箱中心站和郑州站西出口、郑州东

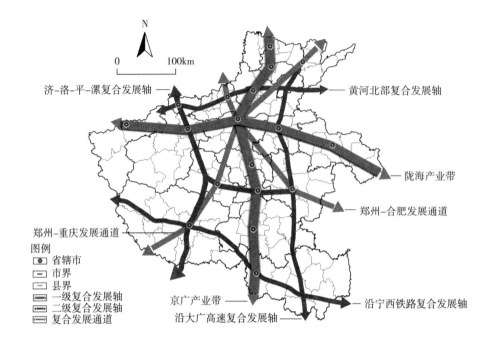

图 9-8　河南省"米"字形高铁网

资料来源：《中原经济区"五化"协调发展的状态评价与优化组织》[17]。

站动车段、五里堡动车运用所等改扩建工程以及相关疏解区工程的实施，郑州枢纽总体格局趋于完善，枢纽逐步形成以郑州站、郑州东站为主要客站，郑州北站为路网性编组站的客货并列式枢纽，成为衔接京广线、陇海线，京广客专、徐兰客专的"双十字"构架，外加货运"环线"，形成"环线+双十字"特大型枢纽格局。

3. 航空

加快河南省民航业的发展，是促进河南省经济快速发展的需要，也是中部崛起战略的需要。截至 2022 年，河南省共有郑州新郑国际机场、洛阳机场、南阳姜营机场和信阳明港机场 4 个民用机场，航线条数达到 66 条，其中国际航线 1 条；航线里程达到 119946 千米。民航的发展为河南省经济高质量发展与对外合作交流起到了很大的促进作用。

（1）郑州新郑机场。新郑机场不仅是我国重要的干线机场、首都的备降机场，而且也是河南省唯一的现代化大型机场。飞行区等级为 4E 级，可满足世界上最大的波音 747-400 型客机的全天候起降，同时保证 20 架波音 737 以上的客机营运。郑州新郑国际机场作为河南省的空中门户和国内重要的航空港之一，空中航线贯穿东、西、南、北，是中原地区空中交通枢纽，承担着河南省的大部分航空运输任务，运输规模占全省民航运输的 96% 以上。郑州新郑国际机场包括南航河南省分公司的 5 个基地公司和 55 家航空公司在郑州新郑国际机场运营，共开通 208 条客运航线，116 个客运通航城市每周航班 1400 多个。2020 年完成旅客吞吐量 2140.67 万人次，货邮吞吐量完成 63.94 万吨，在全国航运中占有重要的地位。

新郑机场在国内的航班众多，可以直达除湖北省、西藏自治区以外的所有省、自治区、直辖市和特别行政区。另外开辟有多条国际航线，主要有：新郑机场至芝加哥、新郑机场至大阪、新郑机场至吉隆坡、新郑机场至济州、新郑机场至曼谷、新郑机场至首尔仁川、新郑机场至马尼拉、新郑机场至廊曼、新郑机场至卢森堡。新郑机场无疑已经成为中原地区最大的航空枢纽。

（2）南阳机场与洛阳机场信阳明港机场。南阳姜营机场全称为南航河南省分公司南阳基地，隶属南航集团总公司，南阳机场始建于 1934 年，迁建于 1992 年 10 月，机场航站楼 2008 年 11 月扩建开工建设，于 2009 年 11 月 18 日交付启用。扩建后的南阳机场升级成为中原最现代化的支线机场之一。南阳机场也是南航飞行训练基地之一。南阳机场国内航线：南阳市到北京市；南阳市到成都市；南阳市到广州市；南阳市到桂林市；南阳市到杭州市；南阳市到深圳市；南阳市到上海市；南阳市到郑州市；南阳市到昆明市。截至 2016 年，尚无国际航线。

洛阳机场为河南省第二大机场，位于河南省洛阳市北郊邙山之上，飞行区等级为 4D 级。洛阳机场于 1986 年动工兴建，1987 年 9 月建成通航，总投资 8700 万元。1992 年 8 月 1 日，国务院批准洛阳航空口岸对外开放后，又对其配套设施进行了扩建，2019 年旅客吞吐量达 153 万人次，目前是河南省第二大机场。洛阳机场国内航线：洛阳市到上海市；洛阳市到银川市；洛阳市到北京市；洛阳市到广州市；洛阳市到大连市；洛阳市到沈阳市；洛阳市到杭州市；洛阳市到重庆市；洛阳市到昆明市；洛阳市到包头市；洛阳市到成都市；洛阳市到深圳市；洛阳市到石家庄市。除开通了飞往香港定期国际航班外，还开通了洛阳市至名古屋、洛阳市至冈山、洛阳市至琉球群岛等不定期包机航线。

信阳明港机场，位于河南省驻马店市确山县新安店镇与信阳市平桥区明港镇交界处、飞行区等级为 4C 级，通航时间是 2018 年 10 月。

4. 内河航运

河南省内河航运目前已经实现了通江达海，有效带动了地方经济发展，在河南省综合运输体系中发挥着重要作用。河南省境内河流众多，分属长江、淮河、黄河、海河四大水系，具有发展内河航运比较优越的自然条件。全省共有河流 500 条，河道总里程 26000 千米，其中干流长 7000 千米，支流长 19000 千米。历史上河南省航运曾十分发达，水运成网，鸿沟水系及南北大运河、中原水运网都曾是河南省航运的重要组成部分。20世纪60年代初，全省内河通航里程6000千米，是河南省航运的鼎盛时期，对社会经济的发展起到了重要作用。20世纪70年代初，由于历史的原因在修闸建坝时对水资源的综合利用考虑不周，致使大部分闸坝未同时配建过船设施，使原本通航河流大部分断航，加之公路、铁路的快速发展等致使河南省内河航运开始逐年萎缩，通航里程多年徘徊在1000多千米。

河南省内河航运方面，目前沙颍河周口市至省界段恢复通航，可从周口市直达华东地区，形成河南省第一条通江达海的水上通道。

三、交通基础设施存在的主要问题

1. 公路基础设施存在的主要问题

（1）公路规模水平需要提升，国土布局仍需优化。中原地区与经济社会发展水平较高的长三角地区相比，在公路路网密度、技术水平方面还存在较大差距。

（2）高速公路发展水平仍需提升。目前河南省乡镇一级的高速公路覆盖还远远不够，随着经济社会的不断发展，高速公路作为流通主干线的作用将日益显现，其规模和覆盖范围还需逐步完善。而且高速公路道路标准不高，仍以双向4车道为主，在一定程度上限制了车辆通过能力。

（3）公路布局仍需优化。主要表现在：①公路分布尚不均衡，平原地区路网密度较高，而山区路网平均密度很低；②交通通达性相对较差的区域主要位于西部丘陵山区、南部丘陵山区，以及南阳盆地和驻马店地区，周口市、商丘市的非陇海铁路沿线区域。不难发现以上地区也多为河南省经济发展水平相对靠后的区域。

（4）农村公路建设水平仍需提高。主要表现在村内通达深度不够，不少自然村尚未通路；农村公路修建标准低，公路防护等配套设施不齐全；存在有路无桥、宽路窄桥现象；与县道、乡道的规划匹配不够，特别是在县界、乡界处，存在不少断头路。

2. 铁路基础设施存在的主要问题

（1）铁路网规模总量不足、运输负荷大。河南省的铁路网规模从总量上讲是不足的，并且分布不均匀，未来的铁路路网密度需要进一步加强，才能与其所承担的运输功能匹配。

（2）主要铁路干线运输能力紧张。河南省境内的铁路大动脉不仅要承担本省对内、对外的客货运输，也是我国南方与北方、西北与中南、华东地区的主要过境铁路运输通道，承担着大量过境客货运量。客货流交汇造成目前河南省境内主要铁路干线能力极为紧张，京广、太焦、陇海铁路能力利用平均率已接近或超过 100%。

3. 民航基础设施存在的主要问题

民航基础设施的发展过程中存在的问题主要表现在民航发展水平与经济水平不协调、结构性矛盾突出、民航资源紧缺、民航业自身发展水平低、民航业与其他产业关联度偏低、郑州机场国际航空市场规模偏小等方面。

（1）结构性矛盾突出。主要表现在：一是机场布局不合理，经济较为发达的豫北地区以及一些相对偏远的山区等缺少运输机场；二是全省民用机场隶属关系复杂，统筹发展的难度较大；三是航线网络结构不合理，通航点数量和航班密度不能适应全省外向型经济发展的需要，国际航线尤为突出。

（2）民航资源紧缺。一是空域资源紧缺；二是基地航空公司偏少，航空公司运力投入不足，特别是部分热点航线、支线和货运飞机投入不足，不能满足市场需求；三是人力资源紧缺，民航人才建设体系尚不完善。

（3）民航业与其他产业关联度偏低。河南省以能源、原材料产业为主的产业结构还没有根本改变，仍处于产业转型期，与民航关联度比较高的高端制造业和高新技术产业的规模依然偏小，外向型经济不够发达，推动航空运输发展的产业支撑能力不足。

4. 内河航运基础设施存在的主要问题

一方面，水路运输发展明显滞后，尤其是内河航道等级低；另一方面，在基础设施的建设中还存在网络建设与场站建设的不协调。此外航运基础建设资金投入不足，对河南省航运投资力度较小，建设资金短缺是当前河南省航运发展所遇到的最主要问题。近年来，河南省虽然在航运基础设施建设上加快了速度、加大了投资，但与其他交通运输方式的投资规模、速度极不相协调，并且差距在加大。另外，水资源综合利用政策也得不到真正执行。由于缺乏统一的规划，各部门之间缺少必要的交流和沟通，从而造成许多工程的建设和开发阻断了航道，使得自古以来就能通航的天然航道因此而被迫断航，并且一些新的碍航建筑物仍在不断形成，这将严重阻碍内河航运的可持续发展，使得水资源也很难得到充分的综合利用。

5. 交通设施综合性问题

从总体上看，交通发展还不充分，一方面总体规模水平不适应经济社会发展的需求，另一方面交通枢纽、城市交通与交通干线之间的衔接不够顺畅。此外各种运输方式之间尚未形成有效的协调配合，运输设施缺乏统筹规划，交通资源未得到充分利用。

（1）交通发展受到资源制约，与国土保护需要协调。按照现行严格的耕地保护政策，现有的用地指标不能满足交通建设所需用地的要求，保障建设用地已成为抓住战略机遇、加快交通发展必须妥善处理的突出矛盾。此外，河南省交通发展正承受越来越大的环境压力。交通发展时必须进行综合考虑保护环境，促进交通与资源环境和谐发展。

（2）交通科技发展水平较低，交通设施能力不能充分发挥。随着经济实力的增强，不断引进国外的先进技术，并且不断改善交通运输装备，河南省交通设施的整体水平有了很大的提高，但是，全省的技术装备水平与发达省份仍有一定的差距。如铁路的货运重载、客运高速、自动化管理等方面目前处于起步阶段；民航航空管制、通信导航技术及装备落后已不能适应民航的发展等。参差不齐的技术状况与不合理的运力结构，不仅影响了运输效率的提高，造成了大量的资源被浪费，还造成了环境污染。

四、加快河南省交通运输业发展的对策

1. 公路方面

要加紧完善公路基础设施建设，提高全省各地市的路网密度与技术水平，缩小与发达地区和发达国家之间的差距。大力建设普通公路，继续加强高速公路的建设，着力于提高现有公路的质量等级，完善公路体系，以高速公路建设带动城市建设。

优化公路布局，对路网密度较低的山地、丘陵地区以及其他通达性相对较差的地区给予扶持，以交通的发展带动其经济的发展。

积极实行县乡公路改造工程，进一步增强县市与乡镇、经济区、行政村之间的联结。大力发展农村客运，做到"路、站、运"同步发展，实现路通、站成、车通。合理安排线路，加快农村客运站点建设，推广安全、经济、适用车型。统筹城乡交通发展，加快城乡交通一体化，基本实现乡乡有等级客运站、所有乡镇通客车。同时，加强农村公路养护管理，理顺农村公路管养体制，明确养护责任，确保养护资金来源，建立农村公路管理养护的长效机制，实现农村公路的可持续发展。

2. 铁路方面

要加快落实铁路投融资政策，稳步推进铁路建设科学有序发展，全面实施铁路安全风险管理，全力确保铁路运输持久安全。积极营造良好内外舆论环境，大力支持铁路货运组织改革。加快转变铁路发展方式，提高铁路经济效益，切实提高服务质量，全面提升铁路企业市场竞争力。

同时，关注综合交通枢纽的换乘问题，重点关注高速铁路网在综合交通运输体系中的担纲作用。高速铁路的运能大、全天候、安全准时、高效便捷和节能环保等优势，决定了未来综合交通运输体系中，高速铁路应该起到客运干线

或骨架担纲作用。应综合考虑各种运输方式路线、枢纽选择和选址对区域经济的开发作用。为此要关注高速铁路或高速公路等运输方式配比对区域经济的开发性和先导性。

3. 民航方面

按照国际航空港标准，改扩建新郑国际机场。积极开辟国际、国内航线，实现与国内所有省会城市和主要旅游城市通航。将新郑国际机场发展成为国内重要的区域性枢纽机场和航空物流集散中心，并在机场建设满足大通关要求的货运设施。积极引进航空公司在新郑国际机场建立基地。同时，争取将洛阳机场建成国内干线机场，并对南阳机场进行提升改造，使南阳机场达到国内干线机场的运输水平。适时地将商丘、明港、开封等军用机场改建为军民合用机场。

4. 内河航运方面

开工建设沱河（夏邑-省界）、沙颍河（周口-漯河）、淮河干流（淮滨-省界）、涡河（马厂-省界）等航运开发工程，提高河南省向华东地区的通航能力。加强丹江、小浪底、三门峡等主要通航库区港口、航道和安全监督设施建设，基本建成全省水上交通支持保障系统。

5. 综合提升方面

（1）建设并逐步完善综合交通枢纽。加强多种交通方式的衔接，以建设综合性交通运输枢纽为重点，进一步提高和完善各种运输方式的功能，巩固和提升河南省在全国综合交通体系中的枢纽地位。以高速公路和国、省干线公路为依托，建设和完善主要的交通枢纽，同时，改建和新建一批市、县（市）客货站场和物流中心。以县乡公路为依托，完成全省全部客运站及部分农村招呼站建设，形成以郑州市为中心，铁路枢纽、公路枢纽、航空枢纽为骨架，省、市、县、乡四级场站为网络，覆盖全省，辐射周边，服务全国的交通运输枢纽体系。

（2）增强郑州都市圈外联互通能力。进一步拓展郑市都市圈对外通道，完善区内交通网络，为加快中原城市群发展提供有力的交通支撑。加密郑市都市圈高速公路网络，完善郑州都市圈交通网络。有序推进城际和城市轨道交通建设。利用陇海、京广铁路客运专线和既有线，争取开行郑州-洛阳、郑州-新乡、郑州-许昌-漯河等城际列车。

（3）加快交通科技进步和信息化建设。提高铁路、公路建设科技水平，提升交通设施、运输装备、运营管理的科技含量和生产力水平。推广应用智能交通信息系统，加快公路通信、监控体系建设。利用现代化管理技术，整合铁路、公路、民航、水运等交通信息，建设综合交通信息基础平台，建立信息管理和指挥控制系统，合理配置交通资源，提高运输效率。

第二节　信息化基础设施建设

随着信息化深入融入城镇化、工业化和农业现代化进程和电商经济的快速发展,河南省提出实施"四大工程"(宽带普及提速工程、4G 网络建设优化工程、直联点疏通区域工程、重点建设项目带动工程)、建设网络经济强省的信息化战略。信息化基础设施是推进信息化建设的"硬件"支撑,是信息的传输、交换、转化等方面的载体支撑,更是推进网络经济强省的基础支撑[4]。2016 年10 月,国家发展和改革委员会、工业和信息化部、中央网信办发函批复河南省国家大数据综合试验区,这更需要强有力的信息化基础设施支撑。本章主要从与邮政基础设施、电信基础设施、网络基础设施和与智慧城市相关的基础设施建设四个方面进行分析。

一、信息化基础设施的历史演变

1. 邮政基础设施建设历史

1978 年改革开放以来,河南省邮政通信设施的面貌发生了巨大变化,邮政业务的服务水平不断提升,邮政业务量持续攀升[7]。近期虽然在电子信息产业、现代物流业的冲击下,邮政的函件业、包裹业等方面的业务受到一定的影响,但邮政基础设施的建设成效依旧明显。一般而言,邮政基础设施包括邮政局所、邮电线路及农村投递线路总长度等方面,因此可以从上述方面分析河南省邮政基础设施的变化。由表 9-4 可知,在邮局数量整合减少、邮电线路优化的变化背景下,河南省的邮政业务量不断提升,由 2000 年的 117999 万元增加到 2022 年的 5671953 万元,按可比价提升 48.07 倍。在这个过程中,河南省加强了农村投递线路的基础设施建设,线路总长度由 2000 年的 185826 千米逐渐增长到 2022 年的 203243 千米,为农业的现代化和城乡信息基础设施一体化建设提供了重要支撑。在电商经济冲击和物流业繁兴的背景下,河南省邮政的包裹和函件业务量呈现不断下降的趋势,但快递业在竞争中依然保持较强的竞争力,快递业务量由 2000 年的 423 万件增加到 2022 年的 445289 万件,增长了 1053 倍。

表 9-4　2000~2022 年河南省邮政基础设施建设历史变化

项目 \ 年份	2000	2002	2004	2006	2008	2010	2012	2014
邮政局所(处)	13411	2866	2773	2612	2688	2546	2531	2596

续表

项目 ＼ 年份	2000	2002	2004	2006	2008	2010	2012	2014
邮路总长度（千米）	88370	88658	96204	93787	105886	63780	63846	74663
农村投递线路总长度（千米）	185826	187403	187449	191480	195657	193533	197726	199992
邮政业务总量（万元）	117999	220197	282726	365236	470421	695010	691594	1165358
函件（万件）	21366	29532	26470	23030	22147	24704	17517	15828
包裹（万件）	499	482	433	405	315	253	284	264
快递（万件）	423	761	1105	1136	1497	1793	12503	29484

项目 ＼ 年份	2015	2016	2017	2018	2019	2020	2021	2022
邮政局所（处）	2595	2595	2603	2626	2625	2625	2686	2625
邮路总长度（千米）	74234	77488	425176	412682	591371	642149	620636	630512
农村投递线路总长度（千米）	194476	190288	192167	191463	182441	181017	204378	203243
邮政业务总量（万元）	1637756	233223	3327145	4367143	5904545	8296456	5452354	5671953
函件（万件）	12011	9496	11865	10722	9533	5880	3130	2529
包裹（万件）	198	160	153	120	111	110	103	106.1
快递（万件）	51450	83875	107378	152632	211093	310005	435553	445289

资料来源：《河南统计年鉴》（2001~2023）。

2. 电信基础设施建设历史

21世纪以来，随着经济的快速增长和科技水平的提高，在巨大的信息消费需求的推动下，河南省电信业基础设施建设迈上新台阶。电信基础设施包括局用电话交换机容量、移动电话交换机容量、长途电话交换机容量以及电视转播发射台等方面，因此从以上几个方面分析电信基础设施的变化发展。从表9-5可以看出，在通信技术快速发展的背景下，固定通信基础设施有了很大的提升。但近年来，由于移动通信技术对固定通信技术的替代，导致固定电话基础设施呈现下降趋势，而移动电话基础设施则保持较高的发展水平，移动电话交换机容量由2001年的1079万门增加至2022年的14951万门，增长了13.36倍。与此同时，长途电话交换机容量呈现出迅速增长后不断下降的趋势，由2001年的277317路端下降至2022年的116000路端，下降了2.39倍，为电信业的不断完善提供了基础和保障。电视基础设施不断优化完善，有线电视也开始进入千家万户，并呈较好的发展趋势。河南省电视广播村村通工程的实施，使得电视覆盖率和广播覆盖率保持稳步增长[5]。总体而言，河南省电信基础设施建设呈现快速发展的局面。

表9-5 2000~2022年河南省电信基础设施建设状况

项目 \ 年份	2001	2002	2004	2006	2008	2010	2012	2014
局用电话交换机容量（万门）	1050	1095	1297	1376	2382	1996	1804	1298
移动电话交换机容量（万门）	1079	1179	1679	2936	6300	7948	8550	11097
长途电话交换机容量（路端）	277317	286677	668856	747502	1048502	1135000	1511800	1337449
广播覆盖率（%）	94.5	94.5	96.36	96.51	97.06	97.3	97.86	98.2
电视转播发射台（座）	116	133	144	153	153	153	153	153
有线电视用户（万户）	—	—	—	505.69	583.76	725.14	850.44	030.47
电视覆盖率（%）	94	95	96.16	96.42	97.1	97.4	97.94	98.26
固定电话用户（万户）	1096	1180	1625	2028	1562	1432	1289	1143
移动电话用户（万户）	503	531	1392	2351	3499	4450	5062	7713
电信业务总量（亿元）	152.973	196.543	407.654	684.945	1077.089	1437.590	611.720	894.530

项目 \ 年份	2015	2016	2017	2018	2019	2020	2021	2022
局用电话交换机容量（万门）	1044	146	879.63	864	1212	1142	—	—
移动电话交换机容量（万门）	11713	12357	12239	12116	14005	14094	15762	14950.8
长途电话交换机容量（路端）	328980	188040	188000	116000	132000	—	—	116000
广播覆盖率（%）	—	—	98.62	99.05	99.44	99.64	99.66	99.7
电视转播发射台（座）	—	—	161	161	161	161	161	—
有线电视用户（万户）	—	—	1011.59	974.89	903.09	748.42	666.08	636.7
电视覆盖率（%）	—	—	98.84	99.04	99.47	99.58	99.64	99.68
固定电话用户（万户）	1010	799	735.04	689.57	757.84	667.22	677.54	648.4
移动电话用户（万户）	7975	7889	8553.36	9354.14	9841.08	10051.38	10352.62	10643.1
电信业务总量（亿元）	1153.500	1832.673	1483.33	3947.01	5998.78	8156.78	994.71	1015.45

资料来源：《河南统计年鉴》（2001~2023）。

3. 网络基础设施建设历史

2013年开始，河南省网络基础设施建设快速推进，一条条光缆、一座座基站在中原大地不断铺就，支撑着河南省信息化水平跨越到一个新的高度。光缆线路长度从2013年的77.6万千米增加至2022年的237.6万千米，增加了3.1倍之多，居全国第12位。移动电话基站从2013年的12.6万个增长至2016年的57.2万个，增加了4.5倍，居全国第6位。互联网宽带接入端口从2013年的1746万个增长至2022年的6228.6万个，增加了3.6倍。在网络基础设施不断发展完善的前提下，河南省网络用户总量数字也在突飞猛进，互联网宽带用户从 2004 年的 269.17 万户增加至 2022 年的 12642.5 万户，增加了 47 倍。信息网络基础设施的快速发展，为河南省建设网络经济大省打下了坚实的基础，对推动城镇化、工业化、农业现代化、信息化"四化"协调发展起着重要的作用，为经济社会发展提供了有力的信息化支撑。

4. 与智慧城市相关的信息基础设施发展情况

智慧城市是新一代信息技术支撑、知识社会的下一代创新（创新 2.0）环境下的城市形态[6]。2010 年首批国家智慧城市试点河南省占据 6 个，分别为郑州市、鹤壁市、漯河市、济源市、新郑市、洛阳新区。截至 2020 年，国家智慧城市试点河南省有郑州市、洛阳市、鹤壁市、新乡市、焦作市、漯河市、三门峡市、驻马店市。2015 年，开封市和南阳市也被列为第三批国家智慧城市试点。智慧城市试点的展开推动了河南省智慧城市相关基础设施的快速发展。目前，河南省移动 4G 基站超过 20 万个，网络综合覆盖率达 100%。建成 Wi-Fi 热点5.4 万个，实现全省热点区域的深度覆盖。光纤宽带接入能力进一步增强，宽带端口数达 6228.6 万个，城市光纤达到了 1000 兆、农村达到了 500 兆。建成光缆238 万千米、杆路 60 万千米、管道 12 万千米，互联网总出口带宽达到 5000 吉兆，建成专线 35 万条，实现了对河南省 10 万家集团单位及 170 万家中小企业的预覆盖，为智慧城市建设提供了有力支撑。在智慧应用系统方面，建设了平安城市、应急指挥系统、交通管理系统等，并在不断完善系统的功能。

二、信息化基础设施建设的空间差异

为进一步了解河南省信息化基础设施建设的成效，以及在空间上分布的差异，选取能反映其效果的邮政业务总量、电信业务总量、互联网用户来进行空间分析。基于 2022 年各地区邮政业务总量、电信业务总量、互联网用户的具体特征，运用 ArcGIS 软件对其进行分析，采用 Jenks 最佳自然断裂法所得数据分为五类：高水平区、较高水平区、中等水平区、较低水平区、低水平区。同时选取 2001 年、2008 年、2015 年、2022 年河南省 18 个市域的邮政业务总量、电信业务总量、互联网用户做出柱状图，来分析其空间差异的情况。

1. 邮政业务量空间格局分析

从 2022 年邮政业务量的空间分异格局（见图 9-9）看，仅有省会城市郑州市处于高水平区，南阳市、商丘市处于较高水平区，新乡市、焦作市、洛阳市、漯河市、驻马店市和周口市处于中等水平区，较低水平区的地区有濮阳市、信阳市、开封市、许昌市、平顶山市，低水平区有三门峡市、济源市和鹤壁市。总体来看，邮政基础设施实力一般或者综合实力相对落后的地区大都处于低、较低水平区，而综合实力相对较强的城市主要处于较高水平区。较高水平区和较低水平区的数量占据主导，并形成了连绵区或者集聚区。而高水平区数量极少，仅有省会城市郑州市，较高水平区以及低水平区数量较少，且主要分布在相对落后的边缘地区。

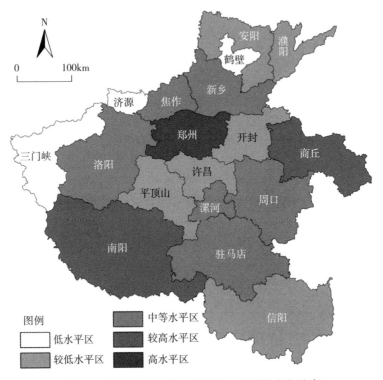

图 9-9　2022 年河南省市域邮政业务量的空间分布

资料来源：根据《河南统计年鉴》（2023）自绘。

从各个市域单元 2001~2022 年的变化趋势看，整体上都呈阶梯状变化。郑州市的变化幅度最大，尤其是在 2015~2022 年增长幅度较大；开封市、平顶山市、安阳市、濮阳市、漯河市、信阳市、济源市、周口市呈现稳步上升趋势；洛阳市、新乡市、焦作市、许昌市、商丘市、鹤壁市、驻马店市在 2010 年前呈递增变化，处于平稳状态且 2010 年至今增长速度较快；三门峡市和南阳市在 2001~2005 年稍有下降，2010~2022 年增长幅度较大。从整体上看，郑州市在变化趋势上和总量上都处于较高的状态；河南省邮政业务总量呈东部、中西部、南部较强，中部和西部较弱的空间分布格局。

2. 电信业务量空间格局分析

从 2022 年电信业务总量的空间分异格局（见图 9-10）看，与邮政业务量空间格局大体一致，但局部有些变化。高水平区为郑州市；较高水平区为洛阳市、南阳市、周口市和商丘市，中等水平区为新乡市、安阳市、信阳市、驻马店市，较低水平区有平顶山市、濮阳市、焦作市、开封市、许昌市，低水平区为济源市、漯河市、三门峡市和鹤壁市。整体看，较高水平区、中等水平区和较低水平区占据了绝大多数，主要是两两组团分布。但是，郑州市电信业务量远远高于其他城市，表明城市之间差距较大。

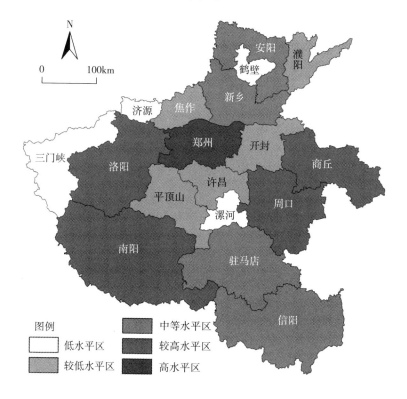

图 9-10　2022 年河南省市域电信业务量的空间分布

资料来源：根据《河南统计年鉴》（2023）自绘。

从各个市域单元的变化趋势看，整体上都呈上升的变化趋势。郑州市一直处于快速增长状态，且电信业务量占有比例最大；洛阳市与周口市变化趋势与郑州一致，增长速度较快；开封市、平顶山市、安阳市、鹤壁市、新乡市、焦作市、许昌市、漯河市、商丘市、信阳市、驻马店市以及济源市电信业务量在2001~2005 年呈增长趋势但幅度不大，2005~2015 年增长幅度较大，2015 年以后增幅减缓；三门峡市与南阳市的变化趋势为2010 年前上升幅度不大，2010年后大幅增长；濮阳一直呈均速增长状态。从整体上看，河南省电信业务总量在空间上表现出东西部较强，中部和北部边界地区较弱的分异格局。

3. 互联网用户空间格局分析

从 2022 年互联网用户的空间分异格局（见图 9-11）看，与电信业务量的空间格局趋于一致。郑州市同样处于高水平区；洛阳市、南阳市、周口市和商丘市处于较高水平区，中等水平区为安阳市、新乡市、周口市、驻马店市、信阳市，较低水平区为焦作市、开封市、平顶山市、许昌市和濮阳市，三门峡市、济源市、鹤壁市、漯河市处于低水平区。从整体看，以高水平区城市数量占据主导地位，呈现出两两组团分布。高水平区同样仅有郑州市一个城市，低水平区与电信业务量低水平区完全一致，主要分布在河南省西部边缘地区。

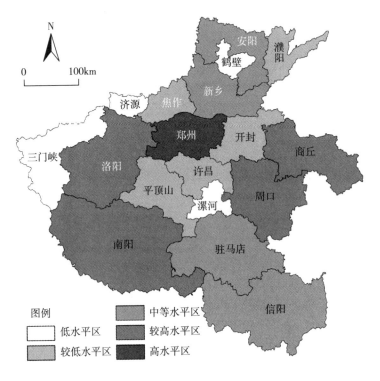

图 9-11　2022 年河南省市域互联网用户的空间布局

资料来源：根据《河南统计年鉴》（2023）自绘。

从各个市域单元的变化趋势来看，整体上呈递增状态，尤其是 2010～2022 年，变化幅度特别大。郑州市互联网用户在河南省内人数占有量最多，且变化趋势较大；开封市、洛阳市、安阳市、新乡市、南阳市、焦作市等城市互联网用户比重相对较高，变化趋势呈递增状态；平顶山市和商丘市互联网用户在 2001～2005 年呈较小的下降趋势，2010 年后呈快速增长状态；三门峡市、鹤壁市和济源市互联网用户占有量较少，且增长幅度不大。从整体上看，河南省互联网用户总量在空间上呈现出东部、西部和北部较强，中部和西北部较弱的空间分异格局。

三、信息化基础设施现状和存在问题

1. 邮政基础设施的现状和问题

近年来，河南省积极响应国家关于邮政事业发展的各种政策，将邮政业作为现代服务业的重要内容予以推进，使得邮政业基础设施建设进一步完善，综合水平不断提升。2022年，河南省邮政局达到了2625处，同时提高了邮政普遍服务基础设施的服务能力。2022年，河南省邮政线路总长度和农村投递线路总长度分别为630512千米和203243千米，加强了基础支撑能力建设，实现了全省村村通邮，邮政业务得到很大的提高。2022年邮政行业业务总量完成567.2亿元，同比增长4%；2022年，河南省快递业务量达到445289万件，同比增长2%；而全国快递业务量为1320.7亿件，河南省快递业务量占全国的2.66%，圆满地完成了各项指标。邮政业已成为增长最快的服务行业之一，成为拉动全省经济增长的新动力之源。虽然河南省交通运输邮电业得到稳步发展，但也存在一些值得关注的问题：与全国相比，河南省邮政业的发展仍然处于较低水平，2022年全国邮政业务总量达到14316.7亿元，河南省邮政业务总量仅占全国邮政行业的3.96%，全国快递业务量为1320.7亿件，河南省快递业务量仅占全国的3.77%。现代信息业邮政服务水平方面服务人员素质有待提高。在人才方面，缺乏管理人才、高水平技术人才；同时出现了地区发展不平衡、竞争力不强、快递网点分布不合理等突出的问题。

2. 电信基础设施的现状和问题

目前，河南省电信、广电光缆已覆盖全省各市、县（市、区）、乡镇，基本实现了行政村村村通电话；同时实现了交换程控化和传输数字化，通信基础设施已达到国际先进水平，通信应用技术已接近国际先进水平。2022年，河南省通信光缆线路长度为2376180千米；移动电话交换机容量和长途电话交换容量分别增加至14951万门和116000路端，保证了人们对通信业的需求。2022年，河南省电信业务总量完成8156.8亿元，居全国第4位，较上年增长35.9%。2022年，河南省电话用户快速增长，移动电话用户达到10643.1万户，居全国第5位。虽然河南省电信基础设施不断完善，但仍存在着一些问题，例如随着固定电话用户持续减少，移动电话用户扩展趋向平稳，传统通信业务发展空间渐趋饱和，电信业务总量增速持续走低；电信资费非市场化、体制机制弊病凸显、电信思维浓厚、转型速度跟不上时代脚步，以及互联网对电信业的冲击等问题①。

3. 网络基础设施的现状和问题

网络基础设施是国家重要的公共基础设施，是信息化发展的载体和战略支撑。2015 年，河南省圆满完成"全光网河南"建设，全省县以上城区 100% 光纤宽带网络和 4G 网络全覆盖，行政村光纤进村率达到 96.4%，实现了由"铜网"到"光网"的历史性跨越。2022 年，全省光缆线路长度达到 237.6 万千米，居全国第 3 位；移动电话基站达到 57.2 万个，居全国第 3 位；互联网宽带接入端口总数达到 6228.6 万个，居全国第 1 位。互联网宽带接入端口新增数居全国第 1 位，4G 用户新增数居全国第 1 位，光纤宽带用户占比达到 99%，居全国第 1 位。基于河南省网络基础设施的支撑，2014 年河南省郑州市国家互联网骨干直连点顺利开通运行；2016 年获批国家大数据综试区、河南省第十次党代会提出建设网络经济强省目标等。但河南省互联网发展还存在一些问题，互联网人均基础资源比较落后；创新力度不够，缺乏知名互联网企业；网络安全性水平较低；上网环境有待改善，农村地区上网普及程度有待解决。

四、信息化基础设施发展对策与建议

（1）邮政业方面。虽然河南省邮政业的发展有很大进步，但还存在地区发展不平衡、人才缺失、竞争力不强等问题。针对这些问题，河南省邮政业应重视邮政业的网络建设，合理规划布局邮政服务网点，改善配套设施，融合现代信息技术，提升邮政整体服务水平，促进物流健康快速发展；在人才方面，要积极推进人才强邮战略，着力培养内部人才，吸引外部优秀人才，努力提升全员素质和服务质量；坚持创新发展，扩大邮政业的有效供给，强化大数据、云计算、互联网、物联网等信息技术，以及智能终端、自动分拣、数据派单、数据分单、运载工具、智慧仓储、机器人等共性关键技术的研发应用；同时，相关部门要在河南省全国性快件集散交换中心、邮政业生产与信息安全监控系统、县级以下邮政营业网点、航空邮件快件"绿色通道"等邮政基础设施项目建设方面给予支持；加强中西部分拨中心和信息系统建设，加大运力与综合服务平台投入，逐步缩小西部和农村地区快件收派比差距②。

（2）电信业方面。要高度重视通信信息网络基础设施安全，加大对信息安全的保护力度；推动"三网融合进程"实施移动通信网络升级工程，提高手机

① 李强. 面临历史转折电信业赶考 [EB/OL]. http：//news. xinhuanet. com/info/2014-09/25/c_133671494. htm，2014-09-25.

② 河南省邮政管理局. 河南局推进郑州航空快件"绿色通道"试点建 [EB/OL]. http：//news. xinhuanet. com/politics/2016-05/17/c_128989052. htm，2016-05-17.

通信网络的覆盖范围与技术水平；重点实施郑州市国家级互联网骨干直联点提升、"全光网河南"、"精品4G"三大工程，全力打造"米"字形现代信息网络枢纽，构建网上丝绸之路核心通信信息节点①；要促进企业自主创新，引进高新技术，进一步推动电信运营商向综合信息服务商加速转型，推动行业平稳较快发展；要强化竞争合作意识，维护和谐共赢的市场环境；要进一步完善农村通信基础设施，加快推进农村信息化；要切实加强应急通信基础管理，提高应急通信保障能力；要加强通信工程质量管理，扎实推进电信基础设施共建共享②。

（3）互联网方面。要加快建设高速宽带网络，积极推进高速光纤宽带网、下一代互联网建设，提升办公与家用宽带的接入能力；加快构建以互联网为平台的社会治理信息系统建设，积极推进云计算、大数据的应用，提升电子政务的应用水平，实施"物联网+"推进工程；提升网络安全防护能力，加大网络安全威胁治理，积极参与网络安全国际合作，建立安全可信的网络环境，保障用户信息安全；发展"互联网+医疗""互联网+交通""互联网+公共服务""互联网+教育"等新兴领域，使互联网与更多传统行业进一步融合；同时，要规范互联网市场秩序，为互联网发展创造公平公正、有序有效的市场环境，促进互联网市场繁荣，保护用户的合法权益[8]。

（4）建设智慧城市方面。要加快智慧城市建设，推动形成用大数据说话、用大数据决策、用大数据管理、用大数据创新的城市管理新方式③。信息基础设施建设对于智慧城市有着先决化的作用，发展智慧城市需进一步增强城市信息基础设施，推动重点建设物联网、4G移动、网络空间技术、智能化网络平台等；有序推进互联网、广电网、电信网"三网融合"，构建宽带、泛在、融合、安全的信息基础设施体系。同时，建设智慧城市需要拆除"信息墙"，打通"信息路"，编织"信息网"，打破各系统独立建设、条块分割和部门分治的局面，将信息由点及面对各个部门数据资料库进行标准化整合，建设统一的云计算数据中心，促进信息协调、信息共享、信息公用，将信息融入城市，推动城市经济、社会、生态各方面协调发展。

---

① 中国通信网. 河南电信业今年做好十项工作 加快转型升级［EB/OL］. http：//tech. 163. com/10/0222/16/604VMIPK000945NN. html，2010-02-22.

② 杜宇. 河南电信业今年做好十项工作 加快转型升级［EB/OL］. http：//it. sohu. com/20100222/n270362832. shtml，2010-02-22.

③ 素文，临江，立平. 智慧城市"智慧"建设［N］. 人民邮电报，2016-05-12.

<h1 style="text-align:center">第三节　水利基础设施建设</h1>

水利基础设施不仅包括与水资源开发密切相关的引水和供水设施，而且包括水库和灌区、防洪排涝设施等护水设施，也涉及与农业生产密切相关的农田水利设施。本章以 1980 年为时间节点，采用水资源总量、水产品总量、全年供水总量、水库个数、灌区个数、库容量、规模以上灌区渠道长度、除涝面积、旱涝保收面积、堤坝长度、堤防保护耕地面积、农田有效灌溉面积、节水灌溉面积、农田有效灌溉系数、配套机电井数 15 个指标，分别对河南省不同类型水利基础设施的建设水平进行研究，以期为客观地分析河南省水利基础设施的历史演变过程提供定量支持。

一、水利基础设施的历史演变

1. 水资源利用和供水设施建设情况

河南省处在我国南北交界的地带，地跨黄河、淮河、海河和长江四大流域，因此，河南省的地表水来源于多种河川径流。总体而言，河南省属地表水资源不丰富的省份，全省多年平均降水量为 776.3 毫米，汛期（6~9 月）降水量占全年总降水量的 60%~70%；多年平均天然河川径流量为 313 亿立方米，折合径流深为 187.4 毫米，其中淮河流域 178.5 亿立方米，黄河流域 47.4 亿立方米，长江流域 66.9 亿立方米，海河流域 20.0 亿立方米。河南省地下水资源量总计 230 亿立方米，其中浅层水为 204.7 亿立方米，中深层水为 25.3 亿立方米[①]。浅层水可开采量达 117 亿立方米，广泛分布于河南省广大的平原和山区的河谷平原、山间盆地及黄土丘陵区。由表 9-6 可知，截至 2014 年，河南省水资源总量保持在相对稳定的水平，但近两年波动变化。从全国看，2022 年河南省水资源总量在全国处在第 21 位，人均占有量约 252.5 立方米。依托各种水资源，河南省渔业经济快速发展，水产品总量持续上升，由 1980 年的 2.91 万吨增长为 2022 年的 94.2 万吨，说明渔业（捕捞和养殖）生产活动的最终有效成果持续上升。为解决城乡居民的用水问题，河南省不仅加强了各种供水工程设施建设，而且出台了实施"村村通自来水"工程，出台了《河南省农村饮水安全工程建设管理办法实施细则》，把解决农村饮水安全工程建设列入为民要办好的十项重点民生工程。

---

①　河南省水文信息网.河南省水资源概况［EB/OL］.http://www.hnssw.com.cn/primaryservice41/3377.jhtml，2014-01-09.

表 9-6 1983~2022 年河南省水资源总量和水产品总量变化

指标 ＼ 年份	1983	1985	1990	1995	2000	2005	2010	2015
水资源总量（亿立方米）	490	531	531	531	531	558.56	534.89	287.17
水产品总量（万吨）	2.91	6.37	10.48	18.09	32.18	51.7	100	125.36
指标 ＼ 年份	2016	2017	2018	2019	2020	2021	2022	
水资源总量（亿立方米）	337.35	423.06	339.83	168.56	408.59	689.2	249.4	
水产品总量（万吨）	128.35	94.67	98.38	99.08	98.05	94.3	94.2	

资料来源：根据历年《河南统计年鉴》计算。

2. 水库和灌区设施的建设情况

水库具有很好的蓄水和防洪除涝的功能，所以对水库的建设有利于人们更好地利用水资源，并且能够减少旱涝影响带来的灾害[9]。中原地区河流众多，水系庞大，为解决农田灌溉、防洪减灾、居民生产生活用水等问题，河南省兴建了很多类型的水库和灌区。由表 9-7 可知，河南省的水库个数在 1980~2010 年呈现小幅下降状态，近期又急速增加。就近期而言，2022 年河南省水库数量达到 2543 个，比 2010 年新增 193 个。其中，大型水库达到 25 个，比 2010 年增加了 4 个；中型水库 121 个，新增 14 个。全年大中型水库蓄水总量 51.56 亿立方米，比年初增加 8.70 亿立方米。其中大型水库 42.1 亿立方米，中型水库 9.46 亿立方米。从库容量看，1980~1990 年库容量基本保持在 490 亿立方米左右，1991~1995 年库容量大幅减少，1995 年以来库容量又逐渐增加，至 2022 年库容总量达到 431 亿立方米，其中大型水库 377 亿立方米，中型水库 34 亿立方米。从灌渠兴建的个数看，河南省灌渠数在 1980~1990 年逐年下降，1990 年以来逐年上升，2010 年后大幅上升，至 2022 年达 2511 个。从近期的灌区建设规模来看，规模以上灌区渠道长度由 2010 年的 2075 千米增加到 2022 年的 2371 千米。

表 9-7 1980~2022 年河南省水库设施历史变化

指标 ＼ 年份	1980	1985	1990	1995	2000	2005	2010	2015
年底水库数（个）	2486	2443	2427	2408	2396	2343	2350	2653
年底灌渠数（个）	180	177	146	157	171	178	191	664
年底库容量（亿立方米）	487.53	493.38	499.96	265.10	269.6	270.59	274.09	420.17*
规模以上灌区渠道长度（千米）	—	—	—	—	—	—	2075	2454

续表

指标 ＼ 年份	2016	2017	2018	2019	2020	2021	2022	
年底水库数（个）	2650	2655	2654	2510	2510	2506	2543	
年底灌渠数（个）	666	660	668	668	665	657	—	
年底库容量（亿立方米）	—	425.7	425.7	432.9	432.9	438	438	
规模以上灌区渠道长度（千米）	2665	2679	2686	2686	2686	2371	2371	

注：＊表示 2013 年数据。

资料来源：《河南统计年鉴》（1981~2023）和《河南年鉴》（1981~2023）。

3. 防洪排涝设施的建设情况

为应对暴雨侵袭、汛期水位抬升等因素造成的河流洪灾，河南省不断加强易洪灾害地区的防洪排涝设施建设，抵御洪水灾害的能力不断增强。从防洪堤坝修筑长度看，河南省的堤坝长度由 1980 年的 11709 千米增加到 2022 年的 21016 千米，年均增加 221.59 千米。其中达标长度和堤防保护耕地面积在 2022 年分别达到 12219 千米和 3551 千平方千米。在排涝工程方面，除国家和河南省的政策与战略支持外，河南省加大了资金投入和治理力度，修整和加固了一大批排涝工程设施建设，排涝除涝的能力不断增强。从易涝面积和除涝面积（见表 9-8）看，虽然易涝面积保持在 2100 千公顷左右，但除涝面积不断增加，由 1980 年的 1498.1 千公顷增加到 2022 年的 2184.9 千公顷；从除涝面积占易涝面积的比重看，由 1980 年的 72% 提高到 2014 年的 95%，这更反映了河南省在排涝工程建设方面取得的一些成绩。"十二五"以来，河南省持续开展抗旱应急灌溉工程建设、防洪排涝减灾工程建设，新增农资综合补贴资金以增强粮食生产核心区县（市）的农田水利、防洪排涝工程建设，全省新修维护塘坝堰 3.5 万处，新修维护灌溉机井 11 万眼，新增改善灌溉面积和新增节水灌溉面积均超过千万亩。可以说，如今完善的灌排工程体系，使农民不再因排涝而造成过多的粮食减产，为粮食丰产提供了重要的保障。

表 9-8　1980~2022 年河南省防洪设施历史变化

指标 ＼ 年份	1980	1985	1990	1995	2000	2005	2010	2015
除涝面积（千公顷）	1498.1	1598.1	1562.5	1716.8	1848.1	1903.7	1956.0	2074.6
易涝面积（千公顷）	2093.2	2102.7	2111.6	2108.9	2108.3	2098.9	2100.6	—
堤坝长度（千米）	11709	11790	12377	14941	15758	16076	16277	19351

续表

年份 指标	1980	1985	1990	1995	2000	2005	2010	2015
达标堤坝长度（千米）	—	—	—	—	—	6440	6440	10617
堤防保护耕地面积 （千平方千米）	4303	5168	5717	3308	3260	3376	3388	3524

年份 指标	2016	2017	2018	2019	2020	2021	2022
除涝面积（千公顷）	2108.1	2106.3	2136.9	2149.3	2167.1	2191.05	2184.9
易涝面积（千公顷）	—	—	—	—	—	—	—
堤坝长度（千米）	19591	19743	20023	20075	20323	20716	21016
达标堤坝长度（千米）	10692	10805	11071	11162	11383	11919	12219
堤防保护耕地面积 （千平方千米）	3542	3532	3538	3548	3585	3551	3551

资料来源：《河南统计年鉴》（1981~2023）、《河南年鉴》（1981~2023）和2005~2023年《河南省国民经济和社会发展统计公报》。

4. 农田水利设施的建设情况

河南省的水资源相对短缺且空间分布不均匀，但却面临着提升粮食产量和建设粮食生产核心区的重任，因此修建和新建农田水利设施成为解决农业用水的重要举措[10]。1980年以来，河南省不断加强农田水利设施建设，为建设高效的农田水利设施打下了很好的基础。2014年河南省大力开展灌溉项目建设，完成20处大型灌区配套改造及7个规模化节水项目县建设；2015年大型灌区续建配套与节水改造项目下达投资计划11.48亿元，是历年来国家单项投资最多的一次，13个灌区涉及的20个项目全部开工建设。小型农田水利建设着力解决农田灌溉"最后一公里"问题，全面完成68个小农水重点县和37个中央统筹资金项目县的2014年建设任务，47个小农水重点县、19个项目县的跨年度建设完成投资计划的80%，农业生产综合保障能力进一步提高。从配套机井建设方面，机电井数由1983年的54万眼增加到2022年的403.3万眼；农田有效灌溉面积逐渐扩大，由1980年的3536.23千公顷增长到2022年的5623.2千公顷；在1991年国家农田节水灌溉政策的带领下，河南省的农田节水灌溉设施不断加强建设，节水灌溉面积由1995年的179.33千公顷增加为2022年的2475千公顷；农业灌溉用水有效利用系数不断提升，由2005年的0.48提高到2022年的0.62，比全国的0.57的有效灌溉系数高出0.05，大大提高了农田灌溉的节水能力，如表9-9所示。

表9-9 1980~2022年河南省农田水利设施历史变化

指标＼年份	1980	1985	1990	1995	2000	2005	2010	2015
有效灌溉面积（千公顷）	3536.23	3189.97	3550.09	4044.19	4725	4864	5081	5333.90
节水灌溉面积（千公顷）	—	—	—	179.33	949.61	1309.1	1598.9	1672.16
节水灌溉面积占灌溉面积比重（%）	—	—	—	4.43	19.8	26.5	29.7	31.35
农业灌溉用水有效利用系数	—	—	—	—	—	0.48	0.57	0.60
配套机电井数（万眼）	54*	55.02	60.21	77.20	107.39	113.21	138.07	445.41

指标＼年份	2016	2017	2018	2019	2020	2021	2022	
有效灌溉面积（千公顷）	5360.30	5274	5289	5328.9	5463.1	5534.16	5623.2	
节水灌溉面积（千公顷）	1806.61	1893.27	1997.86	2190.2	2293	2384	2475	
节水灌溉面积占灌溉面积比重（%）	33.7	35.1	36.9	40.2	42	43	45	
农业灌溉用水有效利用系数	—	—	—	0.615	0.617	0.622	0.619	
配套机电井数（万眼）	363.30	365.3	366.5	374.6	384.6	392.5	403.3	

注：*为1983年数据。

资料来源：《河南统计年鉴》（1981~2023）、《河南年鉴》（1981~2023）、1980~2023年《河南省国民经济和社会发展统计公报》、《河南省国民经济与社会发展第十二个五年规划纲要》和《河南省国民经济与社会发展第十三个五年规划纲要》。

二、水资源和水利资源的空间分布特点

1. 水资源与供水设施

在水资源与供水设施建设中，河南省多年平均地表水资源量为313亿立方米，浅层地下水资源量约为218亿立方米，且各流域分布不均，2022年各流域地表水和浅层地下水具体分布如图9-12、图9-13所示。河南省的多年平均水资源总量（包括地表水和地下水）约为531亿立方米，并且突出表现出严重的水资源分布不均的情况。在空间上，河南省水资源主要分布在西北部、西部及南部山区，总体呈现出"南多北少，西多东少，山区多平原少"的空间特征。另外，河南省的城乡供水和配套设施在城镇和乡村地区存在很大差距。据统计，2022年，河南省城镇全年供水总量为231305万立方米，用水普及率为99.3%[①]，

---

① 城市处.河南省人民政府关于印发河南省新型城镇化规划（2014—2020年）的通知［EB/OL］.河南省政府网，2014-08-01.

河南省农村自来水普及率由 2005 年的 50.2%提升为 2022 年的 91.4%，农村自来水普及的程度虽逐渐增高但仍需进一步提升。从配套设施建设看，城镇供水配套设施的建设规模大、建设速度快，而农村供水设施建设则面临着难题多、配套设施的跟进不足的局面，因此河南省各省辖市城乡之间均存在不同程度的公共供水不平衡现象，且在市辖区和乡村地区供水设施配套建设差异大。

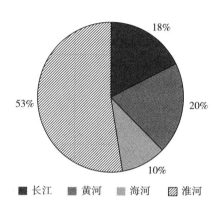

图 9-12　2022 年地表水资源各流域分布

资料来源：根据《河南统计年鉴》（2023）自绘。

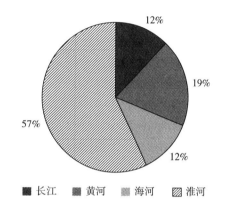

图 9-13　2022 年地下水资源各流域分布

资料来源：根据《河南统计年鉴》（2023）自绘。

2. 水库空间分布分析

近年来，河南省在水库建设方面取得了进步，截至 2022 年，河南省已建成大型水库 25 座（见表 9-10、图 9-14）。由河南省的大型水库统计情况可知，河南省在地跨的四大流域内很多水系都兴建了水库，基本上解决了抵御洪水、防止水患以及城乡生产生活用水的需求。从空间分布看，大型水库主要分布在河南省的西部、西南部和南部地区，而在北部和东北部以及东部地区分布较少。河南省的大型水库在黄河以南地区分布较多，但在黄河以北地区只存在 1 座，河南省的东部地区不存在大型水库。河南省的中型水库主要分布情况与大型水库分布情况相似，在西部、西南部和南部地区分布较多，但中型水库分布相比于大型水库分布在河南省的北部地区有一定的差异，中型水库在北部地区分布并存在一定的数量规模，中型水库在河南省的东部地区分布较少，尤其是在濮阳市、新乡市、开封市、许昌市和周口市地区分布最少或没有分布。从大型水库所属流域看，分布于淮河流域的水库较多，且分布于淮河流域水库的蓄水量最大（见图 9-15 和图 9-16）。

表 9-10 2022 年河南省大型水库统计

水库名称	建设地点	所属河系	所属流域	水库总容量（亿立方米）	年末蓄水量（亿立方米）
小南海	安阳县	安阳河	海河	1.08	0.289
盘石头	鹤壁市	卫河	海河	6.08	2.797
窄口	灵宝市	宏农涧	黄河	1.85	0.976
陆浑	嵩县	伊河	黄河	13.2	4.759
故县	洛宁县	洛河	黄河	11.75	5.48
河口村	济源市	沁河	黄河	3.17	1.216
南湾	浉河区	浉河	淮河	16.3	4.273
石山口	罗山县	小潢河	淮河	3.72	0.538
泼河	光山县	波陡河	淮河	2.35	0.925
五岳	光山县	青龙河	淮河	1.2	0.579
鲇鱼山	商城县	灌河	淮河	11.06	1.563
宿鸭湖	汝南县	汝河	淮河	16.56	1.25
前坪	汝阳县	沙颍河	淮河	5.84	2.05
板桥	泌阳县	汝河	淮河	6.75	1.499
薄山	确山县	臻头河	淮河	6.2	1.714
石漫滩	舞钢市	滚河	淮河	1.2	0.653
昭平台	鲁山县	沙河	淮河	7.13	1.148
白龟山	湛河区	沙河	淮河	7.31	2.067
孤石滩	叶县	澧河	淮河	1.85	0.361
燕山	叶县	澧河	淮河	9.25	1.306
出山店	浉河区	淮河	淮河	12.51	1.217
白沙	禹州市	颍河	淮河	2.95	0.715
宋家场	泌阳县	泌阳河	长江	1.32	0.474
鸭河口	南召县	白河	黄河	13.16	0.386
赵湾	镇平县	赵河	长江	1.07	0.393
全省总计				164.86	

资料来源：《2013 年河南省水利普查数据》、《河南年鉴》（2023）和 2023 年《河南省国民经济与社会发展统计公报》。

图例
- ◎ 省级行政中心
- ◇ 大型水库

大型水库名称

1 三门峡水库	6 故县水库	11 板桥水库	16 孤石滩水库	21 五岳水库
2 宿鸭湖水库	7 鲇鱼山水库	12 薄山水库	17 窄口水库	22 小南海水库
3 南湾水库	8 燕山水库	13 石山口水库	18 西霞院水库	23 赵湾水库
4 陆浑水库	9 白龟山水库	14 白沙水库	19 宋家场水库	24 盘石头水库
5 鸭河口水库	10 昭平台水库	15 泼河水库	20 石漫滩水库	25 河口村水库

图 9-14　2022 年河南省大中型水库分布情况

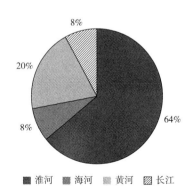

图 9-15　2022 年末大型水库所属流域数量对比

资料来源：根据《河南统计年鉴》（2023）自绘。

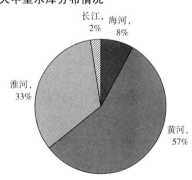

图 9-16　2022 年末大型水库所属流域蓄水总量对比

资料来源：根据《河南统计年鉴》（2023）自绘。

3. 防洪设施建设

河南省在防洪设施建设方面积极推进，在防止洪涝灾害方面发挥了重要作用。截至 2022 年，在省内共修建堤坝 20716 千米、清淤沟渠 30282.63 千米、疏浚河道 4737.83 千米、除险加固大中小水库共 2511 座，并对 2363 座一般小（Ⅱ）型病险水库小（Ⅱ）型水库（指水库库容大于或等于 10 万立方米而小于 100 万立方米）项目全部开工建设，对 133 个中小河流进行治理并累计完成投资 26.8 亿元，建立水闸 4312 座等很多方面取得了相当不错的成果①。2022 年，河南省新增治理水土流失面积 1432 平方千米、坡耕地改造 3562.65 公顷、淤地坝除险加固 17 座。但由于国家和各地方技术及财政的支持力度不同，在黄河流域、淮河流域、海河流域和长江流域出现了治理力度不平衡的现象，总体体现出对淮河流域的防洪治理力度较大，黄河流域防洪治理力度一般，海河和长江流域的防洪治理力度相对较低的现象。因此，河南省在流域防洪处理方面仍需要进一步的努力，并且须处理好各流域防洪治理力度水平之间的协调关系，以进一步减少河南省遭受洪涝灾害的影响。

4. 农田水利设施建设

在农田水利设施建设中，大型水利枢纽和水电站等都有控制洪水泛滥、提供灌溉用水的功能，有助于缓解干旱洪涝灾害对农田产生的影响，从而达到粮食旱涝保收的目的。河南省有大型水利枢纽和水电站 6 座，其中，2 座在河南省的西部地区，2 座在河南省的西南部地区，2 座在河南省的南部地区，呈现出分布不均的特征。另外，由于河南省水资源短缺的现状，在各个方面都提出了节约水资源。作为农业大省，河南省农田水利节水灌溉是必要的②③。但是就河南省节水灌溉水平来看，各地区存在一定的差异（见图 9-17），由 2022 年河南省节水灌溉面积空间分布图可以看出，南阳市、驻马店市、许昌市、新乡市、濮阳市节水灌溉水平最高；焦作市、商丘市节水灌溉水平较高；安阳市、郑州市、平顶山市的节水灌溉水平为中等；而三门峡市、济源市、洛阳市、鹤壁市、开封市、漯河市、周口市和信阳市的节水灌溉水平为低或较低。

① 河南省水利办公室. 河南省水利厅关于印发河南省水利发展"十三五"规划的通知［EB/OL］. http：//www.yby1953.com/wzsy.
② 关恒. 河南农田水利建设现状分析及对策［J］. 城乡建设, 2014（8）：174.
③ 豫水计〔2015〕1 号. 河南省水利厅关于印发河南省 2015 年水利基础设施建设工作方案的通知［J］. 河南水利与南水北调, 2015（3）：12-18.

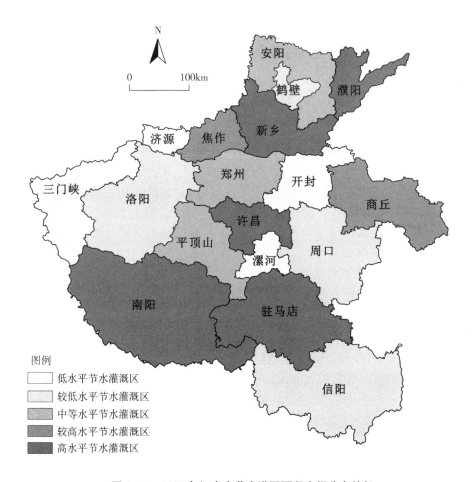

图 9-17　2022 年河南省节水灌溉面积空间分布特征

资料来源：根据《河南统计年鉴》（2023）自绘。

三、水利基础设施现状与存在问题

随着城镇化工业化进程的不断加快和人们生活水平的提高，河南省在社会、经济、文化、技术等方面有了很大的提高，在基础设施建设中也取得了可观的发展，尤其是在水利基础设施建设方面已经有了很大提高，但从近几年来看，河南省水利基础设施建设仍存在一定的不足，具体表现在以下几个方面：

1. 水资源开发与供水设施建设现状及问题

随着河南省工农业发展、城镇规模的扩大和人口的增长，工业废水和生活污水日益增加，因此存在城市和农村地区均出现部分废污水未经处理就直接排放，固体废弃物任意堆置，农药、化肥大量使（施）用，有害物质降雨淋溶排入河道，严重污染了河流水体等现象，从而制约了水资源功能的发挥。近几年，随着对水资源保护的加强，防治污染措施的不断实施，废污水处理力度逐步加大，特别是淮河流域地表水质有所好转。不仅如此，河南省在供水方面也取得了一定的进步，2016年，全省供水量为227.6亿立方米，其中地表水源供水量为105.0亿立方米；地下水源供水量为119.8亿立方米；集雨及其他非常规水源供水量为10.643亿立方米。全省人均用水量为231立方米；万元GDP（当年价）用水量为37.2立方米；农业灌溉亩均用水量为172立方米；在分行业用水中，农林渔业用水量为135.5亿立方米（农田灌溉121.62亿立方米），万元工业增加值（当年价）用水量为10.9立方米（含火电），城镇人均生活综合用水量为160升/天（含城市环境），农村居民生活69升/天[①]。但由于一些工程供水水源和供水结构单一，城市供水管网老化，供水配套设施不完善，农村供水工程网络还未形成，对城市和农村用水产生一定的影响。

2. 水库建设现状及问题

随着国家对水库建设政策的推行和河南省政府对其大力推进及投入，河南省在水库建设方面取得了较为可观的成效。2016年，河南省共有2650座不同规模的水库，其中有27座大型水库（不包括丹江口水库、小浪底水库、三门峡水库）、121座中型水库和2363座小型水库。大中型水库年末蓄水总量为51.56亿立方米，其中，大型水库42.1亿立方米，中型水库9.46亿立方米（见表9-11）。截至2022年，河南省的大型水库总库容量达438亿立方米（包括丹江口水库容量）。河南省水库数量和库容量均有大幅提升，但就目前来看，一些大中小型水库都存在不同程度的隐患，尤其是小（Ⅱ）型水库，存在不同程度的病险问题，其中包括大坝结构强度低、抗震防洪能力差、泄洪输水能力弱、设备设施等不安全和渗流问题突出等。因此，对大中小型水库的除险加固尚待进一步加强。

表9-11 2022年不同规模水库数量和总库容量汇总

水库规模	合计	大型	中型	小型
数量（座）	2511	27	121	2363
年末蓄水量（亿立方米）	51.56	42.1	9.46	—

资料来源：《河南统计年鉴》（1981~2023）和《河南年鉴》（1981~2023）。

3. 防洪设施建设现状及问题

由于河南省特殊的地理环境，防洪除涝问题是历年来国家和政府关注的焦

---

① 李洋. 2022年河南省水利公报［EB/OL］. 河南省水利厅，http：//slt.henan.gov.cn，2023.

点问题。2022 年，海河流域蓄滞洪区建设项目累计完成投资 15470 万元。大中型病险水库除险加固完成投资 18.26 亿元，完成率为 99.3%，27 座全部或基本完成建设任务，小（Ⅱ）型病险水库除险加固全部完成建设任务。新出险小型病险水库除险加固完成投资 20532 万元，完成率为 92%。大中型病险水闸除险加固完成投资 17.1 亿元，完成率为 98.2%，121 座完工或基本完工。中小河流治理项目 2013~2022 年下达投资计划 327 个，主体完工或全面完工 285 个，完成投资 105.8 亿元。中小河流重点县综合整治项目完成投资 17.6 亿元。重要支流治理 2013~2022 年累计下达投资计划 20.3 亿元，完成投资 16.25 亿元，完成率为 80%。南水北调中线防洪影响工程已完成主体工程招标工作，累计下达投资 7.8 亿元，完成投资 5.6 亿元。但目前全省仍有一些大中型蓄水工程建设于 20 世纪五六十年代，不少防洪设施陈旧，区域防洪能力减弱，主要河流及其重要支流的防洪和综合治理工程尚未全面启动，蓄滞洪区安全设施亟须配套与完善。淮干一般堤防不牢固，部分大、中、小水库出现不同程度的病险、部分水闸设施出现不同程度的病险、中小河流治理力度不够等问题。因此，对河南省的防洪基础设施建设仍需国家和相关政府部门进一步努力，改善河南省的防洪基础设施建设，从而减少河南省大批农田和居民遭受洪涝灾害的威胁。

4. 农田水利设施建设现状及问题

近一个时期以来，大规模的城市和基础设施建设需要大量的水资源支撑，城乡争水、工农争水，挤占农田水利设施和灌溉水问题突出表现出来。在城乡经济社会快速发展中，如何确保农田用水，确保农田水利设施建设和有效利用已成为需要重视的问题。河南省是我国的农业大省，而农业是用水大户，虽然农田水利设施建设在一定程度上取得了很大的进步，但目前仍存在一些问题。2022 年，河南省农业灌溉用水有效利用系数为 0.62，比 2005 年增高了 0.14，大大提高了对水资源的利用。但从全省范围来看，由于受许多大中型灌区配套不完善、节水工程严重不足、高效节水设施普及率低等因素的影响，在有效灌溉面积中节水灌溉仅占 45% 左右。另外，由于有些农田水利设施已经投入运行 30 年以上，在其维护和维修方面做得不到位，而且受当时经济和技术条件的制约，使得这些水利设施在建造初期设计标准低下，配套不完善。随着时间的推移，这些设施由于缺少必需的定期维修，使得这些设施完好率不足 40%，造成灌溉效率低下。

四、未来发展应对措施

水资源可持续利用作为水利发展的战略重点，要求水利设施的建设更加突出由工程水利向资源水利，传统水利向现代水利、可持续发展水利转变，为着力构建防洪减灾体系和水资源保障体系做出重大贡献。

1. 提升水资源和供水设施建设

现阶段，河南省应该把合理开发水资源，保护水资源，提高水资源的质量，保证水资源的可持续利用作为河南省水利发展的战略重点。各市人民政府应多渠道筹集建设资金，按照城市供水发展规划和城市需要，及时新建、扩建、改建城市供水工程，提高城市供水能力，满足城市生活生产和其他各项建设用水需要。着力解决农村居民饮水，依照全面规划、城乡统筹、合理布局、规模建设的原则，因地制宜地采用城镇供水管网延伸、兴建中心水厂、分散供水等形式，形成以大中型集中供水工程为骨干，单村、联村集中供水工程为补充的农村供水网络。加强饮水水源保护和水质监测，建立健全农村供水工程运行管理机制，确保农村居民饮水安全工程正常运行。

2. 加快水库设施建设

在水库建设方面，应该加快建设一批水库，建成河口村水库（主体工程基本完成）、开工建设出山店水库和加快前坪水库的前期工作；建设河南省小浪底南北岸等大型灌区工程，以缓解河南省水资源短缺和调节河南省水资源分布不均。加固小浪底水库、南湾水库、赵湾水库、鲇鱼山水库、石山口水库等 268 座小（Ⅰ）型以上病险水库，着力解决 826 所小（Ⅱ）型水库的病险问题，提高水库防洪蓄水能力。2020 年完成"引黄入洛"工程，计划于2030 年前建成南阳市境内的青山水库、伏岗水库、罗汉山水库、秦岗水库，平顶山市境内的下汤水库，信阳市境内的张湾水库、晏河水库、袁湾水库、白雀园水库。

3. 加强防洪基础设施建设

加大资金投入力度，加强防滞洪区建设，完善防滞洪区配套设施，提高区域防洪能力，加快主要河流和重要支流建设。加强对大中小型病险水库的修建力度，积极推进大中型病险水闸除险加固项目和重要支流治理项目。加大沁河、伊洛河、金堤河、唐白河、卫河、漳河等河流治理力度。以新一轮治淮工程为重点，加快淮干一般堤防加固；加快中小河流治理，优先安排洪涝灾害易发、保护区人口密集、保护相对重要的河流及河段，使治理河段基本达到国家防洪标准。实施黄河堤坝加固除险工程，加强空间信息技术在河道监测预警中的应用，推进黄蔡河、贺李河、四明河等主要河道除涝治理工程，完成北淮干渠、兰考干渠、北沙河南干和兰杞干渠等 21 条渠道的整治工作，整治渠道 135 千米，加快推进智能水利工程建设。

4. 注重农田水利基础建设

在农田水利设施建设方面，首先要处理好农业用水和各种生活及工业用水之间的关系，并在此基础上发展农田节水灌溉，因为节水灌溉装备在提高农业用水效率方面发挥着重要作用，对于缓解水资源短缺的矛盾有着战略性的地位。其次各地要以技术信息化促进管理、维护现代化，智慧化在线管理机井等设施档案，实时监测农作物生长状况，动态更新农业农村发展的各项数据，以"一张图""一张网""一个平台"为基础，构建业务协同、信息共享的数字管理体系，增强监管能力，提高管护效能。最后按照"大水源、大水网、大水务"的工作思路，省水利厅制定了《河南省农村供水保障行动方案》，要求"十四五"期间全省要完成60个县（市、区）的农村供水"四化"工作，到2025年全省农村自来水普及率达到93%，千吨万人规模化供水工程覆盖人口比例达60%以上，让更多的城乡居民吃上安全水、优质水、健康水。

第四节　能源利用及能源基础设施建设

一、能源利用及能源基础设施建设的历史演变

能源是向自然界提供能量转化的物质，包括煤炭、石油、天然气等，还有近些年来逐渐被人类开发利用的新型能源，如太阳能、风能等。工业革命以来，随着科技的进步，人类利用能源发展经济的能力越来越强。随着经济不断发展，能源需求量不断增加，能源已经上升为影响国家安全的重要因素之一，保证能源的充分供给是维持一个国家或地区社会经济繁荣与稳定的必要前提，能源利用方式的正确与否是衡量一个国家或地区社会经济发展及人民生活水平的重要指标[11]。随着新型工业化、新型城镇化进程的加快，河南省的能源生产和消费状况发生了很大的改变，经济社会发展对能源的需求和供给提出了新的要求。当前的能源生产和消费状况是受原有的供给关系、规模水平、基础设施建设水平等多方面因素交织影响的，因此，研究能源生产和消费的历史演变过程，分析能源基础设施的变化情况，能对河南省不同阶段的能源利用特征和能源基础设施建设状况进行客观的认知，也能为进一步分析河南省能源结构的转换、能源基础设施建设的改进方向打下基础[12]。基于此，本节以1980年为时间节点，分析河南省不同历史时期能源生产、消费的特征，分析能源基础设施的历史演变过程，以期为提升河南省的能源利用效率、推动能源设施的集成优化提供支撑，也期望为河南省国民经济长期平稳较快发展和人民生活水平持续提高提供支撑。

1. 能源总体生产与消费情况的历史演变

改革开放以来，国家政策确定要以经济建设为中心，大力发展第二产业。

第二产业中的发展重点是重工业企业，其发展依靠大量的能源消耗，因此能源的生产与消耗总量逐年增加。由图9-18可知，以2010年为时间节点，河南省的能源生产总量整体表现为"波动上升、近期下降"趋势。具体而言，河南省能源生产总量先由1980年的4402万吨标准煤以相对稳定的增速上升到1996年的8757万吨标准煤；1997~2000年，受国家能源供给结构的调整影响，生产总量不断下降，能源生产量下降至6591万吨标准煤；2001~2010年，除个别年份下降外，整体表现为大幅增长，能源生产量增至2010年的17438万吨标准煤；2011~2022年呈下降状态，2022年生产总量为10357万吨标准煤。根据图9-18可知，河南省能源消费总量的变化情况可划分为三个阶段：2003年前的平稳增长阶段，2003~2012年大幅快速增长阶段，2012年之后的波动阶段。河南省能源消费总量1980~2012年总体呈逐年上升的态势，具体来看，1980~2003年稳步上升，2003~2012年则飞速增长，2012年以来，能源消费总量出现下降趋势。2006年起，河南省的能源生产总量为15002万吨标准煤，能源消费总量为16234万吨标准煤，能源生产总量已经开始小于能源消费总量，这反映出河南省的能源消费已经无法完全自给，处于供不应求的状态[13]。

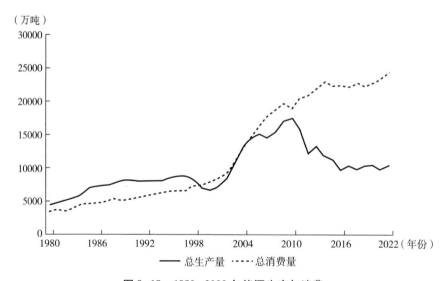

图9-18 1980~2022年能源生产与消费

资料来源：《河南统计年鉴》（2023）。

2. 原煤、原油、天然气等常规能源的生产与消费历史

相关资料显示，河南省是能源资源丰富的大省，能源资源种类多且总量大，原煤、原油、天然气等常规能源是整个能源消费结构中的主体。由图9-19可以发现，1980~1996年，能源生产总量整体上逐年增加，1997~2000年受国家宏

观调控的影响，常规能源的生产总量也有大幅度的下降，从 2001 年开始生产量又开始不断增加，2001~2010 年，总体上是波动上升的状态，2011~2014 年，常规能源的生产量呈现的是下降状态。由图 9-19 可知，原煤的生产量与常规能源的生产总量变化是一致的；原油的生产量呈现先增后减的趋势，1980~1992 年是逐年增加，1993~2016 年波动下降；天然气的生产量则一直处于不稳定状态。

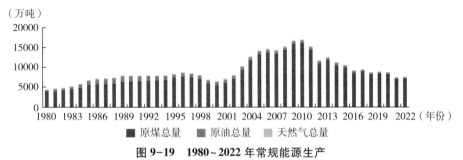

图 9-19　1980~2022 年常规能源生产

资料来源：《河南统计年鉴》（1981~2023）。

　由图 9-20 可知，河南省常规能源消费量在 1980~2008 年整体呈逐年上升的态势，但在不同的年份出现波动变化，具体而言，1981 年、1989 年出现小幅度的波动，2003~2012 年能源消耗量上升幅度加大，2013~2020 年则呈现波动下降趋势。分别来看，煤炭的消费量走势整体上和常规能源的消费量走势大致趋同，但生产量波动幅度较大，消耗量增长情况比较稳定，2015~2016 年生产与消耗量已产生较大差异；1980~2005 年石油的消耗量逐年稳步增加，只有在1981 年出现过一次猛增现象，2006~2016 年天然气的消费量是缓慢下降的。

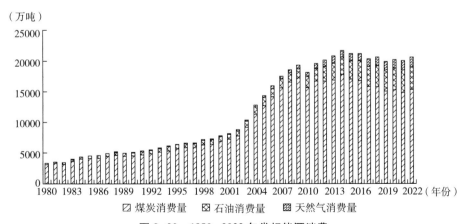

图 9-20　1980~2022 年常规能源消费

资料来源：《河南统计年鉴》（1981~2023）。

对比常规能源的生产量与消费量，如图 9-21 所示。能源生产总量 1980~1996 年呈现出波动上升的趋势，但是涨幅较小；由于国家宏观调控，1997~2000 年常规能源总量逐年下降，而 2001~2010 年生产量又逐年上升，其间有较小波动；2011 年以来则呈明显的下降趋势并逐渐趋向稳定。常规能源消费总量从 1980~2012 年呈较稳定的增长趋势，但以 2002 年为分界点，2002 年以前增幅较小，2002 年以后增幅较大。以 1995 年和 2005 年为时间节点，1980~1998 年河南省的常规能源生产总量要高于消费总量，其间只有 1981 年的消费总量超过生产总量，1998~2002 年的常规能源消费总量要高于能源生产总量，2003~2005 年生产总量与消费总量基本持平，从 2006 年开始常规能源消费总量又开始高于生产总量，并且差距有逐步加大的趋势。

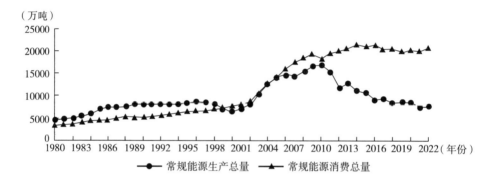

图 9-21　1980~2022 年常规能源生产与消费走势

资料来源：《河南统计年鉴》（1981~2023）。

3. 电力资源生产与利用的历史演变

鉴于相关数据的缺失，选择 1995~2016 年的数据来分析河南省电力资源生产与消费的历史演变。由图 9-22 可知，河南省发电量 1995~2012 年整体上是稳定上升的，例如，水电从 1995 年的 15.86 亿千瓦时增加到 2022 年的 155.49 亿千瓦时，火电从 1995 年的 535.38 亿千瓦时增加到 2022 年的 2776.9 亿千瓦时，风能从有统计以来的发电量 2008 年为 0.2 亿千瓦时增加到 2014 年的 270 亿千瓦时，太阳能的发电量在 2022 年末达到 50 亿千瓦时等。河南省的用电量在 1980~2015 年是逐年上升的，且 2004 年之后增幅有所提升。以 2007 年为节点，1995~2007 年河南省的电力资源方面整体上是发电量高于用电量的，其间，2005 年发电量与用电量是平衡状态；从 2008 年开始河南省的用电量开始超过了发电量，在电力资源方面河南省已经表现出了供不应求的情况。

4. 新能源生产与利用的历史演变

在能源消耗利用大爆炸的时代，新能源的开发利用是必然趋势。河南省正处

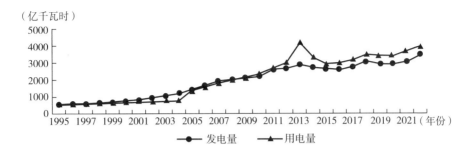

图9-22　1995~2022年河南省发电量与用电量走势

资料来源：《河南统计年鉴》（1996~2023）。

于经济快速发展的时期，能源的消耗量巨大，即使河南省的能源丰富，仍然避免不了面临能源枯竭的威胁。为了应对这种局面，河南省也在大力开发利用新能源，目前开发的新能源有风能、太阳能、核能等。在河南省的统计数据中，风能的利用是从2008年开始有统计数据的，主要是用于发电；太阳能发电2014年是有统计数据的，但这并不是说河南省在新能源的开发利用方面不积极，因为河南省很早就开发了南阳、信阳等核电厂；在风能利用方面，信阳风电场项目已通过相关专家评审，该项目包括商城黄柏山风电场、新县大别山风电场、鸡公山风电场和平桥风电场共4个风电场；在生物质能方面，河南省已经完成在南阳市、新乡市、周口市、商丘市等市布局纤维乙醇产业化及联产生物质发电、生物基化工产品项目；在以农副产品深加工为主导产业的产业集聚区建设大型沼气工程和配套沼气发电项目；河南省在新能源的开发利用方面取得了很大的进步，但新能源的开发力度仍然不强，投入产业发展的能源量仍然不多。

二、能源基础设施的现状与存在问题

河南省拥有相对丰富的常规能源，可探明的原煤、原油等能源资源储量较大；另外，河南省近些年来开发利用新能源的同时，在新能源基础设施建设方面也取得了较大的进展，如风电场在河南省的建立、光伏发电厂的建立、太阳能发电站的建立等。但在能源生产上以常规能源为主，其中石油和煤炭等常规能源占能源生产总量的85%以上；2010年前，河南省的能源生产总量一直高于消费总量，随着河南省社会经济的快速发展，能源的消耗量也在快速地增加[14]。近些年来，河南省的能源消耗量已经超过了能源的生产量，从前文也可以了解到，自2010年以来河南省能源消费已不能实现自给，煤炭资源甚至已经出现枯竭现象。

1. 煤、石油、天然气等常规能源生产、利用方面的现状与问题

虽然河南省的煤炭资源总量比较可观，但由于近些年来的大肆开发利用，煤炭的资源总量不断下降。1999年，河南省的原煤生产量为6947万吨标准煤，

煤炭的消费量为 6457.5 万吨标准煤，但近几年煤炭资源的缺口越来越大，2021 年煤炭资源的缺口为 7733.96 万吨标准煤，2022 年煤炭资源缺口为 8055.38 万吨标准煤；目前，河南省的石油开采生产量每年都不太稳定，且产量较少，2019 年石油的生产量为 251.1 万吨标准煤，2020 年为 239.9 万吨标准煤，2021 年为 234.7 万吨标准煤，但消耗量却明显地逐年增加，2019 年石油的消费量为 714.83 万吨标准煤，2020 年为 890.73 万吨标准煤，2021 年为 922.74 万吨标准煤。由图 9-20 和图 9-21 所知，近几年河南省天然气的生产量逐年减少，但消费量却不断增加，这得益于国家的西气东输工程。

对河南省常规能源现状的分析，可以总结出以下几点问题：第一，河南省的常规能源已经不能充分实现自给，常规能源的利用面临枯竭的威胁；第二，常规能源的利用结构不合理，消费结构单一，其中石油和煤炭等常规能源占能源生产总量的 85% 以上；第三，常规能源的大量使用势必会造成环境问题，目前河南省的能源利用技术并不先进，环境问题确实堪忧。

2. 电力生产与利用的现状与问题

河南省电力资源的生产与利用发展是较快的，2022 年，河南省的发电量达 3429.8 亿千瓦时，发电装机容量为 11946.66 万千瓦，比上年增长 7.5%。据电力年鉴最新统计数据，2014 年河南省 35 千伏以上变压器（含公用变压器和自备变压器）有 3173 座，35 千伏及以上换流变压站 3 座，换流变压器 20 组等，35 千伏以上输电线路回路长度达 70156 千米。但电力能源的生产与利用方面也存在着问题：结构性矛盾突出，仍然需要提高利用的技术含量；煤电利用的比重很高，电源的调峰能力不足，每到夏季的热伏天总会出现停电现象，甚至有时会很频繁；电力生产主要技术指标与国际水平还有一定差距，火电机组参数等级不够先进，原煤利用不够充分，造成资源浪费和环境污染；电力基础设施分布不均衡，河南省西部和南部的电网分布较稀疏，中部和北面分布较稠密[15]。

3. 新能源的生产利用现状与问题

河南省新开发利用的能源种类增多，生物质能、核能、风能等均开始投入使用，近年来新能源生产与消费在能源消费总量中的比重不断提高，且目前已取得显著成果。例如，南阳核电项目的建设、风电场的建设、大力发展光伏发电、积极创建分布式光伏发电规模化应用示范区等。2023 年 1 月 11 日，河南省社会科学院、国网河南省电力公司经济技术研究院联合发布的《河南能源发展报告（2023）》指出，2022 年河南新能源发电装机规模达到 4900 万千瓦，增长 21.9%，发电量达到 828 亿千瓦时，增长 24.6%，新能源装机容量、发电量均创历史新高，2022 年光伏装机新增 777 万千瓦，光伏装机规模快速增长。同时指出，2022年河南省传统能源过剩产能有序化解，新能源持续快速发展，整体能源结构不断优化，能源产业转型发展初见成效。

但在新能源的开发利用过程中也出现了一些问题：大家都认为河南省能源丰富，缺乏能源危机感，对新能源工作的开展与进行并不是太热衷；缺乏足够的系统技术与设备的开发研究，技术水平低，设备制造能力弱是河南省新能源和可再生能源产业发展中遇到的最大困难之一；缺乏专门的技术人才，目前国家高等教育中设立的专门的新能源和可再生能源学科较少，从事该领域的研究人员也很少；新能源和可再生能源知识的社会普及程度也比较低，未引起全民与社会的关注与重视；新能源在整个能源利用结构中的比重太小。

三、能源利用的空间分布

1. 各市能源消费的空间格局

由图9-23可知，整体上河南省西部地区的能源消费量要高于东部地区，但有一个例外是鹤壁市。鹤壁市的能源消费量要明显地低于周边的安阳、新乡等地区，主要有两点原因：一是鹤壁市的地域较小，总人口较少，因此自然对能源

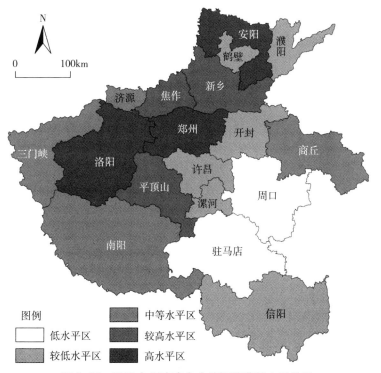

图9-23　2022年河南省各市能源消费的空间格局

的消耗就相对较少；二是因为鹤壁市近年来特别注重生态环境的保护，生态旅游业的发展是鹤壁市的重点对象。河南省各市的主要消费能源还是原煤，但像安阳市、新乡市、济源市、信阳市等市的焦炭使用比重也较大；由于一些城市原油统计数据的缺失，如驻马店市、济源市等，对于这些城市不作分析，濮阳市、南阳市和洛阳市的原油消费比重也较大，这与中原油田和南阳油田在当地建立分不开。三门峡市、商丘市和漯河市显示的能源消费几乎全是原煤，但并不意味着这些地区没有消费别的能源，只是因为消费得太少，无法显示，这也从侧面反映出这些城市能源消费结构太单一。

2. 电力基础设施的空间分布

国家电网现在已经遍布河南省的每一个城市，并且在很多地区都建设有500千伏变电站，部分地级市还建设了不止一座，如郑州市、洛阳市等。河南省各市的电力资源消耗差异很大，并不是地域大消耗的电力资源就多，如南阳市、信阳市、驻马店市等，虽然地域面积比较大，但这些地区消耗的电力资源却很少，这与当地的经济发展水平、人口总数、工业基础设施都密切相关；如郑州市、洛阳市、焦作市，这些城市的经济发展速度快、城市化水平高，相应的电力资源的使用量就较多。从总体上看，电力资源消耗较多的市域单元主要分布在河南省的中西部地区，这与其经济发展水平也相一致，经济发展较好的地方，电力资源的使用较多，电力基础设施也较好。

四、能源利用的措施

1. 针对常规能源问题提出的解决措施

（1）开源节流，集约开发利用煤炭资源，加大煤炭资源勘查力度。加快资源勘查速度，重点加强对已设立勘查区块的焦作市、平顶山市、义马市等老矿区深部及外围资源进行勘查，尽快提高勘查程度[16]。加大煤炭资源基础性勘查力度，加快推进周口市、濮阳市、开封市等地深部资源勘查工作的实施，储备后续资源。

（2）加强石油资源勘探力度。加大东濮凹陷及外围、泌阳和南阳凹陷、洛阳—伊川盆地等区域常规和非常规石油资源勘探开发力度，不断采用新技术、新工艺，提高开发及利用效率，尽可能延长中原油田、南阳油田稳产时间，努力稳定省内原油产量在300万吨以上。

（3）着力扩大天然气利用规模。加快推进途经河南省的西气东输三线和五线、新疆煤制天然气外输新粤浙和新鲁管线、海外液化天然气登陆连云港–商丘管道等国家主干线河南段以及配套的中原油田、平顶山叶县等大型储气库建设，大力引进天然气、煤层气、煤制天然气等各种燃气资源，构建省内"井"字形国家干线输气通道，逐步建成全国重要的区域性天然气输配中心。①

（4）大力发展非化石能源。围绕提高非化石能源在能源消费结构中的比重，安全高效推进核电建设，加强生物质能、风能、太阳能等可再生能源开发和综合利用，加快新能源产业化发展，增强非化石能源对传统能源的替代作用。

2. 针对电力资源问题提出的解决措施

（1）调整电力资源开发利用结构，逐步适当减少煤电的使用量，减轻目前社会经济发展的环境压力，将"绿水青山就是金山银山"贯彻到具体的社会经济活动中；提高能源利用的科技水平，增加水电、核电等的利用量，减少用电高峰期的电源调峰不足的现象。

（2）引进先进的火电机组，充分利用开发的原煤资源，做到物尽其用，煤炭是不可再生能源，要尽量避免造成严重的资源浪费和环境污染。

（3）加强电力基础设施建设，增加国家电网的覆盖强度与覆盖面积，将其设施尽快覆盖全省，使河南省的各个地市都有相对均匀分布的电力资源可利用。

3. 针对新能源问题提出的解决措施

（1）纠正公民的错误认识。河南省能源丰富并非意味着能源取之不尽、用之不竭，毕竟任何能源都经不起人们的过度使用和浪费。因此，促使人们树立能源危机意识，促进新能源在河南省的推广，是解决能源使用问题必须要采用的路径之一。

（2）加大对系统技术和新能源利用设备的开发力度，提高新能源利用的设备制造能力。

（3）培养和引进先进的新能源利用的专门人才，在国家高校中相应地开设与新能源开发利用有关的专业，培养该领域的研究人员，以提升人才服务新能源开发的创新力。

（4）加强社会对新能源的宣传引导力度，普及新能源知识，引起全民和社会对新能源的重视。

（5）推动产业结构转型升级，普及全面低碳的城乡居民绿色出行理念，提高新能源在河南省整个能源利用结构中的比重。

参考文献

［1］叶昌友，王遐见．交通基础设施、交通运输业与区域经济增长——基于省域数据的空间面板模型研究［J］．产业经济研究，2013（2）：40-47.

［2］河南省国民经济第十三个五年规划纲要［M］．郑州：河南人民出版社，2016.

---

① 河南省人民政府．河南省能源中长期发展规划（2012-2030）［Z］．能源综合规定，2013.

［3］张改素．基于新型城镇化的中原经济区城乡统筹发展研究［M］．北京：中国经济出版社，2017．

［4］李海俊，芦效峰，程大章．智慧城市的理念探索［J］．智能建筑与城市信息，2012（6）：11-16．

［5］任续池．新农村信息化建设研究［J］．山西农经，2010（4）：10-15．

［6］单志广，房毓菲．以大数据为核心驱动智慧城市变革［J］．大数据，2016，2（3）：3-8．

［7］赵君．信息化是人类社会发展的强大动力——我国信息化基础设施建设［J］．中华医学图书情报杂志，2005，14（3）：3．

［8］王良莹．"互联网+"视域下信息化的内涵演变与发展研究［J］．安阳工学院学报，2017，16（6）：3．

［9］袁寿其，李红，王新坤．中国节水灌溉装备发展现状、问题、趋势与建议［J］．排灌机械工程学报，2015，33（1）：78-92．

［10］赵恩泽．水法实施报告：水利设施是国家基础设施明显短板［EB/OL］．http：//npc. people. com. cn/n1/2016/0829/c14576-28674365. html，2023-02-12．

［11］曹玉书，尤卓雅．资源约束、能源替代与可持续发展——基于经济增长理论的国外研究综述［J］．浙江大学学报（人文社会科学版），2010，40（4）：5-13．

［12］周记顺．河南省能源利用现状及分析［J］．经济视角（下），2009（4）：39-42．

［13］王笑天，焦文献，陈兴鹏，等．河南省能源消费特征及影响因素分析［J］地域研究与开发，2016，35（1）：144-149．

［14］张兴辽．河南省能源资源产业现状评估与发展趋势预测［J］．中国国土资源经济2014，27（8）：9-15．

［15］李庆利．浅析河南省能源产业现状、问题与解决对策［J］．决策与信息（下），2013（2）：135-137．

［16］都新英．河南省新能源发展对策研究［J］．科技信息，2011（34）：30-31，33．

［17］丁志伟．中原经济区"五化"协调发展的状态评价与优化组织［M］．北京：中国经济出版社，2017．

第十章　生态建设与区域可持续发展

第一节　生态建设现状和存在的问题

改革开放以来，河南省在生态环境保护和建设方面取得了一系列的重大突破，实现了生态面貌的改观，促进了经济社会的发展和民生问题的不断改善。然而，随着工业化和城镇化的快速推进，河南省在社会经济得到快速发展的同时，也面临着资源约束加大、生态环境压力严峻的挑战。河南省经济快速发展与生态环境承载力之间的矛盾日渐突出[1]。

为了深入贯彻落实"五位一体"的总体布局和建设美丽中国的社会主义生态文明观，河南省在2013年提出了富强河南省、文明河南省、平安河南省和美丽河南省的"四个河南"建设目标，美丽河南省建设契合了生态文明建设的重大部署。然而，目前河南省生态文明建设还存在一些问题亟待解决。

一、森林植被质量不高

林业建设在生态环境建设中具有举足轻重的地位和作用。2007年，河南省人民政府印发了《河南林业生态省建设规划》，强力推进林业生态省建设。2013年，河南省人民政府印发关于《河南林业生态省建设提升工程规划（2013—2017年）》的通知。2018年，河南省人民政府印发关于《森林河南省生态建设规划（2018—2027年）》的通知[2]。2022年河南省人民政府印发《河南省"十四五"国土空间生态修复和森林河南建设规划》的通知[3]。党的十八大以来，河南省认真贯彻落实党中央、国务院决策部署，持续推进国土绿化，建设森林河南，实施多项重大生态修复工程，积极推进山水林田湖草沙一体化保护治理，生态安全格局基本形成，生态环境呈现稳中向好趋势。森林资源持续增长，2020年森林覆盖率达到25.07%，但在全省356万公顷的乔木林中，纯林占64.85%，混交林仅占35.15%；中幼龄林面积过大，中幼龄林面积273.33万公顷，占乔木林面积的 76.79%；单位面积森林蓄积量低，乔木林蓄积平均每公顷仅 60 立方米，为全国平均水平的 62.3%。2022 年，全省共有林地 434.93 万公顷，其中，乔木林地 281.12 万公顷，竹林地 0.94 万公顷，灌木林地 65.79 万公顷，其他林地 87.08 万公顷。截至 2022 年末，全省自然保护区 30 个，其中，国家级自然保护区 13 个、省级自然保护区 17 个，保护区面积 76.86 万公顷；自然公园 321 个，其中，国家自然公园 94 个、省级自然公园 227 个，自然公园面积 110.54 万公顷[4]。

林业资源总量不足，建设任务艰巨。根据《中国统计年鉴（2023）》，河南省森林面积在全国列第 21 位，人均森林面积为全国平均水平的 1/4；森林覆盖率在全国排第 20 位，人均森林蓄积为全国平均水平的 1/6。森林资源分布不均，林业用地、森林面积、森林蓄积主要分布在豫西伏牛山区。森林结构不合理，以纯林居多；林龄分组结构不合理，以幼、中龄林为主。森林资源呈现数量型增长与质量型下降并存的局面，人工林面积增长快，森林系统趋于简单化，森林生态系统拦水、滞洪、保土、涵养水源及净化空气、调节气候等生态功能退化，抵御自然灾害、抗病虫、鼠害的能力降低。每公顷森林蓄积量只有全国平均水平的 62.3%。森林生态系统整体功能脆弱，抵御自然灾害能力不强，难以满足经济社会发展对生态环境质量不断提高的需求。山区还有 50 多万公顷地处偏远、立地条件差、造林困难的宜林荒山荒地亟待造林绿化，平原地区农田防护林体系需要完善，生态廊道需要提高建设标准，200 多万公顷中幼林和低质低效林亟须抚育和改造。此外，产业化进程较慢，产业结构不合理，基础设施薄弱，支撑保障能力不强。

二、水资源保障亟待增强

水是生命之源、生产之要、生态之基。河南省天然河川径流量的主要补给来源是大气降水。地形、地貌和气候等因素对其也有很大影响。地表水资源由于受地形地貌的影响，地区分布极为不均。河南省多年平均水资源总量 414 亿立方米，其中地表水资源 313 亿立方米，浅层地下水资源 204.7 亿立方米，水资源模数为 24.8 万立方米/年·平方千米。全省水资源总量在全国居第 19 位，人均占有量为 445 立方米，耕地亩均占有量为 407 立方米。

2022 年，河南省全省水资源总量为 249.40 亿立方米，其中，地表水资源量为 172.20 亿立方米，地下水资源量为 140.38 亿立方米，重复计算量为 63.18 亿立方米。2022 年，全省总供水量为 228.00 亿立方米。此外，全社会的用水效率和节水意识也明显提高[5]。

一方面，河南省年均降水量时间和空间分布极不均衡，旱涝灾害多发，地表径流量的年际、年内变化都非常大；另一方面，随着河南省工农业发展、城镇规模的扩大和人口的增长，工业废水和生活污水日益增加，且绝大部分废污水未经处理，直接排放；固体废弃物任意堆置，农药、化肥大量使（施）用，有害物质降雨淋溶排入河道，严重污染了河流水体，制约了水资源功能的发挥。

2022年，河南省全省废水排放量26.16亿吨。水资源污染既影响了民众的生活质量，也制约了区域经济的可持续发展。

三、水土流失问题严重

党的十一届三中全会以来，河南省水土保持工作进入全面持续发展的新时期，开展了大规模的水土流失综合防治，取得了巨大成就，生态效益、社会效益和经济效益显著。

水土流失逐年减少，土壤侵蚀强度显著降低。通过几十年长期不懈努力，河南省水土保持步入国家、省重点治理与全社会广泛参与相结合的规模治理轨道，水土流失防治取得了显著成效。依据《河南省水土保持规划（2016—2030年）》，截至2015年，全省已累计开展小流域综合治理1000多条，治理水土流失面积3.85万平方千米，水土流失治理程度达51.2%。全省水土流失面积由新中国成立初期的6.06万平方千米下降到2.21万平方千米，减少了63.4%。通过综合治理，水土流失面积逐年减少，土壤侵蚀强度不断降低。林草植被覆盖逐步增加，生态环境明显趋好。通过以小流域为单元，坚持山水田林路统一规划，多部门协调合作，全社会参与，重点推进桐柏大别山、太行山和伏牛山山地生态区等水土保持综合治理，通过大面积封育保护、造林种草、退耕还林还草等植被建设与恢复措施，林草植被面积大幅增加。截至2020年，全省森林覆盖率达25.07%，凡经综合治理的地方，林草覆盖率提高20%～50%，呈现出山清水秀、鸟语花香的自然景观，生态环境明显好转。

蓄水减沙与涵养水源能力日益增强。通过开展水土保持工程措施、植物措施和农业技术措施，大批水土保持设施如梯田、坝地、水保林，以及各坊、塘、堰、坝等小型水利水保工程的建设和合理配置，有效控制了水土流失，蓄水保土能力不断提高，水土流失量明显减少，有效拦截了进入江河湖库的泥沙，延长了水库等水利基础设施的使用寿命，依据《河南省水土保持规划（2016—2030年）》，全省现有水土保持措施每年可减少土壤流失量约6000万吨，增加蓄水能力约15亿立方米。同时，通过在水源涵养功能区实施天然林保护、退耕还林还草、营造水源涵养林和开展生态文明清洁小流域建设，有效控制了水土流失和面源污染，水源地保护初显成效，水源涵养与水质维护能力日益增强。

通过水土保持综合治理，各地从实际出发，因地制宜，把治理水土流失与合理开发利用水土资源相结合，水土保持与特色产业发展相结合，合理调整土地利用方向，促进了农村产业结构调整，提高了农业综合生产能力，增加了农民收入。

目前主要存在以下问题：全省水土流失依然严重，水土流失综合防治任务依然艰巨。河南省由于特殊的自然地理和气候条件，众多的人口以及长期的开发利用，特别是随着现代化、城镇化、工业化的快速发展以及大规模频繁的生产建设活动，地表和植被不断遭受扰动，严重的水土流失导致水土资源破坏，生态环境恶化，自然灾害频发，依然严重制约着全省经济社会可持续发展。河南省仍有 2.03 万平方千米水土流失面积亟待治理，且大都处于山丘区、革命老区和老少边穷地区，治理任务重、难度大；土地资源保护抢救的任务仍十分迫切，山丘区以水土保持为重点的脱贫攻坚任务依然艰巨。另外，生产建设项目造成的水土流失已成为社会关注的焦点，重建设、轻生态，边治理、边破坏的现象依然存在，人为活动造成新的水土流失。

水土流失防治投入不能满足生态建设需求，水土保持投入机制有待完善。近年来，全省水土保持投入明显增长，但由于水土流失防治任务仍十分艰巨，治理难度大，治理标准高，水土流失防治投入仍不能满足生态建设实际需求。

水土保持监测和监管能力建设仍需加强。水土保持工程建设管理等制度有待完善，水土保持监测体系及科技支撑体系尚不健全，信息化水平亟须提高，水土保持宣传教育和科普工作有待提升，综合监管能力亟待提高。

总之，随着河南省经济社会的快速发展，资源约束趋紧、环境污染严重、生态系统退化等问题日益突出，省委、省政府对大力推进生态文明建设做出了一系列重大决策部署。水土保持作为生态文明建设的重要组成部分，其发展水平与全面建成小康社会以及城镇化、信息化、农业现代化和绿色化等系列新要求还不能完全适应，与广大人民群众对提高生态环境质量的新期待还有较大差距，水土流失依然是河南省当前面临的重大生态环境问题。

四、国土资源承载能力低

河南省面积 16.7 万平方千米，居全国各省区市第 17 位，其中耕地面积 753.49 万公顷。地势基本上是西高东低。北、西、南三面太行山、伏牛山、桐柏山、大别山沿省界呈半环形分布；中、东部为黄淮海冲积平原；西南部为南阳盆地。在全省面积中，山地丘陵面积 7.4 万平方千米，占全省总面积的 44.3%；平原和盆地面积 9.3 万平方千米，占总面积的 55.7%。复杂多样的土地类型为农、林、牧、渔业的综合发展和多种经营提供了十分有利的条件。但从河南省的实际情况分析，土地利用与管理也面临不少的矛盾，国土资源开发利用存在较多的问题。

人地矛盾尖锐，耕地总体质量不高。2022 年度全省耕地 753.49 万公顷、园地 40.24 万公顷、林地 434.93 万公顷、草地 24.61 万公顷、湿地 3.50 万公顷、城镇村及工矿用地 246.52 万公顷、交通运输用地 40.68 万公顷、水域及水利设施用地 86.55 万公顷[4]。

后备资源不足，开发利用制约因素较多。河南省全省共有耕地后备资源约 94 万亩，主要分布在黄河滩涂和豫西、豫南、豫北等低山丘陵区，对其开发既有来自生态保护等政策方面的制约，又有地形坡度大、水资源缺乏等自身条件的限制，开发难度较大。由于开采强度大，河南省石油、天然气、金矿、煤炭等重要矿产资源开采消耗速度快，一些矿山已出现资源危机。煤炭可供建井的接替资源基地不足，直接影响了煤炭产业的持续发展。

建设用地集约利用程度有待提高。河南省城镇化水平低，城镇用地内部结构和布局不尽合理，土地利用效率较低。农村居民点用地数量大，布局分散。独立工矿用地粗放，分布过散，容积率低，土地产出效益较差。

矿产资源深加工和综合利用水平较低。河南省煤炭、铝土矿、钼矿等矿种资源整合虽然取得了显著成效，但仍有部分矿种开发利用方式较为粗放，矿山数量多、规模小、布局散、资源利用率低和经济效益差等现象依然存在。部分矿山企业片面追求短期经济效益，矿产资源与矿山废弃物综合利用水平低。矿产资源多以出售原矿和初级矿产品为主，科技含量低，深加工能力弱，资源效益没有得到充分发挥，需要进一步加大矿业结构调整力度。

矿山地质环境保护和治理任务较重。"十三五"期间，矿山地质环境治理取得了明显成效，但历史遗留矿山地质环境的治理问题依然突出。矿山地质环境治理恢复的保证金制度尚处于起步阶段，目前的调查程度和资金投入远不能满足全面治理的需要，采矿权人保护与治理的责任意识和积极性需进一步提高。

五、生态状况总体脆弱

河南省在工业化、城镇化和农业现代化过程中面临着生态环境不断加剧的困扰。工业废弃物方面，2020 年全省一般工业固体废物产生量为 1.5355 亿吨；农业生态环境方面，作为农业大省，滥用化肥、农药、农膜导致土壤板结、生态破坏，2022 年全省主要农作物化肥利用效率为 41.03%，通过渗透到地下或随地表径流造成池塘、河流等严重的水污染。难以降解的农膜、残留农药对土壤和生态环境造成了严重危害。生态环境恶化降低了居民生活质量，亟待推进生态文明建设。总之，现阶段，尤其是在工业化和城镇化推进过程中，河南省全省生态环境问题依然严峻。长期以来形成的粗放型经济增长方式造成了严重的生态环境问题，一方面是社会经济发展对生态环境要素需求持续增加，另一方面是大气、水和固体废弃物污染造成的环境问题已经超过环境承载能力，生态环境需求旺盛与环境承载容量不足的矛盾更加突出。

第二节　主体功能区规划与建设

2014 年河南省人民政府发布《河南省人民政府关于印发河南省主体功能区规划的通知》，标志着主体功能区规划成为河南省国土空间开发的战略性、基础性和约束性规划。

一、主体功能区规划背景

河南省地处中原，是华夏文明的发祥地。改革开放以来，河南省现代化建设全面展开，工业化、城镇化快速推进，城乡面貌焕然一新，综合交通运输体系正在形成。今后一个时期是河南省全面推进中原经济区建设的重要时期。要实现中原崛起的宏伟目标，解决生态环境存在问题，必须深刻认识并全面把握国土空间开发趋势，妥善应对由此带来的严峻挑战，尤其是随着人民生活水平不断提高、城镇化步伐进一步加快、工业化加快推进、基础设施继续完善等，需要占用较多的国土空间，这将对优化国土空间布局和提高开发效率提出新要求。在资源环境日益趋紧的情况下，必须对有限的国土空间进行科学开发规划，明确主体功能区划，既要满足人口增长、人民生活改善、经济发展、工业化城镇化推进、基础设施建设等对国土空间的巨大需求，促进人口和经济集聚，担负支撑全国长期又好又快发展的时代重任，又要为保障国家农产品供给安全做出贡献，还要保障生态安全和人民健康，应对水资源短缺、环境污染、气候变暖等挑战，保护并扩大绿色生态空间。

二、主体功能区规划目标

主体功能区规划要围绕实施粮食生产核心区、中原经济区和郑州航空港经济综合实验区三大战略规划，按照统筹城乡、区域协调发展的要求，明确区域主体功能定位，持续探索不以牺牲农业和粮食、生态和环境为代价的"三化"协调、"四化"同步科学发展路子，构建高效、协调、可持续的美好家园。曾规划到 2020 年，推进形成河南省主体功能区的主要目标是：[6]

（1）主体功能区布局基本形成。国家级和省级的重点开发区域人口和经济集聚度明显提高，人口占全省的比重由 2012 年的 43.8% 提高到 55% 以上，经济总量占全省的比重由 59.3% 提高到 75% 以上；农产品主产区农业综合生产能力显著增强，现代农业发展水平明显提高，人民生活水平明显改善；生态保护系统功能全面恢复，生态屏障基本形成，依法设立的各级各类禁止开发区域得到切实保护。

（2）空间结构得到优化。在确保基本农田不减少且质量有提高、农产品主产区和重点生态功能区建设用地保持稳定的基础上，逐步减少农村居民点用地，适当增加城市化区域建设用地指标，逐步扩大绿色生态空间，加强湿地保护，增加林地面积。农村居民点占地面积减少到 13600 平方千米以下，林地保有量扩大到 52600 平方千米以上，如表 10-1 所示。

表 10-1　全省国土空间开发的规划指标

指标	2012 年实际	2020 年预期
开发强度（％）	14.99	15.90
城市空间（平方千米）	5328	8040
农村居民点（平方千米）	15717	13600
耕地保有量（平方千米）	78980	78980
基本农田（平方千米）	67833	67833
林地保有量（平方千米）	50498	52600
森林覆盖率（％）	22.98	25.00

资料来源：《河南省主体功能区规划》（2014）。

（3）空间利用效率提高。城市空间每平方千米创造的生产总值大幅度提高，城市建成区人口密度明显提高。耕地单位面积粮食和主要经济作物产量提高15% 以上。单位绿色生态空间蓄积的林木、涵养的水量明显增加。

（4）基本实现城乡区域间公共服务均等化。建成覆盖城乡的教育、医疗和社会保障等基本公共服务体系，区域之间人均财政支出差距和城乡之间居民收入差距逐步缩小。

（5）资源环境承载能力增强。生态系统稳定性明显增强，主要污染物排放总量减少，环境质量明显改善，生物多样性得到切实保护。森林覆盖率提高到25%，重要江河湖泊水功能区水质达标率提高到 75% 以上，城镇供水水源地水质全面达标。

三、主体功能区分区与建设

根据不同区域的资源环境承载能力、现有开发强度和发展潜力以及河南省发展战略布局，将河南省国土空间按开发方式分为重点开发区域、限制开发区域和禁止开发区域；按开发内容分为城市化地区、农产品主产区、重点生态功能区。将具有一定经济基础，资源环境承载能力较强，发展潜力较大，进一步集聚人口和经济条件较好，可以重点进行工业化、城镇化开发的地区列为重点开发区域；将关系国家农产品供给安全和生态安全的地区列为农产品主产区和重点生态功能区，加强基本农田保护和生态保护；将依法设立的各级各类自然文化资源保护区域列为禁止开发区域，构建主体功能更为鲜明、布局更为合理、区域发展更为协调的空间开发格局。

1. 重点开发区域

重点开发区域的功能定位是支撑全省乃至全国经济发展的重要增长极，提升综合实力和产业竞争力的核心区，引领科技创新和推动经济发展方式转变的示范区，全省人口和经济密集区。重点开发区域要在优化结构、提高效益、降低消耗、保护环境的基础上推动经济加快发展，成为支撑未来河南省乃至全国经济发展的重要增长板块；要提高创新能力，走新型工业化道路，增强集聚产业的功能，形成分工协作、优势突出的现代产业体系；要加快推进城镇化，扩大城市规模，改善人居环境，提高集聚人口的能力，成为全国重要的人口和经济集聚区。重点开发区域分为国家级重点开发区域和省级重点开发区域，重点开发区域面积4.72万平方千米，占全省国土面积的28.53%。

（1）国家级重点开发区域。国家级重点开发区域是河南省的经济核心，交通区位与经济区位优势突出，是东部地区产业转移和西部地区资源输出的战略枢纽，是中部地区重要的人流、物流、信息流中心。国家级重点开发区域范围包括郑州市、开封市、洛阳市、平顶山市、新乡市、焦作市、许昌市、漯河市、三门峡市9个省辖市市区，以及所辖的12个县（市）和济源市、巩义市。被划为国家级重点开发区域的县（市）为：郑州市的新郑市、荥阳市、新密市、中牟县，开封市的祥符区，洛阳市的偃师市、伊川县，平顶山市的宝丰县，新乡市的新乡县，焦作市的沁阳市，许昌市的长葛市、许昌县，以及省直管县（市）巩义市。国家级重点开发区域国土面积1.88万平方千米，占全省国土面积的11.33%。

该区域的主体功能定位：支撑全国经济增长的重要增长极，全国重要的高新技术产业、先进制造业和现代服务业基地，能源原材料基地、综合交通枢纽和物流中心，区域性的科技创新中心，全国重要的人口和经济密集区。

国家级重点开发区域建设主要从以下方面进行：加快中原城市群核心区建设，深入推进郑汴一体化，提升郑州市全国区域性中心城市地位，提升洛阳市副中心城市地位，做大做强区域中心城市，通过产业基地化、集群化和园区化发展，促进产业和人口集聚，提高生态环境承载力。提高生态环境承载力方面尤其要加强黄河滩区生态涵养带、沿淮生态走廊和南水北调中线生态保护带建设，在平原地区和郑州市、开封市等市的沙化地区实施土地治理工程；大力推进节能减排，加强工业污染治理，搞好矿山废弃地环境综合治理和生态修复，提高资源利用效率和扩大环境容量；强化城市绿化和生态水系建设，加强污水、垃圾及危险废物治理，提高大气、水、土壤环境质量，创造适合人口聚集的生态环境。

（2）省级重点开发区域。省级重点开发区域范围为重要产业带节点城市（包括县城），呈点状分布、局部相连特征。包括安阳市、濮阳市、鹤壁市、南阳市、商丘市、周口市、驻马店市 7 个省辖市市区和信阳市平桥区，17 个位于重要产业带发展条件较好的县（市）或省辖市近郊县（市）以及省直管县（市），国家农产品主产区和省级重点生态功能区的县城关镇、少数建制镇镇区以及产业集聚区。划为省级重点开发区域的县（市）有郑州市的登封市，开封市的尉氏县，洛阳市的孟津县，焦作市的孟州市，安阳市的安阳县，新乡市的卫辉市，濮阳市的濮阳县，三门峡市的义马市、陕县，南阳市的镇平县，周口市的项城市，驻马店市的遂平县，以及省直管县（市）兰考县、汝州市、长垣县、永城市、固始县。省级重点开发区域面积 2.85 万平方千米，占全省国土面积的 17.2%。

该区域的主体功能定位：地区性中心城市发展区，人口和经济的重要集聚区，全省城市体系的重要支撑点。省级重点开发区域建设主要从以下方面进行：加快推进城镇化，加快推进工业化，统筹城乡协调发展，加快推进农业现代化，加强生态建设和环境保护。加强生态建设和环境保护方面尤其要加强工业污染防治和城市生态环境保护，强化农村环境综合整治和农业面源污染防治，大力发展循环经济、绿色经济、低碳经济，促进人口、资源、环境与经济发展相协调。

2. 农产品主产区

农产品主产区是指以提供农产品为主体功能，承担国家粮食生产核心区建设重要任务的农业地区。具体包括黄淮海平原、南阳盆地和豫西山丘区的 66 个国家级农产品主产县。农产品主产区面积 8.69 万平方千米，占全省面积的 52.45%。

农产品主产区的功能定位：国家重要的粮食生产和现代农业基地，保障国家农产品供给安全的重要区域，农村居民安居乐业的美好家园，新农村建设的先行区。

农产品主产区以提高农产品供给能力为重点任务，重点实施高标准粮田"百千万"工程、现代农业产业化集群工程，着力保护耕地，建设全国粮食生产核心区，增强农业综合生产能力，大力发展现代农业，因地制宜地发展特色产业，增加农民收入，合理布局，优化开发，推进集约集聚，促进工业反哺农业、城市带动农村，加快社会主义新农村建设，引导农村人口逐步有序转移。该区发展方向主要有：

实施高标准粮田"百千万"工程。加强土地整治，加强规划、统筹安排、连片推进，加快中低产田改造，推进连片高标准基本农田建设。鼓励农民开展土壤改良。

实施现代农业产业化集群培育工程。支持发展农产品深加工和农村二、三产业，着力打造全链条、全循环、高质量、高效益的农业产业化集群，拓展农民就业和增收空间。大力扶持农业新型经营主体发展，鼓励土地承包经营权在公开市场上向专业大户、家庭农场、农民合作社、农业企业流转，促进农业适度规模经营。做大做强优势特色产业，建设一批现代农业示范区。

加强水利设施建设，加快新建水库建设、病险水库水闸除险加固、大中型灌区建设、排灌泵站配套改造、河道治理以及水源工程建设。推进小型农田水利重点县建设，鼓励和支持农民开展小型农田水利设施建设、小流域综合治理。建设节水农业，推广节水灌溉技术，发展旱作农业。

调整优化农业结构，加强农业布局规划。重点打造城市近郊都市高效农业区、黄淮海平原和南阳盆地优质粮食生产核心区和豫南豫北山丘区生态绿色特色高效农产品优势区，加强粮食生产加工基地建设，提高粮食综合生产能力和效益；推进优质畜产品生产和加工基地建设，提高农业生产规模化、集约化、标准化和产业化水平。在有条件的县城周边，规划建设一批具有城市"菜篮子"、生态绿化、休闲观光等综合功能的农业园区。

加强农业基础设施建设，改善农业生产条件。加快农业科技进步和创新，加快以小麦生产为主的农机装备建设，推进农机装备结构调整，不断创新农业生产和农机化生产方式，提高农业物质技术装备水平。强化农业防灾减灾能力建设。

以产业集聚区为依托，推进县城建设和非农产业发展，增强县城辐射带动能力。完善乡镇公共服务功能，改善人居环境。

同时，加强耕地保护，严格控制开发强度，逐步减少农村居民点占用的国土空间。城镇建设和工业项目要依托现有城市、县城和重点镇，充分体现集约开发、集中布局的要求。加强中心城镇的道路、供排水、垃圾污水处理等基础设施建设，增强城镇吸纳农村人口的能力。健全公共服务体系，积极发展清洁能源，大力发展循环经济，积极发挥农业的生态功能，促进农业生产与生态环境相协调。在资源环境允许的范围内，因地制宜发展农产品加工业、劳动密集型新兴服务业和具有技术含量的制造业等，适度开发矿产资源，严格控制高耗能、重污染产业发展。完善城市污水处理设施运行机制，加强农业污染防治。

3. 重点生态功能区

重点生态功能区是指生态系统重要、关系到较大空间范围生态安全的区域。河南省重点生态功能区主要分布在豫北太行山、豫西伏牛山、豫南大别山等区域。重点生态功能区分为国家级和省级两个层面，包括 13 个县（市、区）。该区域面积 3.15 万平方千米，占全省国土面积的 19.02%。

国家级重点生态功能区包括大别山土壤侵蚀防治区范围内的新县、商城县 2 县全域。该区域面积 0.37 万平方千米，占全省面积的 2.21%。

省级重点生态功能区包括淅川县、西峡县、卢氏县、栾川县、内乡县、邓州市、桐柏县、嵩县、罗山县、光山县、信阳市浉河区 11 个县（市、区）。该区域面积 2.78 万平方千米，占全省面积的 16.81%。省级重点生态功能区的功能定位是：保障全省生态安全的主体区域，全省重要的重点生态功能区，人与自然和谐相处的示范区。省级重点生态功能区分为水源涵养型、水土保持型、生物多样性维护型三种类型，如表 10-2 所示。

表 10-2　河南省重点生态功能区类型和发展方向

区域	类型	综合评价	发展方向
太行山生态功能区	水土保持	森林覆盖率低，降雨量少，土壤瘠薄，植被恢复困难。目前林木生长缓慢，生态环境极为脆弱	加强自然资源开发监管。禁止林木采伐，实行封山育林。有步骤地实施生态移民
伏牛山生态功能区	生物多样性维护	森林覆盖率高，原始森林和野生珍稀动植物资源丰富，在生物多样性维护方面具有十分重要的意义。目前山地生态环境问题突出，外来物种入侵情况较为严重，生物多样性受到威胁	在已明确的保护区域保护生物多样性和多种珍稀动物基因库
大别山水土保护生态功能区	水土保持	淮河中游重要水源补给区，土壤侵蚀，敏感性程度高。目前山地生态系统退化，土壤侵蚀加重加快，增加了中下游洪涝灾害发生概率	大力开展水土流失综合治理，提高森林水源涵养能力，保护生物多样性。实行生态移民，降低人口密度，恢复植被。鼓励发展生态旅游，逐步恢复和改善生态系统服务功能
丹江口水库水源涵养功能区	水源涵养	南水北调中线工程源头。目前森林植被虽然得到一定恢复和保护，但森林植被覆盖率仍然不高，水土流失依然严重	巩固移民成果，调整库区及其上游地区产业结构，加强对工业污染和农村面源污染的治理。退耕还林，封山育林，恢复植被，封育草地，扩大湿地，涵养水源

续表

区域	类型	综合评价	发展方向
桐柏山水源涵养功能区	水源涵养	淮河发源地。森林资源分布不均，林种结构不合理，后继资源严重不足。旱涝等自然灾害及人为活动频繁，水土流失日趋严重，对当地和下游的生态环境构成较大威胁	禁止非保护性采伐，植树造林，恢复植被，封育草地，涵养水源。停止严重污染的工程项目建设，加强污染环境治理。加强对旅游区森林生态系统完整性和生物多样性的保护

资料来源：《河南省主体功能区规划》（2014）。

该区主要发展方向：着力修复生态、保护环境、提供生态产品，增强水源涵养、水土保持、维护生物多样性等提供生态产品的能力，因地制宜地发展资源环境可承载的适宜产业，引导超载人口逐步有序转移。

水源涵养型。推进天然林保护和围栏封育，加强防护林建设，治理土壤侵蚀，维护与重建湿地、森林等生态系统。在淮河源头和上游地区加大植树造林力度，严格保护具有水源涵养功能的自然植被。实施南水北调水源地保护工程，禁止无序采矿、毁林开荒等行为，有效防止水土流失。加强对水源地工业污染、面源污染、畜禽养殖污染以及农村生活污染的治理，进一步提高水源质量。拓宽农民增收渠道，解决农民长远生计，巩固退耕还林成果。

水土保持型。加强对天然林和公益林的保护，禁止非保护性砍伐。推进封山育林，重点营造水土保持林，推进植被恢复与重建。大力推广节水灌溉技术，发展旱作节水农业。加强小流域综合治理，加快水土保持治理工程建设，开展水土保持生态清洁型小流域和生态示范工程建设，促进工程措施、生物措施与农耕措施紧密结合，有效防止水土流失。严格对资源开发和建设项目的监管，加大矿山环境整治修复力度，控制人为因素对土壤的侵蚀。拓宽农民增收渠道，解决农民长远生计，巩固退耕还林成果。

生物多样性维护型。加强对野生动植物的保护，禁止对其进行乱捕滥采，保持和恢复野生动植物物种和种群的平衡，实现野生动植物资源良性循环和永续利用。加强野生动植物保护管理监管体系、野生动物疫源疫病监测站、濒危野生动植物拯救工程建设，提高保护能力。增强防御外来物种入侵的能力，防止外来有害物种对生态系统造成侵害。保护自然生态系统与重要物种栖息地，防止生态建设导致栖息环境改变。

开发过程中严格控制开发强度，保障生态系统良性循环。在不损害生态功能的前提下，适度发展资源开采、旅游、林下经济、农林牧产品生产和加工等产业，积极发展服务业，保持一定的经济增长速度和财政自给能力。严格禁止发展高污染、高耗能产业。在现有城镇布局基础上进一步集约开发、集中建设，重点规划和建设资源环境承载能力较强的中心城镇，提高综合服务能力。加强中心城镇的道路、给排水、垃圾污水处理等基础设施建设，增强城镇吸纳农村人口的能力。健全公共服务体系，改善教育、医疗、文化等设施条件，提高公共服务能力和水平。在条件适宜的地方，积极发展沼气、风能、太阳能、地热能、小水电等清洁能源，努力满足农村、山区能源需求。保持生态系统的完整性，控制新增公路、铁路建设规模。继续在适宜的地方实行退耕还林（草），在农业用水严重超过区域供水能力的地方实行退耕还水。引导农民科学施（使）用化肥、农药，加强畜禽养殖污染治理，有效控制农村面源污染。

4. 禁止开发区域

禁止开发区域是指有代表性的自然生态系统、珍稀濒危野生动植物物种的天然集中分布地、有特殊价值的自然遗迹所在地和文化遗址等点状分布的重点生态功能区。

禁止开发区域的功能定位是：河南省保护自然文化资源的重要区域，点状分布的重点生态功能区，珍贵动植物基因资源保护地。根据法律、法规和有关规定，河南省禁止开发区域共274处。今后新设立的国家级和省级自然保护区、世界文化自然遗产、风景名胜区、森林公园、地质公园、湿地和湿地公园、水产种质资源保护区，自动进入禁止开发区域名录，如表10-3所示。

表10-3　河南省禁止开发区域基本情况

类型		个数	面积（平方千米）	占国土面积的比重（%）
自然保护区	国家级	13	44.75	2.68
	省级	17	31.31	1.87
世界文化自然遗产	世界级	5	—	—
风景名胜区	国家级	11	37.29	2.23
	省级	23		
森林公园	国家级	34	13.59	0.81
	省级	84	16.45	0.99
地质公园	世界级	4	33.28	1.99
	国家级	11	53.16	3.18
	省级	14	8.62	0.52
湿地公园	国家级	31	8.4	0.50
	省级	10		
水产种质资源保护区	国家级	15	8.46	0.51
	省级	2	3.43	0.21

注：本表数据截至2016年。

资料来源：2016年河南省环境状况公报。

禁止开发区域要依据法律、法规规定和相关规划实施强制性保护，严格控制人为因素对自然生态的干扰，严禁不符合主体功能定位的开发活动，引导人口逐步有序转移，实现污染物"零排放"，提高环境质量。禁止开发区域面临的主要任务是：

完善划定禁止开发区域范围的相关规定和标准，进一步界定禁止开发区域的范围，核定人口和面积。

进一步界定自然保护区的核心区、缓冲区、实验区和水产种质资源保护区的核心区、实验区的范围，勘界定标。对风景名胜区、森林公园、地质公园，确有必要的可划定核心区和缓冲区并确定相应范围，进行分类管理。

在重新界定范围的基础上，结合禁止开发区域人口转移要求，对管护人员实行定编。

归并位置相连、均质性强、保护对象相同但人为划分为不同类型的禁止开发区域。对位置相同、保护对象相同但名称不同、多头管理的，要重新界定功能定位，明确统一的管理主体。今后新设立的各类禁止开发区域的范围不得重叠交叉。

在物种丰富、具有自然生态系统代表性典型性、未受破坏的地方，抓紧抢建一批新的自然保护区和种质资源保护区。

第三节　生态省建设

党的十八大提出，要大力推进生态文明建设，把生态文明建设放在突出地位，融入经济建设、政治建设、文化建设、社会建设各方面和全过程，"五位一体"地建设中国特色社会主义。生态省建设是推进生态文明建设的有效载体，其基本要求是经济社会持续健康快速发展，环境污染和生态破坏得到根本遏制，自然资源永续利用，生态环境良好，人居环境优美，生态文化得到全面发展，生态文明程度显著提高；根本目的是优化经济社会发展环境，着力建设资源节约型和环境友好型社会，走生产发展、生活富裕、生态良好的文明发展之路，努力建设美丽河南。为此，2013 年，河南省人民政府发布《河南省人民政府关于印发河南生态省建设规划纲要的通知》（规划期为 2011~2030 年）[7]，提出用 20 年时间全面完成生态省规划建设任务。推进生态省建设，对传承中原天人合一生态文化思想、优化河南省发展环境、提高小康社会质量和水平具有深远的历史意义和重要的现实意义。

一、生态省建设的现实基础

循环经济试点省建设全面开展。河南省是国家级循环经济试点省份。目前河南省已初步形成企业、行业、区域多层次相关联，资源开发、生产、流通、消费多环节相链接，工业、农业、服务业多产业相耦合的循环经济发展格局，探索出鹤壁市资源型城市循环经济发展模式、大周镇再生金属回收加工区静脉产业化模式和河南省天冠集团农产品资源多层级循环利用模式。

节能减排取得明显成效。河南省强力推进产业结构调整，加快节能减排重点工程建设，强化监督管理和目标责任考核，节能减排取得明显成效，初步形成节能减排与经济社会相互促进、共同发展的新格局。

环境综合整治成效显著。河南省高度重视环境综合整治工作，每年都确定几个污染严重的流域、区域、行业作为整治重点，集中力量，多策并举，强力推进。先后对南水北调中线工程水源地、全省主要饮用水源地和贾鲁河、卫河、惠济河等流域，小水泥、小造纸、小耐火材料等比较集中的区域，化工（化肥）、医药、电力等高排放行业实施综合整治，通过淘汰落后生产能力和对企业进行深度治理，局部地区的污染物排放总量得到大幅削减。

环保基础设施建设取得重大进展。为有效改善环境质量，近年来，河南省加强城镇污水处理厂和生活垃圾处理场建设与管理。在全国率先实现了"县县建成污水处理厂和垃圾处理场"的目标。所有已建成城镇生活污水处理厂的出水水质均达到国家标准，村组收集、乡镇运输、县（市、区）处理的生活垃圾收集处理体系和运行机制逐步建立。

林业生态省建设初见成效。为加快河南省林业改革和发展，省委、省政府出台了关于加快林业改革发展的意见，省政府印发了《河南林业生态省建设规划》，强力推进林业生态省建设。近年来，河南省以创建林业生态县为载体，积极开展集体林权制度改革工作，全力推进现代林业建设，加快造林绿化步伐，大力培育、保护和合理利用森林资源，努力推动河南省林业实现跨越式发展。

水资源支撑和保障能力不断提高。长期以来，省委、省政府高度重视水利建设，坚持兴利除害并重，不断加大水利基础设施建设力度，一大批重点水利工程相继建设，为抗御水旱灾害、保护水土资源、改善生态环境提供了重要保障。

生态创建工作扎实推进。围绕建设生态河南省，坚持以"细胞工程"为抓手，积极推进生态县、生态乡镇、生态村等生态示范创建工作。截至2020年，河南省共建成国家生态文明建设示范县8个（栾川县、新县、新密市、兰考县、泌阳县、汝州市、鄢陵县、西峡县），"绿水青山就是金山银山"实践创新基地

3个（栾川县、新县、光山县），国家生态园林城市2个（郑州市、许昌市），省级生态县22个。

二、生态省建设面临的问题

产业结构不合理，经济发展方式粗放。河南省产业层次较低、结构不合理，服务业比重明显偏低，工业内部资源能源型加工业比重较大。经济发展方式比较粗放，万元生产总值能耗、水耗远超过世界平均水平能源利用效率低于国内平均水平，一些长期积累的资源环境问题尚未从根本上解决。随着河南省工业化、城镇化进程的加快和经济总量的不断增加，能源资源消耗和污染物排放还会刚性增加，资源支撑能力和环境承载能力面临严峻挑战。

环境压力大，生态保护形势依然严峻。河南省污染物排放强度总体偏高，全省生态环境问题仍然严重。2021年，河南省化学需氧量、氨氮、二氧化硫、氮氧化物排放量分别为151.85万吨、4.33万吨、6.00万吨和49.81万吨[8]。矿产开发造成的生态破坏没有得到有效控制，乡镇生活污水处理、垃圾处理设施以及医疗废物、其他危险废物污染防治设施建设滞后，环境保护和生态建设的监管机制有待进一步完善；全省自然灾害频繁，由气象、水文、地质、生物和人为活动造成的灾害损失每年平均达30亿~40亿元，受灾最严重的年份高达80亿元以上，生态建设和环境保护的任务仍十分繁重。

开发强度大，自然资源约束加剧。河南省人口总量大、人均占有资源少，经济发展与资源环境的矛盾突出。根据《河南生态省建设规划纲要》（2013），河南省能源矿产等资源开发程度较高，在已探明矿产储量中，探明的石油储量已消耗67.1%，天然气已消耗53.4%，煤矿的储采比已远低于全国平均水平，铝土矿仅够开采10年；水资源缺乏且年际与地域分布不均，人均水资源占有量只相当于全国的1/5，远远低于国际公认的人均1700立方米水资源警戒线，多数地区地下水供水水源地处于满负荷或超采状态；土地资源承载力较重，人均耕地面积仅为0.08公顷，不及全国平均水平的1/4，土地开发程度较高，可利用的后备土地资源特别是后备耕地资源严重不足，土地人口承载压力较大，自然资源对经济社会发展的约束日益加剧。

三、生态省建设目标

1. 总体目标

按照统筹规划、整体推进、突出重点、分步实施、区域合作、全民共建的原则，全面推进生态省建设。力争通过20年的努力，在全省建立绿色高效的生态经济体系、可持续利用的资源支撑体系、全防全治的环境安全体系、山川秀美的自然生态体系、环境友好的生态人居体系、健康文明的生态文化体系，支撑和促进中原经济区建设，形成节约资源和保护环境的空间格局、产业结构、生产方式、生活方式，努力把河南省建设成为民富省强、生态文明、文化繁荣、社会和谐的生态省。

2. 生态省建设的阶段目标

（1）全面建设阶段（2011~2015 年）。生态省建设全面启动。形成比较完善的生态省建设机制和制度框架，建立政府主导、法规健全、市场运作、科技先导、公众参与的生态省建设机制，搭建生态经济、资源支撑、环境安全、自然生态、生态人居、生态文化的生态省建设框架，初步形成节约资源和保护环境的空间格局、产业结构、生产方式、生活方式。生态建设重点工程全面实施，生态市、县、乡镇、村建设全面启动，生态环境质量明显提升。

（2）深入推进阶段（2016~2020 年）。生态省建设全面深入推进。发展方式进一步转变，生态产业成为新的经济增长点，资源保障能力持续增强，生态环境质量进一步改善，城乡人居环境更加优美，建成一批国家级生态市、县，全省可持续发展能力显著提高，经济、社会与生态环境基本步入协调发展轨道，基本完成生态省建设的主要目标任务。

（3）完善提高阶段（2021~2030 年）。进一步提高生态省建设质量，各项指标达到国家生态省建设要求，经济社会与人口、资源、环境协调发展，生态省建设的主要目标任务全面完成。

四、生态功能区定位与建设

推进建设桐柏大别山地生态区、伏牛山地生态区、太行山地生态区、平原生态涵养区，构建横跨东西的沿黄生态涵养带、沿淮生态走廊和纵贯南北的南水北调中线生态走廊，形成"四区三带"的区域生态格局，如图 10-1 所示。

1. 桐柏大别山地生态区

（1）范围与特点。该区位于河南省南部秦岭淮河以南地区，包括南阳市的桐柏县、信阳市大部分、驻马店市、平顶山市的部分地区，面积约 23915 平方千米。该区地貌类型复杂，属于亚热带山地森林生态系统，植被覆盖率高，动植物种类繁多，是淮河及其上游支流水系的源头区。生态环境主要问题是森林质量降低、浅山丘陵地区水土流失严重、生物多样性保护受到威胁等。

（2）生态功能定位。生物多样性保护，水源涵养，水土保持，湿地保护，洪水调蓄。

（3）生态保护与建设举措。强化生态环境约束功能，对各类开发活动进行管制，严格控制开发强度，切实保护自然保护区、湿地等重要生态功能区域，做

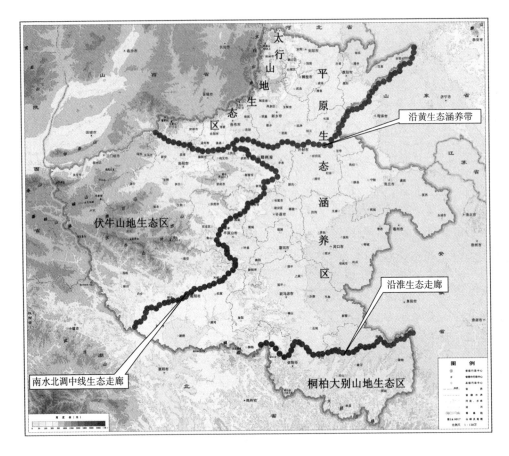

图 10-1 "四区三带"的区域生态格局

资料来源:《河南生态省建设规划纲要》(2013)。

到天然林地、水库和湖泊水面不减少;禁止非保护性采伐,加强退耕还林、植树造林、恢复植被、封育草地和涵养水源的工作力度;浅山丘陵区加强水土流失控制,防治水污染,保护湿地环境;加强濒危野生动植物和生物多样性保护;在有效保护资源环境的前提下科学开发、合理利用资源,注重产业开发与生态保护和建设同步,做好开采矿区生态恢复工作;实施生态移民;完善淮河流域防护林体系,构建沿淮生态走廊;淮河源国家级生态功能保护区内严格控制水环境污染排放总量,加强水源涵养。

2. 伏牛山地生态区

(1)范围与特点。该区位于河南省的西部,包括黄河以南、京广线以西及南阳盆地沿南水北调走向以北的山丘区,总面积约 53755 平方千米。该区是过渡带山地森林生态系统类型,20 多条河流的源头区,物种资源和矿产资源丰富。

生态环境问题主要是部分地区水土流失严重，水源涵养功能降低，矿产、旅游资源开发与生态环境保护矛盾较为突出等。

（2）生态功能定位。生物多样性保护，水源涵养，水土保持，湿地保护，农产品和矿产资源提供。

（3）生态保护与建设举措。强化生态主体功能，以资源环境承载力为约束，确定区域开发强度，尽可能减少对自然生态系统的干扰，不得损害生态系统的稳定性与完整性；开发矿产资源要控制在尽可能小的空间范围内，加强矿产资源整合，建设绿色矿山，实施矿区生态恢复；控制新建公路、铁路建设规模，实行严格的产业准入环境标准；以自然保护区、地质公园等重要区域为重点，严格控制人为因素对自然生态和文化自然遗产的干扰，因地制宜适度发展旅游业、农林牧业和观光休闲农业；实施生态移民、天然林保护，加强南水北调渠道生态经济示范区建设，建设长江流域防护林体系；严格控制南水北调中线工程国家级生态功能保护区水污染排放总量，加强水源涵养和控制水土流失，防治水污染；建设自然保护区，实施湿地保护工程，开展退耕还泽，切实保护生物多样性和多种珍稀动物基因库，保护植被群落及生境的完整性；合理发展林果业，限制农业过度开发，做好退耕还林工作。

3. 太行山地生态区

（1）范围与特点。该区位于豫北地区西部，范围基本以海拔 200 米等高线为划分界限，北至豫晋省界，南至黄河，总面积约 11540 平方千米。该区以山地为主，沟壑纵横，物种丰富，山前冲积平原是豫北重要产粮区。生态环境问题主要是生态环境承载能力较弱，浅山区矿产、旅游资源开发与生态环境矛盾较为突出等。

（2）生态功能定位。生物多样性保护，水源涵养，农产品提供。

（3）生态保护与建设举措。严格控制各类开发活动强度，禁止对矿产资源进行不合理开采，加强历史遗留矿山生态恢复；加强生态维护，注重水土保持和植树造林，改善植被和生态现状，保护天然次生林；控制破坏生态、污染环境的各种开发活动；建设绿色生态型矿业体系，注重矿山生态恢复工作；在不损害生态系统功能的前提下，因地制宜地适度发展旅游、农林牧业和观光休闲农业；控制农业面源污染，发展生态型农业；保护土地资源，限制占用耕地的建设开发活动，做好土地复垦和生态恢复；冻结征用具有重要生态功能的草地、林地，防治水污染；适度控制旅游景区开发和公路建设，进行区域生态移民。

4. 平原生态涵养区

（1）范围与特点。该区包括黄淮海平原、南阳盆地，总面积约 72505 平方千米。该区域地势平坦，起伏度不大，气候适宜，是传统的农业生产区。生态环境主要问题是人口密度大，环境纳污容量小，北部、中部水体污染严重，北部水资源较为短缺，农业面源污染较重等。

（2）生态功能定位。农林畜果产品提供，湿地生物多样性保护，洪水调蓄。

（3）生态保护与建设举措。严格保护耕地，确保基本农田面积，加强土地整理，控制人口过快增长；严控污染物排放总量，加强水污染防治，建设黄河下游、淮河中上游、海河上游生态安全保障区；实行严格的产业准入环境标准，严把项目准入关；优化城镇布局，重点规划和建设资源环境承载能力相对较强的城镇，继续加强城乡环保基础设施建设；加快发展现代农业，科学施（使）用化肥和农药，减少农业化学品使用量，加强养殖业污染防治；因地制宜地发展农副产品加工业、劳动密集型新兴服务业和具有技术含量的制造业等，严格控制高耗能、重污染产业发展；实施平原沙化治理及防护林工程，发展特色经济林、速生丰产工业原料林；扩大苗木花卉基地面积，增加南北方植物驯化品种；保护平原湖泊及各类水面，减少风沙危害，调节气候，涵养水土；加强退耕还湿，保护湿地生物多样性。

5. 沿黄河生态涵养带

（1）范围与特点。该区包括黄河自陕西入河南省三门峡市豫灵镇至花园口段、开封市北部黄河大堤以内部分和郑州市辖区的黄河南岸、黄河花园口至台前县出省境河段沿岸滩涂，总面积约 2586 平方千米。该区为河谷湿地生态系统。生态环境主要问题是中游两岸地势高、植被覆盖率低，水土流失严重，下游老滩区村庄密集，为长期农业开发区，受洪水威胁较大等。

（2）生态功能定位。水资源保护及湿地生态保护，涵养水源，补充地下水，防止洪涝灾害。

（3）生态保护与建设举措。科学保护黄河湿地资源，确保河流和湿地面积不减少，全面实施沿黄滩地生态修复工程，建设沿堤防护林带，加强退耕还林还草工作，保护两岸天然植被，防止水土流失；切实加强河南省黄河湿地国家级自然保护区等黄河沿线自然保护区建设，提升对白天鹅等迁徙性禽鸟类及当地鸟类的养护能力，严格控制捕猎、破坏生态、污染环境的各种开发活动；加强小浪底库区绿化，减少入库泥沙；做好生态移民工作，降低低洼地区生态压力；正确处理开发建设活动与防洪减灾的关系，合理发展旅游、种植、养殖开发项目，加大沿线工业企业的污染控制和治理力度；建设完善黄河湿地生物多样性保护区，加强黄河湿地保护。

6. 沿淮生态走廊带

（1）范围与特点。淮河沿线涉及信阳市等 3 个省辖市 10 个县（市、区），总面积 3756 平方千米。主要生态环境问题是：区内"人地矛盾"突出，水土流失严重，洪涝灾害频繁发生。

（2）生态功能定位。水源涵养，水土保持，湿地生物多样性保护，水患防治，淮河安全维护。

（3）生态保护与建设举措。建设淮河水源涵养林、淮河生态防护林和干流防护林带，加强湿地保护与恢复，提高水源涵养和水土保持能力，防治水患，维护淮河安全。

7. 南水北调中线生态走廊

（1）范围与特点。该区为南水北调中线工程总干渠两侧沿线地区，包括划定的南水北调中线工程总干渠两侧一级水源保护区、二级水源保护区范围，总面积约 3054 平方千米。该区具有保障南水北调中线工程水质安全的重要作用。主要生态环境问题是点源、面源污染依然存在，沿渠乡镇、村缺少必要的污水处理设施，部分地区生态脆弱，建设工程对生态环境造成一定影响等。

（2）生态功能定位。水源保护，保障南水北调中线工程水质安全。

（3）生态保护与建设举措。严格控制各类开发活动，执行一级水源保护区、二级水源保护区相关规定，切实保护水资源；在一级水源保护区内禁止建设任何与总干渠水工程无关的项目，在水源保护区禁止无序排放或处置各类污染物，因地制宜地实施生态移民；在总干渠沿线两侧营造宽防护林带和高标准农田林网，构建南水北调中线生态走廊；在经济发展服从生态需要的前提下，科学保护和合理开发土地资源、林业资源。

第四节　中原经济区生态建设

中原经济区生态建设关键要落实《全国主体功能区规划》，加强重要生态功能区生态保护和修复，保障生态安全。依托山体、河流、干渠等自然生态空间，积极推进桐柏大别山地生态区、伏牛山地生态区、太行山地生态区、平原生态涵养区、沿黄生态涵养带、南水北调中线生态走廊和沿淮生态走廊建设，构筑"四区三带"区域生态网络。加强淮河、黄河中下游、海河及其主要支流源头区、重点水源涵养区、水土流失严重区、自然保护区、风景名胜区等生态脆弱地区的保护。实施黄土高原区、豫西山区、丹江口库区及上游地区、太行山区等水土保持工程，建设沿淮调蓄洪生态保护区。加强重点湿地恢复与保护和自然保护区、地质公园、森林公园、湿地公园建设和监管，保护生物多样性。推进淮河、长江、黄河流域防护林和太行山绿化、平原绿化防护林建设，巩固和扩大天然林保护、退耕还林等成果，严格林地保护管理。建设南水北调中线工程渠首水源地高效生态经济示范区，建成南水北调中线工程河南省南阳渠首环境保护中心。加快矿区生态恢复治理、煤矿塌陷区治理。促进生态型城镇建设。实施河南省林业生态省提升工程。推进郑州市、许昌市、新乡市、洛阳市、漯河市、三门峡市等森林城市和邢台市水生态修复工程建设。

中原经济区生态建设要坚持绿色、低碳、可持续发展理念，加强生态建设和环境保护，大力发展循环经济，提高资源节约集约利用水平，努力构建资源节约、环境友好的生产方式和消费模式，建设绿色中原、生态中原，增强区域可持续发展能力。

强化资源节约集约利用。坚持开发与节约并重，实行最严格的耕地保护和节约集约用地制度，严格执行工业用地投资和产出强度标准，实施豫东平原、南水北调渠首及沿线等土地整治重大工程，保护和补充耕地资源。实行最严格的水资源管理制度，提高水资源利用综合效益，建立水资源开发利用控制、用水效率控制、水功能区限制纳污红线指标体系，加大工业节水力度，大力发展节水农业，积极创建节水型城市，研究开展黄河及南水北调中线工程沿线水权交易。加强矿产后备资源勘探开发，推动矿产勘查开发"走出去"，提高矿产资源开采回采率和选矿回收率。加快淘汰落后产能，建立完善重污染企业退出机制。严格执行节能评估审查、环境影响评价制度，从严控制高耗能、高排放行业新增产能，在工业、建筑、交通、公共机构等重点领域全面开展节能技术改造。推动工农业复合型循环经济发展，重点打造有色、煤炭、非金属矿、农业和再生资源等领域循环产业链，实施园区循环化改造、"城市矿产"示范基地、餐厨废弃物资源化等示范试点工程，建设一批循环经济教育示范基地，创建一批循环经济示范城市、园区。推进农作物秸秆综合利用，继续开展循环农业示范试点工作。

发展中原经济区生态经济。积极转变中原经济区的经济增长方式，发展循环经济。同时加快推进产业结构优化升级，推进电子、生物产业等新兴行业发展。建立区域内生态经济体系。发展生态农业，在现代高新科技的帮助下，调整和优化中原经济区内的农业结构，促进农业科技创新与转化，提高农业资源的利用率和转化率。做强生态工业，调整中原经济区重型化的工业结构，积极发展有色金属的深加工，延长产业链条。开发生态旅游，中原经济区是华夏文明的发源地，因此要充分利用其历史文化资源，全力打造中原经济区的"绿色旅游""红色旅游"以及"古色旅游"。加强区域内文化与生态的"双轮驱动"，共同打造中原经济区旅游胜地。

加强环境保护。改善水环境质量，优先保护饮用水源地，加大重点流域环境综合整治，深化重点行业水污染治理，实施城镇污水处理扩能增效及升级改造工程，提高城市中水循环利用水平，规划到 2020 年，县城以上城市污水处理率达到 90%以上。加强大气污染防治，实施多种污染物协同控制，推进火电、钢铁、有色、建材、化工等行业脱硫设施建设和稳定运行，推进大型新型干法水泥生产线脱硝改造，加大城市扬尘污染和机动车尾气污染监测治理力度。促进钢铁、有色、建材、化工等行业开展有毒有害原料（产品）替代，实施清洁生产技术改造，加强工业危险废物、电子垃圾及医疗废物无害化处置。加快垃圾无害化处理设施建设，完善垃圾收运和分类处理体系。加强农业面源污染治理，加大规模化养殖污染治理力度，开展重金属、危险废弃物污染治理。开展环境容量研究及应用，实施环境容量预算和主要污染物总量预算指标管理，建立健全环境应急监管体系，增强环境风险防范和处置能力，推进排污权交易中心及碳排放交易中心建设。

加强中原经济区生态制度建设。完善区域内环境监督体系和生态补偿机制，发挥政府、公众以及社会舆论的监督作用，鼓励区域内的生态保护区同受益区之间采取横向的生态补偿机制，平衡区域内各地方之间的生态效益及经济效益，实现生态补偿机制的多样化。创建区域生态政策协调机制，加强区域立法协作，建立具有共同约束力的规章；创新政策导向机制，制定具有共同约束力的政策；建立政策协调的长效机制。强化区域联合执法机制。要打破地方行政区划限制，加强跨地区联合执法的监督力度，构建联合执法的预警信息系统，推动形成区域内的多种联动机制。建立生态文明建设的绩效评估、政绩考核及激励机制。将生态建设指标纳入各地政府的考核体系中，追求生态建设外在美和内在美的和谐统一，推动中原经济区的生态文明建设进程。

参考文献

［1］河南省"十四五"生态环境保护和生态经济发展规划［EB/OL］. https：//sthjt. henan. gov. cn/2023/02-20/2691769. html.

［2］河南省人民政府关于印发森林河南生态建设规划（2018—2027）的通知［EB/OL］. https：//www. henan. gov. cn/2018/09-21/692208. html.

［3］河南省人民政府关于印发河南省"十四五"国土空间生态修复和森林河南建设规划的通知豫政（〔2021〕46 号）［EB/OL］. https：//www. henan. gov. cn/2022/02-14/2397790. html.

［4］2022 年河南省自然资源统计公报［EB/OL］. https：//dnr. henan. gov. cn/2023/11-29/2856249. html.

［5］2022 年河南省水资源公报［EB/OL］. https：//slt. henan. gov. cn/bmzl/szygl/szygb/2022nszygb/.

［6］河南省人民政府关于印发河南省主体功能区规划的通知（豫政〔2014〕12 号）［EB/OL］. https：//www. henan. gov. cn/2014/02-21/238799. Html.

［7］河南省人民政府关于印发河南生态省建设规划纲要的通知（豫政〔2013〕3 号）［EB/OL］．https：//www.henan.gov.cn/2013/03-04/238499.html.

［8］2021 年河南省生态环境统计年报数据［EB/OL］．https：//sthjt.henan.gov.cn/2023/02-24/2695419.html.

第四篇

战略与展望

第十一章　发展机遇与战略选择

21世纪以来，国际经济形势发生了剧烈改变。以互联网为主体的数字经济形态，不仅对全球经济造成了重大冲击，也为发展提供了重大机遇，全球经济正在发生巨大变革。与此同时，经济全球化趋势更加复杂、多元化趋势更加突出。在全球化的背景下，区域正在成为全球产业链、供应链和全球价值链中的一个节点。认清国际经济形势，把握国家发展大势，抢抓时代机遇，选择发展战略，对区域发展至关重要。

第一节　发展机遇

从国内外形势看，世界百年未有之大变局进入加速演变期，经济全球化逆流涌动，新一轮技术革命、全球经济治理变革、大国博弈等因素，深刻改变着未来国际经济格局，产业呈现数字化、区域化、绿色化和服务化发展趋势。我国已进入全面建设社会主义现代化国家、向第二个百年奋斗目标进军的新发展阶段，以"创新、协调、绿色、开放、共享"为核心的新发展理念更加深入人心，以国内大循环为主体、国内国际双循环相互促进的新发展格局正加快构建。为此，我国更加注重培育完整内需体系、加快科技自立自强、推动产业链供应链优化升级、推进农业农村现代化、优化区域经济布局、扩大高水平对外开放、提高人民生活品质、守住安全发展底线，这为河南省推动高质量发展带来了新的机遇。

从河南省看，河南已进入高质量发展阶段，并正处于多重战略叠加的发展机遇期。河南省必须全面融入发展新格局，抢抓发展新机遇，培育发展新优势，以更加坚定的战略自信开创现代化河南省建设新局面。

一、全面融入新发展格局

河南省全面融入新发展格局，必须坚持深化供给侧结构性改革这条主线，牢牢把握扩大内需这个战略基点，并和扩大外需相互促进、相互融合。

在扩大内需方面，河南省具备投资需求和消费需求巨大的双重机遇。河南省拥有连南贯北、横跨东西的区位交通优势，具有日益完备的产业供给体系，且正处于工业化中期和城镇化加速发展阶段，郑州航空港经济综合实验区、中国（河南）自由贸易试验区、国家大数据（河南）综合试验区、郑洛新国家自主创新示范区等战略平台加快建设，中原城市群战略、乡村振兴战略等深入推进，新型基础设施建设及新兴产业投资需求巨大①。同时，河南省拥有将近1亿的常住人口，个性化、多元化、高端化消费需求倒逼产业供给侧结构性改革，而产业供给侧结构性改革又刺激了市场规模巨大的消费需求。

在扩大外需方面，河南省具备主动参与"市场经济全球化"②和积极融入"一带一路"建设的双重机遇。河南省不再仅仅是利用国外的资金、市场、技术和品牌，以低廉要素成本通过加工贸易形式跻入全球价值链的低端，参与在西方发达国家进行的"客场经济全球化"，而是通过在全面融入新发展格局中塑造的人力资本优势、供给体系优势、文旅融合优势跻身全球价值链的高端，进而带来高端产品和服务的巨大出口需求，这些将使河南省从中原腹地转变为对外开放新前沿，成为参与"主场经济全球化"的新标杆。同时，"一带一路"倡议是我国在新时代实行全方位对外开放的重大举措。国家领导人对河南省融入"一带一路"倡议做出了具体指示，要求河南省"建设联通境内外、辐射东中西的物流通道枢纽""加快打造内陆开放高地"。河南省地处中原腹地，是新亚欧大陆桥的重要战略支撑点，近年来已先后发展形成"四条丝绸之路"：

（1）"空中丝绸之路"。依托郑州航空港的区位优势，河南省建立了郑州-卢森堡"空中丝绸之路"。目前，郑州机场国际（地区）通航城市增至42个，全货机航线增至48条，在全球货运前20位机场中开通17个航点，已形成横跨欧美亚三大经济区、覆盖全球主要经济体、多点支撑的国际货运航线网络③。

（2）"陆上丝绸之路"。截至2022年2月15日，中欧班列（郑州）累计开行5560列，货重322万吨，累计货值230亿美元。海铁联运到发集装箱74725标准箱。网络遍布欧盟、俄罗斯和中亚地区30多个国家130多个城市，境内外

①　河南省在新发展格局中的地位和优势［EB/OL］. http：//www.henan.gov.cn/2022/03－30/2422983.html. 2022/03－30.

②　高保中. 全面融入新发展格局，塑造河南省发展新优势［EB/OL］. 河南日报，https：//baijiahao.baidu.com/s? id=1692999389021075904&wfr=spider&for=pc. 2021－03－01.

③　"空中驼铃"鸣响五年来硕果累累：郑州机场累计完成货邮吞吐量三百一十六万吨［EB/OL］. https：//www.henan.gov.cn/2022/06－15/2467871.html. 2022－06－15.

合作伙伴逾 6000 家①。

（3）"网上丝绸之路"。《中国电子商务报告（2020）》显示，在全国 105 个跨境电子商务综试区 2020 年跨境电商零售进出口总额排名中，郑州市位列第三。继郑州成为全国第二批跨境电商综试区城市后，河南省又获批建设洛阳、南阳 2 个跨境电商综试区和许昌、焦作、开封等 7 个跨境电商零售进口试点城市，全省跨境电商生态体系不断完善。以跨境电子商务为主要依托的"网上丝绸之路"已成为河南省开放发展的亮丽名片之一②。

（4）"海上丝绸之路"。郑州、洛阳、驻马店、新乡、平顶山 5 市共开通 8 条直达青岛市、宁波市等港口的铁海联运线路，周口市中心港开通至连云港、淮安港、太仓港、上海港、大丰港等国内集装箱航线和至美国洛杉矶长滩港的国际集装箱航线③，通江达海、对接"海上丝绸之路"的能力进一步增强。

河南省这些优势和机遇叠加引致的投资、消费、出口的巨大需求，是拉动河南省经济增长的"三驾马车"，必将助推河南省加快融入新发展格局，并在新一轮区域竞争中抢占先机。

二、抢占产业转移新机遇

从全球来看，全球经济日益深度融合，产业分工日益深化，国际竞争日趋激烈，全球产业格局正在发生深度变革，全球产业转移出现新趋势。以人工智能、新材料技术、量子信息技术以及生物技术等为突破口的第四次工业革命正带来第五次全球产业转移④。发达国家为了保持竞争优势，纷纷加快产业结构调整升级步伐，继续将高新技术产业的加工组装环节转移到发展中国家，而且将配套的零部件生产、物流、营销甚至部分研发活动等也通过项目外包和业务离岸化等方式向外转移。而中国制造业在全球价值链中已处于主导地位，引进高品质外资和技术的产业转移更加突出，同时，全球产业也开始从中国向美、欧、日等发达国家和地区以及东南亚欠发达国家转移。另外，服务业也成为产业转移的热点。金融、保险、咨询、管理和法律等专业化服务更是成为产业转移的重点领域，服务业占跨国直接投资的比重趋于上升，已超过制造业并高达 50%

---

① 郑州：弄潮"一带一路"筑起开放高地［EB/OL］. https：//www. henan. gov. cn/2022/03－18/2417230. html. 2022－03－18.

② 全省首批跨境电子商务海外仓示范企业公布："网上丝路"再造发展新优势［EB/OL］. https：//www. henan. gov. cn/2022/02－22/2402209. html. 2022－02－22.

③ "十四五"看开局：河南省以交通促开放越走越稳，"四条丝路"连天接地［EB/OL］. https：//www. henan. gov. cn/2022/01－14/2382914. html. 2022－01－14.

④ 世界产业转移的轨迹——第五次全球产业转移［EB/OL］. https：//baijiahao. baidu. com/s？id＝1714506661876473789&wfr＝spider&for＝pc. 2021－10－24.

以上。由此可见，与前四次单方向地由发达国家向发展中国家转移不同，第五次全球产业转移呈现双向变动：劳动密集型产业向中国中西部、东南亚以及非洲等地区转移；部分高技术类企业和产业链高端环节向美国、欧洲等发达地区回流。

从全国来看，我国东部发达地区为承接高品质产业转移、推进产业结构调整，也加快经济发展方式转变和新旧动能转换，将部分劳动密集型和资源密集型产业向中西部地区转移，这对落后地区承接产业转移、优化产业结构、充分发挥后发优势、提升经济发展实力、追赶发达地区提供了历史机遇。河南省作为内陆大省，应加强基础设施和人才队伍建设，营造良好的产业承接环境，提高技术消化能力和产业创新能力，充分利用郑州航空港经济综合实验区等平台载体优势，把承接技术密集型产业和现代服务业作为主要目标，不断"创造"比较优势，加强招商引资力度，统筹布局，科学规划，抢抓全球制造业分工调整、新兴业态兴起和国内产业转移三大机遇，乘势而上，抢占新的发展制高点。

三、区域性战略叠加新优势

1. 黄河流域生态保护和高质量发展

2019 年 9 月 18 日，国家领导人在河南郑州主持召开黄河流域生态保护和高质量发展座谈会，明确指出黄河流域生态保护和高质量发展是重大国家战略。

河南省是千年治黄的主战场、沿黄经济的集聚区、黄河文化的孕育地和黄河流域生态屏障的支撑带，在黄河流域生态保护和高质量发展全局中具有重要地位。该战略的提出，要求河南省加快绿色发展、加强生态文明建设、加强环境治理。根据黄河流域河南省段生态环境和资源利用状况，制定流域生态环境分区管控方案和生态环境准入清单，制定黄河生态廊道建设规划、建设标准，分段明确功能定位、发展导向，推进特色化错位发展。加强流域农业面源污染防治，强化流域工业污染协同治理，统筹推进流域城乡生活污染治理，这成为新形势下河南省经济社会高质量发展的重要推动力。

黄河流域高质量发展还要求河南省强化产业支撑，全面推动一二三产业高质量发展。根据本地资源、要素禀赋和发展基础做强做精主导产业和特色产业，统筹抓好传统产业改造升级、新兴产业重点培育和未来产业谋篇布局。要求河南省坚持以创新驱动高质量发展，全力建设国家创新高地，引导各地区把制造业高质量发展作为主攻方向，推动产业基础优势向产业链、供应链优势转变，深入推进传统产业高端化、智能化、绿色化、服务化改造，因地制宜加快发展战略性新兴产业，大力发展数字经济，加快制造业数字化、网络化、智能化转型。要求河南省扛稳粮食责任，推动城乡融合发展，保护和传承黄河文化，讲好新时代黄河故事。这些要求为河南省未来发展指明了方向，也给河南省社会经济高质量发展带来了重大战略机遇。

2. 中部地区高质量发展

2021年4月，《中共中央、国务院关于新时代推动中部地区高质量发展的意见》发布。这是党中央、国务院顺应新时代新要求，解决中部地区发展不平衡不充分问题、提高内陆开放水平、增强制造业创新能力、巩固生态绿色发展格局、提升公共服务保障特别是应对公共卫生等重大突发事件能力、推动中部地区高质量发展而提出的国家战略①。其中提出，要发挥中部地区比较优势，并在产业集群、粮食生产、物流枢纽、中心城市等领域多处提到河南省。该战略的提出对河南省做大做强先进制造业、积极承接制造业转移、提高自主创新能力、促进城乡融合发展、加快农业农村现代化、加快形成绿色生产生活方式、加快内陆开放通道建设和打造内陆高水平开放平台等方面提出了具体要求，为河南省的高质量发展提供了重大的历史机遇。

3. 河南省国家战略平台融合联动

继粮食生产核心区、中原经济区、郑州航空港经济综合实验区三大国家战略后，2016年中原城市群规划成功获批，国家明确支持郑州建设国家中心城市，中国（郑州）跨境电子商务综合试验区、中国（河南）自由贸易试验区、郑洛新国家自主创新示范区、国家大数据（河南）综合试验区等战略平台获得国家密集批准，共同构成了引领带动全省经济社会高质量发展的战略组合。河南省应准确理解和把握多重战略叠加机遇，统筹规划，整体布局，努力实现"富强河南、文明河南、平安河南、美丽河南"的时代目标。

河南省粮食生产核心区的建设是国家赋予河南省的重要使命。借助粮食生产核心区战略，结合河南省传统农业优势，为河南省打造中国绿色农业发展基地，推动新型农业生产，延长农业产业链条，做大做强河南省农业及农产品加工业提供了难得的机遇。河南省应紧紧抓住耕地和种子两个关键，加大农田水利设施改造力度，依托国家生物育种产业创新中心，提升抗灾防害能力，充分发挥一二三产业融合的优势，巩固粮食生产比较优势，让"国人粮仓"向"国人厨房"向"世人餐桌"提质增效转变，让粮食生产核心区战略成为河南省广大农村地区经济发展的重要推手，从而实现河南省乡村地区的全面振兴。

中原城市群战略是河南省国土空间开发与社会经济发展的重大谋划，是推动河南省新型城镇化、新型工业化、信息化、农业现代化、绿色化发展的重要抓手和战略支撑。根据国务院2016年12月28日批复的《中原城市群发展规

---

① 中共中央 国务院关于新时代推动中部地区高质量发展的意见［EB/OL］. http：//www.gov.cn/zhengce/2021-07/22/content_5626642.html. 2021-07-22.

划》，中原城市群包括河南省全部，山西省的长治市、晋城市、运城市，河北省的邢台市、邯郸市，山东省的聊城市、菏泽市，安徽省的淮北市、蚌埠市、宿州市、阜阳市、亳州市5省30座地级市，面积28.7万平方千米。该规划提出要将中原城市群建设成为中国经济发展新增长极、全国重要的先进制造业和现代服务业基地、中西部地区创新创业先行区、内陆地区双向开放新高地和绿色生态发展示范区。该规划明确提出，要建设现代化郑州大都市区，推进郑州大都市区国际化发展。把支持郑州市建设国家中心城市作为提升城市群竞争力的首要突破口，强化郑州对外开放门户功能，提升综合交通枢纽和现代物流中心功能，集聚高端产业，完善综合服务，推动与周边毗邻城市融合发展，形成带动周边、辐射全国、联通国际的核心区域。进一步提升洛阳国家区域中心城市和中原城市群副中心城市地位。这些谋划为河南省充分发挥交通优势，深化产业分工，促进城乡融合，推进国际协作，建立一体化的区域经济综合体提供了重大机遇。

郑州航空港综合试验区的获批解决了河南省不邻海的区位劣势，为河南省打造内陆开放高地，探索"陆空"联运新模式，建设空中丝绸之路提供了战略支撑。航空港保税区的政策红利，为河南省培育技术含量高、创新能力强，能够引领未来国际经济发展的新型产业主体打开了机会窗口。同时，河南省能够借此机会积极探索发展航空港经济的"郑州模式"，为提升郑州市在国内外的知名度和影响力奠定了重要基础。

中国（郑州）跨境电子商务综合试验区、中国（河南）自由贸易试验区、郑洛新国家自主创新示范区、国家大数据综合试验区相继获批，表明河南省战略地位显著提升。为河南省推动互联网经济发展，打造中部开放高地，激发创新活力，促进数字化转型和赋能提供重要战略平台，为河南省未来引领中国经济发展、辐射全球提供了重要机遇。

第二节　战略选择

虽然河南省经济总量长期处于全国第五、中西部第一的位置，但与全国发达省份相比，河南省仍存在着人均主要经济指标相对落后、产业结构层次偏低、城镇化水平滞后、自主创新能力弱、农业农村发展存在短板、社会事业发展不够充分、资源环境约束加剧等严峻挑战。面对这些突出问题，"十四五"时期，河南省必须抢抓多重战略叠加的发展机遇，以"五大"发展理念为引领，以推动高质量发展为主题，以深化供给侧结构性改革为主线，以改革开放创新为根本动力，以满足人民日益增长的美好生活需要为根本目的，以前瞻性的眼光来想问题，把准战略定位，做好适合河南省的发展决策，为确保全面建设社会主义现代化河南省提供战略支撑。

一、创新发展新产业

产业和创新是社会经济发展的动力之源。针对河南省产业结构层次低、产品附加值低、高消耗、高污染、高排放产业的比重偏高、自主创新能力弱等结构性问题，《河南省"十四五"规划和 2035 年远景目标纲要》① 为河南省"十四五"时期及未来一段时间的产业发展指明了方向。优化现代产业体系、大力发展先进制造业、战略性新兴产业和现代服务业，强力推进农业现代化，加快产业数字化和数字产业化转型，是河南省未来一段时间产业供给侧结构性改革的主攻方向。

1. 优化现代产业体系

要紧紧围绕产业转型和结构优化的要求，瞄准制造业高质量发展主攻方向，推进产业基础高级化、产业链现代化，强化战略性新兴产业引领、先进制造业和现代服务业协同驱动，加快建设实体经济、科技创新、现代金融、人力资源协同发展的现代产业集群体系。

（1）以高新、绿色、智能技术推进传统优势产业集群转型。着力发挥河南省在劳动密集型和技术密集型产业中的优势，推动装备、食品、轻纺、汽车、化工等传统优势产业"脱胎换骨"，将产业链向科技研发、网络营销、品牌塑造、资本运营等"微笑曲线"的两端延伸，推进智能制造和产业结构升级。

（2）大力发展先进制造业和战略性新兴及未来产业集群。立足产业基础和比较优势，建设装备制造、绿色食品、电子制造、先进金属材料、新型建材、现代轻纺等万亿级产业集群。积极发展机器人、新能源、新材料、数字创意等战略性新兴产业，形成一批千亿级新兴产业集群。优先发展信息经济、智能装备、生物医药三大新兴主导产业。实施绿色制造提升行动，推进重点行业企业绿色化改造。支持企业在生产自动化、装备智能化、产品数字化、管理信息化建设等领域开展工业化和信息化融合工作，支持企业依托互联网创新发展模式，引导企业利用互联网和大数据技术，对产品开发、生产制造、营销、服务等环节进行智能化升级，提高运营效率。

（3）着力发展壮大高成长性服务业集群。推进服务业专业化、标准化、集群化、品牌化、数字化建设，培育发展新兴服务业集群，改造提升传统服务业。

---

① 河南省"十四五"规划和 2035 年远景目标纲要［EB/OL］. https：//dsj. henan. gov. cn/2021/04-13/2125559. html. 2021-04-13.

推动生产性服务业专业化高端化发展，推动生活性服务业高品质多样化升级。促进移动互联网与文化创意、金融保险、生态环保、仓储物流、健康养老、电子商务等现代服务业融合发展。推动制造业企业延伸服务链条，实现现代服务业和先进制造业深度融合。建设服务型制造公共服务平台和数字公共服务平台，培育智能制造系统解决方案、流程再造等服务机构，推广设计外包、柔性化定制、网络化协同制造、远程维护、总集成总承包等模式。积极发展服务衍生制造，鼓励电子商务、研发设计、文化旅游、现代物流等服务企业，通过委托制造、品牌授权等方式向制造环节拓展。

（4）注重产业建链、引链、育链，打造产业集群体系。坚持龙头带动，政府与企业主体相结合，培育壮大宇通、中铁等创新能力强、具有龙头带动作用的骨干企业，以龙头企业牵头，带动中小微配套企业快速发展，形成完整的产业链。积极培育或引进战略性新兴产业链，引进"微笑曲线"两端高新技术产业，以链长制为抓手，强化建链引链育链，动态实施重点事项、重点园区、重点企业、重点项目清单，构建新型显示和智能终端、生物医药、节能环保、新能源及网联汽车、新一代人工智能、网络安全、尼龙新材料、智能装备、智能传感器、5G 等产业链。全面推进产业集聚区"二次"创业，着力打造开放型产业集聚平台，优化环境，提升综合服务功能，建设特色产业园区，打造产业集群体系。以产业高端化、技术尖端化、质量顶端化为目标，加快构建现代产业体系。

2. 推进农业现代化

按照《河南省国民经济和社会发展第十四个五年规划和二〇三五年远景目标纲要》①，在农业现代化发展方面，河南省要坚持质量兴农、绿色兴农、品牌强农，深化农业供给侧结构性改革，推动农业实现"六高"（即产品质量高、产业效益高、生产效率高、经营者素质高、市场竞争力高和农民收入高）和"六化"（即布局区域化、生产标准化、经营规模化、发展产业化、方式绿色化和产品品牌化），推进河南省由农业大省向农业强省转变、由"大粮仓""大厨房"向"大餐桌"转变。通过加快发展现代种业促进产品创新、做大做强高效种养业促进品牌创新、完善现代农业装备促进技术创新、促进一二三产业融合实现组织创新、完善农业政策支持体系促进制度创新等，构建农业创新体系，努力把河南省建设为高质量发展的现代农业强省。

（1）加快发展现代种业促进产品创新。加强种质资源保护和利用，加快种质资源库建设，建立完善种质资源鉴定评价、优异基因挖掘平台。实施省级现

---

① 河南省国民经济和社会发展第十四个五年规划和二〇三五年远景目标纲要［EB/OL］. https：// dsj. henan. gov. cn/2021/04-13/2125559. html. 2021-04-13.

代种业提升工程，加强良种繁育和南繁基地建设，优化良种繁育体系。建成国家生物育种产业创新中心，打造全球生物育种创新引领型新高地、全国种业发展体制机制创新的"试验田"和具有国际竞争力的种业航母集群。以农作物、经济作物、林果花草和主要畜禽为重点，开展种质资源创新、新品种培育、"卡脖子"关键技术联合攻关。培育大型育繁推一体化企业，加快推进商业化育种、新品种推广和产业化应用。加强种业安全监管，完善种子质量安全监测、信息化监管等种业体系。

（2）做大做强高效种养业促进品牌创新。推动种养业布局区域化、生产标准化、经营规模化、发展产业化、方式绿色化和产品品牌化发展。加快优质专用小麦、花生、草畜、林果、蔬菜、花木、茶叶、食用菌、中药材、水产品十大优势特色农产品生产基地和产业集群建设，推进黄河滩区优质草业带建设，开展小麦、大蒜、花生、苹果、辣椒等农产品和牛羊肉等畜产品优势特色产业集群建设。做强生猪产业，做大牛羊产业，做优家禽产业，提高畜牧业产值占农业总产值比重。加快发展种养有机结合的循环农业，推进农业绿色发展先行区建设。培育绿色农业产业集群[1]，做优农产品质量品牌，扩大认证农产品供给和影响力，完善原产地产品保护扶持、质量标识和可追溯制度，创建一批农产品区域公用品牌。

（3）完善现代农业装备促进技术创新。推动农业全链条科技化改造，加强大中型、智能化、复合型农业机械研发应用，强化农机农艺融合，整省推进主要农作物生产全程机械化和农田宜机化改造，健全省、市、县、乡四级农技推广网络，促进农业科技成果转化，建设"全程机械化+综合农事"服务中心。加强动物防疫和农作物病虫害防治。强化现代气象为农服务，健全农业气象灾害防治体系，推进智慧气象建设。

（4）培育新型农业经营主体促进组织创新。组织创新是农业创新体系的核心部分之一，其中，农户的企业化演变是现代农业发展中必不可少的组织创新。要发动一切力量促进企业的衍生、孵化，使传统农户逐步演变为家庭经营类主体如专业大户、家庭农场、生产服务专业户等，演变为合作经营类主体如各种农民合作社、专业协会等和演变为企业经营类主体如农业产业化龙头企业等，尤其要大力培育龙头企业，使其发展成为集研、发、产、销于一体的大型企业集团，不断实现农户组织的企业化演变[2]。健全农业专业化社会化服务体系，实现小农户和现代农业有机衔接。

（5）促进一二三产业融合实现载体创新。加快发展绿色食品业，做优面制品，做强肉制品，做精油脂制品，做大乳制品，做特果蔬制品。引导农产品加工企业向县域布局，发展产地初加工、精深加工和副产物综合利用，建设特色农产品加工技术集成科研基地和农产品加工园。推动农业与休闲旅游、文化体验、健康养老等深度融合，加快发展都市生态农业和现代设施农业，因地制宜发展沟域经济、林下经济和乡土特色产业，加快发展农村电子商务，完善农产品仓储保鲜和冷链物流体系。建设农村一二三产业融合发展示范区和田园综合体，推进绿色农业优势特色产业集群、现代农业产业园和农业产业强镇等载体建设，打造农业现代化示范区。健全农企利益联结机制，发展农业产业化联合体，推动产业链增值收益更多让农民分享。

（6）构建农业创新体系促进制度创新。农业创新体系是由多元化的创新主体、网络化的创新过程、区域化的创新环境和集成化的创新目标所组成的农业组织及制度系统。以农业创新体系建设为载体，通过培育新型农业经营主体、构建产学研合作网络、营建创新环境来不断完善农业创新体系[3]。构建农业政策支持体系，加快建成全国重要的口粮生产供给中心、粮食储运交易中心、绿色食品加工制造中心、农业装备制造中心和面向世界的农业科技研发中心、农业期货价格中心等。建立合理的土地流转机制，加快农业生产规模的适度扩大。健全多层次、多分类的市场支撑体系，推进农业生产资料和农产品的现代化流通，提高农业信息资源被农业管理部门、龙头企业、农村合作经济组织及普通农民利用的效率，为促进农业现代化提供良好环境。

培育绿色农业产业集群，促进农业高质量发展的路径

当前，世界农业生产所面临的资源危机和环境恶化问题日益严重，并已成为农业可持续发展的瓶颈。近年来我国农业在经历长期的高速增长之后也出现了许多新的问题，如资源过度开发造成的环境恶化以及农业污染引致的食品安全问题等。如何协调农业发展与资源环境之间的矛盾、推动农业绿色化转型和高质量发展，已成为我国农业生产亟待解决的现实问题，也是我国深化农业供给侧改革的重要内容。

但农业绿色发展势必会影响生产力，因此找出绿色发展与生产力之间的折中就非常重要，而绿色农业产业集群就是能将二者折中的新型组织方式。它既能提高农业生产力、竞争力和创新潜力，又能提高食品安全、降低生态破坏，是联合国粮农组织强调的可持续集约化农业的空间载体。它能整合小农户，实现小规模生产与大市场对接，并依靠绿色化、特色化、集约化、标准化，生产更多契合消费者需求的高品质农产品，进而提高农民收入。因此，培育绿色农业产业集群，是深化我国农业供给侧结构性改革、实现高质量发展的有力抓手。

然而，作为农业大国，我国在绿色农业集群发展方面还存在很多问题。如经营主体绿色生产意识淡漠，绿色经营主体少，还没有形成绿色农业的产业集聚；绿色产品市场信任程度低，真正的绿色产品卖不上应有价格，降低了经营主体绿色化转变的积极性；绿色农业组织化、网络化程度低。单个环节的绿色化多，全产业链条绿色化少；绿色技术集成体系不完善，推广难度大；绿色创新体系尚未形成，绿色产品少，科技含量不高、品牌效应不强，真正形成绿色农业集群的很少等。

为此本书建议：要尽快按照"一县一业"或"一县几业"理念，选择进行绿色发展的主导农产品，依托现代农业产业园和科技园的创建，根据集群=集聚+网络，高起点试点建设绿色农业产业集群，营建本地集群创新体系，最后形成全国层面的绿色农业集群体系，以深入推进农业供给侧改革和全方位的高质量发展。

（1）培育绿色经营主体，提高绿色产品诚信度。绿色农业生产周期长、见效慢。要鼓励农户或企业，提高绿色生产和消费意识，使之转变为绿色主体。建立绿色诚信制度，完善绿色标准体系，加强农产品的绿色认证和品牌建设。规范市场定价标准，提高绿色产品的市场信誉度，扩大绿色产品消费群体。

（2）设计绿色农业集成技术，提速推广与应用。围绕县域特色农产品，促进产学研合作研发适合本地条件的成套绿色集成技术（包含重新设计间作或农林复合、种养结合的绿色低碳品种结构，绿色投入品和绿色生产技术、绿色产后增值技术等）并积极推广使用，形成绿色农业集聚。

（3）打造绿色全产业链，构建绿色创新网络。扶持龙头企业构建全产业链绿色资源利用网络和绿色创新网络（包括消费、研发、育种、采购、生产、金融、培训、服务和废物循环利用等），突出"特"和"优"，帮助农户或企业优化自己的产品结构。加快官产学研用结合，共建绿色创新与产业化联合体。

（4）搭建产业互联网平台，数字化赋能绿色产业集群。创新融资模式组建或扶持龙头企业搭建本地产业互联网平台，构建智慧化管控体系，将产业内的上下游企业和农户整合进去，并为其提供农资供应、供应链金融、宣传推广、渠道开拓、联合研发、安全保障及其他配套生产性服务，使每一个主体专注主业，平台精准赋能补齐短板。

（5）完善绿色创新体系，营建区域创新软硬环境。建造和创新绿色基础设施，利用现代信息技术完善精准农业体系，研发适应当地景观的小型农业机械，如纳米机器人、除草或害虫采摘器等。健全绿色农业公共服务体系，如疫病防控、质量检测和追溯、全产业链协同治理等。创建由官产学研用人员共同参与的混合组织，如绿色农业孵化器、风险投资等，营建协同创新的本地氛围。

（6）加强组织保障，促进建设方案的落实和评估。筹备成立绿色农业产业集群建设领导小组，做好顶层设计并以专班制予以落实。制定工作规划和实施路径，细化工作流程，落实责任到人。制定绿色产业集群技术评价体系，定期开展绩效评价，打造绿色农业集群标杆。

通过2~3年努力，打造200~300家具备全国乃至全球影响力的绿色农业集群品牌，使之成为全国农业现代化转型升级的新标杆和金名片。

3. 拓展数字经济空间

迎接数字时代，实施数字化转型战略，激活数据要素潜能，加快建设数字经济，以数字化转型整体驱动生产方式、生活方式和治理方式变革。构建新型数字基础设施体系，推进国家大数据综合试验区建设，发展数字核心产业，全面提升数治能力、全方位打造数字强省[①]。

（1）实施数字化转型战略，培育发展壮大数字经济。强化数字经济发展的技术和产业支撑，坚持数字产业化和产业数字化，促进数字经济和实体经济深度融合，催生新产业新业态新模式，打造具有竞争力的数字产业集群，比如创建集成电路、电子信息、工业软件等数字产业集群建设数字经济新高地。围绕智能终端着力引进一批重大项目，构建完整的信息产业链，拓展"数字+""智能+"应用领域，扩大信息消费，形成新的增长点。要以新一轮科技革命和产业革命为契机，以技术创新和互联网应用为突破点，充分发挥数字经济在稳增长、调结构、转方式和惠民生中的战略性、先导性作用，使数字经济成为经济新常态下提升区域创新效能的强大动力，成为河南省高质量发展、让中原更加出彩的新引擎和新支点。

（2）实施"互联网+"行动，促进数字技术与经济社会深度融合。推进产业组织、商业模式、供应链、物流链创新，支持基于互联网和数字技术的各类创新。突出数字化引领、撬动、赋能作用，全方位推进工业、农业、服务业创新转型。实施"5G+工业互联网"工程，加强工业互联网平台引育，争取工业互联网企业分类分级试点。推动"互联网+"农业，深化物联网、大数据等信息技术在农业生产领域全过程的应用；推动"互联网+"制造业，依托互联网与制造业各

---

① 河南省国民经济和社会发展第十四个五年规划和二〇三五年远景目标纲要［EB／OL］．https：／／dsj. henan. gov. cn/2021/04-13/2125559. html. 2021-04-13.

个环节、各个节点的协调互联，推动制造业网络化发展；推动"互联网+"服务业，培育各类电商交易平台，引导线上线下、国内国外互动对接，推动服务业联动化发展。推进企业"上云用数赋智"全覆盖，打造数字化转型企业标杆和典型应用场景。搭建产业互联网服务平台，推动一二三产业融合发展，实现对农业产业集群的数字赋能。

（3）构建电子商务产业体系。充分利用中国（郑州）跨境电子商务综合试验区、河南省自由贸易试验区等各领域战略平台，融合线上、线下市场，拓展国内、国外市场，打造全国电子商务中心；大力招引企业在河南省投资项目或设立区域性总部，全力招引先进技术和高端智力，围绕中国制造交易网、豫商网、世界工厂网、郑州华粮科技等河南省比较成熟的电商，大力开展产业链招商，以商引商[4]。发展"互联网+"车货交易、无车承运人等物流新业态，推动数字化金融等产品服务创新，推广在线交互研发设计、众包等新模式。

（4）加强网络信息基础设施建设。网络信息基础设施是云计算、大数据、物联网等新一代信息技术和应用发展的重要支撑。要进一步完善信息网络系统，加快宽带网络升级改造建设，加快数字电视网和下一代互联网建设，推进"三网融合"步伐；建设云计算中心，推进5G技术和产品的研发、北斗系统建设应用等，推动信息技术更好地服务经济社会，推进智慧城市和数字乡村建设。加快数字政府建设，支持信息基础设施、云数据处理、国家骨干网升级改造等，运用云计算、大数据、物联网等先进技术，完善综合信息服务体系的构建。

（5）优化数字经济发展环境。充分运用各种媒体，借助国家相关部门、行业协会的力量，加大对建设数字经济强省的宣传力度，营造全民支持、参与的发展氛围，激发大众创业、万众创新的热情；支持举办各类互联网、电子商务、云计算、大数据、物联网、网络安全等领域的专业展会和论坛峰会，推进要素集聚和市场拓展，创建数字产业园区、建设数字产业集群，推动河南省成为发展数字经济的热点区域，为全面建设数字经济强省营造优良环境[4]。

二、协调发展新格局

针对河南省城镇化水平滞后、城镇化率偏低、人口区域分布不合理等区域结构问题，河南省在"十四五"时期要继续实施中心城市和县域经济双轮驱动战略，推动中心城市"起高峰"、县域经济"成高原"。通过推进以人为核心的新型城镇化、以中原城市群为主体推动大中小城市和小城镇协调发展，健全区域协调发展体制机制①，实现经济社会空间的协调发展。

---

① 河南省国民经济和社会发展第十四个五年规划和二〇三五年远景目标纲要［EB/OL］. https：//dsj. henan. gov. cn/2021/04-13/2125559. html. 2021-04-13.

1. 推进以人为核心的新型城镇化

坚持以人为核心的新型城镇化战略，充分发挥中心城市和县域产业集群的带动作用，解决城乡发展不均衡、不协调问题，推进产城融合与城乡融合发展。完善城镇化发展体制机制，加快乡村振兴和美丽乡村建设。

（1）加快乡村振兴，建设美丽乡村。要把农业、农村和农民与新型城镇化建设结合起来，把乡村振兴、美丽乡村建设和新型城镇化结合起来，加强制度创新，提高耕地农业产出效益，引导农户向二三产业流动，千方百计增加农民收入。统筹县域城镇和村庄规划建设，强化县城综合服务能力，把乡镇建成服务农民的区域中心，一体推进乡村环境整治、设施改造、乡风塑造和治理创新，打造地域特色鲜明、生态宜居的美丽乡村。

（2）强化产业支撑，推进产城融合。培育乡村产业集群对于就地城镇化和产城融合发展有着重要意义[5]。要把特色产业作为城镇发展的基础，把城镇建设作为产业发展的载体，优化产业布局，以产兴城、以城促产，互为支撑、互促共进。通过合理调整产业结构，促进产业结构升级，把农户纳入本地产业体系，提高当地就业机会。完善健全产业布局，保障各地经济协调发展，增强城市的内部活力和辐射能力。

（3）强化城乡互动，推进城乡融合。坚持"把城镇和乡村贯通起来"的工作思路，促进城乡要素自由流动、平等交换和公共资源合理配置，加快形成工农互促、城乡互补、全面融合、共同繁荣的新型工农城乡关系，实现城乡要素融合。加强城市与农村的产业联系，实现城乡产业融合。推动农村基础设施和公共服务设施提档升级，实现城乡空间融合。探索农民变市民、进城不离乡、"就地就近"城镇化的路子。鼓励和引导工商资本到乡村发展农民参与度高、受益面广的乡村产业。

（4）完善城镇化发展体制机制。推进户籍管理制度改革，以人为本推进农业转移人口市民化，保障其与城市居民享有平等的教育、公共卫生和基本医疗服务以及社会保障等方面的权利，强化农业转移人口创业就业的政策扶持。推进农村土地制度改革，放活农村土地经营权，加快确权登记成果应用，整体推进土地承包经营权确权登记颁证，实行"多权同确"，赋予农民更多财产权利。保障进城落户农民土地承包权、宅基地使用权、集体收益分配权，鼓励依法自愿有偿转让。推广农村承包土地经营权抵押贷款，探索开展农村宅基地抵押贷款。

2. 推动大中小城市和小城镇协调发展

充分发挥中心城市辐射带动作用，以中原城市群为主体推动大中小城市和小城镇协调发展，构建"主副引领、两圈带动、三区协同、多点支撑"的高质量发展动力系统和空间格局。

（1）增强郑州国家中心城市和洛阳中原城市群副中心城市的龙头带动作用。河南省对做强做优郑州国家中心城市提出了更高要求，如提升其参与全球竞争的国际化能力，增强其集聚高端资源功能。打造包含郑开同城化和郑许、郑新、郑焦等一体化的郑州都市圈，形成支撑带动中西部地区高质量发展的强劲动力源。打造以洛阳为中原城市群副中心城市的洛阳城市圈，推动洛阳、济源深度融合发展，深化洛阳市与平顶山市、三门峡市、焦作市等合作联动，加快洛济焦、洛巩、洛渑、洛汝等产业带建设。

（2）强化郑州都市圈和洛阳都市圈联动。以交通为先导，统筹布局郑州与洛阳间多层次多方式快速通道，充分挖潜提效，推动郑州、洛阳间交通实现公交化运行。依托主要交通廊道和沿黄生态廊道，优化提升县级组团和产业集聚区，推动洛巩、荥巩产业带相互贯通，协同集聚和共享科创资源，打造城镇、产业和科创密集带。统筹推进洛济焦、郑焦产业带建设，培育嵩山、云台山和少林拳、太极拳"两山两拳"生态文化旅游融合示范带，促进文旅、康养等产业协同发展，打造焦作双圈联动优先发展区。

（3）推进区域协同发展。加强区域中心城市和城镇协同区建设，提升南阳市、安阳市、商丘市等区域中心城市规模等级，培育特色城镇组团，建立健全区域协同发展机制。将南阳市建设成为新兴区域经济中心，联动信阳市、驻马店市等城市加强与长江经济带对接协作，打造南部高效生态经济示范区。强化商丘市向东开放，建设新兴工业城市和区域商贸物流中心，联动周口市、漯河市等城市对接长三角一体化发展，打造东部承接产业转移示范区。打响安阳市"殷都"品牌，建设区域先进制造业中心和交通物流中心，联动鹤壁市、濮阳市等城市融入京津冀协同发展，打造北部跨区域协同发展示范区。高水平建设三大城镇协同区，加速中原城市群各城市间的协调整合，提升中原城市群一体化发展水平。

（4）壮大重要节点城市。推动重要节点城市特色错位发展，支持建设开封市世界历史文化名都、平顶山市转型发展示范市、鹤壁市高质量发展城市、新乡市豫北地区重要中心城市、焦作市豫晋交界地区中心城市、濮阳市豫鲁冀省际区域中心城市和新型化工基地、三门峡市黄河金三角区域中心城市、周口市新兴临港经济城市、信阳市践行生态文明的绿色发展示范区、济源市国家产城融合示范区，高水平打造许昌市智造之都、漯河市国际食品名城、驻马店市国际农都。开展承接产业转移、科技成果转移转化、产业链供应链优化提升等示范创建。加快城市功能区综合连片开发，推动绿色、低碳、集约、紧凑发展，吸引人口和高端要素集聚。推进商务中心区、产业集聚区和都市生态农业园区建设，构建现代服务业、先进制造业、都市生态农业互促共进的产业格局。

3. 推动区域协调发展

（1）推动城乡一体化发展。推进城乡一体化发展体制机制改革探索，加快城乡一体化示范区建设。在基本公共服务均等化、土地集约节约利用、社会管理、城乡金融服务等重点领域开展先行先试。打破城乡分割规划模式，实现城乡统一的统筹规划。发挥区域中心城市对乡村的带动作用，加强中心城市和城镇协同发展。科学规划生产力布局与产业集群的建设，扩大中心城市基础设施、社会服务体系对周边乡村的覆盖，推进城乡公共服务均等化。加大农村公共产品和准公共产品的投入，改善农村生产生活环境，推动中小型加工企业与加工环节向乡村转移，增加农民的就地非农劳动机会。

（2）推动区域合作与分工。推进区域合作与分工有利于确立和发挥各地区的比较优势，最大限度减少恶性竞争、提升总体效益。河南省应加快建立健全区域合作与分工协调机制，以充分发挥区域比较优势为原则，加强中原城市群、豫北地区、豫西豫西南地区和黄淮地区四大经济区之间资源开发利用、人才交流合作以及产业转移等领域的合作，充分发挥各区域的比较优势，促进区域合作和优势互补，以实现各区域良性互动。谋划建设郑洛西高质量发展合作带和中原—长三角经济走廊，全方位提升区域对外合作水平。

三、绿色发展新经济

针对绿色低碳产业比重偏低、资源环境约束加剧等问题，河南省要积极践行"绿水青山就是金山银山"的发展理念，高度重视生态文明建设，落实好黄河流域生态保护和高质量发展战略部署，大力发展绿色经济，倡导绿色低碳生活方式，完善生态空间建设，坚定不移走生态优先、绿色发展的现代化道路。

1. 推进绿色经济发展

（1）大力发展绿色产业。加快生产方式的绿色转型升级，把"绿色化"理念融入到产业转型升级的全过程和各环节，构建资源节约型、环境友好型的产业体系。持续降低碳排放强度，大力发展循环经济和绿色产业，壮大新能源和节能环保产业。以绿色低碳方式引领工业转型升级，以环保趋势引领服务业转型升级。大力发展以有机绿色为标准的现代生态高效型、生态保育型和资源节约型农业，积极培育绿色农业产业集群，提升绿色小麦产业集群品牌度。坚决扼住高污染源头，向绿色发展和高技术产品要效益，向高技术投资和绿色消费共同拉动要效益。

（2）着力推动绿色技术创新。绿色技术是绿色发展的根本支撑，河南省当前的技术创新水平还不能完全满足绿色发展的要求，需要加大政策支持力度，努力实现关键技术突破，促进绿色节能低碳技术创新，提高绿色技术供给能力，破解绿色发展的技术难题，从整体上提升河南省的绿色创新水平，为河南省绿色发展提供技术和智力支持。

（3）大力促进绿色金融发展。绿色金融是绿色发展的重要手段，作为一种市场化的制度安排，绿色金融在促进环境保护和生态建设方面发挥着十分重要的作用，它主要通过贷款、私募投资、发行债券、股票、保险等金融服务，将更多的社会资源配置到环保、节能、清洁能源、清洁交通等绿色产业上，从而使经济结构更加绿色化、低碳化。通过绿色金融的发展壮大，推动河南省产业向绿色化转型升级。

（4）创新绿色经济体制机制。体制机制创新是绿色发展的重要动力，绿色经济发展是一个长期、艰巨、复杂的系统工程，既需要经济社会领域的改革探索，也需要体制机制领域的改革创新。建立生态产业发展和生态建设绩效评价机制，将生态产业发展和生态环境改善与领导干部政绩考核挂钩；建立生态激励约束机制，加快形成生态环境破坏者赔偿、建设和保护者得到补偿机制；建立和落实责任追究制度，对造成生态环境损害负有责任的领导干部进行追责。相关制度的不断完善能够促进河南省绿色经济稳定、高效发展。

2. 倡导绿色低碳新生活

（1）加强绿色生活方式的宣传与引导。加强对人民群众绿色生活方式的宣传和引导工作，强化公众生活方式绿色化的理念，增强全民绿色发展意识，倡导文明用餐、节俭消费，坚决制止餐饮浪费行为，形成节约适度、绿色低碳、文明健康的生活方式和消费模式。促使全省人民自觉主动地承担起绿色发展的责任，形成全社会共同参与的良好风尚。

（2）提倡公民低碳生活和绿色出行。全面节约利用资源，实施有效的污染防治措施，减少二氧化碳的排放。倡导购买节水节电家用电器、家居用品，安装餐饮油烟净化装置，推广生活垃圾分类。鼓励采用对环境影响较小的出行方式，多乘坐公共汽车、地铁等公共交通工具，合作乘车，环保驾车。

（3）构建绿色文化强化机制。培养全社会的绿色文化自觉，形成绿色文化理念，提高全社会的生态文明意识，确立全新的、尊重自然、顺应自然和保护自然的生态价值观，培养公民对绿色文化的自觉性与自信力，将生活方式绿色化的理念植入大众文化中，积极带动，鼓励支持。

（4）建立健全法律法规保障体系。生活方式绿色化需要法律、经济、科技等手段共同发力。要推进水、大气、土壤污染防治以及节水、节能、循环经济促进等法律法规修订，完善污染物排放、能耗、水耗等的标准，推行绿色信贷、绿色税收，加大对绿色产品开发研发、绿色技术推广支持力度，实行保基本、促节约的居民用水、用气等阶梯价格制度，激励千家万户在践行绿色生活上既力所能及又有所作为。

3. 完善生态空间建设

完善生态空间建设有利于维护生物的多样性、保障生态空间的安全性、提升公众居住的环境质量。按照《黄河流域生态保护和高质量发展规划纲要》和《河南省"十四五"规划和2035年远景目标纲要》，"十四五"时期，河南省要坚持共同抓好大保护、协同推进大治理，强化上下游、干支流、左右岸联动，统筹推进山水林田湖草沙综合治理、系统治理、源头治理，确保黄河防洪安全、供水安全、生态安全。

（1）构建"一带三屏三廊多点"的生态保护格局。通过推进沿黄生态带建设、加强黄河干支流污染治理、规范高效利用黄河水，打造黄河流域生态保护示范区；以黄河干流为主线，太行山、伏牛山、桐柏—大别山等山地为屏障，淮河、南水北调中线、隋唐大运河及明清黄河故道为主要串联廊道，统筹推进自然保护地建设，推行林长制，构建"一带三屏三廊多点"的生态保护格局。通过增强山地生态屏障功能、构筑生态廊道网络和加强自然保护地建设，构建大河大山大平原生态格局；坚持源头严控、过程严管、末端严治，继续开展污染防治行动，持续减少主要污染物排放总量，基本消除群众关注的突出环境污染问题。通过强化大气污染精准防治、深化水污染综合治理、保障土壤环境安全、防范生态环境风险和提高生态环境治理能力，深入打好污染防治攻坚战。

（2）科学规划管理生态空间，完善相关法律法规。开展调查评价，确定各类生态空间的用途、权属和分布等情况，建立数据共享机制，为生态空间的规划布局、确权登记和用途管制奠定基础。编制国土空间规划，科学划定生态保护红线，分类制定生态功能类型区的区域准入条件，确定允许的开发强度，明确允许、限制、禁止的产业和项目类型清单。依据相关规划对划定的生态空间进行有效管理，在查清生态省情和诊断区域问题的基础上，建立生态空间保护体系，把生态空间建设工作纳入法治轨道，依法监管，严惩破坏行为。

（3）提高公众对生态空间的认知水平。面对资源约束趋紧、环境污染严重、生态系统退化的严峻形势，需要在全社会开展生态空间保护宣传活动，倡导健康、节约、环保的生产和生活方式，鼓励发展与乡村经济、农民增收相关的生态产业，促进生态空间建设、生产发展与农民增收协同共进。增进公众对生态空间的认知水平及其责任意识，形成重视生态环境、保护生态空间的良好社会氛围。

四、开放发展新空间

针对河南省地处内陆腹地、开放型经济发展基础薄弱等问题，要充分发挥多领域战略平台融合联动的叠加优势，高水平建设开放通道枢纽，创新开放型经济新体制，全面融入"一带一路"倡议，发展壮大开放型经济，努力建设成为内陆开放型强省。

1. 完善开放通道体系，打造高水平开放通道枢纽

郑州航空港经济综合实验区是我国"一带一路"倡议的重要节点，是内陆地区扩大对外开放、带动河南省高质量发展的突破口，是促进先进制造业和现代服务业融合发展的重要抓手。要继续强化郑州航空港开放发展的优势，以郑卢"空中丝绸之路"为引领，全方位推进陆海空立体开放通道建设，加快完善航空、铁路、公路和水运立体发展的物流网络体系，大力发展通道经济、枢纽经济，构建内陆国际物流枢纽支撑；打造良好的产业发展环境，以吸引全球性企业加盟，增加电子信息产业、生物医药产业、制造业、金融业等多个领域的实际利用外资总额，促使河南省进一步融入全球生产网络；不断完善开放平台和市场营商环境，形成区港联动的综合口岸体系和多式联运的立体开放格局，提升港区的对外开放水平。按照《郑州航空港经济综合实验区发展规划（2013—2025）》努力把郑州航空港经济综合实验区建设成为富有生机活力、彰显竞争优势、具有国际影响力的综合实验区。

（1）打造以航空运输为主体的现代综合枢纽。满足航空旅客零距离换乘和航空货物无缝衔接的需求，构建"民航、铁路、公路"一体化集疏网络，建成以航空枢纽为主体，融合高速铁路、城际铁路、高速公路、城市轨道交通、公共交通等交通方式的综合枢纽，拓展国际货运航线网络，在提升国内客运中转枢纽地位的基础上，增开国际客运航线，培育客运发展新优势。

（2）建设多式联运的国际物流中心。打通连接世界重要枢纽机场和主要经济体的航空物流通道，推动航空货流通过高铁、公路汇集和向周边疏散，构建公铁集疏、陆空衔接竞争新优势。重点突破空铁联运，开工建设高铁物流中心，实现国际航空货运与国内高铁集疏无缝衔接、双向联运。大力发展卡车航班，提升陆空联运服务水平。实施"双枢纽"战略，引进国内外大型物流集成商，设立国内国外营运基地或分拨中心。推进航空物流园建设，完善分拨转运、仓储配送、信息服务、流通加工等功能，提高供应链管理服务水平。

（3）建设以航空经济为引领的现代产业基地。大力引进和培育开放型市场主体，高效利用全球资源要素和市场空间，推动重点产业开放发展，打造高质量外资集聚地和高层次对外投资策源地。以智能手机为核心，引进上下游配套生产企业集聚，打造全球重要的智能终端研发生产和电子信息产业基地。推动航空维修、生物医药、精密机械等产业发展，建设国内重要的航空维修基地和生物医药产业基地。积极发展电子商务等新业态新模式，加快发展商贸业，建

设全球性产品交易展示中心和国内进出口货物集散中心，形成以商贸带动物流、以物流集聚产业的发展格局。

（4）建设现代化国际商都核心区。高水平推进城市功能区连片综合开发，建成北部科技研发产业区、东部会展城片区、南部园博会片区，在郑州航空港经济综合实验区打造畅通高效的交通网络、绿色宜居的生活环境、集约有序的城市空间。

2. 推进自由贸易试验区建设，建设高水平开放型经济新体制

自由贸易试验区建设是我国主动适应经济全球化新趋势、准确判断国际形势新变化、深刻把握国内改革发展新要求的重要举措之一。中国（河南）自由贸易试验区自2016年8月31日被正式批复设立以来，一直以制度创新为核心，以风险防控为底线，在转变政府职能、投资领域开放、贸易转型升级、金融领域开放创新、提升现代综合交通枢纽和现代物流中心功能等方面积极探索与创新，并取得丰硕成果，这为河南省深化改革、扩大开放，构建开放型经济新体制，实现中部地区高质量发展打下坚实基础。

（1）建立与国际贸易投资规则相衔接的制度体系。自由贸易试验区的核心在于通过制度创新降低制度性交易成本，促进对外开放、引领开放型经济发展。要对标国际先进规则，持续开展首创性、集成性、差异化改革探索。推动更高水平投资贸易自由化便利化，建立健全自由、安全便利的货物贸易管理制度和服务贸易极简负面清单制度，完善技术贸易促进机制。开展国际人才管理改革试点，探索建立与国际接轨的全球人才招聘和管理制度。放大制度创新溢出效应，建设一批自贸试验区联动发展区①。要加快推进简政放权，转变职能，依法加快向郑州、洛阳和开封各片区下放省级经济社会管理权限。积极应对全球贸易格局调整，着力在货物贸易"优进优出"、服务贸易创新发展上做文章，推动贸易高质量发展。

（2）加强跨境金融结算，切实提升金融服务功能。要将自贸区金融创新与郑州金融集聚区建设相结合，加强跨境金融结算、人民币跨境业务、多式联运提单融资等金融创新，对跨境资本交易活动放宽限制，探索开展资本账户开放试点、跨国公司跨境外汇资金集中管理试点等，促进服务贸易项目进出口外汇收付便利化。要完善外汇管理体制，对区内企业和金融机构从境外融入外币资金予以支持，探索开展离岸保税期货交割业务，提升跨境融资自由化水平[4]。

（3）探索多样化的跨境电商业务模式。鼓励创新型电子商务向郑州、洛阳和南阳中国跨境电子商务综合试验区集聚，推进三地跨境电子商务综试区建设，

---

① 河南省国民经济和社会发展第十四个五年规划和二〇三五年远景目标纲要［EB/OL］. https：//dsj. henan. gov. cn/2021/04-13/2125559. html. 2021-04-13.

构建种类丰富的跨境电子商务产业链和生态链。以促进贸易便利化为核心，探索适合跨境电商发展的监管模式，充分利用大数据、云计算等整合各部门资源，打造高效完善的电子商务服务平台，使得商品交易和信息流通更加高效率、低成本，促进河南省新型贸易业态发展[6]。

（4）以创新合作推动开放平台能级提升。加强创新能力开放合作，增强国际创新要素吸聚和配置能力，打造河南省自贸试验区2.0版。从开放合作创新中积累产业优势，以争创郑州航空港自贸新片区、整合优化开发区为核心抓手，推动各级各类开放平台提档升级、协同发力。

3. 全面融入"一带一路"建设

2015年11月，河南省发展和改革委员会印发《河南省参与建设丝绸之路经济带和21世纪海上丝绸之路实施方案》，凭借空中、陆上、网上、海上"四条丝路"的东风，努力把参与"一带一路"建设与打造内陆开放高地结合起来。

（1）加强信息基础设施建设，实现对外互联互通。在加快交通基础设施建设的基础上，提升信息通信基础设施水平，增强郑州国家互联网骨干直联点流量疏通能力，积极参与国家互联网骨干网络架构优化调整；统筹布局云计算大数据基础设施，构建支撑对外开放的数据高地；实现口岸开放平台互联互通，优化特殊监管区域布局，完善口岸建设布局，推进区域一体化通关。

（2）深化拓展国际合作空间，打造内陆开放高地。深化与共建"一带一路"国家和地区合作，积极参与共建"一带一路"科技创新行动，建设"一带一路"国际科技合作基地，推进面向中亚地区的现代农业技术集成与示范国际科技合作重大专项。支持有条件的企业赴海外上市、设立境外实习培训基地。鼓励省内院校、科研机构与共建"一带一路"国家开展人才联合培养，稳步推进中外合作办学，开展文化旅游、文物互展、流域治理、医疗卫生和传染病防治等多领域合作。架设文明互学互鉴桥梁，加强文化交流。围绕华夏历史文明传承创新区建设，建设"丝绸之路文化交流中心"，打造丝绸之路中原文化名片。深化友好省州和国际友城建设，争取有关国家和国际组织在豫设立常驻办事机构，同时，完善境外经贸联络机构网络，积极申办国际性会议、展会、体育赛事等重大活动。对接博鳌亚洲论坛、中国国际进口博览会等高端展会资源，积极开展城市营销、组织系列论坛及推介活动。优化货物贸易结构，加快培育出口竞争新优势，扩大沿线国家特色产品进口，打造内陆开放新高地。

五、共享发展新生活

针对河南省人均收入不高、农业农村发展存在短板，社会事业发展不够充分等突出问题，河南省要坚持以人民为中心的发展思想，坚持发展为了人民、发展依靠人民、发展成果由人民共享。加强普惠性、基础性、兜底性民生建设，健全基本公共服务体系，推动更高质量的就业创业，健全多层次民生保障体系，完善共建共治共享的社会治理制度，扎实推进共同富裕，让人民群众的获得感成色更足、幸福感更可持续、安全感更有保障。

1. 健全基本公共服务体系

推进基本公共服务标准化均等化。高水平完成国家基本公共服务标准化试点，细化省、市、行业基本公共服务实施标准，推进城乡区域基本公共服务制度统一、质量水平有效衔接。统筹基本公共服务设施布局和共建共享，促进基本公共服务资源向基层延伸、向农村覆盖、向欠发达地区和生活困难群众倾斜。开展基本公共服务达标和均等化评价，完善基本公共服务社会满意度第三方调查和需求反馈机制。创新公共服务提供方式，鼓励社会力量参与公共服务供给。

2. 推动更高质量的就业创业

实施积极就业政策，坚持稳存量、扩容量、提质量，健全就业促进机制，鼓励创业带动就业，更大力度缓解结构性就业矛盾，聚焦重点群体，增加就业总量；加大创业扶持政策的宣传力度，推进创业孵化基地建设，持续完善培训、贷款、孵化和创业辅导"四位一体"的创业服务体系。促进农村富余劳动力有序进城就业，支持更多返乡留乡农民工就地就近就业创业。完善多渠道灵活就业的保障制度，支持和规范发展新就业形态，促进新个体经济健康发展，全面提升就业质量；健全就业公共服务体系，搭建"互联网+就业创业失业"公共服务信息平台，完善各级公共就业服务机构功能，加大对中小微企业扶持力度，加强失业风险防范；加大公益性岗位开发力度，扩大公益性岗位兜底安置，确保有就业能力的零就业家庭动态"清零"，实现更充分就业。

3. 健全多层次民生保障体系

（1）健全养老保障体系。构建以居家为基础、社区为依托、机构为支撑、医养康养相结合的养老服务体系；创新居家养老模式，鼓励民间资本参与养老服务，培育居家养老服务企业和机构；利用互联网、物联网、人工智能等信息技术，建设智慧养老平台；推动医养深度融合，构建"城镇社区养老服务圈"。推进城乡敬老院、失能人员托养中心、老年公寓建设，扩大普惠型养老设施建设，以社区（村镇）养老为单位，建立全覆盖的居家养老服务体系。提升残疾人、儿童、伤残退役军人等弱势群体社会福利。

（2）完善多层次的社会保障体系。强化基本医疗保险、大病保险与医疗救助三重保障功能，促进各类医疗保障互补衔接，提高重特大疾病和多元医疗需求保障水平。完善和规范居民大病保险、职工大额医疗保险，全面实施长期护理保险制度。落实应保尽保总体目标要求，同时提高城乡低保及分散供养特困人员基本生活费标准。持续推进困难重度残疾人家庭无障碍改造，强化残疾人康复服务，力争实现0~6岁残疾儿童康复救助应救尽救；做好残疾人就业兜底保障。

4. 加强和创新社会治理

加强和创新社会治理，推动社会治理的结构功能创新、组织体系创新、体制机制创新及方式方法创新，完善党委领导、政府负责、民主协商、社会协同、公众参与、法治保障、科技支撑的社会治理体系，确保社会安定有序。

（1）健全基层治理体系。打造县级统筹协调、乡级组织推进、村级落实落细、共建共治共享的社会治理指挥体系。创新"智慧+网格"社会治理工作模式，推进村（社区）管理服务网格化，完善乡镇（街道）、村（社区）、小组（街巷）、胡同（居民小区）四级网格化治理架构，建立以网格管理为基础、大数据平台为支撑的治理模式。

（2）持续提高乡镇治理能力。健全乡镇干部管理制度，提升干部素质和业务水平，增强干部学法、遵法、守法的意识，实现乡镇依法行政、规范管理、高效运行。探索乡镇综合执法的有效形式，完善基层综合执法制度和执法监管方式，整合政府部门相同相近的执法职能。健全"自治、法治、德治"相融合的乡村治理体系，激发乡村发展活力，推动实现乡村振兴，保障农村社会既充满活力又和谐有序。推进村民自治，充分发挥人民群众在乡村治理中的主体作用，拓宽群众参与乡村治理的制度化渠道。

（3）引导社会力量积极参与基层治理。发挥群团组织和社会组织在基层社会治理中的作用，培育规范化行业协会商会、公益慈善组织、城乡社区社会组织，建立健全监管机制，推进诚信和自律互律建设。

六、建设现代化新河南

2021年9月7日，河南省委工作会议首次提出建设现代化河南省的"两个确保"和"十大战略"①。会议指出，加快建设现代化河南省，关键是要持续落实"四个着力""四张牌"等重大要求，把准战略方向、突出战略重点、明晰战略路径，通过实施一大批变革性、牵引性、标志性举措来育先机、开新局，锚定"两个确保"，实施"十大战略"。"两个确保"，即确保高质量建设现代化河南省、确保高水平实现现代化河南省。实施"十大战略"，即创新驱动、科教兴省、人才强省战略，优势再造战略，数字化转型战略，换道领跑战略，文旅文创融合战略，以人为核心的新型城镇化战略，乡村振兴战略，绿色低碳转型战

---

① 锚定"两个确保"实施"十大战略"——省委工作会议精神提要［EB/OL］. http：//www. henan. gov. cn/2021/09-08/2308778. html. 2021-09-08.

略，制度型开放战略，全面深化改革战略。

实施"十大战略"是建设现代化河南省的总体方向①。创新驱动战略是引领发展的第一动力，科教兴省、人才强省战略是推动发展的重要支撑。优势再造、数字化转型、换道领跑、文旅文创融合、以人为核心的新型城镇化、乡村振兴六大战略抓住了河南省高质量发展的关键环节、关键领域、核心事项。绿色低碳转型战略是实现高质量发展的重要标志。制度型开放和全面深化改革战略是融入新发展格局构建的关键一招。

面对新征程的新形势新任务，通过实施"十大战略"，推进中心城市"起高峰"、创新开放"建高地"、县域经济"成高原"，以确保高质量建设现代化河南省和高水平实现现代化河南省。努力在融入新发展格局中找准定位、彰显特色，在创新体制机制中激发活力、破解难题，奋力谱写新时代中原更加出彩的绚丽篇章。

参考文献

［1］李二玲. 培育产业集群，做大绿色农业［N］. 河南日报，2017-05-03（013）.

［2］李二玲. 转变发展方式，加快培育现代农业产业化集群［N］. 河南日报，2015-07-31（012）.

［3］李二玲. 农业产业化地区基于主体需要的县域经济发展激励政策——以河南省鄢陵县为例［J］. 人文地理，2017（2）：117-123.

［4］张占仓，完世伟，等. 河南经济发展报告（2017）［M］. 北京：社会科学文献出版社，2017.

［5］李二玲，李小建. 农区产业集群、网络与中部崛起［J］. 人文地理，2006，21（1）：60-64.

［6］张婷玉，段平方. 以自由贸易试验区为抓手培育河南经济发展新优势［R］. 2018年河南经济形势分析与预测，2018.

---

① 李晓沛. 全面科学实施"十大战略"［EB/OL］. http：//www.dayujiangtan.com/2021/09-14/137313. html. 2021-09-14.